W Jütting

Die deutsche Sprache

W Jütting

Die deutsche Sprache

ISBN/EAN: 9783744719148

Hergestellt in Europa, USA, Kanada, Australien, Japan

Cover: Foto ©Andreas Hilbeck / pixelio.de

Weitere Bücher finden Sie auf **www.hansebooks.com**

Vorwort.

Bei der großen Mannigfaltigkeit der Organisation des heutigen Schulwesens ist es schwer, Schulbücher herzustellen, welche genau für dieses oder jenes Schulsystem, noch schwerer, für diese oder jene Klasse passen. Bei Abfassung des vorliegenden Schulbuches schwebten mir die Bedürfnisse der Oberklassen mittlerer städtischer Schulen, als der sogenannten Mittelschulen für Knaben und Mädchen, der höheren Töchter- und höheren Bürgerschulen und ähnlicher Lehranstalten, besonders aber Präparandenanstalten vor. Für diese, sowie für Privatinstitute verschiedener Art, wollte ich ein einheitliches Lehr- und Aufgabenbuch herstellen, welches einerseits die gesamten Bedürfnisse des deutschen Unterrichts, mit Ausschluß der Lektüre und der damit zusammenhängenden Litteraturkunde, umfaßte, und welches andererseits diesen Unterricht die Lautlehre und die Rechtschreibung, die Wortbildung und die Satzlehre nebst der Wortbiegung — für die Oberklassen jener Anstalten, also für 12—17 jährige Schüler in zusammenhängender einheitlicher Form, nicht nach Jahreskursen getrennt böte. Den Lehrerkollegien der einzelnen, oft sehr verschiedenen Anstalten sollte die Stoffverteilung hierin nach ihren besonderen Verhältnissen überlassen bleiben.

Bei genauer Durchsicht des Buches wird man leicht erkennen, daß ich unter Festhaltung des einheitlichen Ganges doch auf die klassen- oder stufenweise Gliederung des Stoffes Bedacht genommen habe.

Zunächst finden sich in einem Einleitungskapitel, S. 1—9, für etwa 12 jährige Schüler in Präparandenanstalten natürlich für 14 jährige — diejenigen Lehrsätze nebst Andeutungen zu Aufgaben, welche für die praktischen Bedürfnisse der Schule, für richtiges Verstehen, Sprechen und Schreiben, also auch für die Korrektur der schriftlichen Arbeiten am notwendigsten erscheinen, und deren Durcharbeitung auf der Mittelstufe jener städtischen Anstalten oder auf der Oberstufe der Volksschule vorausgesetzt wird.

Sodann ist in den Hauptabschnitten der Rechtschreibung, der Wortbildung und der Satzlehre nebst Wortbiegung der für fähigere oder fortgeschrittenere Schüler passende Lehr- und Übungsstoff durch kleinere Schrift bezeichnet, so daß derselbe bei der erstmaligen Durcharbeitung des Ganzen überschlagen werden kann. Was außerdem noch, besonders in der Satzlehre, für den ersten Kursus auszuschließen und für einen zweiten oder gar dritten Kursus aufzusparen ist, muß dem Ermessen der Lehrerkollegien, bez. deren Dirigenten überlassen bleiben, da die Gliederung und die sonstigen Verhältnisse der Anstalten zu verschiedenartig sind.

Übrigens habe ich mich auch bemüht, den wichtigsten und umfassendsten dritten Hauptabschnitt, die Satzlehre nebst Wortbiegungslehre umfassend, für die wachsende Kraft der Lernenden allmählich zu vertiefen und auch für die rein formalen Zwecke der Denk- und Sprachbildung neben Festhaltung jener praktischen Zwecke fruchtbarer zu machen.

Dennoch ist an grammatischen Lehrstoffen überall, auch in dem dritten Abschnitte, Maß gehalten, weil mir für ein Schulbuch dieser Art die methodische Gestaltung des Ganzen als allerwichtigstes Erfordernis erschien. Ich suchte wo möglich jeden Paragraphen so zu gliedern, daß aus einer vorangestellten Anzahl passender gleichartiger **Beispiele** die nötigsten grammatischen **Lehrsätze** in einfacher und korrekter Form entwickelt und hieran eine Anzahl inhaltvoller **Aufgaben** angeschlossen würde. Wie die Beispiele im Unterricht selbst als Anschauungsmaterial durchzuarbeiten, daraus die Lehrsätze zu entwickeln und die sich anschließenden Übungsstoffe mündlich zu behandeln oder auch für schriftliche Arbeiten vorzubereiten sind, gehört in eine spezielle Methodik. Ist hier für die Bedürfnisse der Anstalt oder der Klasse zu viel geboten, so ist es ja nicht schwer, das was man für ungeeignet oder überflüssig hält, besonders in dem Lehr- und Aufgabenmaterial, auszuscheiden; schwer aber dürfte es sein, beim Gebrauche eines nur Theoretisches enthaltenden Leitfadens passendes Veranschaulichungs- und Übungsmaterial zu finden, und doch ist in der Veranschaulichung der Regel, in der Mannigfaltigkeit inhaltvoller Beispiele und in der Anwendung derselben auf zusammenhängende Stoffe der Schwerpunkt des ganzen grammatischen Unterrichts zu suchen, nicht in der Aufstellung, Erklärung und Erlernung der Regeln.

Noch reichhaltiger ist die Sammlung von Aufsatzthematen im vierten Abschnitte, so daß eine Auswahl derselben für jede Schule und jede Klasse erforderlich bleibt. Diese Auswahl habe ich aber durch eine Gliederung des ganzen Stoffes nach Jahrgängen erleichtert, und jeder

der vier Jahrgänge enthält mehrere Gruppen von Themata, die indes weniger nach der Stilgattung als nach denjenigen Unterrichtszweigen geordnet sind, denen sich die Aufsätze für Schüler dieses Alters anzuschließen haben: Biblische Geschichte, Weltgeschichte, besonders vaterländische Geschichte, Naturkunde und Heimatkunde einerseits und die Litteratur des Lesebuchs andererseits. Wo ich voraussetzen konnte, daß die Stoffe in diesen Disziplinen hinlängliche Vorbereitung auch für schriftliche Arbeiten fänden, habe ich mich mit bloßer Aufstellung des Themas begnügt. Wo dies nicht anzunehmen war, oder wo es dem Lehrer zu einer genaueren Skizzierung des Stoffes an Geschick oder an Zeit fehlen dürfte, glaubte ich denselben näher skizzieren oder disponieren zu müssen, was ja ohnehin für das Auge des schreibenden Schülers den nötigen Wegweiser bietet.

Übrigens wollte ich nicht bloß Material für schriftliche Arbeiten, sondern auch zur Übung in der dringend notwendigen freien Rede bieten. So wird man die Überfülle des Stoffes einigermaßen erklärlich finden.

Durch den Hinweis auf andere Schulschriften habe ich teils die Quellen andeuten wollen, aus denen ich geschöpft oder nach denen ich meistens frei gestaltet habe, teils den Lehrer beim Gebrauche auf solche Quellen aufmerksam machen wollen, aus denen er sich weiter über den Gegenstand oder dessen Behandlung orientieren könne.

Daß ich aus den Schriften anderer Pädagogen, besonders auch aus der von mir mit bearbeiteten „Deutschen Sprachschule" von Baron 2c. einiges Material, namentlich von Beispielen, Aufgaben und Skizzen entlehnt habe, wenn auch selten ohne Änderungen daran vorzunehmen, dürfte dem Werke weder zum Nachteil noch mir selbst zur Unehre gereichen. Ich habe lange genug in Schulen aller Art gearbeitet und in wissenschaftlichen und praktischen Werken über den Sprachunterricht geforscht, um zu wissen, daß hier nur eine vielseitige, langjährige und sich ergänzende Thätigkeit von mehreren theoretischen und praktischen Methodikern etwas Brauchbares schaffen kann.

Vorurteilsfreie Sachkenner werden aber bei genauer Durchsicht des Werkes eine gewisse Selbständigkeit und Eigenartigkeit desselben nicht vermissen. Abgesehen von der eigentümlichen Stoffverteilung, der engen Verschmelzung der Wortbiegungslehre mit der Satzlehre und der methodischen Gliederung der einzelnen Paragraphen erlaube ich mir in dieser Beziehung aufmerksam zu machen auf die gedrängte Lautlehre, S. 10 2c., die man bis jetzt in derartigen Schulbüchern schwerlich findet, und dann auf die eigentümliche Begründung der Lehre von den Haupt- und Nebenzeiten, S. 84 und 91, sowie auf die übersichtliche Gruppierung der Umstands- oder Adverbialsätze des Grundes. Über das Verhältnis der Tempora im Deutschen habe ich ausführlich geschrieben in A. Richters „Praktischem Schulmann", Jahrg. 1886.

Was endlich das Wörterverzeichnis betrifft, so habe ich hierbei zunächst das orthographische Bedürfnis der Schüler im Auge gehabt, mich aber bezüglich der rein deutschen Wörter auf solche beschränkt, die in der That für manche reifere Schüler oft noch zweifelhaft sind. Von Fremdwörtern sind zunächst solche aufgenommen, welche gleichfalls orthographische oder orthoepische Schwierigkeiten bieten, sodann aber auch solche, welche in den Schulschriften die häufigste Anwendung finden. Bei Auswahl der Fremdwörter habe ich mich nach dem amtlichen Wörterverzeichnis und nach der Sammlung in den „Grundzügen der neuhochdeutschen Grammatik" von Fr. Bauer, neu bearbeitet von dem bekannten Germanisten und Schulmann Direktor Dr. Duden, gerichtet, aber geglaubt, bei den Substantiven durchweg die Artikel hinzufügen zu müssen. Wer das Bedürfnis einer Erklärung von Fremdwörtern und seltenen deutschen Wörtern empfindet — wofür das vorliegende Werk natürlich keinen Raum bot — den möchte ich unter andern auf Dr. Dudens Orthographisches Wörterbuch, 3. Aufl., aufmerksam machen. In der Orthographie habe ich mich natürlich fast ausschließlich nach der für Preußen angeordneten gerichtet, der ja auch die meisten andern deutschen Staaten gefolgt sind. Daß Repphuhn richtiger ist als Rebhuhn, Todschlag richtiger als Totschlag, habe ich S. 109 und 126 meiner „Phonetischen, etymologischen und orthographischen Essays" ec. (Wittenberg, Herrosé) näher begründet.

Burg bei Magdeburg, im Sommer 1887.

Dr. W. Jütting.

Zur Wiederholung und Einleitung.

Die folgende Zusammenstellung von einfachen Lehrsätzen und Regeln soll zur Repetition dessen dienen, was in dem früheren Unterrichte des Schülers behandelt ist, und für mündliche und schriftliche Korrekturen den nötigen Anhalt bieten.

I. Aus der Orthographie oder Rechtschreibung.

§ 1.
(Zehn wichtige Gebote!)

1. Die **Buchstaben** und deren **Laute** sind teils
    Selbstlaute (Vokale): **a, e, i, (y), o, u,** oder
    Umlaute: **ä, ö, ü,** oder
    Doppellaute: **au, äu, ei, ai, eu,** teils
    Mitlaute (Konsonanten): **b, c, d, f, pf** ꝛc.
2. Die **Selbstlaute** (Vokale) sind entweder
    lang, wie in Samen, Schere, Bibel, Los, Hut, oder
    kurz, wie in Amt, Elle, im, ob, und. (Versuche sie allein ohne Mitlaut lang und dann kurz auszusprechen.)
3. Die **Länge** der **Selbstlaute** wird bezeichnet
    a. durch ein hinzugefügtes **h:** lahm, lehren, ihr, oder
    b. nach dem **i** durch ein **e:** die, viel, fiel, oder
    c. durch Verdoppelung: Saal, Seele, Boot.
4. Die **Kürze** der **Selbstlaute** (Vokale) wird bezeichnet durch zwei folgende, gleiche oder verschiedene Mitlaute: Stamm, Scheffel, Schiff, Tonne, dumm, Lämmchen, Sand, hart, Held, Bild, Sold, Hund, Sünde.
    Auch **ck** und **tz** stehen nur nach kurzem Vokale: dick, Rücken, schwitzen, Nutzen, nützt.
5. Die Umlaute ä, ö, ü und äu schreibt man in Wörtern, deren Stammwörter a, o, u, au haben: Sätze — Satz, Götter — Gott, nützlich — Nutzen, Häuser — Haus.
6. Ob ein Wort am Ende (d. h. im Auslaute) mit **d** oder **t,** mit **b** oder **p,** mit **g** oder **k** oder **ch** zu schreiben ist, entscheidet in der Regel die Verlängerung desselben: Tod — des Todes, tot — töten d. i. tot machen; Leib — Leibes, Flug — Fluges oder fliegen, Fluch — Flüche, fluchen, Bank — Bänke.

Deutsche Sprache von W. Jütting.

(Schreibe also den Konsonanten auch im Auslaute, den du im Inlaute hörst.)

7. Unterscheide die Endsilbe lich von ig: glücklich — Glück, gütig — gut, fröhlich, täglich, eintägig.

(Wenn das l zum Stammworte gehört, so heißt die Endsilbe ig: heilig, adelig, unzählig.)

8. Das lange ſ steht nur zu Anfange einer Silbe, das runde s zu Ende einer Silbe: singen, es; er speist = ſpeiſet, reist = reiſet.

9. Das doppelte ſſ steht zwischen zwei kurzen Vokalen oder Selbstlauten: haſſen — Haß, laſſen — laßt, Laſt; Fluß — Flüſſe, Fuß — Füße (weshalb steht hier nicht ſſ?).

10. Unterscheide das Geschlechtswort und das Fürwort das von dem Bindeworte daß. Wenn man das Wort mit dieses oder welches vertauschen kann, so schreibt man das, sonst daß: Das ist der Fluch der bösen That, daß sie fortzeugend Böses muß gebären. Ehre Vater und Mutter; das ist das erste Gebot, das Verheißung hat, auf daß dir's wohl gehe und du lange lebest auf Erden.

Aufg. Die obigen Regeln sind kurz aus Beispielen zu entwickeln, durch noch weitere Beispiele zu erläutern und dann noch an mehreren Lesestücken nachzuweisen, auch durch Diktate einzuüben. —

II. Von der Wortlehre und der Regierung der Wörter in Sätzen.

§ 2.

1. Das Hauptwort (das Substantiv) sagt aus, was ein Ding ist; daher heißt es auch Dingwort. Es ist mit einem großen Anfangsbuchstaben zu schreiben: Berlin, der Kaiser, die Kaiserin, das Schloß.

Der, die, das sind Geschlechtswörter für das männliche, das weibliche und das sächliche Geschlecht des Hauptwortes.

2. Das Eigenschaftswort (Adjektiv) sagt aus, wie ein Ding ist: Das Buch ist neu, das neue Buch.

3. Das Thätigkeitswort sagt aus, was ein Ding zu einer gewissen Zeit thut, daher heißt es auch Zeitwort (das Verbum): Der Vogel singt. Der Schüler schreibt einen Aufsatz; er schrieb ihn schon gestern; er wird ihn erst morgen schreiben.

Auch Zeitwörter und Eigenschaftswörter können als Hauptwörter gebraucht werden: Das Lesen ist sehr bildend. Das Böse richtet sich selbst.

4. Das Fürwort (Pronomen) steht gewöhnlich für ein Hauptwort. Auf eine Person beziehen sich die persönlichen Fürwörter: ich, du, er, sie, es; wir, ihr, sie; die besitzanzeigenden: mein, dein, sein, ihr Buch; unser, euer, ihr Haus, meine, unsere Häuser. Dieser, jener Baum, welchen (den) ich sehe; es

— 3 —

ist derselbe (derjenige), von welchem (dem) ich schon Äpfel gepflückt habe.

5. Das Hauptwort oder das Fürwort steht der Zahl nach in der Einzahl (dem Singular) oder in der Mehrzahl (im Plural): Der Apfelbaum — die Apfelbäume, welche (die) ꝛc.; ich — wir, du — ihr ꝛc.

6. Das Hauptwort steht entweder im 1. oder im 2. oder im 3. oder im 4. Falle (im Nominativ, Genitiv, Dativ oder Accusativ). Beispiel:

(Deklination oder Biegung des Hauptwortes mit dem Geschlechtsworte.)

Einzahl.

	Männlich.	Weiblich.	Sächlich.
Wer?	1. der Fuchs bellt	die Blume duftet	das Buch ist neu.
Wessen?	2. des Fuchses Gebell	der Blume Duft	des Buches Einband.
Wem?	3. dem Fuchse nachstellen	der Blume schaden	dem Buche (aus).
Wen?	4. den Fuchs töten	die Blume pflücken	das Buch einbinden.

Mehrzahl.

Wer?	1. die Füchse (Nominativ)	die Blumen	die Bücher.
Wessen?	2. der Füchse (Genitiv)	der Blumen	der Bücher,
Wem?	3. den Füchsen (Dativ)	den Blumen	den Büchern.
Wen?	4. die Füchse (Accusativ)	die Blumen	die Bücher.

Fragen: Welche Fälle sind im männlichen und sächlichen Geschlechte der Einzahl sich ähnlich? Welche Fälle sind im sächlichen Geschlechte sich gleich? welche im weiblichen? welche in der Mehrzahl? — Worauf endigt der 3. Fall des männlichen Geschlechtswortes? der 4. Fall? Worauf endigt der 3. Fall des Geschlechtswortes und des Hauptwortes in der Mehrzahl?

Wandle ab oder dekliniere noch mehrere ähnliche Wörter.

7. Ähnlich werden auch dekliniert oder gebogen die Fürwörter: dieser, e, s, jener, derselbe, derjenige, welcher; mein, e, dein, sein, ihr, unser ꝛc.; z. B. derselbe, desselben, demselben, denselben.

8. Deklination oder Biegung der persönlichen Fürwörter.

Einzahl.

		1. Person.	2. Person.	3. Person.		
				Männl.	Weibl.	Sächl.
1.	Wer?	ich	du	er	sie	es.
2.	Wessen?	meiner	deiner	seiner	ihrer	seiner.
3.	Wem?	mir	dir	ihm	ihr	ihm.
4.	Wen?	mich	dich	ihn	sie	es.

Mehrzahl.

1.	Wer?	wir	ihr	sie.
2.	Wessen?	unser	euer	ihrer.
3.	Wem?	uns	euch	ihnen.
4.	Wen?	uns	euch	sie.

Aufg. Suchet und bildet Sätze, in denen diese Fürwörter, besonders die gesperrt gedruckten **mir, mich** ꝛc. vorkommen, z. B. Wer nicht mit mir ist, der ist wider mich.

9. Verbinde folgende **Vorwörter** (Präpositionen) mit dem **4. Fall** (Accusativ):

durch den Garten; **für** den Vater; **ohne** einen Pfennig (ihn); **um** den Finger; **gegen** mich, dich; **wider** den Strom, ihn (aber wieder kommen).

10. Folgende **Vorwörter** regieren den **3. Fall** (Dativ):

mit dem Messer, mit ihnen; **nach** dem Hause, mir; **nächst** ihm der 1. sein; der Vater **nebst** seinem Sohne; **samt** seinen Brüdern; **bei** dem Ofen, der Thüre; **seit** einigen Tagen, einer Woche; **von** dem Dache; **zu** meinem Schaden; Kröten sind ihm, mir **zuwider**; dem Winde **entgegen**; **außer** dem Hause, der Gefahr; **aus** dem Sinne schlagen.

11. Folgende **Vorwörter** regieren den **2. Fall** (Genitiv):

während des Winters, einer Woche; **wegen** meiner Heiserkeit; **ungeachtet** des schlechten Wetters; **statt** eines Pferdes; **oberhalb** des Gesimses; **unterhalb** des Gipfels, der Höhe; **innerhalb** der Stadt, des Hauses; **außerhalb** der Thore; **diesseit(s)** des Berges; **jenseit(s)** desselben.

12. Verbinde folgende **Vorwörter**:

a. auf die Frage **wo?** mit dem 3. Falle (Dativ): **an** dem Fenster, mir stehen; **auf** der Bank liegen; **hinter** dem Stuhle stehen; **neben** dem Walde wohnen; **in** unserm Garten, demselben; **über** dem Kopfe schweben; **unter** den Füßen, ihnen liegen; **vor** der Brust tragen; **zwischen** den Blättern liegen.

b. auf die Frage **wohin?** mit dem 4. Fall (Accusativ): **an** die Thür gehen; **auf** den Tisch o. die Schüssel werfen; **hinter** das Pult kriechen; **neben** mich zu sitzen kommen; **in** die Lade, den Kasten legen; **über** das Haus fliegen; **unter** den Tisch fallen; **vor** das Gesicht halten; **zwischen** die Mauern geraten.

Fragen und Aufg. Was drücken die Zeitwörter in den Sätzen unter a. aus? und was unter b? —

Welche Vorwörter (Präpositionen) regieren den 3. Fall, den 4.? den 2.? den 3. oder 4.? Wende sie weiter in Sätzen an und suche sie mit den dazu gehörigen Fällen in Lesestücken auf.

13. Beisp.: a. Gott regiert die Welt. Er schuf Himmel und Erde. Er wird sie auch erhalten.

b. Ich schreibe einen Brief — der Brief wird von mir geschrieben.

c. Der Hase schläft — der Jäger schießt den Hasen. Das Kind weint — die Mutter giebt dem Kinde einen Kuchen.

Lehrsätze. a. Das Zeitwort steht in der Gegenwart (dem Präsens), in der Vergangenheit (dem Präteritum) oder in der Zukunft (dem Futurum). Andere Beispiele!

b. Das Zeitwort steht in der Thätigkeitsform (im Activum) oder in der Leideform (dem Passivum).

c. Das Zeitwort ist entweder ein zielendes (transitives) oder ein zielloses (intransitives).

Regel. Das zielende Zeitwort läßt sich in die Leideform setzen, das ziellose nicht. Beisp.

14. Das **zielende** (transitive) Zeitwort regiert den **4. Fall** (Accusativ). Der Tischler poliert einen Schrank. Der König beherrscht den Staat. Herr, du erforschest mich und kennest mich. Eine gelinde Antwort stillet den Zorn.

Aufg. Noch viele andere Beispiele bilden und suchen. Versuche diese Sätze in der Leideform auszudrücken.

15. Das **zielende** Zeitwort regiert den **3. Fall** der **Person** und den **4. Fall** der **Sache** (wenn dasselbe zwei Ziele hat).

Der Barmherzige schenkte dem Armen einen Thaler. Ahab nahm dem Israeliten Naboth den Weinberg. Johannes bereitete dem Herrn den Weg. Der Ehrliche giebt und läßt jedem das Seine. Der Führer zeigt einem verirrten Reisenden den rechten Weg.

Aufg. Andere Beispiele! Versuche diese Sätze in der Leideform auszudrücken. Weise die Lehrsätze Nr. 14 und 15 an Lesestücken nach.

16. Das **ziellose** (intransitive) Zeitwort regiert entweder gar keinen Fall oder (gewöhnlich) den **3.** (Dativ).

Der Funke knistert. Die Schwalbe zwitschert. Die Sonne scheint. Das Glas bricht ꝛc.

Der Starke soll dem Schwachen beistehen. Der Schüler folgt oder gehorcht dem Lehrer (den Lehrern). Die Jäger stellen den Hasen, Füchsen und anderem Wilde nach.

Aufg. Bilde Sätze mit drohen, helfen, dienen, schaden, nützen, gehören, gehorchen, mangeln, fehlen, danken, gratulieren, ausweichen, zuhören ꝛc.

17. Das **rückbezügliche** (reflexive) Zeitwort regiert den 4. Fall der Person und den 2. Fall der Sache.

Ich schäme mich — Ich schäme mich des Evangeliums von Christo nicht, sagt der Apostel Paulus. Du ärgerst dich leicht; er ärgert sich; sie ärgern sich; wir, ihr, sie ꝛc. Ich freue mich über deinen Fleiß (deines Fleißes). Du rühmst dich deiner Gaben nicht. Du befleißigst dich des Schönschreibens.

Aufg. Wie unter 14 und 15.

III. Von der Satzlehre und der Zeichensetzung.

§ 3.

1. Der einfache Satz.

Beisp. a. Der Mensch lebt. Er ist sterblich. Er ist ein Geschöpf.

b. Das Gute siegt. Almosengeben armet nicht. Der Kluge giebt nach. Alle kommen um.

Lehrs. a. Der **einfache Satz** besteht aus einem **Satzgegenstande** (dem Subjekte, auf die Frage wer oder was?) und einer **Satzaussage** (dem Prädikate, auf die Frage: was thut? wie ist und was ist?).

b. Der **Satzgegenstand** (das Subjekt) kann sein: 1. ein Hauptwort; 2. ein Fürwort; 3. ein als Hauptwort gebrauchtes anderes Wort.

c. Die **Satzaussage** (das Prädikat) kann sein: 1. ein Zeitwort; 2. ein Eigenschaftswort; 3. ein Hauptwort.

Aufg. Bilde und suche (in Lesestücken) weitere Beispiele.

2. Der erweiterte einfache Satz.

A. Beisp. a. Stille Wasser haben tiefe Gründe. Der Kaiser Wilhelm I. wurde 1871 gekrönt. Mein Reich ist nicht von dieser Welt. Sieben Tage sind eine Woche. Der Wille Gottes geschehe. Münzen von Gold sind wertvoll.

b. 1. Der Mensch denkt. 2. Wie ist die Welt entstanden? 3. Gott sei dir gnädig, mein Sohn! 4. Schreib' doch, Knabe!

Lehrs. a. Der einfache Satz wird erweitert: erstlich durch **Beifügungen** (Attribute) zu dem Satzgegenstande oder einem anderen Hauptworte. Dasselbe kann erweitert werden: 1. durch ein Eigenschaftswort; 2. ein Hauptwort (im gleichen Falle); 3. ein Fürwort; 4. ein Zahlwort; 5. ein Hauptwort im 2. Falle und 6. durch ein Hauptwort mit einem Vorworte.

b. Der Bedeutung nach sind die Sätze entweder: 1. behauptende oder erzählende Sätze; 2. Fragesätze; 3. Wunschsätze und 4. Befehlssätze.

Regel. Nach dem vollendeten (behauptenden oder erzählenden) Satze steht ein Punkt (.); nach dem Fragesatze ein Fragezeichen (?); nach dem Wunsch- und strengen Befehlssatze ein Ausrufungszeichen (!).

B. Beisp. Übung macht den Meister. Gott widerstehet dem Hoffärtigen, aber dem Demütigen giebt er Gnade. Der Schlafende ist einem Toten ähnlich. Gedenke des Sabbathtages, daß du ihn heiligest. Überhebe dich deiner Vorzüge nie.

Lehrs. Der einfache Satz wird erweitert: zweitens durch **Ergänzungen** der Satzaussage. Die Ergänzung (das Objekt) steht entweder im 4. Falle, oder im 3. Falle, oder im 2. Falle, oder im 3. und 4. Falle, oder im 4. und 2. Falle.

Aufg. Suche nach § 2, Nr. 14—17 die Arten der Zeitwörter zu bestimmen und sage, was sie regieren. Bestimme die Zeitwörter nebst ihren Ergänzungen in Lesestücken.

C. Beisp. a. Die Sonne verbirgt sich dort hinter die Wolken.

b. Sie geht im Sommer früh auf und spät unter. Sie scheint während des ganzen Jahres und allezeit.

c. Schnecken kriechen langsam. David ging dem Riesen Goliath mit sicherem Schritte (sicheren Schrittes) und mit freudigem Mute (freudigen Mutes) entgegen.

d. Ein Stein sinkt vermöge seiner Schwere im Wasser zu Grunde. Der Krieger trägt Waffen zu seiner Sicherheit.

Lehrs. Der einfache Satz wird erweitert: drittens durch **Umstände** 1. des Ortes, 2. der Zeit, 3. der Weise und 4. des Grundes und Zweckes. Diese Umstände können ausgedrückt werden durch besondere Umstandswörter und durch Vorwörter (Präpositionen) mit ihren bezüglichen Hauptwörtern.

Aufg. Bestimme in Lesestücken die einzelnen Umstände und gieb an, durch welche Wörter sie gebildet werden. Was regieren die verschiedenen Vorwörter? (Vgl. § 2, Nr. 9—12.)

Aufg. Suche in Lesestücken zu bestimmen:
1. die Satzgegenstände und die Satzaussage;
2. die Beifügungen (Attribute);
3. die Ergänzungen (Objekte) und
4. die Umstände (die adverbialen Bestimmungen) und gieb stets an, was die Zeitwörter (oder Eigenschaftswörter) und Vorwörter regieren. —

3. Der zusammengezogene Satz.

Beisp. a. Bäume und Sträucher haben holzichte Stämme. Der Landmann pflügt, sät und eggt. Das Menschenherz ist bald trotzig und bald verzagt.

b. 1. Das Schaf nützt uns nicht bloß durch seine Wolle, sondern auch durch sein Fleisch.

2. Nicht die Früchte, sondern die Wurzelknollen der Kartoffel werden gegessen.

3. Gott ist an allen Orten zugleich, folglich allgegenwärtig.

Lehrs. a. Zwei oder mehrere Sätze, welche ein oder das andere Glied gemeinsam haben, können zusammengezogen werden.

b. Ein **zusammengezogener** Satz kann enthalten: 1. mehrere Satzgegenstände; 2. mehrere Satzaussagen.

c. In einem zusammengezogenen Satze können die gleichartigen Satzglieder 1. zusammengestellt, 2. sich entgegengestellt und 3. das eine aus dem andern gefolgert werden.

Regel. Gleichartige Satzglieder werden durch ein Komma (,) getrennt, wenn sie nicht durch und und oder verbunden werden.

Aufg. Bilde zusammengezogene Sätze verschiedener Art und suche solche in Lesestücken auf.

4. Die Satzverbindung.

Beisp. 1. Die Lilien auf dem Felde arbeiten nicht, auch spinnen sie nicht. Der Hund ist nicht allein ein treuer Hauswächter, sondern er leistet dem Menschen auch manche Dienste außer dem Hause.

2. Pilatus erklärte Jesum für unschuldig, dennoch (gleichwohl) verurteilte er ihn auf Andrängen der Juden zum Tode.

3. Das Glas ist sehr spröde; daher zerbricht es auch leicht. Lasset uns Gott lieben, denn er hat uns zuerst geliebt.

Lehrs. a. In der **Satzverbindung** behält jeder Satz seinen besondern Satzgegenstand und seine Aussage.

b. In der Satzverbindung kann der 2. Satz mit dem 1. Satze zusammengestellt oder 2. demselben entgegengestellt sein, oder 3. eine Folgerung aus demselben enthalten (daher), oder auch ihn begründen (denn).

Welche zusammenstellende, entgegenstellende und folgende oder begründende Bindewörter kennst du schon?

Regel. 1. Zusammengestellte Sätze werden durch ein Komma (,) getrennt; längere entgegenstellende, begründende oder folgende Sätze werden durch ein Semikolon (;) getrennt.

2. Vor und und oder steht nur dann ein Komma, wenn ein selbständiger Satz folgt: Deine Börse oder das Leben! Fürchtet Gott und haltet seine Gebote. Der Landmann sät die Saat, und Gott giebt das Gedeihen. Gilt es mir, oder gilt es dir?

Aufg. Bilde Satzverbindungen und suche solche in Lesestücken auf.

5. Das Satzgefüge.

(Die Verschmelzung von Haupt- und Nebensatz.)

A. Beisp. a. Wer gern lügt, wird auch leicht ein Dieb. Thue, was recht ist.

b. Ein Mensch, welcher (der) keine guten Sitten hat, ist nirgends wohl gelitten.

c. Der Jüngling erwartet, daß er noch lange leben werde.

d. Der Hahn kräht, ehe der Tag anbricht. (Die gesperrt gedruckten Satzteile sind Nebensätze.)

Lehrſ. a. Der **Nebenſatz** iſt ein in Satzform ausgedrücktes Glied eines einfachen Satzes.

b. Der Nebenſatz iſt unſelbſtändig und von ſeinem **Hauptſatze** abhängig. Beide werden durch ein Komma von einander getrennt.

c. Der Nebenſatz kann vertreten: 1. einen Satzgegenſtand; 2. eine Beifügung; 3. eine Ergänzung; und 4. einen Umſtand der Zeit, des Ortes ꝛc.

Aufg. Bilde und ſuche andere Beiſpiele.

B. Der Anführungsſatz (die direkte und indirekte Rede).

Beiſp. a. Jeſus ſpricht von ſich: „Ich bin ein guter Hirt". „Es iſt leicht, eine Sache auszuführen", ſagte Columbus, „wenn ſie einmal vorgemacht iſt".

b. Sokrates behauptete, daß niemand vor ſeinem Tode glücklich zu preiſen ſei, (niemand ſei vor ſ. T. g. z. pr.).

Lehrſ. a. Die angeführte Rede eines andern iſt ein Ergänzungsſatz.

b. Sie kann wörtlich oder direkt angeführt ſein oder nicht wörtlich, indirekt.

Regel. 1. Die wörtlich angeführte Rede wird in Anführungszeichen („—") eingeſchloſſen.

2. Steht der Hauptſatz voran, ſo ſteht vor der direkten Rede ein Kolon (:); vor der indirekten Rede ſteht nur ein Komma.

3. Steht der Hauptſatz oder der anführende Satz zwiſchen der wörtlich angeführten Rede, ſo wird er durch Komma von derſelben getrennt. —

Aufg. Führe Ausſprüche von bibliſchen oder geſchichtlichen Perſonen an.

C. Der Beiſatz (die Appoſition).

Beiſp. Theodor Körner, der (jener) berühmte Dichter der Freiheitskriege, wurde in Dresden, der Hauptſtadt des Königreichs Sachſen, geboren. Napoleon III. übergab dem Könige Wilhelm, ſeinem Sieger, nach der Schlacht von Sedan ſeinen Degen.

Lehrſ. Der Beiſatz (die Appoſition) iſt ein verkürzter Nebenſatz.

Regel. 1. Der Beiſatz wird durch Komma von dem Hauptſatze getrennt.

2. Das Hauptwort oder Fürwort des Beiſatzes ſteht in demſelben Falle, in welchem das Hauptwort ſteht, auf welches jenes ſich bezieht.

Erster Abschnitt. (Der Laut.)

Lautlehre und Orthographie.

§ 4.

Einleitung. Durch die Wortsprache unterscheidet sich der Mensch wesentlich vom Tiere. Die Sprache des Menschen ist der artikulierte oder gegliederte Ausdruck der Gedanken. Jeder einzelne Gedanke wird durch einen Satz ausgedrückt. Die Glieder des Satzes sind die Wörter; die Glieder der Wörter sind die Silben, und deren Grundbestandteile oder Elemente sind die Laute. Die Buchstaben sind die sichtbaren Zeichen für die Laute. Die Buchstaben führen Namen, welche zum Teil von den Lauten derselben abweichen, z. B. a, e, i; aber s, f, ß, tz, v.

Wir wollen zunächst in der Lautlehre die Laute der Wörter und deren Zeichen, die Buchstaben, wie ihre Namen lernen und dann in der Orthographie oder Rechtschreibung den Gebrauch derselben in der Schrift.

I. Die Lautlehre.

§ 5.

1. Die Vokale oder Selbstlaute.

Beisp. A-bel, E-sel, I-gel, O-der, U-hu; ät-zen, ö-lig, ü-ber; au-ßer, äu-ßerst, Eu-le, ei-lig.

Lehrs. a. Diejenigen Buchstaben oder Laute, welche für sich selbst eine Silbe bilden können, heißen Selbstlaute oder Vokale d. i. Tönende.

b. Die **Vokale** zerfallen in
 1. Grundvokale: a, e, i, o, u; y;
 2. Umlaute: ä, ö, ü;
 3. Doppellaute oder Diphthonge: au, äu—eu, ei—ai.

c. eu und äu haben gleiche Aussprache, desgleichen ei und ai, vgl. Häuser, Heu; Bai, bei.

Bemerk. Erzeugung der Vokale.
1. Bei **a** ist der Mund am weitesten geöffnet; die Zunge liegt möglichst flach im Munde. Bei **e** hebt sich die Zunge in der Mitte etwas gegen den Gaumen und die Lippen nähern sich auch etwas; bei **i** nähern

sich die Lippen noch etwas mehr und die Zunge hebt sich mit ihrem vorderen Teile noch stärker gegen den Vordergaumen. Bei o gestaltet sich die Mundöffnung mehr rundlich; die Lippen ziehen sich vor allem zusammen; bei u wird die Öffnung noch enger und schmäler, wobei sich die Lippen etwas aufwerfen; dagegen zieht sich die Zunge zurück.

Bei den kurzen Vokalen ist der Mund durch die Kinnbacken etwas weiter geöffnet und die Zunge mehr herabgedrückt oder zurückgezogen als bei den langen; vgl. aber — Acker, Esel — Ente, ihn — in, oder — Otter, Uhr — Urteil, für — Fürst, Ohr — Dörfer, käme — Kämme. Versuche die langen und kurzen Vokale einzeln zu bilden. Vgl. § 13—18.

Unterscheide genau zwischen a und o: Wache — Woche, aber — ober.

Bei allen Vokalen wird ein deutlich vernehmbarer Ton durch die Stimmritze des Kehlkopfes erzeugt; sie haben also einen sog. Stimmton. Dieser klingt hell und leicht vernehmlich, weil das durch die übrigen Sprachorgane gebildete Sprachrohr nicht geschlossen ist, sich höchstens nur an einigen Stellen etwas verengt.

2. Bei noch weiterer Verengung des Sprachrohres an dem Vorderrande der Zunge steigert sich das i zu j: ja, Jesus ꝛc., wobei der Stimmton fortdauert. Ähnlich entsteht aus u:w, wobei die Unterlippe so weit eingezogen wird, daß sie die Oberzähne berührt. Beide bilden als tönende Laute den Übergang zwischen Vokalen und Konsonanten. Auch das h steht in der Mitte zwischen beiden; dasselbe wird bei geöffnetem Sprachrohr durch eine verstärkte Ansatmung, indes ohne Stimmton, erzeugt: h — ha, h — he. Das s. g. Dehnungs-h in Sohn, Ehre ꝛc. ist unhörbar.

3. Bei ä und e ist der Mund weniger geöffnet als bei a, indes bei längerem ä (in wäre, käme ꝛc.) doch weiter als bei e. Demnach steht ä und e zwischen a und i, ebenso ö zwischen o und i, ü zwischen u und i.

Unterscheide zwischen ä und e in Säle — Seele, Bäder — Besen, wägen — wegen, sägen — Segen ꝛc.; zwischen ü und i: Zügel — Ziegel, Küfer — Kiefer, für — vier, spülen — spielen; lügen und trügen sind aus älterem liegen und triegen hervorgegangen; ebenso Hölle, Schöpfer, schöpfen, Löffel, Löwe, zwölf ꝛc. aus Helle, Schepfer ꝛc.

Bei den Doppellauten geht die Mundstellung allmählich von der des ersten Lautes zu der des zweiten über: au, ai, dem ei im Laute gewöhnlich gleich ist; versuche z. B. zu singen: ein, eile; — eu und äu haben ebenfalls gleiche Aussprache, die aber mit kurzem, dunklen o beginnt und zu langem ü übergeht.

§ 6.

2. Die Konsonanten oder Mitlaute.

Die Konsonanten oder „Mittöne" haben ihren Namen daher, daß sie nur in Verbindung mit Vokalen eine Silbe oder ein Wort bilden können, auch sämtlich mit diesen heller tönen; stumm sind sie eigentlich nicht, wie die langsame Aussprache folgender Wörter zeigt.

Beisp. a. Lage — all, rein — er, mein — im, nein — in; wer — Löwe.

b. Bein — Pein; fiel — viel; fein — Wein.

c. Dorf — Torf; aus, muß; sein; schön.
d. Garten — Karten; machen, ich; ja, je; lang, Bank.
e. Tabak — Rock; Geiz — Blitz; zehn — Sehne; fix — Ochs Graf —; Geograph; Pfeife, pfiff.

Lehrſ. a. Die Konſonanten l, m, n, r und die Halbvokale w und j haben einen vernehmlichen in der Stimmritze erzeugten Ton, den ſog. Stimmton, wie die Vokale, klingen aber weniger hell und klar, weil das Sprachrohr des Mundes bei ihnen mehr oder weniger verſchloſſen iſt, wie bei den übrigen Konſonanten. Die übrigen Konſonanten haben teils gar keinen Stimmton, wie s, ß, f, v, z, tz, k, t, p, ſch, teils einen wenig vernehmlichen wie g, d, b, ſ.

b. Einteilung der Konſonanten nach den Sprachorganen und nach der Art der Erzeugung.

	1. Lippen-,	2. Zungenſpitz-,	3. Gaumenlaute
a. mit Naſen- und Stimmton	m	n	n(g)
		j	
b. mit Stimmton	w	ſ, l, r	
c. dumpftönende Verſchlüſſe	b	d	g
d. ſtumme Verſchlüſſe	p	t	k (c, ck)
e. Ziſch- oder Sauſelaute	f (v)	s, ß (ſſ)	ch
f. Doppellaute	pf	z, tz	qu
		ſch	r, chs

Unterſcheide: bar — paar, beben — piepen, rauben — Raupen; Daube — Taube, Deich — Teich, leiden — leiten, bekleidete — begleitete, Kandidaten, Superintendenten; — wagen — wachen — wacker, Gaumen — kaum, Gaſſe — Kaſſe; — ſinken — ſingen, ſenken — ſengen, ſenkte — ſengte, verſiechen — verſiegen (vom Waſſer), ſank — ſang, lang — blank; — Pfeil — feil, Pfand — fand, Pforte — forte (ſtark — in der Muſik); — ſauſen — außen, nieſen — genießen, Intereſſe — Thereſe, Gewiſſen — gewieſen, Mus — Gemüſe, Ruß, rußig — Ruſſe, ruſſiſch, preußiſch, jetzt — ergetzt (früher ſt. ergötzt), Joch — Gog (Heſek. 39, 1), jucken — gucken, Juſt — Auguſt, Juden — guten, Jauche — Gauch (einfältiger Menſch, eig. der Kuckuck).

Bemerk. Über Erzeugung und Ausſprache einiger Konſonanten.

1. Wo, wie in Norddeutſchland, die weichen Laute b, d und g im An- und Inlaute deutlich von den harten Lauten p, t und k unterſchieden werden, haben ſie einen Stimmton, der natürlich bei g am wenigſten deutlich zu erzeugen iſt, weshalb dasſelbe auch leicht mit ch vertauſcht wird. Daß bei den weichen Lauten außerdem die Luft mit geringerem Nachdruck hervorbricht (explodiert), rührt daher, daß bei Bildung des Stimmtones die Stimmritze ſich bedeutend verengert, folglich weniger Luft hervorbricht als bei den harten Lauten p, t, k, die ohne Stimmton gebildet werden, und eigentlich nur Verſchlüſſe, alſo abſolut ſtumm ſind. Daher

können die letzteren auch gar nicht ohne Vokal gesprochen werden, die ersteren von Ungeübten schwer. p ist ein Lippen-Verschluß, t ein Verschluß mit der Zungenspitze gebildet; k ein solcher mittelst der Zungenwurzel.

Da den Mittel- und Süddeutschen die Unterscheidung der harten und weichen Laute außerordentlich schwer wird, so haben diese hierin vielfache Übungen anzustellen; weitere Beispiele liefert dazu §. 9.

2. Bei m ist der Mund durch die Lippen verschlossen, bei n durch die Zunge, welche sich mit ihrem Rande an den vordern Teil des Gaumens und an die Oberzähne legt; bei beiden strömt die Luft durch die Nasenöffnung ab; eben so bei ng und nk, die sich übrigens wie g und k unterscheiden, im Auslaute freilich schwer, wenn nicht das g nach norddeutscher Weise wie ch gesprochen werden soll. Auch hinter k wird das n von Kindern oft fälschlicher Weise als Gaumen-N gebildet: Knabe, Knochen. Sonst werden die weichen Laute im Auslaute alle hart, d. h. ohne Stimmton gesprochen; vgl. Rad — Rat, Grab — Grat, Leib (= p), Raub; Berg, Sarg ꝛc. sprechen Süddeutsche und viele Mitteldeutsche wie Berk, Sark, Norddeutsche vielfach wie Berch, Sarch. —

3. V und f werden jetzt im Hochdeutschen nicht mehr unterschieden; einige Niederdeutsche unterscheiden sie noch wie die Holländer; pf wird von Mittel- und Süddeutschen richtig als Doppellaut gesprochen, von Norddeutschen nachlässiger wie f; ph in griechischen Wörtern lautet wie f. Das w und das v in Wörtern lateinischen Ursprunges ist noch mit Stimmton zu sprechen; bei beiden berührt die Unterlippe die oberen Schneidezähne. Beispiele in der Orthographie.

4. Während s und ß (dafür ſſ zwischen zwei kurzen Vokalen) einen gleichen Zischlaut ohne Stimmton bilden und durch die Zungenspitze erzeugt werden, hat das ſ im Au- und Inlaute, wenigstens in Nord- und Mitteldeutschland den Stimmton neben dem Gezisch, welches infolge dessen auch weicher ist als bei s und ß; in Süddeutschland und in Frankreich und England ist anlautendes s ohne Stimmton wie auslautendes s, ß. Statt des anlautenden ß haben wir z, welches, wie auch tz ein zusammengesetzter Laut = ts ist.

5. Da ch in Süd- und Mitteldeutschland im allgemeinen nicht so weit hinten an der Zunge gebildet wird wie in Norddeutschland, besonders nach e und i (ich — ach), so verband es sich dort auch leicht mit ſ zu einem Zischlaute sch, der aber ganz ohne Stimmton ist; in einem großen Teile Norddeutschlands hört man diesen Laut auch in hochdeutschen Wörtern noch oft als Doppellaut = ſ-ch, vgl. das westfälische Schinken, scharf, schaffen ꝛc. Dieser erst in neuhochdeutscher Zeit entstandene Zischlaut findet sich vor Vokalen und vor den Lauten: l, m, n, r und w. (Beisp.) Vor t und p hat sich wenigstens in der Schrift das ursprünglich einfache ſ noch überall erhalten: stehen, Stahl, sprechen, Spieß ꝛc., während hier in Süddeutschland und einem großen Teile Mitteldeutschlands das ſ schon wie sch gesprochen wird. Nur im Auslaute spricht man überall noch das ſt wie geschrieben steht: Ast, Lust, Wurst, Durst, welche letzteren freilich im Volksmunde schon Wurscht, Durscht lauten. Ebenso ſp in Wespe, Rispe, Haspel ꝛc.

6. Das l und r werden beide mittels der Zungenspitze gebildet, welche

sich bei l an das Zahnfleisch der Oberzähne legt, wobei die Luft zu beiden Seiten der Zunge abfließt; bei r vibriert oder erzittert die Zungenspitze. Zwischen a oder u oder o und folgendem Gaumenlaute, wie in Sarg, Burg, Storch u. ä. W. hört man statt des mit der Zungenspitze zu bildenden r ein mit dem hinteren Zungenrücken gegen das weiche Gaumensegel gebildetes sog. Gaumen R, das sonst zu vermeiden ist.

II. Die Orthographie oder Rechtschreibung.

§ 7.

Oberster Grundsatz für die Orthographie ist:

Richte dich nach der Aussprache, oder genauer: Bezeichne jeden Laut, den man bei richtiger und deutlicher Aussprache hört, durch das ihm zukommende Zeichen.

Die Befolgung dieser einfachen Grundregel wird aber durch die Beschaffenheit unseres Alphabets oder ABC vielfach erschwert, denn

1. besitzen wir für einzelne Laute verschiedene Zeichen: s, ss, ß — z, tz, ts; — x, chs, ks, cks; — t, d; c (vor a, o und u); — f, v, ph; — eu, äu; ai, ei; ü, y (in Fremdwörtern) 2c.

2. auch für verschiedene Laute dasselbe Zeichen: c (vor e und i wie z); ch (in Fremdwörtern, vgl. § 19.); n: wann — bange; ti, vgl. Nation (=zi) und Titus (§ 19.);

3. sind einige Laute überhaupt schwer zu unterscheiden: b — p; d — t; j, g, ch, k; z, tz, — s, ß, ss; f — pf; in manchen Gegenden auch noch ü und i, a und o, ei und eu u. a.;

4. besitzt unsere Schrift nach der herrschenden Orthographie in manchen Wörtern Buchstaben, deren Laute wir überhaupt nicht hören: die, lieb, sah, nahmen — Namen, dick, Fritz, Lamm, Schiff, Boot, Saat, Seele;

5. wird oft noch nach der herrschenden Orthographie ein Laut mit einem falschen Buchstaben bezeichnet: Abt lautet wie Apt, grabt wie grapt, Stadt wie Statt, Hand wie Hant, Bad wie bat; vgl. das oben über die weichen Auslaute Gesagte. —

Es bedarf daher besonderer Übungen und Regeln zur Unterscheidung und zum Gebrauche einzelner Lautzeichen. —

A. Unterscheidung und Gebrauch einzelner Vokale.

§ 8.

1. ä, e, äu, eu.

Beisp. a. Die Fähre, Fährte, gefährlich, bettlägerig, gehässig, stählern, flächsern, Schätzchen, schätzt, fährst, mächtig, prächtig, Stätte, kränken, kränkeln, bewässern, hämmern, Europäer; er fällt, wächst, läßt, verändert sich, beträgt sich (aber fragt, nicht frägt).

Aufg. Suche zu obigen Wörtern die Stammwörter.

b. Ente, Ernte, Grenze, Hering, Gletscher, edel, fertig, emsig, echt, abspenstig, behende, welsch (fremdländisch), Krempe, überschwenglich, stets.

Aufg. Wende diese und die vorigen Wörter in Sätzen an.

Lehrs. ä und e sind beides Umlaute von a;
ä und äu schreibt man

1. auch in einigen Wörtern, wo sie scheinbar von a oder au abgeleitet sind: rächen (Rache), Ärmel, räumen, gläuben.

2. regelmäßig in den Wörtern, die in einer allgemein bekannten Grundform (Stammform) a und au haben. Vgl. oben unter a;

Wo die Ableitung von a nicht leicht erkennbar ist, schreibt man e — vgl. unter b.

Unterscheide: Die Eltern — die Älteren, Ähre — Ehre, Färse (junge Kuh) — Ferse, Lärche (Baum) — Lerche, während — sich wehrend, gewähren (gestatten), bewähren (darthun); Gräuel — greulich — gräulich oder graulich; bleuen (schlagen) — bläuen. Sämann — Seemann.

Merke und wende in Sätzen an:

a. Zähre, Mähre (Stute), Mär oder Märchen, Lärm, Schärpe, März, ähnlich, ätzen, bähen, blähen, fähig, Fächer, fächeln, ungefähr, gäng und gäbe, käfig, Käse, kräht, Gräte, gräßlich, hämisch, hätscheln, Geländer, Mädchen (vgl. Magd), Mäher, gemäht, genäht, gemäkelt, geplärrt, geprägt, gesät, Sämann von säen, Säge, Säckel, Sänfte, Schächer, Schädel, Geschäft, Schäfer, du verschmähst, schmählich, schmälen (zanken), schräg, Schwäher, spät, Strähne (Garn), Thräne, träge, du wähnst, -wärts, zähe.

b. Der Bär, schwären, gären (gor, gegoren), rächen, dämmern, gähnen, jäten, Käfer, spähen, erwägen.

c. Das Knäuel, die Räude (Schorf), Säule, stäuben, täuschen, dräuen; aber deuchte, leugnen, Leumund (Ruf), verleumden, schneuzen.

2. ai, ei.

Beisp. a. Die Bai (Busen), der Hai, Hain (gehegter Wald), Kaiser, der Laich (Fischeier), Laie (Nichtgeistlicher), Mai, Mais, die Maid, Maische (Biermalz), maischen, der Waid (Färbepflanze); aber Bayern, bayerisch.

b. Die Eiche, eichen; eichen (= ein Maßgefäß abmessen und abstempeln), der Eichmeister, das Getreide, der und die Heide, Leiche, Meier, Weide (2), Weizen, Ereignis, gescheit, Reiter, Papagei — fahre fort.

c. Unterscheide: Der Laib (Brot) — Leib, Saite — Seite — Seide, der (auch die) Waise — Weise, verwaisen, verweisen, erweisen, Rain (Grenze des Ackers) — rein — Rhein; Eile — Eule, Breite — Bräute, bereichern — beräuchern, Beute — Beile, Fäule — Feile, Reue — Reihe, bereut — bereit, euer — Eier, Feuer — Feier, Mäuse — Meise, heute — Häute — Heide (der und die), heulst — heilst, du läutest (läutetest, geläutet), leitest (tetest, tet) — leidest (littst, gelitten), Geläute — Geleite, reimst - räumst, zeugst — zeigst, Läuse — leise, beide — Beute, Räuber — Reiber, Leuchter — leichter.

Aufg. Wende obige Wörter in Sätzen an. —

B. Unterscheidung und Gebrauch einzelner Konsonanten.

§ 9.

1. Die weichen und harten Konsonanten d — t, b — p, g — k, besonders im Auslaute.

Beisp. aa. Bad — Bäder, baden — bat, baten; Bild — Bilder, Bord, Geduld, Fund; — Blut — Blutes, blutig, rot — röter, Mut — mutig, Hirt, Monat, Zierat, Heimat, Rat — Rates, raten, Rätsel, Gerät, Predigt (ten), Vogt — Vögte, Schwert, Brot.

bb. Dieb — Diebe, Grab — Gräber, du gräbst, Kalb, Raub, er raubt, Trab, trabt; — plump — die plumpen, knapp — knappen.

cc. Tag — Tages, Zwerg — Zwerge (aber zwerch = quer, daher Zwerchfell), Berg, Balg, karg, Talg, lag, trug; — Ding — Dinge, Fang, Hang, hing, fing, ging; Bank — Bänke, Fink, Trunk, Trank, Frank.

Regel. In der Schrift richtet sich der Auslaut nach dem Inlaute: hört man hier einen weichen Konsonanten, so schreibt man ihn auch im Auslaute. Richte dich also bei zweifelhaftem Auslaute nach der Verlängerung des Wortes.

Bemerk. Da man im Auslaute stets den harten Laut hört, der sich freilich nur durch das Abstoßen der Lippe oder der Zunge, ohne Stimmton vernehmlich macht, so schrieb man früher auch demgemäß den harten Laut: mhd.: hant (— de), hunt, rat (— des); lip (Leib) — libes, wip (— bes;) truoc (truogen.) Daher auch hantieren, Entgelt, gescheit; hoffentlich, flehentlich, wesentlich, wissentlich, wiederholentlich, wöchentlich, öffentlich, namentlich — aber anwesend, wissend, blühend ꝛc.

Unterscheide: der Grad (Stufe) — Grat (Spitze) — die Gräte (spitzer Fischknochen), der Smaragd — es ragt, seid — seit, Sold — sollt, Wald — wallt, walt', Gewalt, Jagd — jagt, Jacht (Schnellsegler), der Bord — das Bort (Brett), bald — ballt, Geld — gelt, unentgeltlich, der Wirt — wird, das Niet — niedlich, fehlt — fällt, Magd — Macht, macht; das Werg (Abfall vom Flachs) — Werk, fing — Fink, sang — sank, bang — Bank.

Ergänze: Pfa—, Rä—chen, Rä—sel, Mä—chen (von Magd), Solda—, Kandida—, Duka—, Brau—, spann—, ban—, Ban—ba—, Bo—, Wel—, Sol—, soll—, Fel—, fäll—, Hal—, häl—, Haup—, Am—, Aben—tau, Wun—arz, Anwal—, Gewal—, Wal—, der Doch—, Frie—hof, Gedul—, bal—, ball—. Sei— einiger Zei— sei— ihr nich— geschei—.

Merke. 1. Senden — gesandt, der Gesandte, wenden — gewandt, verwandt, bewandt, beredt, Beredsamkeit, lädt — rät; — der Schmied, Versand; — die Stadt — Statt oder Stätte, statt, anstatt. — Die Schokolade, der Adjutant, das Getreide, der Kandidat, Superintendent, Adjunkt (Stellvertreter); Antwort, entgelten — endlich; irgend, nirgends; zusehends, eilends, durchgehends, vollends — eigens, unversehens.

Merke. 2. Der Tod — des Todes; daher tödlich = zum Tode führend, todkrank, todmüde, Todsünde, auch Todschlag (nicht von tot schlagen): tot — totes Tier: der Tote, töten, tötete, getötet, Totengräber.

Merke. 3. Abt (Äbte), Erbse, Herbst, hübsch, Krebs, Obst, ob, ab — Papst, Propst (geistlicher Vorgesetzter), hauptsächlich, Mops, Schöps, Knirps, Stöpsel (zum Stopfen); — das Labsal — der Lappen, Rabe — Rappe, Knabe — Knappe.

Merke. 4. Unterscheide: Boden — Boten, Daube — Taube, Ende — Ente, Dorf — Torf, leide — leite, bekleidete — begleitete, der Orden — an den Orten, Dach — Tag, Weide — Weite, Deich — Teich, der Marder — die Marter, leider — Leiter.

Aufg. Wende obige Wörter in Sätzen an.

§ 10.
2. Die Gaumenlaute.

a. j — g — ch — k, ck.

Jugend, jeglicher, jemand, jemals, jetzt, bejahen, jäten, Joppe, Junker, Jesuit, Jelängerjelieber, jauchzen, Jauche, jach (schnell), jäh, Jähzorn, jährlich; — Galosche (Holzschuh), Engpaß, Jüngling; Cigarre, begegnete, möglich — möchte, kläglich, erträglich, Zeughaus (Waffenhaus); Gegend, Gicht, Gilde (Genossenschaft), Gimpel, Ginster, Gips, Gischt; Katechismus, katechisieren, berechtigt, spricht, manchmal, mannigfaltig, Cichorie.

Unterscheide: Jahr — gar, jahraus, -ein — den garaus machen, jucken — gucken, Juden — guten; Gabel — das Kabel (dicker Strick), begleitete — bekleidete (ein Amt), Garn — Karren, girren — kirren (kirre = zahm machen), Gasse — Kasse, Gaum(en) — kaum, Glätte — Klette, glauben — klauben, Gletscher — Klätscher, galt — kalt, der Gran ($^1/_{60}$ Quentchen) — der Kran (Hebemaschine), der Grans, Gransen (Schiffsschnabel) — Kranz, begrenzt — bekränzt, der Graus (das Grauen) — kraus, Greis — Kreis, Grippe (herrschendes Schnupfenfieber) — Krippe, Gunst — Kunst, Guß — Kuß. — Bug — Buch, Flug — Fluch, Teig — Teich, Sieg — siech, versiegen (versinken) — siechen, Zwerg — zwerch (Zwerchfell), taugen — tauchen, Reigen — reichen, wiegen — verwichen, sage — Sache.

b. Unterscheide die Endungen ig, ich, rich: icht, cht und gt.

1. ig. Essig, Honig, käsig, König, der Mennig (gelblich rote Farbe), Pfennig, das Reisig (Reiser), die Reisigen (Berittenen), Zeisig — versuche diese Wörter zu verlängern: Ludwig, Hartwig.

2. ich, rich. Der Pfirsich (oder die Pfirsiche), Bottich, Drillich (Gewebe aus dreifachen Fäden), Zwillich (desgl. aus zweifachen)

der Estrich (steinerner Zimmerboden), Fittich, Kranich, Lattich, Rettich, Sittich (Papagei); der Fähnrich, Hedrich, Wüterich, Gänserich, Enterich, Täuberich, Dietrich — versuche diese Wörter zu verlängern. —

Merke. In der Verlängerung dieser Wörter unterscheidet man das g und ch.

3. **icht, cht.** Das Kehricht, Dickicht, Spülicht, der Habicht, thöricht, dornicht (auch dornig), felsicht (felsig), steinicht (steinig); der Docht, Schacht, schlicht.

4. Unterscheide: Gesicht — gesiegt, sachte — sagte, Schlacht — schlagt, Schlucht — schlugt, Tracht — tragt, Eintracht, einträchtig, Wicht, Bösewicht, Gewicht — gewiegt, verewigt, Macht, gemacht — Magd, bedacht — betagt, es tagt, Geschlecht, schlecht — schlägt, Pflicht — fliegt, Zucht — zogt, Fracht — fragt.

Fragen: 1. Von welchen Wörtern stammen obige Wörter ab? 2. Welcher Konsonant steht nach langem und welcher nach kurzem Vokal?

Merke. Das g steht gewöhnlich nach langem, das ch nach kurzem Vokal. Vgl. auch Jacht — Jagd (in Mitteld. gewöhnlich t mit langem a gesprochen wie in jagt); in kriecht ist ie lang, in gekriegt (von kriegen) aber gewöhnlich schon kurz, wie in Viertel.

5. Unterscheide die (Adjektiv-)Endungen ig und lich:

Beisp. Löblich — Lob, heilig — Heil, gütig — gut, ölig — das Öl.

Regel. Die Endsilbe lich wird mit ch, ig mit g geschrieben. In zweifelhaften Fällen untersuche, ob das l zum Stammworte gehört oder nicht.

Ergänze und gebrauche in Sätzen: Hungri—, dursti—, zacki—, prächti—, ewi—, mög—, folg—, röt—, schwärz—, männ—, schreck—, ängst—, könig— 2c.; am ordent—sten, würd—sten, herz—sten, ersprieß—sten, salz—sten, droll—sten, regelmäß—sten, freud—sten.

Merke: adelig (Adel), billig, buckelig, eklig, heiklig, untadelig, unzählig, winklig, schimmlig (licht), kugelig, hügelig (hüglicht); schmählich (von Schmach), allmählich (von allgemach); jährlich (was alle Jahre wiederkehrt) — einjährig (was 1 Jahr alt ist), täglich — zweitägig.

c. **ks, cks, chs, x** haben den gleichen Laut ks.

Beisp. Knicks, links, knicksen, flecksen, Klecks, Häcksel; Wachs, wächsern, wachsen — waschen, wächst — wäscht, Achsel, Achse, Buchsbaum, Dachs, die Deichsel, drechseln, Drechsler, Eidechse, der Flachs, flächsern, die Flechse (Sehne), die Fechser (Weinschößling), Fuchs, Luchs, Ochs, Sachse, Lachs, sechs — sechste, sechzehn, sechzig, wechseln, Wechsler, Wichse, wichsen — wischen. — Auch in flugs (von Flug), jauchzen, ächzen, schluchzen, lechzen wird g oder ch oft wie k gesprochen.

Die Art, die Faren (Narrenpossen), Hexe, der Nix und die Nixe, und in vielen Fremdwörtern: Fixstern, das Examen, Exempel, exerzieren (üben), die Extrapost (außergewöhnliche Post), excellent (ausgezeichnet), die Excellenz (Titel der Minister), das Exil (Verbannung), expreß (ausdrücklich), der Luxus (Aufwand), die Existenz (Dasein) ꝛc.

d. **qu, k.**

Beisp. Qual, quälst, Quelle, quillt, Quappe, der Quarz, die Quaste, quaken, quak, Quacksalber, Quecksilber, die Quecke, erquickst, quieken, Qualle, der Quirl, quirlen, zerquetscht, Qualm, qualmt, Quarte, das Quartett, Quartier, Quotient (der Wievielste?), Quote, quitt, Quittung, quittieren u. a. Fremdwörter. Die Pike, der Kai (Uferdamm), Maske, Muskete, markieren, das Paket (aber packen, Pack). — Aufg. Wende diese Wörter in Sätzen an.

3. Die Lippenzischlaute: **f, v, ph** und **pf.**

§ 11.

Beisp. a. Der Ferge (Fährmann), Fastnacht, füllen, Reif ꝛc. Vater, Gevatter, Vetter, Stiefvater, Vieh, vier, das Vließ (Fell mit der Wolle), Vogel, Volk, bevölkert, von, vor, voll, völlig, — Fülle, füllen, vorder, Altvordern — fordern, fördern, fürder (vorwärts), zuvörderst, vorn; — Frevel, freveln, brav, Gustav — Adolf, Rudolf, Ludolf, Westfalen, westfälisch.

Ph nur in Fremdwörtern meist griechischen Ursprunges: Photograph, Geograph ꝛc. — vgl. § 19. Auch der Ephen.

b. **pf.** Pfeife, Pfund, Pferd, Pfennig, empfangen, empfinden, gepfropft, gepflügt, Pfriemen, Pflicht, beipflichten u. a.

Lehrs. In rein deutschen Wörtern ist f vorherrschend, v selten, besonders im In= und Auslaut. — Über v in Fremdwörtern später.

Pf steht meist in frühe entlehnten Wörtern lateinischen Ursprungs, die im Franz. und Niederd. noch p haben. Beisp.?

4. Die Zischlaute: **f, s, ß, ff; z, tz.**

§ 12.

Beisp. a. **f, s.** Dose, Ameise, Eidechse, Lotse, Gemse, der Kreisel, hausen, ratsam, heilsam, das Labsal, Schicksal, der Häcksel (Häckerling), Saal, Salat.

b. Aas, aus, Bistum, der Graus, Kreis, Krebs, los, Los; — lösen — erlöst, liest, preist, speist, List, Geist: — Tisch, Fisch, Fisches, Tisches, das — des. Der Haspel, Wispel, Mispel, die Wespe, Kaspar ꝛc.

c. Bissen — Biß, Blässe — blaß, Drossel, Kresse, wissen, Gewissen — gewiß, gewußt, wißt, weißt; gießen — goß, Gosse, gegossen; lassen — laßt, Last, läßt — liest, Nachlaß, nachlässig, das Verließ (Burggefängnis).

Regeln. 1. Der weiche S=Laut mit Stimmton steht im Anfange der Wörter und Silben und wird ſ (S) geschrieben.

2. Der harte S=Laut, welcher lebhafter gezischt wird und ohne Stimmton ist, wird geschrieben:

a. im Auslaute mit rundem s, wenn in der Verlängerung des Wortes das weiche ſ gehört wird: las — lasen.

b. vor auslautendem t und ch mit ſ: lieſt, lesen —, erboſt — böse, preiſt — preisen; Buſch, huſch, naſcht — naschen, wäſcht, wiſcht ꝛc. Auch in diesen Fällen steht in der Verlängerung anlautendes ſ;

c. im Inlaute vor p als ſ: ränſpern, wiſpern, liſpeln;

d. zwischen zwei kurzen Vokalen mit ſſ;

e. in allen andern Fällen mit ß: Amboß, Baß, Fuß — Füße, Gruß — Grüße; aber Fluß — Flüsse, Kuß — Küsse; häßlich, haßt — hassen.

Bem. Nur in passieren und possierlich folgt auf ſſ langes ie.

Merke und unterscheide:

a. s. Dienstag, Donnerstag, dies, diesseits, das, des, dasselbe, desselben, deshalb, deswegen, unterdes, aber dessen, unterdessen; was, wes, weshalb, weswegen — als Zusammensetzungen zu schreiben wie Aussaat, Aussatz, Haussuchung, Aussicht ꝛc.; gewöhnlich auch weissagen, weismachen, die Mauser oder Mauſer (Federwechsel des Vogels, richtiger freilich Maußer), mausern, Schneise (Waldweg), Schleuse, Gleisner, gleisen (heucheln), aber die Gleiße (Hundspeterſilie) von gleißen (glänzen), das Gleis, der Schmaus, Nieswurz (zum Niesen), aber Nießbrauch, das Vließ (richtiger Vlies), Fliese (Steinplatte) — der Fließ (Bach); — das (Geschlechts= und Fürwort), daß (Bindewort); aus — außer, äußern, der Atlas — ſſe, Kürbis — ſſe, Iltis — ſſe, Finsternis — niſſe, Gleichnis — niſſe, Bündnis ꝛc.; aber mißbrauchen, mißtrauen, Mißmut, Missethat; das Mus (dicker Brei ꝛc.), Ries, der und das Reis — reiß, reißen, bis — Biß, gebissen, bisher, ein bißchen (ein wenig), Bistum, Bischof; heiſer — heißer.

b. ß. Geiß (die Geißen), bloß (stets so zu schreiben), mit bloßer Hand, entblößen, der Grieß (grobkörniger Sand oder dgl. Mehl) Kloß, Ablaß (Erlaß der Kirchenstrafe für Vergehen), das Gelaß, Verließ, Maßliebchen, Maßholder (eine Ahornart), bekanntermaßen, mäßig, Paß, Reißblei oder der Graphit, Reißbrett — Reis (2), Troß, Schweiß — Schweiz, Geschmeiß, Sproß, Sprößling, Schößling, ersprießlich, Strauß (2), dreißig (aber zwanzig, vierzig, sechzig ꝛc.), die Geißel, geißeln — der Geisel (Leibbürge), der Meißel, meißeln, Muse (Göttin der schönen Künste) — Muße, müßig, Müßiggang (auch mit ſſ), Preißelbeere, preußisch, Reuß, Reußen (Russen, russisch), verdrießlich; — faßt — fast, die Fasten, haßt — hast, Haſt, ißt — ist, laßt — last, Last, mißt — Mist, genießt — genieſt, weißt

— weist, frißt — Frist, küßte · Küste, reißt — reist — reizt, beißt — beizt, heißt — heizt.

c. z. Zucht — Sucht, Leibzucht (Unterhalt auf Lebenszeit) — Schwindsucht, Siegel — Ziegel, zeihen (anklagen) — seihen, durchseihen, verzehren — versehren, Zeit — seit, Ziege — Siege, Sehne — Zähne, zehn, Zeile — Seile, sacht, sagt — zagt, seicht — zeigt, zeugen — säugen, Herzschlag, herzzerreißend, Holzschuh, Salzsiederei, Kreuz, kreuzigen, Kreuzzug, spazieren, duzen, Prinz, Polizei, Arzenei, Residenz, Dutzend; schweißen — schwitzen, Spieß — Spitz, Gans —, ganz, Geiz — Geiß, Spatz — Spaß, Kauz — Katze; Zone — dem Sohne, Lesze, schluchzen, jauchzen, seufzen, lechzen (s. o.). Über z in Fremdwörtern s. § 19.

C. Die Bezeichnung der Vokallänge.
§ 13.

Beisp. a. Abend, bar, Gram; beten, schwer, reden; Gebot, Not, rot; Blut, Mut, Flur; jäten, Käfig; frönen, öde; spülen, über.
b. 1. Die **Ahle** (Pfriemen), befehlen, **Bohle**, der **Pfuhl**, **Pfühl**;
2. **Bahre**, Ähre, mehr, ihr, Rohr, Röhre, Ruhr;
3. nachahmen, Lehm, Ohm (Oheim), Ruhm, rühmen;
4. der **Ahn** (Vorfahr), ähnlich, dröhnen, Huhn, Bühne.

Lehrs. Die Länge der Vokale bleibt entweder unbezeichnet (a), oder sie wird bezeichnet durch ein folgendes h. Dieses steht gewöhnlich vor einem der tönenden Konsonanten l, r, m, n.

1. **Wörter mit langem Vokal ohne Länge- oder Dehnungszeichen.**

Nachbar, brav, gar, gerade, Grab, Grat, hoch, Kram, Kran, Kranich, das Mal (Zeichen) — Denkmal, Muttermal, das erste Mal (Zeit), einmal (Gastmahl, Gemahl), malen, gemalt (mahlen gemahlen), Gliedmaßen, Name, Same, Schaf, schal, Schale, Scham, Schar, Star (2), Schmach (schmählich), erschrak — erschraken (erschrecken), Tabak, Wage, Ware, ich war (wahr).

Esel, Frevel, Herd, Herde, Pferd (auch mit kurzem e gesprochen), quer, Schemel, Schere, bescheren, der Schmer, Schwert, selig (Seele), stets, stetig, unstet, das Kamel, Juwel.

Bote, bloß, die Brosamen, Brot (Brote), empor, los, Los, losen, Losung (Erkennungsruf), das Lot, der Lotse (der mittelst des Senkbleies führt), schmoren, das Schrot (grobes Bleikorn), verloren, wohlgeboren.

Buße, Eiderdunen (au), Fluch, Flug, Flut, Glut, Mut, mutig, einmütig, Armut ꝛc., Gruß, der und die Hut, Kurfürst, Luke (Öffnung), das Mus, die Muße, Muse, der Ruß (auch mit kurzem u),

Schafschnur, Schwur, spuken (spucken), Spule (Rohr zum Aufwickeln), spulen, spülen, Spur, Zug, Christentum, Heidentum.

Schädel, Märchen, prägen, schwären, Geschwür, spät, träge, Gebärde von gebaren (sich äußerlich betragen) — gebären (gebar, geboren), Denkmäler, Säle, schälen, Pärchen, Späne, schmälern, wägen, zärtlich — (die Stammformen?); — das Öl, ölig, der Höker (Kleinhändler), blöken, das Möbel, Löwe, stöbern (vgl. stob), Stör (ein Fisch), trödeln, schnöde, Pökelfleisch; — Willkür, küren (wählen), lügen, trügen, geprüft, gerügt, die Rüster (Ulme), du betrügst, ungestüm, das Ungetüm.

2. **Wörter mit h als Länge- oder Dehnungszeichen.**

§ 14.

a. vor l: die Dohle, fahl, Fehl, fehlen, befahl, empfahl, du empfiehlst, Fohlen, fühlen, hehl, hehlen, hohl, Höhle, johlen (so schreien), kahl, Kehle, Kohl, Köhler, kühl, abgekühlt, Mühle, Pfahl, gepfählt, du prahlst, Prahler, Stahl, stehlen, Diebstahl, Strahl, Stuhl, Wahl, wohl, Wohl, wühlen, Zahl, gezählt, die Zwehle (Handtuch).

b. vor r: der Bohrer, bohren, Gebühren, Ehre, führst, Fähre, Fährte, Gefahr, gefährden, ungefähr, Föhre, Fuhre, geführt, begehrt, verzehrt, hehr, Jahr, kehren, Möhre, nähren, Nahrung, Nehrung (Landzunge), Ohr, Öhr (in der Nadel), Aufruhr, rühren, sehr, versehrt, mehren, gewahren, wahr (nehmen), Gewahrsam, verwahrlosen, Wahrzeichen, rühren, berühren, gewähren, Währung (des Geldes), wehren, das und die Wehr, Zähre.

c. vor m: lahm, Ruhm, genehm, vornehmlich (nämlich), Rahmen, Rahm (Sahne), zahm, gezähmt.

d. vor n: ahnen, gebahnt, gebohnt (glänzend gerieben), dehnen, Dohne (Vogelschlinge), Drohne, dröhnen, fahnden (fangen wollen), Fähnlein, der Föhn (Glutwind), gähnen, Hähnchen, Hühnchen, Hühner, Kahn, erkühnt, angelehnt, belohnt, Mähne, ermahnt, Mohn, ohne, Sehne, sehnig, sehnte, Söhnchen, versöhnt, gestöhnt, Strähne (Garn), gesühnt, wähnt, Wahn, Argwohn, wohnen, gewohnt, erwähnt, Zahn, gezähnt.

e. Vor anderen Konsonanten: die Fehde (Kampf), sich befehden, die Mahd (Gemähtes), der Draht, die Naht; vgl. gemäht, gedreht, genäht, (warum?)

3. **Wörter, in denen h meist ursprünglich, also kein Dehnungszeichen ist.**

Brühe, brühen, gebrüht, der Brühl (Wiese mit Gebüsch), bähen, der Bühl o. Bühel (mäßiger Hügel), blähen, blühen, gedeihen, drehen, (vgl. Drechsler, Draht), drohen, Ehe, ehe, fähig von fahen, flehen, fliehen (Flucht), Floh, froh, frühe, geht, glüht (Glut), höher, Höhe, hoher (vgl. hoch), Hohofen (auch Hochofen), jähe, krähen (vgl. krächzen), Krähe, Kuh, Lehre, belehren, leihen, Lohe, mähen, die Mahd, Mühe, nahe (vgl. nach), nahen, nähen (Naht), rauh (vgl. Rauchwerk = Pelz), Reh (vgl. Ricke), reihen, Reiher, Reihen (Reigen = Reihentanz), roh, ruhen, geruhen (= sorgen, vgl. ruchlos), geschehen (Geschichte), Schlehe, schmähen (vgl. Schmach), Schuh (aber Schuster), Schwäher (vgl. Schwager), sehen (Gesicht), seihen (seigen), spähen (Specht), sprühen, stehen, Stroh, Truhe (Lade), Vieh, Weh, Weihe (2), weihen, Weiher (Fischteich), Geweih (eigl. Kampfwaffe), zähe, Zehe, zehn, zeihen (bezichtigen = anklagen), ziehen (Zucht). —

Bemerk. In mehreren der obigen Wörter steht h als ursprüngliches h oder ch, in anderen für j oder w; zur Zerdehnung des ursprünglich einfachen Vokals dient es in: Ehe, ehe, eher, ehern, gehen, stehen, bejahen.

Merke. Vor der Silbe heit fällt auslautendes h weg: Roheit, Hoheit, Rauheit.

4. Über th und t bei langen Vokalen.

Beisp. a. Thal, Thaler, Thon (des Töpfers), der und das Thor, der Thran, die Thräne, Thron, thun, that, That, Unterthan (= untergethan), Thüre.

b. Tier, Teil, Urteil, Vorteil, teilen, verteidigen, der Teer, das Tau, der Tau, teuer; Eigentum, Judentum, das Ungetüm. — Thee (Fremdwort).

c. Glut, Flut, Blut, Blüte (früher das Blut), der Kot, die Kote (Hütte), das Lot (kleines Gewicht, eig. Blei, daher Lotse), der Met (Honigtrank), der Mut (und dessen Ableitungen, auch Armut), Not, nötig, nötigen, Rat (und dessen Ableitungen raten, Rätsel, Gerät ꝛc.), rot, Röte, Wert, wert, Wut, wüten, Atem, die Miete, der Pate, die Rute, — der Wirt, Turm.

d. Die Namen: Luther, Mathilde, Bertha, Walther, Günther, Lothringen, Thüringen.

Lehrj. 1. Das h wird als Dehnungszeichen nach t im Anlaute nur noch in obigen Wörtern (unter a) geschrieben.

2. Sind die Vokale außerdem als lang kenntlich, wie in den Wörtern unter b, so fällt jetzt das früher hier übliche h aus.

3. Im Auslaute fällt es überhaupt fort.

4. In Turm und Wirt sind die Vokale kurz, folglich wäre ein Dehnungs h hier ein Widerspruch).

Über th in Fremdwörtern vgl. § 19.

5. Vokalverdoppelung.

§ 15.

Diese tritt nur in folgenden Wörtern ein:

a. bei a: Aal, Aar (Adler), das Aas, Haar, Paar, paar, Saal, die Saat, der Staat; aber Säle, Härchen, Pärchen, Äser.

b. bei e: Beere, Beet, die Geest (Sandboden), Heer, verheeren (durch ein Kriegsheer verderben), der Krakeel (lauter Hader), Klee, das Lee (Unterwindseite auf dem Schiffe, im Gegensatze zu Luf, die), leer, leeren, Meer, scheel (scheelsüchtig), Schnee, der und die See, Seele, Speer, der Teer. Außerdem in den Fremdwörtern: die Allee, Armee, Fee, Idee, der Kaffee, Thee.

c. bei o: das Boot (die Bote), das Moor (von Torf), Moos. Vergleiche dazu die Wörter ohne Doppelvokal unter Nr. 1.

Unterscheide: Heer—hehr (erhaben, heilig), her (auch kurz); hohl, ausgehöhlt — holen, geholt, mahlen, gemahlen — malen, gemalt, Gemälde, das Mahl, Gastmahl, Mahlzeit, Abendmahl — das Mal (Zeichen), Denkmal, Merkmal, die Walstatt, Malstein, aber wieder das Mahl = (früher) öffentliche Versammlung, Mahlschatz, Gemahl, vermählen (in öffentlicher Versammlung ehelich zusammen sprechen); die Mähre (schlechtes Pferd) — Märe, Märchen (Erzählung), Meer, Meerrettich (weil von der Meeresküste stammend), mehr, vermehrt; leeren — lehren, geleert — gelehrt; die und das Wehr, Mühlenwehr, Landwehr — Wergeld (für einen erschlagenen Mann), Werwolf (ein in einen Wolf verwandelter Mensch); währt — wert, während — sich wehrend; Mehl — Meltau (Honigtau), Ruhm — der Rum (scharfes Getränk); Sohle, Fußsohle — Sole (Salzwasser), der Mohr (brauner „Maure") — das Moor; Uhr — der Ur, Auerochs; die Ahle — Aale, der Aar — das Ar (Flächenmaß); Thon — Ton; wahr und dessen Ableitungen (s. unter 2) — war, Ware; — ahnen — ahnden (verfolgen, strafen); Rute — ruhte, Blüte — blühte, Fahrt — Hoffart, hoffärtig.

Merke die Mehrzahl der auf e ausgehenden Wörter:
Das Knie, die Knice, die See — Seeen, die Fee (Schicksalsgöttin) — Feeen, Armeeen, Theoreeen, Kolonieen.

6. Das lange i : ie in deutschen Wörtern.

§ 16.

Beisp. a. Liebt, blieb, Sieb, Sieg, sie.

b. Mir, dir, wir; ihm, ihn, ihnen, ihr, ihrer, ihren, ihrig, die Ihrigen (irrig).

c. Igel, Isegrim (Wolf, Grimmiger), Biber, das Augenlid (Lied). — Merke mit kurzem i: ging hing, fing.

Lehrj. 1. In fast allen ursprünglich deutschen Wörtern schreibt man langes i als ie. Suche weitere Beispiele.

2. Eine Ausnahme machen nur die unter b angeführten Fürwörter, in denen i zum Teil durch h als lang bezeichnet wird; ferner die unter c angeführten Wörter, welche ihre alte Schreibweise beibehalten haben.

Merke. 1. In Mittel- und Norddeutschland spricht und schreibt man hing, fing, ging mit kurzem i, in Süddeutschland mit langem i oder noch mit Doppellaut ie, also hieng, fieng, gieng (2silbig).

2. Gibst, gibt ist richtiger als giebst, giebt, wenn auch weniger gebräuchlich; aber nur ausgiebig, ergiebig.

Merke und gebrauche in Sätzen:

1. Schierling, Zwiebel, Gefieder, Ungeziefer, der Zierat, die Fliese (Steinplatte), Stiefvater, Schwiele, bieder, die Niete (Null), das Niet (kleiner Nagel), du hiebst, schriebst, gefielst; — Vieh, lieh, sieh, er flieht, zieht, stiehlt, empfiehlt sich, gedieh.

2. Priester, das Siegel, der Spiegel, Ziegel, Tiegel (Schmelzgefäß), das Paradies (Lustgarten), Grieche, griechisch, Portugiese, Brief, Radieschen, Stiefel, die Striegel (Metallbürste), die Fiedel (Geige).

Merke. Die letzteren Wörter sind fremden Ursprunges, aber bei uns eingebürgert.

3. Kirche, Wirt, wird, Hirt, Firnis, die Birsch, birschen (jagen), die Distel, Liste, Dirne, girrt, schwirrt, irrt ꝛc. — werden in Norddeutschland oft unrichtiger Weise mit langem i gesprochen.

7. Das lange i in Fremdwörtern.

§ 17.

Beisp. a. Die Bibel, Fibel, Maschine, Saline (Salzwerk), Satire (Spottgedicht), Tiger, Invalide (dienstunfähig Gewordener), Medizin, Apfelsine, Rosine, Gardine, Lawine, Pike, Militär, Luise, Nil, das Klima, der Artikel, die Aurikel.

b. Die Endungen = ie, = ier, = ieren.

Monarchie, Infanterie (Fußvolk), Kavallerie (Reiterei), Artillerie (Geschütz, Geschützmannschaft), Magie (Zauberei), Melodie, Partie; Sophie, Marie — diese beiden Namen werden auch dreisilbig gesprochen wie Arie (Lied), Linie, Lilie.

Papier, Klavier, Manier, Füsilier (leichter Fußsoldat), Barbier, Tapezier (nicht Tapezierer), Juwelier, Passagier, Offizier.

Buchstabieren, regieren, spazieren, addieren, subtrahieren, multiplizieren, dividieren, liniieren, exerzieren (üben), taxieren (abschätzen), musizieren, adressieren; du liniierst, koloriest, korrigierst ꝛc.

Lehrs. 1. In Fremdwörtern erhält langes i im allgemeinen kein Längezeichen (a).

2. Nur die Endungen = ie, = ier und = ieren sind stets mit e zu schreiben.

Unterscheide: die Fiber (Fleischfaser) — das Fieber, Mine (Sprenggrube) — Miene (Gesichtszug), Stil (Schreibart) — Stiel, das Augenlid — das Lied; wider (gegen) — wieder (mehrmals); von wider: anwidern, widerlich, widrig, widerrechtlich, Widersacher, widerspenstig, Widerspruch, widerstehen, widerwärtig, widerwillig — von wieder: wiederbringen, Wiedergabe, =geburt, =hall (auch ohne e), kunst, =täufer, =vergeltung, =holung, =kehr ꝛc.

D. Die Bezeichnung der Vokalkürze durch Konsonantenverdoppelung.

§ 18.

1. Konsonantenverdoppelung in betonten Silben.

Beisp. a. Feld, Hand, Hort, Hemd, Ort, Wirt, Bürde, Halm; Raps, Schöps, Schnaps, Gips, Mops, Wams, Gesims, Milch; samt, sämtlich, Witwe.

b. Schiff, Schliff, Pfiff, schaffen, waffnen, der Muff; Schwamm, Lamm, Lämmer, Lämmlein, Sammlung; wenn, denn, dann, wann, sann; Wall, Krystall, Fallstrick, Pedell (Gerichtsdiener), Nachtigall; Tritt, Ritt, Fett, Bankerott (Zahlungsunfähigkeit), statt, Statt; Herr, Herrschaft, herrscht, Wirrwarr, Irrtum, er irrt, girrt, murrt, knurrt, Geschirr.

c. Unterscheide: du spinnst — das Gespinst; du gewinnst — der Gewinst (Gewinn); Branntwein, brannte — Brand, Brunst; kannst — Kunst, er schafft — Schaft, Geschäft; du spannst — Gespenst, abspenstig; schwillt — Geschwulst, schwülstig; klappst — Klaps; auch Kenntnis, kenntlich.

Regeln 1. Nach einem kurzen Vokale in der betonten Silbe folgen zwei verschiedene Konsonanten (a)

2. oder zwei gleiche. Nach einem kurzen Vokale wird also der einfache Konsonant verdoppelt (b).

3. Diese Verdoppelung bleibt auch vor den Biegungslauten ſt, t in Zeitwörtern, aber nicht in andern Wörtern, in denen diese Auslaute zum Wortstamme gehören (c).

Frage und Aufg. Welche Konsonanten werden gewöhnlich verdoppelt? (b) Suche weitere Beisp.

Merke. Der Zimmet oder Zimt, Sammet oder Samt, das Grummet, Grumt (Nachheu), der Taffet, Taft (leichtes Seidenzeug), Zwillich, Zwilch.

2. Ausnahmen von der Konsonantenverdoppelung.

Beisp. a. **an, in,** mit, von, ab, ob, bis, gen, hin, weg; am, im, vom, zum, zur; es, das, was, wes, man, bin ꝛc.

b. Himbeere, Brombeere, Singrün, (Immergrün), Damwild, -hirsch, Walnuß, Walfisch -roß, Walhalla, Herberge, Herzog, Hermann, der Holunder; Brite, Britannien, Elentier, Kamerad, Klub (Gesellschaft), der Rum, das Almosen, Dolmetscher, Palast, Pilgrim, Bräutigam, Eidam; — aber der Galopp, Renntier, das Korsett, Bajonett, Kabinett, Schafott, honett (ehrbar), die Etikette (Aufschrift: Hoffitte).

c. Dennoch, Mittag, Brennessel, Schiffahrt; aber in den weniger gebräuchlichen alliebend, Schalloch, Schnelläufer, Stilleben, Zolllinie, Schwimmmeister, Betttuch) ꝛc.

d. Iltis — isse, Atlas — sse, Globus — sse, Königin innen, Freundin — innen; abreißen, absingen, anbahnen ꝛc.

e. Bock, Böckchen, Stöckchen — suche andere Wörter mit ck; Netz, nützlich, jetzt, setzt, gespitzt, geritzt, ätzt — desgl.; aber Bank, Reiz, Salz, Arzt. Firstern, der Nir (Wassergeist), die Nixe; machen, wachen; waschen, wischen ꝛc.

Lehrs. 1. Nach kurzen Vokalen schreibt man einen einfachen Konsonanten:

a. in einsilbigen, gewöhnlich wenig betonten Wörtern (a);

b. in altertümlichen Bestimmungswörtern gewisser Zusammensetzungen (b) und in mehreren Fremdwörtern (b);

c. in den bekannten Zusammensetzungen fällt von drei aneinander gerückten Konsonanten gewöhnlich einer fort;

d. überhaupt in Vor- und Nachsilben (d) — weitere Beisp.

2. die Konsonanten ck, tz, x (= ks), ß, ch und sch sind oder gelten für zusammengesetzte, weshalb sie nicht weiter verdoppelt werden.

3. Lob, Bad, Tag, Weg, Rad, Stab, mag, Glas, Gras und einige andere werden in Mittel- und Süddeutschland mit langem Vokal gesprochen, wonach sich auch Norddeutsche zu richten beginnen.

Merke. Roggen (hochd. eigentlich Rocken), Egge, flügge, Flagge, beflaggt, Dogge, Schmuggel (Schleichhandel), schmuggeln; Widder, die Kladde (Schmutzbuch), Troddel; die Ebbe, der Robbe (Seehund); die Steppe, Rippe, Suppe, Krippe, Lippe, die Koppel (Band), Pappel, Quappe (Fisch, junger Frosch), Sippe (die Verwandten). Die Wörter mit gg, bb und dd sind niederdeutschen Ursprunges.

Unterscheide: Hemd — hemmt, man — Mann, jedermann, Herr — her (auch lang gesprochen), Kamerad — Kammer, Kammrad, Damhirsch — Dammweg, Schaft — schafft, Trift — trifft, Gewinst — gewinnst. —

Knappe — Knabe, Rappe — Rabe, Höcker — Höfer, Lücke Luke (verschließbare Öffnung im Dach), Backe — Bake (Zeichen im Freien), spucken — sputen, Sput, erschrecken, erschrickst, erschrecklich — erschrak, erschraken; das Pack, packen — Paket.

E. Von der Aussprache und Schreibung der Laute in Fremdwörtern, besonders denen französischen Ursprungs.*)

§ 19.

1. Vokale.

ai sprich wie breites ä: das Plaisier (Vergnügen), die Affaire (Angelegenheit), das Terrain (Erdboden), die Saison (Jahreszeit), das Palais (s — stumm), Salair (Lohn); — aber der Kapitän, die Domäne (landesherrliche Besitzung), der Sekretär (2); Äquator, Prälat (hoher Geistlicher).

au und **eau** wie **o** (oh): das Rouleau, die Rouleaux (rulô), das Bureau (bürô, Geschäftsstube), die Epaulette (Achselband), das Plateau (Ebene).

eu wie breites **ö**: Adieu (mit Gott!), Friseur (Haarkräusler), Liqueur (au = k.)

ou wie **u**: Tambour, der Cousin (kusäng, Vetter), die Cousine, die Route (Weg), das Couvert (kuwär, Briefhülle), das Bouquet (buké, gew. bukétt), das Souper (soupé, Abendessen), die Tour (Umgang, Reise); aber der Kurs, Kurier.

u wie **ü**: die Revue (Musterung), die Revenuen (Einkünfte); aber Lectüre, Broschüre, Tribüne — in griechischen Wörtern **y**: das Asyl (Zufluchtsort), Gymnasium, die Lyrik (Gefühlsdichtung), Myrte, Pyramide, Physik (Naturlehre), Syntax (Satzlehre), Mythologie (Götterlehre).

Nasallaut: die Pension (ang. Ruhegehalt; Kost- und Erziehungsanstalt), das Appartement (Gemach), die Emballage (angballäsch, Verpackung), die Entrée (Zutritt). Aber das Kompliment (nach deutscher Aussprache), Regiment, der Kontinent (Festland). Französisches **ll=lj**: das Billard, der Postillon, Bataillon, die Taille (Wuchs, Leibschnitt), die Bouillon (bulljon), Medaille, brillant, Bouteille (tellje), Reveille (Wachruf), Pavillon, Billet.

2. Konsonanten.

th in Wörtern griechischen Ursprungs: katholisch (allgemein), das Theater, Katheder, Thermometer (Wärmemesser), Thema (Hauptsatz), die Theorie (Lehre, im Gegensatz zur Praxis, Ausübung), These (Streitsatz), Theologie (Gottesgelehrsamkeit), der Thymian, die Hyacinthe, Apotheke, Kathete (aber Hypotenuse — welche Linien?)

k in völlig eingebürgerten Wörtern: Kanzel, Kanzler, Kasse, Klasse, die Kur, der Kurier, die Akten, der Punkt, pünktlich, Advokat, Kanal, das Lokal, Publikum, vakant, Vulkan, Kapital, antik (altertümlich), der Lakai, die Maske, Sekte (religiöse Partei), Artikel, der Kontrakt, korrekt, das Edikt (Verordnung), Kommandant, das Komplott u. s. w.

---

*) Über das Theoretische vgl. „Regeln und Wörterverzeichnis für die deutsche Rechtschreibung z. G. in den preußischen Schulen." Geographische Namen sind grundsätzlich nicht aufgenommen worden.

Griechischen Ursprungs sind: die Akademie (Hochschule), der Dialekt, elektrisch, praktisch, die Arithmetik, Physik, Optik, der Charakter.

c (= k) bleibt noch in: Compagnie (Gesellschaft), Redacteur, Adjectiva, Actionum, Consistorium, das Café (Kaffeehaus), der Casus, die Coaks (kōks, ausgezeichnetste Steinkohlen), das Coupé (Abteilung in einem Eisenbahnwagen.)

ch (= k): Melancholie, das Chamäleon, die Chronik, das und der Chor, das Orchester, Cholera, Christ, christlich.

ch (= ch): das Chaos (ungeordnete Masse), der Chirurg, Chemie, Cherub (pl. Cherubim.)

ch (= sch): die Chaussee (schossé), der Chef (Haupt), die Chemisette (Hemdchen mit Kragen), Chaise, Charade, chikanieren (Ränke gegen jemand schmieden, ihn übel behandeln), der Charlatan (Marktschreier); — aber Bresche, Brosche, Maschine, Manschette.

j (= tönendes sch): Journal (Tagebuch), die Jalousieen, der Jasmin.

g (= tönendes sch vor e, i): das Genie, genieren (lästig fallen), die Gage (Lohn), der Gendarm (schan-), der Sergeant (Unteroffizier), das Logis (s stumm), logieren, Fourage, Etage, engagieren (an-); — aber wie g in Energie, Liturgie; desgl. vor a, o, u: Garderobe, Gallerie, Garnitur, die Guitarre (gî-), Guirlande, die Ligue (gu = g) u. a.

c (= z) in eigentlichen Fremdwörtern: Ceder, Censur, Centrum, central, excentrisch, Ceremonie, Cigarre, das Circular (Rundschreiben), Citrone, Citadelle (kl. Festung), Civil (Bürgerschaft), der Cölibat (Ehelosigkeit), das Concept (der erste schriftliche Entwurf), der Docent (Lehrer an der Hochschule), das Deficit (fehlende Summe), die Disciplin, Hyacinthe, Narcisse, der Pharmaceut (Apotheker), das Particip, präcis, Präcision, der Recensent (Beurteiler), social (gesellschaftlich), specifisches Gewicht, speciell.

Dagegen:

z in mehr eingebürgerten Fremdwörtern: die Justiz (Rechtspflege), das Hospiz (Gast- oder Armenhaus), Notiz, Miliz, Differenz, Sentenz, Vakanz, die Novize (junge Nonne), Allianz, Distanz; Kreuz, Provinz, Prinz — aber der Konsens (Erlaubnis). Zelle, der Zins (bestimmte Abgabe), die Zinsen (Ertrag des Kapitals), Zirkel, Lanze, Lanzette, Polizei, Polizist, das Terzerol; — meist auch in Dezember, das Konzil, Konzert, Kruzifix, die Medizin, der Offizier, offiziell, das Porzellan, das Prozent, der Prozeß, prozessieren, die Prozession (Wallfahrt), das Rezept (Arzneivorschrift): — fabrizieren, inspizieren, musizieren, publizieren.

ti (= zi vor Vokalen): Pontius Pilatus, Nation, Ration (Anteil), Auktion, Auktionator, Patient, die Motion (Bewegung), Tradition (Überlieferung); — die Grazie (Anmut), Grazien, die Ingredienzien (Bestandteile einer Mischung.)

Aufg. Die sämtlichen orthographischen Beispiele sind wiederholt zu betrachten, zu buchstabieren, abzuschreiben, zu diktieren und mündlich wie zum Teil schriftlich in Sätzen anzuwenden.

Anfg. Schreibe ferner auf: die dir bekannten **Personennamen**: Vor-, Zu-, Stamm- oder Familiennamen.

Desgl. die schwierigeren **Namen** aus der **Geschichte**.

Desgl. die **Ortsnamen** der Heimat, Deutschlands und einige aus fremden Ländern.

Desgl. Namen von Gebirgen, Flüssen, Meeren u. dgl.

F. Gebrauch großer Anfangsbuchstaben.

§ 20.

Mit großen Anfangsbuchstaben schreibt man:

1. das erste Wort eines Satzganzen, also

a. das erste Wort eines Abschnittes (auch wohl einer Verszeile). Beisp. aus dem Lesebuche.

b. das erste Wort nach einem Punkt, Frage- und Ausrufungszeichen (wenn nach diesen ein neuer Satz beginnt).

c. das erste Wort nach einem Kolon bei direkter Rede.

Beisp. Wer hat hier die Milch genascht? Hätt' ich doch den Dieb erhascht! Wärst denn, Pudel, du es gar? Pudel, komm doch! Ei fürwahr, einen weißen Bart hast du. Sag' mir doch, wie geht das zu?

Als Gott fragte: „Adam, wo bist du?" antwortete dieser: Hier bin ich 2c.

„Was wolltest du mit dem Dolche? sprich!" entgegnete ihm finster der Wüterich.

Aufg. 1. Weise diese Regeln an einem Lesestücke nach.

2. alle wirklichen Hauptwörter und solche Wörter, die als Hauptwörter gebraucht werden.

Beisp. Die Furcht Gottes ist der Weisheit Anfang.

Gott, Welt, Buch, Gerechtigkeit, Furcht 2c.

Wer ist denn mein Nächster? Etwas Gutes, Schlechtes.

Arme und Reiche müssen unter einander wohnen.

Jedem das Seine. Die Jhrigen, Deinigen sind wohl.

Friedrich der Große oder der Zweite (II.)

Das Lesen und das Schreiben sind gründlich zu erlernen.

Das Wenn, Aber, Und, das Abc 2c.

Welchen Wortarten gehören die hier als Hauptwörter gebrauchten Wörter ursprünglich an?

3. zur Auszeichnung noch

a. Eigenschafts- und Fürwörter in Titeln: der Wirkliche Geheimerat, das Königliche Zollamt, die Kaiserliche Post; Grimms Deutsche Grammatik; Se. oder Sr. Majestät; Ew. Wohlgeboren.

b. die von Personennamen abgeleiteten Eigenschaftswörter: die Musäus'schen Volksmärchen, die Schillerschen Gedichte. — Der Kölner Dom d. i. eig. Dom der Kölner, Nürnberger Bier, das Erfurter Rathaus.

c. die Fürwörter, welche sich in Briefen auf die angeredete Person beziehen: Ich möchte Dir (Ihnen) mitteilen ꝛc. Haben Sie die Güte, mir Ihre Adresse aufzuschreiben.

Alle anderen Wörter werden mit kleinen Anfangsbuchstaben geschrieben.

Merke dir also noch besonders

a die Umstandswörter: anfangs, morgens, abends (aber des andern Abends), sonntags wird gepredigt, rings, teils, unterwegs, heutzutage, bisweilen, einmal (das erste Mal), bergab, kopfüber; — im allgemeinen, im ganzen, im wesentlichen, im besondern, aufs schönste, beste, von neuem, zum besten haben, zu gute halten.

b. die Verbindungen: leid thun, feind sein, mir ist angst, es ist schade, stattfinden, teil nehmen, haus halten, acht geben, sich in acht nehmen, zu statten kommen, in stand setzen; auch: er hält haus, stand; recht, unrecht, schuld sein, aber er hat Recht, Schuld; er hat keinen Teil an mir. — Arm und reich, jung und alt, groß und klein stellten sich ein; durch dick und dünn waten.

c. die Fürwörter und Zahlwörter: man, jedermann (Mann), niemand, keiner, jeder, der eine, andere, etliche, einige, manche, viele, alle, etwas, nichts, der nämliche, letzte, erste.

Unterscheide: ein Luthersches Lied — die lutherische Kirche, das mosaische Gesetz (wegen ihrer allgemeinen Bedeutung).

Welche von diesen Wörtern sind Hauptwörter gewesen? Welche Vorwörter waren gleichfalls Hauptwörter?

Aufg. 2. Ergänze durch einen großen oder kleinen Anfangsbuchstaben: Wer nicht —rbeiten will, der soll auch nicht —ssen. Das —rbeiten soll uns keine Last, sondern ein —ergnügen sein. Das Wasser richtet oft großen —chaden an. Durch —chaden wird man klug. Es herrscht oft viel Streit um das —ein und —ein. Wer den —ösen schont, schadet dem —uten. Der —erechte erbarmt sich seines —iehes, aber das Herz des —ottlosen ist unbarmherzig. Das —ahre erkennen, das —chöne lieben, das —ute wollen, das ist des Menschen —estimmung. Unvorsichtiges —aufen, —pringen und —rinken ist der —esundheit nachteilig. Der —elbstsüchtige denkt nur an das liebe —ch. Wenn man das —etzt mit dem —onst vergleicht, so findet man, daß —ieles besser geworden ist. Ein guter Schütze trifft ins —chwarze. An Gottes —egen ist alles gelegen. Ein —eute ist mehr wert als zwei —orgen. Die —eipziger Messe ist berühmt. Die —ellertschen Fabeln sind bekannt. Der —orddeutsche Bund ging dem —eutschen Reiche vorher. Etwas —ützliches zu lernen, sollte sich —iemand auch im —lter schämen.

G. Gebrauch einiger orthographischer Zeichen.
§ 21.

1. Die **Silbenbrechung** am Ende der Zeilen und das Zeichen dafür =.

Beisp. a. Mensch, Strumpf, schwankt.

b. Be=ob=ach=ten, Aus=satz, her=ein, dar=in, wor=in, voll=auf.

c. Bei=ßen, bei=zen, la=ben, Rau=pe; Flag=ge, Klab=de, Eb=be, Ham=mer; Las=ten, klop=fen, trot=zen, Fin=ger, eif=rig; wek=ken; Bräu=che, lö=schen, Or=tho=gra=phie, Ap=fel, däm=pfen, Kar=pfen, Kün=ste, Bür=ste.

Lehrs. Im allgemeinen trennt man am Ende der Zeilen die Silben wie beim langsamen Sprechen. Im einzelnen ist zu merken:

a. Einsilbige Wörter können nicht getrennt werden.

b. Zusammengesetzte Wörter trennt man der Zusammensetzung gemäß, ohne Rücksicht auf die Aussprache: Diens=tag, Donners=tag, Haus=suchung, voll=en=det, Ob=acht, Un=art, war=um, dar=auf (vgl. Darlehen, darnach, darbringen); In=ter=esse, Atmo=sphäre, Mikro=skop, Di=stinktion (Auszeichnung); aber dis=putieren, Dis=position.

c. Ein Konsonant zwischen Vokalen wird zur folgenden Silbe gezogen.

Von zwei oder mehreren Konsonanten zwischen Vokalen wird in der Regel nur der letzte zur folgenden Silbe gezogen.

ch, sch, ph, th gelten als einfache Konsonanten und werden deshalb nicht getrennt.

ck wird in k=k, aber tz in t=z aufgelöst, pf und st bleiben nach Konsonanten ungetrennt.

Zur Übung. Mauer, Eisen, ziehen, Vorsehung, hundert, trinken, Trinkhorn, hängen, am Abhange, Klingel, Sachsen, Wispel, Haspel, blitzen, geritzt, Fritzchen, Fritze, wetzen, Wetzstein, wecken, Weckruf, schmücken, freundlich, erzählen, Erzählung, zerreißen, Büchelchen, Tapferkeit, Christentum, Apfelblüte, Fingerring, Drehorgel, Gehstock, Kachelofen, übereilt, voran, veränderlich, wornach, woran, warum, daran, darüber ꝛc., Häscher, Büschchen, Würstchen, Küste, Kiste, im Wanste, Forste, Fürsten, Wipfel, Gipfel, rümpfen, abstumpfen.

Bem. Man richte sich lieber so ein, daß man vor ck, tz, pf, st und nach ng nicht abzutrennen braucht.

2. **Der Bindestrich** =.

Beisp. a. Feld= und Gartenfrüchte, Vokallänge und =kürze.

b. Alt=England, Jung=Stilling, Schulze=Delitzsch, niederschlesisch=märkische Eisenbahn.

c. Oberlandgerichts=Präsident, General=Feldmarschall, Oberrechnungs=Kammer, Konversations=Lexikon.

Ein Schluß=s, das Dehnungs=h.

Lehrs. Durch einen Bindestrich (=) pflegen verbunden zu werden:

a. zusammengesetzte Wörter mit einem gleichen Wortgliede: Feld=, Haus=, Brieftaube.

b. zusammengesetzte Eigennamen verschiedener Art.

c. unübersichtliche Zusammensetzungen, besonders wenn das eine Glied ein Fremdwort ist und nicht regelmäßig mit demselben Worte zusammengesetzt zu werden pflegt.

2. Der **Apostroph** oder das Auslassungszeichen '.
Beisp. Wach' auf mein Herz, und singe.
Herr Jesu Christ, dich zu uns wend'.
Dein heil'gen Geist du zu uns send'.
Ach, wie ist's möglich dann.
Lehrs. Den Apostroph verwendet man

a. in Gedichten an Stelle eines ausgelassenen Buchstabens, besonders eines e oder i;

b. in der Prosa gewöhnlich nur in Zusammensetzungen von Zeitwörtern mit dem Fürworte es: geht's, steht's ec.; nicht in: am, unterm, durchs, ins, vors Haus; stehn, gehn.

Bem. Über den Apostroph in Imperativen und Genitiven von Eigennamen später.

4. **Abbreviaturen** oder **Abkürzungen**.
Abschn. = Abschnitt. Anm. = Anmerkung. Antw. = Antwort. A. T., N. T. = Altes und Neues Testament. Beisp. = Beispiel. Bemk. = Bemerkung; d. i. = das ist; d. h. = das heißt; d. J. = dieses Jahres; v. J. oder M. = vorigen Jahres oder Monats; k. J. = künftigen Jahres; dergl. = dergleichen; desgl. = desgleichen. Ew. = Euer. Geb., gest. = geboren, gestorben (auch †); ges. oder gel. = gesehen oder gelesen (auch v. = vidi). H. = Herr; u. dgl. m. = und dergleichen mehr; u. s. w. = und so weiter; sel. = selig oder weil. = weiland (verstorben). Sr. Maj. = Seiner Majestät; vgl. = vergleiche; v. Chr. = vor Christo; n. Chr. = nach Christo; l. v. o. = lies von oben; N., O., S., W. = Norden ec.; z. B. = zum Beispiel; ec. oder etc. = und das Übrige. N., G., D., A. = Nominativ Genitiv, Dativ, Accusativ; Sing. u. Pl. = Singular und Plural. Karl II. = Karl der Zweite. Den 15. März = fünfzehnten. —

ℳ = Mark. ₰ = Pfennig (früher auch: ₰). m = Meter; cm = Centimeter; mm = Millimeter; km = Kilometer; — qm = Quadratmeter; qcm = Quadratcentimeter; qmm = Quadratmillimeter; a = das Ar; ha = das Hektar; qkm = Quadratkilometer; — cbm = Kubikmeter; l = das Liter; hl = Hektoliter; ccm = Kubikcentimeter; cmm = Kubikmillimeter; g = das Gramm; kg = Kilogramm; t = Tonne. — Ctr = Centner; Pfd. (℔) = Pfund.

Zweiter Abschnitt. Das Wort.

1. Kapitel.
I. Die wichtigsten Wortarten.

§ 22.

Zur Wiederholung und Einleitung.

Hamburg.

Wenn man sich Hamburg auf dem Dampfschiffe nähert, so erblickt man einen ungeheuren Wald von Mastbäumen. Die Luft ist voll wehender Wimpel aller Farben und Nationen. Zwischen denselben blähen sich ungeheure Segel auf, und schwarze Rauchwolken steigen aus den Schornsteinen der Dampfschiffe. Dahinter erheben sich die gewaltigen Speicher für die Warenvorräte. Am Ufer wogen geschäftige Menschen in allen Farben und Trachten auf und ab. Hier arbeiten sich Rollwagen die Uferstraße hinauf. Dazwischen jagen Droschken und Reiter. Kofferträger schreien. Matrosen singen. Verkäufer rufen ihre Waren aus. Diebe haschen nach fremden Taschen. Müßige Zuschauer treiben sich umher. Alles Kostbare und Schöne der Erde sieht hier aufgestapelt in gewaltigen Fässern, eisenbeschlagenen Kisten, mächtigen Ballen und Körben. Waren, die Hunderttausende wert sind, erscheinen wie auf die Straße geworfen. Auf dem Wasser drängen sich Schiffe und Fahrzeuge aller Art durcheinander. Die einen wollen vom Ufer, lösen die mächtigen Ketten und suchen sich Bahn zu machen nach dem vollen Strome. Andere Schiffe drängen heran nach dem Ufer oder nach den Kanälen, welche in die Stadt hinein führen. Wieder andere Fahrzeuge suchen eine bequeme Haltestelle und steuern nach dem Zollamte. Zwischen den gewaltigen Seeschiffen schießen buntfarbige Gondeln oder leichte Fischerboote hin und wieder. Tage lang kann man am Ufer stehen und dem geschäftigen Treiben zusehen. Hamburg ist einer der bedeutendsten Handelsplätze Europas.

Aufg. 1. Unterscheide in obigem Sprachstücke a. die Hauptwörter, b. die Eigenschaftswörter, c. die Zeitwörter, d. die Fürwörter, e. die Zahlwörter, f. die Vorwörter (g. die Umstandswörter und h. die Bindewörter). Vgl. § 2 und 3.

2. Achte auf den Inhalt des Sprachstückes, dabei auch auf die Orthographie und die Regierung der Zeit- und Vorwörter und dann bilde dasselbe nach. Vgl. § 2, Nr. 9 u. f.

Lehrj. Die Wörter

1. a. bezeichnen die Namen der Dinge durch Ding- oder **Hauptwörter**;
b. die Namen der Eigenschaften durch Eigenschafts- oder **Beiwörter**;
c. die Namen der Thätigkeiten durch Thätigkeits- oder **Zeitwörter**;
d. sie deuten dieselben an durch Fürwörter und Zahlwörter.

2. Die Wörter drücken die Beziehung dieser Namen zu einander aus durch Vorwörter, Umstandswörter und Bindewörter.

Bemk. Es kommt hier zunächst nur auf Unterscheidung der Namen für Dinge, Eigenschaften und Thätigkeiten an.

1. Das Hauptwort oder Substantiv.

§ 23.

Die Bewohner in Sand- und Gebirgsgegenden.

Wer sich recht satt an Sand und Sanddünen sehen will, der muß eine Reise von Leipzig über Berlin nach Danzig oder nach Pommern und Mecklenburg oder auch von Leipzig durch die Lüneburger Heide oder Hamburg oder Bremen an die Inseln der Nordsee machen. Doch wird man finden, daß die Leute dort ebenso vergnügt und glücklich sind, wie die auf den Bergen und in den Gebirgen; denn Land und Wasser machen darin gar keinen Unterschied, wohl aber Gottesfurcht und Fleiß, und frommen und ehrbaren Menschen schmecken Kartoffeln oder Schwarzbrot auf ihrem rauhen Gebirge oder in der öden Heide ebenso gut als den Städtern und Bewohnern gesegneter Fluren ihr Weißbrot, ihr klares Quellwasser so gut wie Kaffee oder Wein, wenn sie das, was sie an Lebensmitteln besitzen, nur mit Dank gegen Gott genießen. Der eine lebt vom Bergbau und hat viel Erz und Holz, der andere hat Wein, der dritte Korn, der vierte Gemüse, damit eine Gegend der andern das liefern soll, wovon sie Überfluß hat, und von der andern das empfangen, was ihr mangelt, und so die Menschen Handel und Wandel, aber auch Wohlthätigkeitssinn lernen sollen. So kommt es, daß jeder seine Heimat von Herzen liebt, und je karger der Ertrag ist, den der Bewohner dem heimischen Boden abringt, desto inniger scheint er mit diesem verwachsen zu sein und ein desto stärkeres Heimweh pflegt er zu haben, wenn er von der Familie und Gevatterschaft fort in die Fremde und zwar gerade in reiche und stark bevölkerte Gegenden geführt wird.

Aufg. 1. Weise aus obigem Sprachstücke nach

a. die Gattungsnamen, die einer ganzen Art oder Gattung von Dingen zukommen: der Boden, der Mensch, Bewohner ꝛc.

b. die Eigennamen, die nur einem einzigen Dinge zukommen: Mecklenburg, Hamburg ꝛc.

c. die **Stoffnamen**, die gleichartige feste, flüssige oder luftförmige Massen benennen: Wasser, Laub, Sand, Kaffee, Wein, Weißbrot ꝛc.

d. die **Sammelnamen**, die eine Menge von Einzeldingen als ein Ganzes bezeichnen: Wald, Gebirge, Leute, Volk, Familie, Gevatterschaft ꝛc.

Merke: die Namen selbständiger Dinge heißen **konkrete Substantive** (Sinnendinge).

Aufg. 2. Unterscheide in dem Sprachstück von den konkreten die abstrakten Hauptwörter, welche Eigenschaften, Zustände oder Thätigkeiten bezeichnen: die Reise, der Unterschied, der Dank, der Überfluß, der Handel und Wandel, der Wohlthätigkeitssinn, das Heimweh, die Gottesfurcht, der Ertrag.

Merke: **Substantive** oder **Hauptwörter** sind Namen für Sinnen- oder Gedankendinge.

Aufg. 3. Ordne folgende Hauptwörter.

a. als Namen für Sinnendinge — konkrete Hauptwörter.

b. als Namen für Gedankendinge - - abstrakte Hauptwörter, und gieb an, ob es Eigennamen, Gattungsnamen ꝛc. oder Namen für Zustände, Eigenschaften oder Thätigkeiten sind.

Leinwand, Ehre, Fisch, Heinrich, das Militär, Mehl, Fluß, Rhein, Trägheit, Pflanze, Goethe, Weimar, Meer, das Rote Meer, das Tote Meer, das Nördliche Eismeer, der Atlantische Ocean, die See, die Südsee, die Zuidersee, Welle, Glück, Glücksburg, Güterglück (Bahnstation), Geschwister, Gesinde, Knecht, Magd, Jugend, Tugend, Ruhm, Rum.

Aufg. 4. Gieb die Gegensätze folgender Hauptwörter an und unterscheide sie als konkrete oder abstrakte Hauptwörter. Tod — Leben, Feind, Berg, Lehrer, Meister, Land, Ende, Wind, Lüge, Schaden, Nachteil, Abend, Tag, Licht, Helle, Verlust, Friede, Eintracht, Freude, Alter, Lohn, Schwäche, Freiheit, Eile, Zukunft, Verschwendung, Niederlage, Ernst, Gebot, Fortschritt.

Aufg. 5. Erkläre und unterscheide:

Jupiter, Pharao, Nil, Ganges, Mississippi, Alpen, Gewässer, Ebbe und Flut, Aschensalz oder Soda, Pottasche, Leben, Aschersleben, Zug, Herzog, Reformator, Reformation, Geschmeide, Schmiede, Christenheit, Christentum, Judenschaft, Judentum, der Archipelagus, die Kavallerie, Artillerie, Infanterie, Unmenschlichkeit, Planet, Mond, Sonne, Wurf, Würfel, Gewürm, das Vergißmeinnicht, das Jelängerjelieber, die Wolfsmilch, das Aschenbrödel, Däumling, Dämmerlings Wanderschaft, Ungeziefer, Schlägerei, Bäckerei, Eiweiß, Weißbier, Weißdorn, Reißblei.

Aufg. 5. Unterscheide die Arten der Substantive in einem schwierigen Lesestücke, z. B. „Gruit van Steen", „Kannitverstaan" u. dgl., auch in dem folgenden „die alten Deutschen" und achte dabei besonders auf die konkrete und abstrakte, dann auch auf die eigentliche und uneigentliche Bedeutung.

2. Das Zeitwort oder Verbum.

§ 24.
Die alten Teutschen.

In uralten Zeiten, wohl viele Jahrhunderte vor Christi Geburt, erhoben sich rüstige Stämme eines kühnen Hirtenvolkes im Morgenlande und zogen mit Herden und Waffen aus ihrer Heimat fort. Von dem Gebirge des Kaukasus stiegen sie nieder an das Schwarze Meer, in welches der Don, Dniepr und die Donau münden; diese zeigten den Wanderern die Wege gen Sonnenuntergang und gen Mitternacht. Da kamen ihrer viele in einen ungeheuren Wald; wohl manche Tagereise lang zogen sie darin weiter und nach allen Richtungen umher und konnten sein Ende noch nicht finden. Breite Flüsse durchschnitten die Wildnis, die meisten rollten von Mittag gen Mitternacht. Auch an unermeßliche Sümpfe kamen die Wanderer; darin hauste furchtbar Gewürm, das sie erschlugen. Aus den finstern Bergen sprangen ihnen der riesige Ur und das Elentier, der Wolf und der Bär entgegen; im Kampfe mit den wütenden Tieren erprobten sie ihre Kraft. Auf den Triften aber, die dem Sonnenlicht offen dalagen, weideten kleine wilde Rosse im hohen Grase; die fingen sie listig und gewandt, schwangen sich darauf und tummelten sie. Welche von den Einwanderern bis an die Meeresküste der Ostsee drangen, die fanden dort den goldglänzenden Bernstein, den die Wellen bei Nord- oder Westwind ihnen zuwarfen; welche tiefer inmitten des Landes hinzogen, die entdeckten reiche Salzquellen, deren Flut sie auf glühende Kohlen gossen; so gewannen sie Gewürz zum Schmaus des erlegten Wildes.

So rauh dies Land war, dem kernhaften Volke gefiel's. Nichts auf der Welt ging ihm über die Freiheit; in diesen Wäldern und Bergschluchten schien sie ihm am besten geborgen. Und so blieben denn die einzelnen Stämme auf diesen Landstrecken als auf ihrem Eigentum, und jeder einzelne Hausvater baute sich, fern von den andern, aus gewaltigen Stämmen schlicht und recht das Haus und umgab den Hofraum mit Pfahlwerk. Das war nun sein und der Seinigen unverletzliches Heiligtum, und er waltete nach alter Sitte darin wie ein Priester, Richter und Fürst seiner Familie.

Aufg. 1. Gieb von den im Sprachstücke gebrauchten **Zeitwörtern** oder **Verben**

    a. die Nennform oder den **Infinitiv** an: erhoben — erheben, zogen — ziehen, zeigten — zeigen ꝛc.

    b. die Zeitform, in der es gebraucht ist und dann

    c. ob es in der Thätigkeits- oder Leideform steht. Vgl. § 2, Nr. 13 u. f.

Lehrs. Die Zeitwörter oder Verben drücken aus

1. einen Zustand des Satzgegenstandes (Subjekts): liegen, schlafen, ruhen, wachen,

oder eine solche Thätigkeit, welche auf das Subjekt beschränkt bleibt und nicht auf einen andern Gegenstand einwirkt: ziehen (=

wandern), niedersteigen, münden, kommen, rollen (von Flüssen), sausen, springen.

Solche Zeitwörter heißen **subjektive**, auch **intransitive** oder **ziellose** Zeitwörter.

Aufg. 2. Nenne die Stimmen folgender Tiere: Das Pferd wiehert. Schaf, Wolf, Hund, Schwein, Bär, Löwe, Katze, Maus, Schlange, Lerche, Nachtigall, Storch, Taube, Wachtel, Haushahn, Henne, Gans, Frosch, Grille.

Welche Stimmen oder Töne hört man von Kranken, Sterbenden, Verdrießlichen, Lustigen, Zänkischen; von der Trommel, Trompete, Glas, Kette, Uhr, Flamme, Flinte, Laub.

Nenne die Bewegungen folgender Gegenstände und gieb dabei die Art der Bewegung durch ein Umstandswort (der Weise) an. Mensch — der Mensch schreitet langsam, läuft schnell, springt hoch, tanzt leicht ꝛc. Greis, Soldat, Schwalbe, Fledermaus, Fisch, Eidechse, Wind, Flußwasser, Luftballon, Blitz, Stein, Rauch, Kugel, Wagenrad, Dampfschiff, Schnecke, Affe.

Durch was für Zeitwörter wird die Bewegung oder die Stimme ausgedrückt?

2. eine Thätigkeit, welche vom Subjekte auf einen andern Gegenstand, das Objekt übergeht und auf diesen einwirkt: Die Flüsse zeigten den Wanderern den Weg. Sie konnten das Ende der Wildnis nicht finden. Breite Flüsse durchschnitten den Wald. Sie erprobten ihre Kraft — fahre fort.

Solche Zeitwörter heißen **objektive** Zeitwörter.

Die objektiven Zeitwörter sind entweder

a. **transitiv** oder **zielend**, wenn das Ziel der Thätigkeit oder das Objekt im 4. Falle oder Accusativ steht. Vgl. außer den obigen Beispielen noch: Fürchtet Gott, ehret den König. Liebe deinen Nächsten wie dich selbst. Ein faules Ei verdirbt den ganzen Brei. Böse Saat trägt böse Frucht.

Bemk. 1. Das Ziel der Thätigkeit wird als leidend gedacht. Was ist thätig?

2. Das zielende Zeitwort läßt sich in die Leideform (das Passivum) übertragen: Der König wird geehrt; der Nächste wird geliebt. Ich werde gelobt, getadelt, gesucht ꝛc.

Aufg. 3. Gieb die Thätigkeit folgender Dinge an: Seidenwurm — Seidenfaden. Der Seidenwurm spinnt den Seidenfaden. Junke — Flachs. Apotheker — Salbe. Schnitter — Sense. Holzhacker — Eiche, Tanne. Richter — Schuldige. Gesetz — Räuber. Abraham — Isaak. Kain — Abel. Columbus — Amerika.

Was thut (verrichtet) die Mutter, der Vater, der Lehrer, der Pastor, der Organist, Küster, Nachtwächter, Polizist u. a. Personen?

Durch was für Zeitwörter wird hier die Thätigkeit ausgedrückt, und welchen Fall regieren sie?

Aufg. 4. Übertrage diese Sätze in die Leideform: Der Seidenfaden wird von der Seidenraupe (dem Seidenwurm, den Seidenwürmern) gesponnen.

Aufg. 5. Unterscheide transitive und intransitive Zeitwörter in folgenden Sätzen und achte dabei auf die von ihnen regierten Fälle.

Während ich schreibe, liest mein Freund. Während der Schüler den Aufsatz (ein)schreibt, liest sein Freund ein Gedicht. Bienen und Wespen stechen. Stich dich nicht mit der Nadel. Der Schlüssel steckt im Schlosse. Wer hat ihn in das Schloß gesteckt? Der Gärtner hat den ganzen Tag zu thun: er hackt und harkt, düngt, streut aus, jät und begießt, pflanzt und jätet, reinigt und verbindet, erntet und verkauft ꝛc. Was hackt und harkt er? ꝛc. Das Alter wägt; die Jugend wagt. Was? — Die Leidenschaft flieht; die Liebe muß bleiben; die Blume verblüht, die Frucht muß treiben (Schiller). Fliehe das Laster. Ein Narr treibt Mutwillen. Der Damm zerreißt; das Feld erbraust; die Fluten spülen; die Fläche saust (Goethe). Was zerreißt den Damm? spült die Flut hinweg? Balken krachen; Pfosten stürzen, Fenster klirren; Kinder jammern; Mütter irren (Sch.). Das Ruder schallt; das Segel schwillt. Die bunten Wimpel fliegen (Uhland).

b. **intransitiv** oder **ziellos**, wenn sie den 3. Fall oder Dativ regieren: Folget mir. Danket dem Herrn. Ich gratuliere Ihnen. Du darfst keinem Laster frönen.

Bemk. 1. Zu den intransitiven Zeitwörtern gehören auch die subjektiven, die gar keinen Fall regieren. Vgl. § 2. Nr. 16.

2. Das intransitive Zeitwort läßt sich nicht in die Leideform übertragen. Versuche es mit scheinen, glänzen, leuchten, weinen, lachen; nützen (aber benutzen), folgen (aber befolgen), dienen (aber bedienen), gehorchen, frönen, gratulieren, mangeln, fluchen, drohen, fehlen, frommen, schmeicheln, helfen, abhelfen, abraten, beipflichten, nacheifern, zuvorkommen, nachstehen, glücken, mißglücken u. a.

Aufg. 6. Welche von diesen Zeitwörtern lassen sich mit dem 3. Falle verbinden? Wende sie in Sätzen an.

c. **rückbezügliche** oder **reflexive** Zeitwörter, wenn die Thätigkeit sich auf den Satzgegenstand zurücklenkt, so daß derselbe zugleich thätig und leidend erscheint: Ich schäme mich; du schämst dich; er (sie) schämt sich ꝛc. Ich freue mich. Besinne dich. Entschließe dich. Sich erkühnen, erinnern, grämen, sehnen, wundern, behelfen.

Welchen Fall regieren sie?

Bemk. 1. Transitive Zeitwörter können auch reflexiv gebraucht werden: Ich stoße mich am Arme. Alle Welt fürchte den Herrn — Fürchtet euch nicht vor denen, die den Leib töten. Sich betrüben, ärgern (vgl. Matth. 18, 6 u. 11, 6); sich waschen, kämmen, reinigen, stärken, schwächen ꝛc.

Bemk. 2. Einige sind auch **wechselbezüglich** oder **reziprok**:

Die Quellanten erschossen sich beide. Sich unterstützen, bekämpfen, schlagen, schimpfen, belehren, unterhalten ꝛc.

Beml. 3. Nicht reflexiv sind: Ich bilde mir was ein. Was maßest du dir an? Sich vornehmen, vorstellen, einbilden. (Warum denn nicht?)

Beml. 4. Die echten reflexiven Zeitwörter sind der Form nach objektiv, der Bedeutung nach aber subjektiv.

Über faktitive Zeitwörter s. die Wortbildung S. 53.

Aufg. 7. Unterscheide die transitiven, die intransitiven und die reflexiven Zeitwörter in dem Sprachstücke: Hamburg, und gieb an, welchen Fall sie regieren.

Aufg. 8. Gebrauche folgende Zeitwörter transitiv und soweit möglich auch intransitiv und reflexiv.

Stürzen, kochen, zerbrechen, ziehen, fahren, schießen, reden, denken, eilen, verweilen, schleichen, flüchten, drehen, bedecken, nennen, vollenden; trauern, schmecken, steuern, reichen, scheinen, stürmen.

d. **unpersönliche** Zeitwörter: es regnet; es schneit, regnet, hagelt, donnert ꝛc. — andere Naturerscheinungen? Es schlägt fünf Uhr. Es friert mich, hungert, dürstet, jammert, schmerzt, betrübt, ärgert ꝛc. mich. Mir graut, schwindelt, ahnt, träumt, ekelt vor der Speise. Es geht ihm gut, schlecht. — Es geht dich nichts an.

Was regieren sie?

Aufg. 9. Verbinde die unpersönlichen Zeitwörter mit andern Für= und Hauptwörtern.

Aufg. 10. Gieb den Gegensatz und zugleich die Arten folgender Zeitwörter an.

Geben — nehmen; lieben, lachen, loben, bleiben, reden, steigen, vermehren, verschlechtern, verhindern, befehlen, anfüllen, anziehen, anbinden, anfeuchten, fortgehen, aufstehen, unterschieben, aufbauen, ausdehnen, festhalten, sich bewegen, sich vergnügen, sich sättigen, sich freuen.

Aufg. 11. Unterscheide die verschiedenen Arten von Zeitwörtern in Lesestücken oder Gedichten, z. B.:

„Die Posaune des Gerichts" von B. Auerbach; „Erlkönig" von Goethe; „der Handschuh" von Schiller.

3. Das Eigenschaftswort oder Adjektiv.

§ 25.

Die alten Deutschen. (Fortf.)

Groß, stark und schön waren die Deutschen in alter Zeit. Unbefleckte Keuschheit und rühmenswerte Einfachheit der Sitten erhielten an Kindern die Kraft und Eigenart der Eltern. Wie übermenschliche Riesen blickten sie hoch über ihre feindlichen Nachbarn. Weiß und rein war die Farbe ihrer Haut; in üppiger Fülle floß das goldgelbe Haar über ihre kräftigen Schultern hernieder, und aus den großen blauen Augen blickte unbezwinglicher Mut und stolzer Freiheitssinn. Die leibliche Kraft wurde frühzeitig gestählt. Das neugeborne Kind wurde in kaltes Wasser getaucht; das heranreifende durch jegliche Leibesübung abgehärtet. Der Knabe begleitete den freien Vater auf die gefahrvolle Jagd und bald auch in den unvermeidlichen Männerkampf, oder er warf sich bei Sturm und Wetter in den reißenden Strom und rang mit den wütenden Fluten. Der Jüngling sprang, nackt wie er war, zwischen aufgepflanzten Schwertern und Lanzenspitzen einher. Ein solcher Schwerttanz war das einzige Schauspiel, an dem das unverwöhnte Volk Gefallen fand, und sein Beifall lohnte den Keckften und Geschicktesten reichlich.

Aufg. 1. Nenne konkrete Eigenschaftswörter (in Verbindung und ohne Verbindung mit Hauptwörtern)

a. der Farbe: gelb, gelblich (was heißt das?) violett, grasgrün ꝛc.

b. des Stoffes: eisern, irden, stählern ꝛc.; der stofflichen Beschaffenheit: trocken — naß, feucht, flüssig, glatt — ꝛc.; — des Geschmackes: süß —, bitter ꝛc.

c. der Größe und Ausdehnung: groß — klein, niedrig — (Gegensatz?), weit, tief, breit, lang, dünn, entfernt ꝛc.

d. der Gestalt und der Richtung: gebogen, krumm —, kreisrund, -förmig, eirund, würfel-, kugelförmig, quadratisch, geschlängelt, gerade, schief, eben, eckig, winklig, stumpf-, spitz, recht-, hakig, platt, gabelig, gezähnt, zackig, gesägt ꝛc.

An Gegenständen und durch Figuren, sowie möglichst durch den Gegensatz zu veranschaulichen.

Aufg. 2. a. Geistige oder abstrakte Eigenschaften, womöglich mit ihrem Gegensatz: glücklich — unglücklich, fröhlich — ernst, betrübt, verlegen, geübt, gewandt, flink, beherzt, schlau, klug, erfinderisch, begabt, verdrießlich, wahr.

In Sätzen anzuwenden.

b. Sittliche oder unsittliche Eigenschaften: fleißig —, wahrhaft —, ehrlich, edel, rachsüchtig, eitel, hochmütig, eigennützig, ehrgeizig, verschwenderisch, mildthätig, barmherzig, feindselig, zanksüchtig, neidisch, schadenfroh, jähzornig, neidisch ꝛc.

Aufg. 3. Gieb von den in dem obigen Sprachstücke gebrauchten Adjektiven an, zu welchen dieser Gruppen sie gehören, und verbinde sie in Sätzen mit andern Substantiven.

Welche sind **Mittelwörter** oder **Participien**, von Zeitwörtern gebildete, aber als Adjektive gebrauchte Wörter?

1. Lehrs. Im Gegensatze zu den eigentlichen Adjektiven, welche eine bleibende Eigenschaft ausdrücken, bezeichnen die aus Zeitwörtern gebildeten Mittelwörter oder Participien einen vorübergehenden oder schon vorübergegangenen Zustand oder eine solche Thätigkeit: der wachsame — wachende Hund, die gehende Uhr, das stehende Wasser, der singende Vogel ꝛc.; das abgefallene Blatt, das gelesene Buch, die verwichene Woche, die aufgepflanzten Schwerter ꝛc.

2. Viele Mittelwörter der Vergangenheit haben die Natur des Verbums oder Thätigkeitswortes verloren und bezeichnen wie andere Adjektive ein bleibendes Merkmal: Eine gesprungene Glocke giebt einen schlechten Ton. Eine zerrissene Saite, ein zerbrochener Topf, eine betrübte Mutter, ein gebildeter Mensch, eine berittene Mannschaft, ein verdienter Beamter, ein versuchter, erprobter Freund, eine verschwiegene Dienstmagd, ein studierter, unstudierter Lehrer, ein gelernter Handwerker, geschworene Feinde, ein pflichtvergessener Soldat, die feine wohlschmeckende Frucht, kriechender Günsel, blühende Gesundheit, eine entzückende Landschaft ꝛc.

Wer krank ist, hofft auf Genesung. Was angenehm ist, kommt stets erwünscht! Wer tot ist, wird beerdigt. — Das was glänzt, (das Glänzende), wird oft für wertvoll gehalten. Wer reist, lernt Land und Leute kennen. Die, welche irren, sollen auf den Weg der Wahrheit geführt werden. Wer hofft, erwartet alles von der Zukunft. Wer sich einmal gebrannt hat, scheuet das Feuer. Wer getäuscht worden ist, wird vorsichtig gegen fremde Beteuerungen. Was erobert ist, hat mehr Wert, als was geschenkt worden ist.

Aufg. 5. Gebrauche die Eigenschafts- und Zeitwörter als Mittelwörter. Durch welche Eigenschaftswörter können die letzteren in der vorliegenden Bedeutung umschrieben werden?

4. Das Zahlwort oder Numerale (Pl. Numeralien).

§ 26.

Beisp. a.

Zehn Jahr, ein Kind,	sechzig Jahr, geht's Alter an,
zwanzig Jahr, jung gesinnt.	siebzig Jahr, ein Greis,
dreißig Jahr, rascher Mann,	achtzig Jahr, schneeweiß,
vierzig Jahr, wohlgethan,	neunzig Jahr, gebückt zum Tod,
fünfzig Jahr, stille stau,	hundert Jahr, Gnade Gott!

Volksmund.

Die ersten werden die letzten sein. Unrecht Gut gedeihet nicht, kommt an den dritten Erben nicht. Gewohnheit ist die andere Natur.

b. Aller Anfang ist schwer. Alle Menschen müssen sterben. Die fleißige geschickte Hand erwirbt sich Brot in jedem Land. Einmal ist keinmal, sagen die Leichtsinnigen. Viele sind berufen, aber wenige sind auserwählt. Viele wissen vieles; keiner weiß alles.

Lehrs. **Zahlwörter** oder **Numeralien** sind der Form nach Adjektive, welche die Anzahl oder Menge der Dinge auf eine bestimmte oder unbestimmte Weise angeben.

a. Die **bestimmten Zahlwörter** geben die Menge oder Quantität genau an. Es sind dies entweder:

aa. **Grundzahlwörter** (auf die Frage wieviel?), welche die Menge zählen: eins (einer, eine, eines), zwei, drei, vier, fünf, sechs, sieben, acht, neun, zehn; elf, zwölf, dreizehn 2c.: zwanzig, dreißig, vierzig, fünfzig, sechzig, siebenzig 2c.; hundert, tausend.

bb. **Ordnungszahlwörter** (auf die Frage: der wievielste?): der erste, zweite, dritte 2c., sechste, siebente, achte, neunte, zehnte 2c., zwanzigste 2c.

Aufg. 1. Gebrauche die Grundzahlw. bei Angabe der wichtigsten Münzen, Maße und Gewichte: Eine Mark hat (gilt) einhundert Pfennige.

Welche Ordnungszahlwörter werden mittels der Silbe **te** und welche mittels **ste** gebildet?

Wieviel ist eine Million? Billion? Trillion? Quadrillion? eine Milliarde? Selbander (ich selbst der andere oder zweite). Was ist in der Rechenkunst ein Einer, Zehner, Hunderter, Tausender? — Was ist ein Dreier, Sechser, Fünfer? In erster, zweiter Linie? der Herr sandte seine Jünger zu je zwei. Je drei Soldaten bekommen eine Portion (gleichmäßige Verteilung).

Aufg. 2. Drücke die Zahlen in folgender Erzählung in Worten — eigentlichen Zahlwörtern — aus.

Kaiser Wilhelm. K. W. wurde den 22. März 1797 geboren und am 3. April getauft. An seinem 10. Geburtstage trat er in die Armee ein. Als er 13 Jahr alt war, entriß ihm der Tod die vortreffliche Mutter. In seinem 17. und 18. Jahre, also in den Jahren 1813 16 nahm er an dem Befreiungskampfe gegen Frankreich teil. Am 2. Januar 1861 bestieg er den preußischen Königsthron. Damals stand er schon im 65. Lebensjahr. Als 73jähriger Greis führte er Deutschlands Heer siegreich gegen Frankreich. (An welchen Tagen wurden die glorreichsten Siege errungen?) Am 18. Januar 1871 wurde er zum Kaiser von Deutschland gekrönt. (Den wievielsten Geburtstag hat er zuletzt gefeiert? Wie viele Kinder hat Kaiser Wilhelm? Wie viele Söhne und Töchter hat der Kronprinz Friedrich Wilhelm?)

Lehrs. **Unbestimmte oder allgemeine Zahlwörter**, welche

aa. eine unbestimmte Anzahl von Einheiten ausdrücken: alle, viele, wenige, manche, sämtliche, jeder, jeglicher, etlicher, ein paar (oder das Paar) = zwei 2c. Diese gelten auch als unbestimmte Fürwörter.

bb. ein Maß von (nicht zählbaren Dingen): viel Wasser, wenig Brot, etwas Wein, Gold genug.

Aufg. 3. Füge in folgender Beschreibung die passenden allgemeinen Zahl- oder Fürwörter ein.

Die Insekten. — Menschen nur beobachten das Heer der Insekten. — verachten diese Tiere sogar wegen ihrer Kleinheit. Andere wenden nicht — Geduld zu ihrer Betrachtung an. Daher sind auch nur die — Menschen wahre Freunde dieser merkwürdigen Geschöpfe — verteidigt oder beschützt sie gegen ihre zahlreichen Feinde. — hält ihnen eine Lobrede. Fast — fängt, schlägt und spießt sie. Und doch sind — von ihnen unsere besten Freunde. — bleiben uns; — erquicken uns durch Süßigkeiten; — erfreuen uns durch ihre Farbenpracht. Wohl werden uns — auch lästig; dennoch füllen — den ihnen vom Schöpfer angewiesenen Platz aus, — predigen die Ehre des Schöpfers. — rufen uns zu: „Verachtet das Kleine nicht!"

Lehrs. Durch Ableitung oder Zusammensetzung werden folgende Nebenarten von Zahlwörtern (oder Umstandswörter der Zahl) gebildet:

a. Gattungs- oder Artzahlen: zweierlei, dreierlei, mancherlei, allerlei.

b. Vervielfachungszahlen: zwei**fach**, zwiefach, dreifach mannigfach, mannigfaltig; dreifältig, vierfältig.

c. Wiederholungszahlen (wie oft?): ein**mal**, zweimal 2c.; — das erste Mal (= die erste Zeit).

d. Bruchzahlen: Drit**tel**) d. i. der dritte Teil), Viertel, Zehntel, drei Zwanzig**stel** 2c.; viertehalb = das vierte halb (die drei aber ganz); anderthalb (das andere oder zweite halb).
Wie liest man $^{57}/_{18}$, $^{5}/_{1}$ (5 Eintel oder Ganze)? Was ist in der Musik ein Zweieinteltakt?

e. Ordnende Zahladverbien: erst**ens**, zweit**ens**, sechst**ens** 2c.

5. Das Fürwort oder Pronomen (Pl. Pronomina).

§ 27.

Beisp. a. Ich bin ein Mensch. Du sollst nicht töten 2c.

b. Mein Reich ist nicht von dieser Welt. Dein Wille geschehe 2c.

c. Der Herbst wie der Frühling hat seine Freuden: dieser bringt Blumen, jener Früchte. Handle recht und bekümmere dich nicht darum, was dieser oder jener von dir sagt. Dies ist der Tag, den Gott gemacht. Das ist der Tag des Herrn. Solchen Glauben habe ich in Israel nicht gefunden.

d. Wer (welcher) unter euch kann mich einer Sünde zeihen? (anschuldigen). Was ist ein Fürwort?

e. Die Jahreszeit, welche auf den Sommer folgt, heißt der Herbst. Alle Früchte, die im Sommer gereift sind, werden im Herbste geerntet, der Wein, der an sonnigen Abhängen am besten gedeiht, liefert süße Trauben. Was unser Gott erschaffen hat, das will er auch erhalten.

f. Man muß Gott mehr gehorchen, als den Menschen. Jedermann sei unterthan der Obrigkeit, die Gewalt über ihn hat. Niemand (keiner) ist ohne Sünde.

Lehrj. **Fürwörter** oder **Pronomina** sind in der Regel Stellvertreter von Hauptwörtern.

Oftmals deuten sie nur ganz allgemein auf ein Begriffswort oder einen Satz hin. Weise das an einigen der obigen Beispiele nach.

Sie unterscheiden sich in
1. **persönliche Fürwörter** (Personalpronomen):
    a. die sprechende Person: ich — wir (Mehrz.)
    b. die angesprochene Person: du — ihr (Mehrz.)
    c. die besprochene Person: er — sie - es — sie (Mehrz.)
     (sich)   (sich).

Unbestimmte persönliche Fürwörter: man, jemand, niemand, jedermann.

Bem. Das unbestimmte man ist ursprünglich = Mann d. i. Mensch.

2. **besitzanzeigende Fürwörter** (Possessivpronomen): mein, dein, sein, (ihr, sein); unser, euer, ihr — welche die Form von Adjektiven haben.

Mein, dein, sein ꝛc., unser, euer ꝛc. waren urspr. die Genitive der persönlichen Fürwörter.

3. **hinweisende Fürw.** (Demonstrativpronomen): dieser, e, s weist auf die nähere, jener, e, s, auf eine fernere Person oder Sache hin; ferner das betonte der, die, das oder derjenige, diejenige, dasjenige. Das und dies weisen allgemein auf einen Gegenstand hin, ohne das Geschlecht zu bezeichnen: Das eben ist der Fluch der bösen That, daß sie fortzeugend Böses muß gebären. Solcher, e, s hebt die Art und Weise oder Beschaffenheit nachdrücklich hervor: das Schiff stieß mit solcher Heftigkeit gegen die Brücke, daß es scheiterte. Solch ein Wetter habe ich niemals erlebt.

4. **fragende Fürwörter** (Interrogativpr.): wer? was? welcher, e, s? was für ein?

Bem. Mit wer und was fragt man allgemein nach dem Gattungsbegriff; mit welcher näher nach einem Einzelwesen oder einer Art; mit was für ein nach der Beschaffenheit, so daß man darauf mit einem Eigenschaftsworte antwortet: Was ist das? (ein Haus). Was für ein Haus bewohnt ihr? (Ein zweistöckiges, schönes). Welches denn? (das dort, Nr. 15).

5. **bezügliche Fürwörter** (Relativpr.): welcher, e, s, der, die, das; wer, was - setzen eine Aussage mit einem schon genannten Gegenstande in Beziehung.

6. **unbestimmte oder allgemeine Fürwörter**: außer den schon unter Nr. 1 genannten, vgl. noch die Zahl-Pronomen: viele, etliche, mancher, keiner ꝛc.; s. den vorigen §.

Bem. Der Form und Biegung nach sind es Adjektive, als Vertreter von Substantiven sind es Pronomen, und in ihrer Beziehung auf die Menge der Dinge oder die Quantität sind es Numeralien.

Aufg. 1. Unterscheide die persönlichen, besitzanzeigenden und fragenden Fürwörter in einem Lesestück z. B. in „Erlkönig" von Goethe, dann auch die übrigen in „Haus Euler" von G. Seidl; „der Hirtenknabe" von Herder.

Aufg. 3. Unterscheide folgende ähnlich klingende oder homonyme Wörter, bestimme welchen Wortarten sie angehören und gebrauche sie in Sätzen.

Ein Paar Schuhe — ein paar Äpfel; der Rain — rein — der Rhein; der Tod — tot, vgl. § 9; die Stadt — Statt oder Stätte - statt, anstatt; seid — seit; Predigt - predigt; das Gemäß — gemäß; der Zwerg — zwerch in Zwerchfell; der Teig — Teich — teig (mürbe, vom Obst); der Sieg — siech, siegen — siechen, die Siechen; der Flug, des Fluges — flugs; die Hast — hast, haßt; ißt — ißt; das Mus — muß; die weißen Bohnen — die weisen Männer, die Weisen, die Waisen, die Weise — weise, weiße; das Haus, das ist — daß; der Schaft — schafft, der Gewinst — du gewinnst; der Sammet oder Samt — samt, sämtlich, insgesamt; die vorderen — fordern; viel — fiel; das Geld — gelt, die Eichen, eichen, Buchen, — buchen, das Gewand — gewandt, die Gesandten — die gesandten Bücher; Baden — baden — baten; Dänen — denen; die hintern — hindern; das Kissen — küssen; die Weite — ein weiter Wald — die Weide; wider — wieder (s. S. 26); der Wirt — wirb, verwirrt; die Zähren — zehren, verzehren, versehren; die Zehe — zäh; los — das Los, erlöst, gelost; in — ihn, im — ihm; wen — wenn, den — denn; man — jedermann, Mann; war — wahr, waren — die wahren, die Waren — wahren; mal (ein-, zwei-), jedesmal — das erste Mal, der Malstein, das Denkmal, das Mahl, die Mahlzeit, der Mahlschatz, die Mahlmühle, mahlen — malen; mehr — das Meer, der Meerrettich, die Mähre, das Märchen — Meerchen; die Möhre, ruhte — die Rute, rat — der Rat, das Rad; floh — der Floh; zehen (zehn) — die Zehen, zehne — die Zähne; hehr — her — Herr, herrlich; die hohlen Bäume — holen; leer — lehr', die leeren — lehren, geleert — gelehrt; wehr' dich — die Landwehr, das Wergeld, der Werwolf; mein Nächster — mein nächster Verwandter; Friedrich der Zweite — der zweite König dieses Namens; abends, morgens — des Abends, Morgens; feind sein — sein Feind sein; schuld sein, seine Schuld; mir ist angst — die Angst; es thut not — die Not; leid thun — jemandem ein Leid anthun; teil nehmen — das beste Teil; in stand setzen — der Stand, zu stande kommen — in gutem Stande; mit vielem hält man haus — von Haus und Hof kommen.

2. Kapitel.
Aus der Wortbildungslehre.
I. Wortfamilien.
§ 28.
Deutschlands Erniedrigung und Erhebung.

Zu Anfange dieses Jahrhunderts befand sich unser Vaterland in einem schmachvollen Zustande, es stand unter der Herrschaft Napoleons. Zwar hatte derselbe die deutschen Länder dem Namen nach bestehen lassen, aber es fehlte ihnen alle Selbständigkeit. Niemand durfte sich unterstehen, etwas gegen den Willen des Machthabers zu unternehmen, und die Deutschen waren vollständig den unausstehlichen Bedrückungen der Franzosen preisgegeben. Man muß gestehen, daß bei manchem Deutschen das Verständnis für die Ehre des Vaterlandes gestorben war, und daß einzelne keinen Anstand nahmen, ihrem Unterdrücker beizustehen, anstatt ihm Widerstand zu leisten. Allein in anderen deutschen Herzen entstand mächtig der Wunsch, die Unterdrücker zu verjagen. Andreas Hofer rief die Tiroler zum Aufstande, und mit seinen tapferen Landsleuten vertrieb er selbständig die Fremden. Aber sein Glück hatte keinen Bestand. Er wurde gefangen und standrechtlich als Aufständischer erschossen. Standhaft erlitt der Held den Tod. Auch der edle Schill fiel kämpfend, da er keinen Beistand erhielt. Endlich schlug die Stunde der Befreiung, man kann sagen der Auferstehung Deutschlands. Napoleons Heer war in Rußland zu grunde gegangen. Da stand das deutsche Volk auf gegen seine Dränger. Gelehrte und Ungelehrte, Arme und Reiche ergriffen die Waffen, kein Stand wollte dem anderen nachstehen. Wie hätte Tyrannenmacht so hohem Mute widerstehen können! Wohl war noch mancher Kampf zu bestehen und noch mancher Schmerz auszustehen, aber Leipzig und Waterloo, wo die Heere einander gegenüberstanden, sagten den Franzosen verständlich genug, daß deutsche Kraft noch nicht erstorben sei. Das französische Heer konnte nicht standhalten. Paris wurde erobert und Napoleon gefangen genommen.

Aufg. 1. Ordne die zu stehen (stand) gehörigen Bildungen als konkrete oder abstrakte Hauptwörter, Zeitwörter und Eigenschaftswörter.

Welche von diesen Bildungen sind durch Vor- oder Nachsilben aus dem Stammworte stehen (stand) hervorgegangen? Welche durch Zusammensetzungen mit selbständigen Wörtern?

Aufg. 2. Gebrauche die gesperrt gedruckten Verben mit den folgenden Wörtern in Sätzen und achte dabei auf die verschiedene Bedeutung der Verben!

Stehen: Rede, nicht auf den Beinen, geschrieben, Bäume, Soldat, Hut, Uhr, im Preise, zu — kommen; bestehen: Pflanzen, zwölf, Geschenk in —, Gläubiger auf —, auf Kopf —, seit langer Zeit —, Vertrag zwischen —, Prüfung, Probe —; verstehen: Worte, Sprache, Handwerk, von selbst —, sich zu nichts —, unter Faustrecht —, von einer Sache, zu — geben; erstehen: Auktion, vom Tode; anstehen: Kleid, Bescheidenheit wohl —; abstehen: Haare, Ohren, Fische, Wasser, vom Kaufe, von Forderung; aufstehen: vom Lager, Volk, Prophet; vorstehen: Ecke, einem Amte; widerstehen: Feind, Versuchung, Speise, Schmeichelei.

Aufg. 3. (Gebrauche in Sätzen). Die Wortfamilie **brennen**, brannte, gebrannt.

Stämme: Brand, Brunst. Sproßformen: Brenner, Brennerei, brennbar, brünstig, Brenze, ver=, ent=, an=, ausbrennen, brenzlich, Verbrennung. Zusammensetzungen: Brandwunde, Brandstätte, Feuersbrunst, inbrünstig, Branntwein, Branntweinbrennerei.

Aufg. 4. Die Wortfamilie **ziehen**, zog, gezogen.

Ziehen: Wolken, Lichte, Farbe von der Sonne, auf Wache, Pflanzen, Blasen, in die Länge, es —, nach sich —. Beziehen: Violine, Wohnung, Jahrmarkt, Waren, sich auf etwas —. Verziehen: Miene, Gewitter, Spiritus, Retter, Erzieher. Anziehen: Zügel, Pferde, Kleider, Dienstbote, Magnet, Rute, Erzählung. Abziehen: Haut, Wein, Dienstboten, Heer, Barbiermesser, seine Hand, Ausgabe von Einnahme, Nebensache von Hauptsache. Aufziehen: Uhr, Saiten, Wandkarten, Hund, Wache. Überziehen: Sofa, Himmel, mit Krieg. Ausziehen: Kleider, Federn, Saft, Wohnung, Inhalt eines Buches. Zuziehen: Thür, Krankheit, Tadel.

Aufg. 5. Die Wortfamilie **graben**, grub, gegraben.

Graben. Die Arbeiter graben auf dem Gottesacker. Was graben sie? Was gebrauchen sie dazu? Wie nennt man diese Arbeiter? Was geschieht mit den Toten? Wie heißt eine solche Handlung? Was bildet die über dem Graben aufgehäufte Erde? Was wird auf das Grab gesetzt? Wie heißt ein gewölbtes Grab? Wohin steigt der Bergmann? In welchen Gruben findet er Silber, Eisen, Kohlen? Wie heißt das Wasser aus den Gruben? Wohin fließt das ausgeschüttete Wasser? Wie heißt ein Graben an der Straße? — Was thut der Gärtner mit der Erde? Was thut er mit den Bäumen, welche er versetzen will? Was geschieht mit dem Aas, damit es die Luft nicht verdirbt.

Aufg. 6. Verwende folgende zusammengehörige Ausdrücke in Sätzen und erkläre die uneigentlich oder bildlich gebrauchten.

Stand halten, im stande sein, zustande kommen, (guten) Stand haben, über seinen Stand hinausgehen, die Stände des Landes, Nähr=, Wehr= und Lehrstand; Geständnis ablegen. Verständnis haben, öffnen, finden, Anstand haben, nehmen, auf d. A. liegen; Beistand leisten, bitten, finden; Zustand: in Z. befinden, zerrüttet Gesundheit, Vermögen; Bestand haben, Salz, Kasse, That, Teil; beständig, Beständigkeit; vor-, zu-: Gegenstand ꝛc.

Lehrs. 1. Wörter gleichen in ihrer Entstehung den organischen Gebilden in der Natur, besonders den Pflanzen: daher spricht man von Wurzelformen, Stamm- und Sproßformen.

2. Die Wurzel selbst liegt, wie die einer Pflanze, verborgen. Als Wurzelwort (-form) gilt ein solches, welches von keinem andern Worte abgeleitet ist, z. B. gehen, ziehen, graben ꝛc.

3. Aus den Wurzelwörtern gingen Stammwörter hervor, die noch keine Vor- oder Nachsilben haben, oder nicht zusammengesetzt sind, z. B. gehen — Gang, ziehen — Zug, brennen — Brand; stehen — stand, der Stand; bergen — der Berg, die Burg.

Sie weichen nur im Vokal von dem Wurzelworte ab: sie sind durch Ablaute gebildet.

4. Aus den Wurzeln und Stämmen erwuchsen die Sprossen. Die Sproßformen sind durch Vor- oder Nachsilben gebildet: stehen — vorstehen, bestehen, aufstehen, Bestand, Vorstand, Aufstand, verstehbar.

5. Durch Zusammensetzung selbständiger Wörter entstehen (wie durch Kopulation oder Okulation bei den Pflanzen) Wortzusammensetzungen (das Kompositum — Pl. -ta).

Aufg. 7. Welche Wörter in obigen Wortfamilien sind Stammwörter (auch Stammsilben), welche abgeleitete und welche zusammengesetzte Wörter? Durch welche Vor- oder Nachsilben sind die Ableitungen gebildet? Welchen Wortarten gehören die aus Verben gebildeten Wörter an?

Aufg. 8. Welche Wörter lassen sich aus folgenden starkbiegenden Verben bilden?

Bergen, binden, trinken, winden, schlingen, singen, springen, zwingen, brechen, sprechen, stechen, geben, messen, beißen, reißen, schreiben, schließen, fliegen, fließen, schießen, liegen, sprießen.

Von welchen Wurzelwörtern sind folgende Stammwörter abgeleitet?

Salz, Klang, Schmalz, Schwamm, Guß, Schwur, Leid, Steig und Steg, Stiege, Rauch, Stoß, Sprichwort, Diebstahl, Erwerb, Weg, Trunk, Schwung, Fund.

II. Die Ableitung.

§ 29.

I. Abgeleitete Hauptwörter.

Beisp. e (Ableitungssilbe oder -laut): Sprache — sprach; Grube, Güte, Länge.

ei: Malerei, Ziegelei, Brauerei, Buchbinderei, Plauderei.

el: das Bündel, die Eichel, der Schwengel.
lein und **chen:** Männlein, Fräulein, Blümchen.
sel und **sal:** das Rätsel, der Häcksel, die Drangsal, das Labsal.
er und **in:** (innen:) Fischer, Weber, Lehrerin, Königin.
nis (nisse): Gefängnis —nisse, Betrübnis.
icht: das Kehricht, Dickicht, Spülicht.
ling: Jüngling, Setzling, Wildling.
ung: Wendung, Reibung, Hoffnung, Öffnung.
heit, keit: Kindheit, Menschheit; Höflichkeit, Eitelkeit.
schaft: Freundschaft, Gesellschaft, Bürgschaft.
tum: das Wachstum, der Irrtum, das Judentum.
rich: Friedrich, Heinrich, Gänserich, Wegerich.
ge: das Geläute, Gebüsch, Gewitter.
un: das Unglück (Gegenteil das Glück); das Unkraut (schlechtes Kraut), Unglaube; Unzahl, unzählig.
be, miß: s. die abgeleiteten Zeitwörter.

Zur Bedeutung dieser Ableitungen.

Lehrs. 1. **ei** bildet Wörter, welche eine wiederholte Thätigkeit, dann den Ort derselben ausdrücken: Bäckerei, Ziegelei.
lein und **chen** bilden Verkleinerungswörter oder Diminutive.
er und **rich** Personen männlichen Geschlechtes.
icht, Sammel= und Stoffnamen.
ling bezeichnet Verwandtschaft oder Zugehörigkeit.
ung bildet wie **heit** und **keit, schaft** und **tum** abstrakte Substantive, welche eine Handlung oder einen Zustand ausdrücken.
Die Vorsilbe **ge** bildet Sammelnamen; **un** drückt das Gegenteil oder eine Verschlechterung des Begriffes aus.

Aufg. 9. Von welchem Geschlechte sind die Hauptwörter auf **e, ei, in, ung, heit, keit, schaft?**
die auf **lein, chen, icht, tum?**
die auf **er, rich?**
Suche männliche Wörter auf **el,** dann weibl. und sächl. Suche überhaupt noch Beispiele zu jeder Ableitungsform.

Aufg. 10. Beantworte folgende Fragen durch abgeleitete Hauptwörter. Was erfand Gutenberg? G. erfand die Buchdruckerkunst = G. war der Erfinder der Buchd. Was entdeckte Columbus? Welche Provinz eroberte Friedrich der Große? Was unterdrückte Napoleon? Was stellte Kaiser Wilhelm wieder her? — Womit schließt man eine Thür auf? (Schlüssel). — Womit hebt man Lasten? Womit fliegt der Vogel? Wo werden Ziegel bereitet? Wo wird Bier gebraut? Branntwein gebrannt? ein Buch gedruckt? Wie heißt die Gemahlin des Fürsten? des Kronprinzen? eines Pastors? Was bilden sämtliche Bürger einer Stadt? sämtliche Christen? Priester? Menschen? Was gebraucht einer zum Schlagen? zum Werfen?

Nähen? Was ist der Wein, insofern er uns labt? die Not, weil sie uns drängt? Was sind unsere Erlebnisse, weil Gott sie schickt? Aufg. 11. Erkläre: Kaisertum, Herzogtum, Zügel, Klingel, Gebet, Überbleibsel, Schnitzel, Häcksel oder Häckerling, das Mädel, Ränzel, Väterchen, Töchterchen, ein Hannoveraner, ein Bremenser, ein Thüringer, ein Hirschfänger, Schnelläufer, Nadler, Küfer oder Böttcher, Kellner, Klempner (Klampe = Klammer), Juwelier, Tapezier, ein Eichicht, Tannicht, ein Hindernis, Ärgernis, ein Zwilling, Drilling, Däumling, Fremdling, Findling, Hänfling (Hanf), Täufling, Häuptling, Sprößling; eine Zeitung, die Brandung, Nahrung, (die Innung, der Hornung); ein Gebirge, Gefieder, Gewölk; Unmensch, der Unglaube, Ungewitter, Unmut, eine Unzahl, Ungebühr.

§ 30.

2. Abgeleitete Eigenschaftswörter.

Beisp. en, ern (Stoff): leinen, golden, irden; gläsern, eisern.

ig (Besitz): artig, wer Art oder Gesittung hat, gütig, bärtig, unzählig, winklig, billig, völlig (was voll ist).

lich (gleich), ähnlich, angemessen): männlich, mütterlich; bräunlich (etwas braun).

icht (Ähnlichkeit andeutend): holzicht, mehlicht, bergicht oder bergig, steinicht oder steinig.

isch (meist verächtlich oder tadelnd): bübisch, herrisch, närrisch, zänkisch, aber bayerisch, jüdisch, lutherisch rc.

haft (haben): schadhaft, glaubhaft, krankhaft.

bar (Möglichkeit): trinkbar, trennbar, schiffbar, furchtbar (eig. tragend), ehrbar.

sam: mühsam, furchtsam, grausam.

Aufg. 1. Suche weitere Beispiele.

Aufg. 2. Wie nennt man einen Menschen, der Geduld, Glaube, Hunger, Durst, Eifer, Sitte hat oder besitzt? der auf Ehre hält, andern einen Gefallen erweist, wer arbeitet, spart, aufmerkt, für Wohlthaten dankt, leicht zu reizen ist, zu brauchen ist, nicht zufrieden, höflich, geschickt ist? — Wie sind Dinge aus Baumwolle, Seide, Kattun, Sammet, Haar, Birke, Thon, Marmor, Knochen, Elfenbein? — Wie ist eine Arbeit, die Fehler hat? eine Leistung. — Mängel? Kind — Scham? Frau — Tugend? Mensch — Laster? Zaun — Lücken? Wie ist eine Krankheit, die Schmerzen verursacht? ein Anblick, der Ekel erregt? eine Erzählung, die wie eine Fabel klingt? Was für ein Mensch schwatzt viel? plaudert oft, lügt, zagt, nascht? Wie war Kain, indem er seinen Bruder beneidete? indem er Grimm zeigte? Rache?

Aufg. 3. Ein Mensch wie ein Narr: ein närrischer Mensch; Rede des Heuchlers, Mahl des Verschwenders, Worte wie die eines Schmeichlers, der Streich eines Buben, ein Kind voller Aberglauben,

Herz — Neid, Wetter — Sturm, Regen, Herr — Launen, Ware — Ausland, Soldat — Preußen, Grenze — Sachsen, Kaiser — Österreich, Wein — Grieche, Schiff — Portugiese; Hamburg, Bremen, Frankfurt ꝛc. Das Haar des Negers ist wie Wolle (wollig, wollicht). Der Stengel des Heidekrautes ist von Holz. Das Fleisch mancher Fische schmeckt wie Thran. Das Eichhörnchen hat einen Schwanz wie einen Busch. Mancher Mensch handelt wie ein Thor. Die Haut des Igels hat Stacheln.

Aufg. 4. ig oder lich (vgl. § 10). Das Haus des Vaters — das väterliche Haus; Liebe — Mutter, Gehorsam — Kind, Weg — Land; Birne — Saft, Schlange — Gift, Nachricht — erfreuen, Geschmack — sauer, Himmel — rot, Lohn — Jahr, Wiese — Sumpf, Schloß — Pracht, Soldat — Mut, Mädchen — Neugier, Schlaf — Ruhe, Freude — Herz, Antwort — Mund, Schüler — Eifer, Honig — fließen, Hund — beißen, Wein — Wasser, König — Macht, Distel — Stachel, Dreieck — rechter Winkel, Stoff — durchsehen, Haus — Fürst, Glaube — Christ, Achsel — gelb. Kind — krank, Blatt — lang, Wohnung — arm, Speise — Salz, Beet — Blume.

Aufg. 5. Erkläre oder unterscheide: ein kindliches Spiel — ein kindisches Benehmen, eine herrliche That — ein herrischer Befehl, eine weibliche Arbeit oder Tugend — eine weibische Furcht, der heimische Herd, — eine heimliche Flucht, Freude, ein höflicher Gruß — eine höfische Sitte, eine bäuerliche Kleidung — ein bäuerischer Brauch, ein verständlicher Spruch, ein verständiger Bürger, ein ungläubiger Mensch — eine unglaubliche That; — eine steinerne Treppe — ein steiniger Weg, eine steinichte Birne; ein hölzernes Gefäß, ein holziger Stengel, holzichter Sellerie; eine gläserne Flasche — glasichte Masse; eine wollene Decke — ein wolliges Fell — eine thönerne Pfeife — thonige Erde; — eine furchtsame Dirne — eine furchtbare (fürchterliche) Geschichte, eine sparsame Hausfrau — eine spärliche Beleuchtung; ein wirksames Mittel — ein wirkliches Erlebnis; eine ernsthafte Person — ein ernstlicher Verweis; vierteljährliche Kündigung, ein jährliches Fest, ein dreijähriges Tier, eine alljährliche Feier, eine vierteljährliche (monatliche) Unterstützung — eine vierteljährige Katze; ein schreckhaftes Kind — eine schreckliche That; eine heilsame Arznei — eine heilbare Krankheit, eine offenbare Lüge — ein öffentliches Lokal; ein achtsamer Schüler — achtbarer Bürger.

§ 31.

3. Abgeleitete Zeitwörter.

Beisp. a. 1. -en: den Baum fällen = fallen machen; tränken, säugen.

2. Fischen = Fische fangen; schiffen = zu Schiffe fahren; eggen.

3. Kürzen = kurz machen; ergänzen, töten, ebnen, trocknen.

b. -eln: lächeln = ein wenig lachen, schnitzeln, frömmeln, kränkeln.

-igen: sättigen = satt machen, steinigen, reinigen, bescheinigen.

= **ieren**: buchstabieren = die Buchstaben eines Wortes nennen.

c. **be**: beleidigen = ein Leid anthun; beklagen, bedecken, bekränzen.

ver: verschlimmern = schlimmer machen oder werden; versteinern.

zer: zertrümmern = in Trümmer verwandeln; zersplittern, zerscheitern.

er: erbleichen = bleich werden; erblassen, erröten.

ent: entführen = weg- oder fortführen, entlaufen, enteilen.

miß: mißbrauchen = schlecht oder zu bösem Zwecke gebrauchen; mißhandeln, mißraten = schlecht geraten.

Aufg. 1. Suche weitere Beispiele von abgeleiteten Zeitwörtern, welche 1. mittels der Infinitiv-Endung **en** gebildet sind aus Zeitwörtern, Hauptwörtern oder Eigenschaftswörtern. 2. mittels der Nachsilben **eln, igen** und **ieren** und 3. mittels der Vorsilben **be, ver, zer, er, ent, miß**, und erkläre die Wörter in oben angedeuteter Weise.

Merke: Die Verben unter a[1] sind Faktitive oder Bewirkungsverben.

Aufg. 2. Erkläre: legen, senken, sprengen, setzen, schwemmen, erwecken, schwenken (unter Zurückführung derselben auf die Stammverben). — bewaffnen, betäuben, beköstigen, verreisen, verkaufen, vermieten, versaufen, vertreiben, sich verzählen, verrechnen; erzürnen, erkälten, erwarten, erlangen, erreichen; zertreten, zerbrechen; mißlingen, mißtrauen, mißbilligen: — barbieren, einquartieren, addieren, subtrahieren, multiplizieren, dividieren, numerieren; examinieren, adressieren, tapezieren, halbieren, probieren, kutschieren, stolzieren, sortieren.

Aufg. 3. Gebrauche in folgenden Sätzen abgeleitete Zeitwörter. Beim Einzuge und bei Hochzeiten wird die Thür mit Kränzen umgeben. Die Bäume stehen im Sommer voller Laub, im Herbste aber ohne Blätter. Der Gärtner hat den Garten zu düngen, den Acker zu graben, Pflanzen zu setzen, Wasser auf die Beete und Pflanzen zu gießen, Zweige von den Bäumen zu schneiden und überflüssiges Wasser aus dem Garten zu schaffen. — Nero bereitete den Christen Pein, errichtete Scheiterhaufen für sie und ließ sie verbrennen, weil sie seiner Angabe nach die Stadt Rom in Brand gesteckt hätten. An den Mündungen haben die Flüsse oft viel Sand, dadurch werden der Seeschiffahrt Hindernisse bereitet. In der Feuersbrunst sind Balken und Dielen zu Kohle geworden. Ungeduld macht eine Krankheit schlimmer. Beim Erdbeben werden auch die festesten Gebäude in Trümmer gelegt. Der Sturm reißt Bäume mit den Wurzeln aus. Das Sprachstück wird in einzelne Glieder zerlegt. Pipin stürzte den Frankenkönig vom Throne. Einem Lügner kann man nicht trauen. Selbst dem Geschicktesten kann eine Arbeit übel gelingen. Ein böses Herz gefällt Gott nicht. Überlege deine Rede;

man kann sie leicht falsch deuten. Der Leichtsinnige spottet ein wenig über die Warnung. Der Narr lacht überlaut, der Weise lacht ein wenig. Der Kranke hat etwas Frost. Moses klagte über seine schwere Zunge; später legte er eine Hülle über sein Angesicht.

III. Die Zusammensetzung.

§ 32.

Zusammengesetzte Haupt- und Eigenschaftswörter.

Beisp. a. Ein Königssohn ist der Sohn des (eines) Königs (Gen.)
Ein Sonnenstrahl ist ein Strahl der Sonne (früher: Sonnen)
Die Schafzucht ist die Zucht (Aufziehung) des Schafes.
Die Völkerwanderung ist die Wanderung der Völker.
Die Hochebene = Ebene, welche hoch ist.
b. Ein Ratgeber ist ein Mensch, der andern Rat giebt. (Acc.)
Schriftkundig ist, wer einer Schrift kundig ist (Gen.)
c. Das Feldhuhn ist ein Huhn, welches im Felde lebt. (Ort.)
Der Nachtwächter ist ein Mensch, der in der Nacht wacht (Zeit).
Eine Feuerlilie ist eine Lilie, die rot wie Feuer aussieht (Art und Weise).
Eine Frostbeule ist eine Beule, welche durch Frost entsteht (Grund).
Der Faustschlag ist ein Schlag mit der Faust. (Mittel.)
Das Steinkreuz ist ein Kreuz aus Stein. (Stoff.)
Der Wasserkrug ist ein Krug für das (zu) Wasser (Zweck).

Lehrs. 1. In **Kompositen** oder zusammengesetzten Wörtern heißt das letzte Wort **Grundwort**, das erste stärker betonte das **Bestimmungswort**. Das Geschlecht richtet sich nach dem Grundworte: die Wetterfahne, die Kirchturmspitze.

2. Zusammengesetzte Wörter gleichen im allgemeinen verkürzten Sätzen: das Bestimmungswort steht in einem bestimmten Verhältnisse zu dem Grundworte. Vergl. § 3 über den einfachen Satz.

In den Beispielen unter a vertritt das Bestimmungswort die Beifügung oder das Attribut; unter b die Ergänzung oder das Objekt; in den Beisp. unter c die Umstände des Ortes, der Zeit, der Art und Weise, des Grundes, des Mittels, des Stoffes und des Zweckes.

3. Das zusammengesetzte Wort stellt nur einen Begriff dar, der oft von dem der beiden Wortglieder sehr verschieden ist, z. B. Jungfrau ist nicht eine junge Frau, sondern eine noch unverheiratete Dame (Frau); vgl. Grobschmied, Kleinschmied, Dreifuß, Ohnmacht, Fernrohr, Buchstabe, Meister Langohr, Wolfsmilch (Pflanze), Frauenmantel (Pf.), Rotschwänzchen, Langfinger, Vergißmeinnicht ꝛc.

Aufg. 1. Erkläre: a. Die Regenzeit, das Rheinufer, Elbufer, Hahnenkamm, Lindenblatt, Frauenhaar, Kirchendiener; — der Hoch= sommer, Sauerklee, Grünspecht, Sauerteig, das Bitterwasser, die Schwarzwurz(el).

b. Die Wasserscheu, der Ehebrecher, Ziegelbrenner, Städteerbauer, Bürstenbinder, Kammmacher, Steuereinnehmer, Teilnehmer; — hilfs= bedürftig, geldgierig, mühelos, gottlos, siegesgewiß, schadenfroh, sor= genvoll.

Aufg. 2. Ein Seiltänzer, die Feldschlacht, die Seefahrt, der Eisvogel, die Bachstelze, das Sumpfvergißmeinnicht, ein Nesthocker, ein Nestflüchter, Betttuch, die Erdbeere, ein Steinadler; der Vorder= fuß, Unterrhein, die Hinterzehe, Hinterpommern — das Morgen= und Abendrot, ein Tagewerk, das Nachtmahl, das Wintergetreide, die Ostereier, die Pfingstrose, der Weihnachtsbaum, die Neujahrskarte; der Früh= und Spatregen, der Langschläfer; altbackenes Brot, eine althergebrachte Sitte; — der Staubregen, ein Schnelläufer, Groß= maul; — spinnefeind, steinhart, fuchswild, mäuschenstill, kohlschwarz, eirund; hochgeehrt, wohlgeboren, edelgeboren.

Aufg. 3. Eine Stichwunde, Hiebwunde, ein Rostfleck, die Mondsucht, der Sonnenstich, der Angstschweiß: — seekrank, sonnen= klar; wurmstichig, fieberkrank, — der Fingerzeig, die Handschrift, das Handwerk, das Würfelspiel, das Dampfboot, das Faustrecht, die Wind=, Wassermühle, ein Kanonenschuß, die Sand=, Wasseruhr. — Der Goldstaub, der Holzpantoffel, das Felsenbett, Federbett, Schindeldach, Ziegeldach, Pelzwerk, die Leinewand, die Wachskerze; — das Korn= magazin, der Schlaftrunk, der Jagdhund, die Gießkanne, das Reit= pferd, die Schußwaffe, das Trinkgefäß, das Wiegemesser, Wurfgeschoß.

Merke: Schreibbuch, Trinkschale, Gießkanne, Sprechübung ꝛc. Desgl. Rechenbuch (aus älterem rechen = en), Zeichenblatt (aus zeichen = en), Regenwolke (aus regen = en).

In Zusammensetzungen mit Verben fällt die Verbalendung en aus.

Aufg. 4. Unterscheide oder erkläre: Baumgarten und dessen Umkehrung: Gartenbaum, Gartenlust — Lustgarten, Taschen= uhr —, Hausrat —, Baumöl —, Abendstern —, Stammbaum —, Fensterladen —, Haushund —, Haustaube —, Rauchtabak —, Feld= blume —, Fruchtbaum —, Monatsrose —, Schulknabe —, Flügel= thür —, Hausarbeit —, Viehzucht —, Blumentopf —, Hainbuche —, Postbote —, Wirtshaus —, Feldschlacht —.

Aufg. 5. Rätsel. (Erklärung zusammengesetzter Hauptwörter.)

1. Welche Uhr hat keine Räder?
Welcher Schuh ist nicht von Leder?
Welcher Stock hat keine Zwinge?
Welche Schere keine Klinge?

2. Welches Faß hat keinen Reif?
Welches Pferd hat keinen Schweif?
Welches Häuschen hat kein Dach?
Welche Mühle keinen Bach?
3. Welcher Hahn hat keinen Kamm?
Welcher Fluß hat keinen Damm?
Welcher Bock hat keine Haut?
Welches Glöckchen keinen Laut?
4. Welcher Kamm ist nicht von Bein?
Welche Wand ist nicht von Stein?
Welche Kuh ist ohne Horn?
Welche Rose ohne Dorn?
5. Welcher Busch hat keinen Zweig?
Welcher König hat kein Reich?
Welcher Mann hat kein Gehör?
Welcher Schütze kein Gewehr?
6. Welcher Schlüssel sperrt kein Schloß?
Welchen Karren zieht kein Roß?
Welches Futter frißt kein Gaul?
Welche Katze hat kein Maul?
7. Welcher Bauer pflügt kein Feld?
Welcher Spieler wagt kein Geld?
Welcher Knecht hat keinen Lohn?
Welcher Baum hat keine Kron'?
8. Welcher Fuß hat keine Zeh'?
Welcher Streich thut keinem weh?
Welcher Wurf und Stoß und Schlag?
Rat' nun, wer da kann und mag.

Aufg. 6. Zusammenziehung der Wörter.

Von den Vögeln. Der Körper der Vögel ist mit Flaumfedern, Deckfedern und Schwungfedern bedeckt. Die Vögel haben einen sehr scharfen Gehörssinn und Gesichtssinn. Geruchsinn und Geschmacksinn sind dagegen weniger ausgebildet. Ihre Nahrung nehmen sie teils aus dem Tierreiche, teils aus dem Pflanzenreiche. Es giebt Zugvögel, Standvögel und Strichvögel. Auch unterscheidet man Raubvögel, Singvögel, Klettervögel, Laufvögel, Watvögel, Schwimmvögel, Hühnerarten und Taubenarten. Die bekanntesten Hühner sind das Haushuhn, Repphuhn, Perlhuhn, Schneehuhn, Pfauhuhn, Birkhuhn und der Auerhahn. Von Tauben sind besonders zu merken: die Haustaube, Holztaube, Turteltaube, Wandertaube, Brieftaube und Lachtaube. Der Buntspecht, Grünspecht und Schwarzspecht sind Klettervögel.

Aufg. 7. Bilde zusammengesetzte Eigenschafts- und Hauptwörter.

Die Schlangen. Der Körper der Schlangen ist wie eine Walze geformt und einem Wurme ähnlich. Der Kopf hat drei Ecken. Die Zunge hat die Form eines Fadens. Die Zähne sind nach Art der Haken gebogen. Viele Schlangen sind ohne Gift. Das Schlangengift schadet nur Tieren mit warmem Blute, bei Tieren mit kaltem Blute bleibt es ohne Wirkung. Es ist ohne Geschmack und ohne Geruch.

Der Lein. Der Lein oder Flachs ist eine Pflanze, aus welcher Öl und Leinwand bereitet wird. Die Wurzel dauert nur ein Jahr. Die Blättchen haben die Form eines Lineals. Die Krone der Blume besteht aus fünf Blättern und ist blau wie der Himmel. Ein blühendes Feld mit Flachs bietet einen Anblick voll Pracht. Die Früchte sind Kapseln mit zehn Fächern, man nennt sie die Knoten des Flachses. In jedem Fache liegt ein brauner Same von der Form eines Herzens. Derselbe enthält viel Öl. Das Öl aus dem Lein dient als Speise und Kuchen aus Lein als Futter für das Vieh. Auch bereitet man aus dem Samen Thee, welcher den Husten stillt. Der reife Stengel ist von der Art des Holzes. Aus den Fasern des Bastes webt man Wäsche für den Leib und für den Tisch. Der Bau des Flachses macht viel Mühe und raubt Zeit.

Aufg. 8. Erkläre: Blumenkrone, Blütenstiel, Blütenstraub, Staubweg, Fruchtknoten,-boden; Eismeer, Eidechse, Gasthaus, Kriegsgott, -knecht, -schiff, Landwirt, Landstreicher, -zunge, Mondsucht, Sonnabend, Sonnenjahr, Tagedieb, Wildfang, Waldhorn, -blöße, Zauberweib, -spruch, Zeitschrift, -vertreib, Rauchfang, Kreuzfahrt, Hauptfluß, Kreuzgang, Schneckengang, Morgen-, Abendland, Maßstab, Aktenstoß, Jahrestag, Werktag, Quellwasser, Schneewasser, Fußeisen, Hausarzt, Jagdgehege, Kirchweihe (Kirchmesse oder Kirmes), Ohrenschmaus, Rechtssache, Sonnenwende, Wendekreis, Scheiterhaufen, Stockwerk (aus Stöcken = Gebält bestehend), Kohlenmeiler, Opernsänger, Tagefahrt, Tagesordnung, Landtag, Reichstag. — Blendendweiß, glühendheiß, gleichartig, kleinlaut, zahlreich, friedfertig, dienstfertig, eiförmig, herzf., allmächtig (all = ganz), allweise, allwissend, überreichlich, überreif, formlos, atemlos, heimatlos, einflußreich, schamrot, wundervoll, blitzschnell, namenlos, fessellos, schrankenlos, pflichtgemäß oder -mäßig, steinalt, steinreich.

Aufg. 9. Erkläre folgende schwierigere Zusammensetzungen.*)

Aschermittwoch, Augenweide, Bachstelze, Backbord, Backfisch, Bänkelsänger, Baumwolle, barmherzig, Bernstein, Bockbier, Bollwerk, botmäßig, Bräutigam, Brustwehr, Buchstabe, Buchweizen, Bugspriet, bußfertig, Christmette, Eiland, Elentier, Elfenbein, Erlkönig, Erzbischof, Fastnacht, Feldwebel, Finnfisch, Fledermaus, Frauenzimmer,

---

*) Dieselben sind kurz erklärt in der von mir mit bearbeiteten **Sprachschule**, Ausg. A, VII. Heft S. 70—79.

Freitag, Friedrichsd'or, Fronleichnam, Gaudieb, gichtbrüchig, Gliedmaßen, Glockenspeise, Grabscheit, Grießwärtel, Grummet, Grünendonnerstag, Grünspan, Hagestolz, Hagebutte, Heidelbeere, Himbeere, Hellebarde, Herberge, Hirschschröter, Hoffart, Jungfer, Karfreitag, Kauderwelsch, Knabenkraut, Knoblauch, Kohlrabi, Kossat, Kurfürst, Leichdorn, Lichtmesse, Lindwurm, Losungswort, lotrecht, Mahlstatt, Mahlschatz, Mahlzeit, Mandelkrähe, Marstall, Marschall, Markgraf, Markscheider, Mastdarm, Maulaffe, Maulwurf, Meerrettich, =schaum, =schweinchen, Meineid, Minnesinger, Mittelpunkt, =meer, Muttermahl, Mohrrübe, Murmeltier, mutterseelenallein, Nachbar, Nachtigall, nagelneu, Panisbrief, Pausbacke, Pickelhaube, plattdeutsch, Pottfisch, Pumpernickel, Quacksalber, Quecksilber, Rabenstein, Rädelsführer, Reißbrett, =zeug, Ringelblume, Rohrdommel, Rösselsprung, ruchlos, Sachwalter, Salbader, Samstag, Schabernack, schachmatt, Schädelstätte, Schalksknecht, Schaltjahr, der Schellack, Schellfisch, Schilderhaus, Schildpatt, Schlittschuh, Schultheiß, Singrün, Sodbrennen, Spanferkel, Stapelplatz, Steckbrief, Stegreif, stockdunkel, Tarnkappe, Trampeltier, Urfehde, vierschrötig, Viertel, Vormund, Walhalla, Walfisch, Walnuß, Wergeld, Weichbild, Weidmann, Weihbischof, Welschland, Zwerchfell.

Mit Formwörtern oder Partikeln zusammengesetzte Wörter, besonders Zeitwörter.

§. 33,

Beisp. **ab:** abnehmen, =waschen, =wischen; Abfluß.
an: anziehen, anrechnen, =nehmen; Anstrich, Andacht.
aus (außer, außen): ausrechnen, =lösen, =nehmen; Auswahl, außerhalb; Außenseite; sich äußern.
bei: beifügen, =wohnen, =tragen;
durch: durchbrechen, =stechen, =schneiden; Durchschnitt, =wachen. Suche weitere Beispiele &c.

Aufg. 1. Gebrauche oder erkläre: abzeichnen, abhanden kommen, abschüssig, Abgrund, Absatz (am Schuh, von Waren), Abguß; — Anbau (eines Hauses, des Landes), Anbeginn, annehmlich, Angesicht, Anmut, anmutig; — Aussicht, =fahrt, =satz, =sage, =steuer, ausstatten (eine Braut, ein Buch); auswendig lernen; außerordentlich, äußerlich; — Beiblatt, Beilage, Beifügung (zum Hauptworte), beizeiten, beiseit, beistimmen, =pflichten; — berichten, berichtigen, beschädigen, bescheinigen, besudeln, einen bestellen, bemitleiden, begrüßen, begütigen, besänftigen, bepflanzen, bewaffnen; — durchwärmen, =wühlen, =streichen (eine Zahl, einen Bösewicht), =stöbern.

Aufg. 2. Gebrauche oder erkläre: Abzeichen, Ablaß, Abart, Ablaut, abtrünnig, abwesend, auf Abschlag bezahlen, abspannen (im 10. Gebot); Anwalt, Anwuchs, Angebinde, im Anstand liegen, Anstand nehmen, anstatt, anzapfen; — ein Kind aussetzen, einen ausfenstern, etwas ausmerzen, ausrangieren, ausreuten (ausrotten), zum Austrage kommen, ein Ausbund sein, Außenwall, sich eines Dinges entäußern, — Beispiel, jemandem beipflichten, sein Beileid bezeugen; begreifen (sinnlich und geistig), beabsichtigen, beeinträchtigen, bescheinigen, beschwichtigen, bewerkstelligen, bestallen, ein Bezirk (Zirkel), befrachten, bemannen; besaiten; — Durchschlag, im Durchschnitt rechnen, nehmen, durchschnittlich, Durchfahrt, Durchfuhr, durchweg, durchtrieben, Durchlaucht (fürstliche Person).

Beisp. gegen: Gegenwind, =gruß, =stand.
heim: (zu Hause), heimsuchen, Heimsuchung, Heimweg, =weh;
Herkunft — Hingang, Her=, Hinweg, herab — hinab, herauf ꝛc.;
hinter: Hinterfuß, =flügel, =haupt, hinterrücks; Hindernis;
in, ein: Ingrimm, Inland, Ingesinde, Einwohner, eintreten ꝛc.
mit: Mitchrist, Mitschuld, =gift, Mittag, Mitlaut;
nach: Nachsommer, =folge; nachbilden, eifern, =folgen;
vor: Vorwelt, =eltern, =trag, =rede; vorstellen, =ziehen;
neben: Nebentisch, =lehrer, =buhler, =sache;
auf: Auffahrt, =satz, =schreiben, =bringen;
nieder: niederlegen, Niederlage, =sinken, =drücken;
unter: untersetzen, Unterfutter, unterrichten, =weisen.
ober: Oberarm, =land, =kiefer; oberhalb;
über: Überwurf, =rock, =schuß; übermäßig, überglücklich;
um: Umzug, =schwung, =wurf.
miß: Mißbrauch (fehlerhafter, schlechter Brauch), Mißbildung, Missethat, Missethäter;
vorder: Vorderfuß, =glied, =mann;
fort: fortfahren, =setzen, Fortbildung, =dauer;
wider (gegen, entgegen): Widersacher, =sinn, widerwärtig, widerstehen, =streben, =setzen. Widerhall (auch Wiederhall); —
wieder (zurück, von neuem, noch einmal): Wiederkehr, =kunft, =täufer, wiedersehen;
zu: zuwenden, =kehren, Zugang, =drang, =flucht;
zusammen: Zusammenhang, =kunft, =stoß.
zwischen: Zwischenstunde, =zeit, =akt, =glied. —
aber: Aberglaube (falscher G.); **after:** Afterklaue (Hinterklaue)

Lehrsätze: 1. Die noch allgemein verständlichen Vor- und Umstandswörter behalten in den Zusammensetzungen wie andere Bestimmungswörter den Hauptton.

2. Formwörter dieser Art, welche für sich nicht mehr gebräuchlich sind, haben den Ton verloren, z. B.

zer: zerreißen, =schmettern, =pflücken, =nagen.
ver: verdrängen, =fließen, =irren; verblühen, =bluten; Verfall, Verlust, verderben, verführen, verändern, verehelichen, verweigern.

be: beerdigen, bemänteln, =decken, =glücken;

ent: entfahren, =haupten, =waffnen; **emp:** empfehlen, empfangen, empfinden, Empfindung;

er: erröten (rot werden), erbosen, erstarren, der Erwerb, =trag.

Aufg. 2. Suche weitere Beispiele zu obigen Partikel=Zusammensetzungen;

Aufg. 3. Gebrauche und erkläre:

Gegengift, =partei; Heimreise, heimtückisch, geheimer Rat oder Geheimrat, Hinterzehe, =halt, =sasse; Einband, Eintracht, Einschluß, einschlafen, einschläfern; Mitwelt, =schuld, =essen, =leid; nachdenken, =sinnen, Nachgeschmack, =spiel, die Nachkommen, der Nachrichter; Nebenmenschen, Niederkunft, niederdeutsch, niederträchtig; Unterpfand, =welt, eine unterschlächtige Mühle, das Unterhaus in England, eine Ader unterbinden, Unterredung, Ab= und Umsatz von Waren, Umkreis, umringen, =schiffen, =friedigen, Umriß; mißgestalt, mißgelaunt, Mißgeschick, Vorderpfote, =keule, die Altvordern, Widerpart, Widerruf, Zuschuß oder Zubuße leisten, Zuwachs, Zukunft; Zwischendeck, =handel; Aberwitz, afterreden, Afterweisheit.

Daß bei einigen Partikeln die Betonung schwankt oder wechselt, zeigen folgende

Beisp. a. Umriß, Umfang — umfangen, umarmen, umkreisen.

Mißernte, Mißgeschick, =griff, =klang; Mißbrauch — mißbrauchen, mißachten, mißfallen, =glücken, =gönnen.

Unterlage, =satz, =lippe, Unterricht — unterrichten, unterweisen, =stützen, =winden ꝛc.

Widerchrist, =streit ꝛc. — widersetzen, widersprechen, =rufen.

Zukunft, Zuschrift, zureden, zusetzen, — zufrieden, zurück, zugleich.

Aufg. 4. Bei welchen dieser Wörter liegt der Ton gewöhnlich auf der Partikel, bei welchen nicht?

Wende sie in Sätzen an, doch so, daß die Zeitwörter in der Gegenwart und in der Vergangenheit (Präteritum) stehen.

Merke: Im Präsens und im Präteritum lösen sich die betonten Partikeln von den Verben ab, die unbetonten nicht. Wie wird das 2. Particip dieser Verben gebildet?

Aufg. 5a. Ein Seesturm.

Beisp. Ein Auswanderer wollte in die Heimat zurückkehren; das Schiff, in welches er einstieg, mußte vom Ufer abfahren, als ein Sturm losbrechen wollte. Derselbe konnte es herüber und hinüber werfen. Die Matrosen mochten immer ihre Kräfte anstrengen, sie konnten aber das Unglück nicht abwenden: das Schiff mußte auf den Meeresgrund hinabsinken. Alle Passagiere mußten umkommen, der Reisende sollte seine Heimat nicht wieder sehen.

b. Der Kranke wird das Fieber überstehen. Der Arzt soll den Kranken untersuchen; der Sohn wird den Vater überleben. Der Knecht darf dem Herrn nicht widersprechen. Die Polizei wollte das Haus durchsuchen. Die Feinde konnten nicht widerstehen. Man wird sie von allen Seiten umringen. Judas wollte Jesum verraten.

Gebrauche die zusammengesetzten Zeitwörter im Präsens und im Präteritum.

Aufg. 6. Die Tinte dringt beim Schreiben durch. Sie durchdringt das Papier. Die Soldaten liefen zum Feinde über. Bettler überlaufen oft gutherzige Geber. (Der Lehrer geht zu einem anderen Gegenstande über. Er übergeht Bekanntes. Der Fährmann setzt die Reisenden über. Der Dolmetscher übersetzt die Rede. Ich fahre in dem Kahne über. Ein Mensch wird leicht vom Zuge überfahren. Zigeuner durchziehen die Länder; gestern zogen sie bei uns durch. Der Schüler wiederholt das Gelernte.

Wie lauten diese Sätze in dem Plusquamperfectum (Vorvergangenheit)?

Nach der Schlacht. Eine Schlacht hat stattgefunden. Die Feinde haben überall gebrandschatzt. Dadurch haben sie sich selbst gebrandmarkt. Wir hatten gemutmaßt, sie würden uns angreifen. Wir wünschten ihnen zuvor zu kommen. Unsere Führer haben erst beratschlagt. Unserem Wunsche ist willfahrt worden. Nun ist der Sieg vollendet. Alle haben am Kampfe teilgenommen. Wir haben tapfer standgehalten. Viele Feinde haben die Waffen niedergelegt. Wir haben frohlockt. Dann haben wir zu Gott aufgeblickt und ihm lobsungen.

Gebrauche diese Sätze in dem Präs. und im Präteritum.

(Wann tritt die Participial-Vorsilbe ge zwischen die Wortteile, wann vor dieselbe? Wann fehlt sie ganz? — Vgl. später die Konjugation.)

Dritter Abschnitt. Der Satz.

Die Satzlehre oder Syntax in Verbindung mit der Wortbiegung oder Flexion.

I. Kapitel.
Der einfache Satz.

§ 34.

Subjekt und Prädikat im einfachen Satze.

A. Der nackte einfache Satz.

1. Das Subjekt oder der Satzgegenstand.
   Beispiele:
   - a. Der Löwe ist der König der Tiere. ⎫ 1. Das Subjekt
     Gerechtigkeit erhöhet ein Volk.   ⎬ ein Substantiv
     Gedanken sind zollfrei.   ⎭ (was für eins?).
   - b. Der Klügste giebt nach.   ⎫ 2. Das Subjekt
     Versuchen schadet nicht.   ⎪ ein als Substantiv
     Das Für und das Wider ist zu er=   ⎬ gebrauchtes ande=
        wägen.   ⎪ res Wort (was für
     Ein Heute ist besser als zwei Morgen.⎭ eins?).
   - c. Ich lese gern. Wir lernen alle. ⎫ 3. Das Subjekt
     Jedermann sei unterthan der O.   ⎪ ein Pronomen od.
     Dieser kommt, jener geht.   ⎬ Fürwort (was für
     Alles hat seine Zeit.   ⎭ eins?).

2. Das Prädikat oder die Satzaussage.
   - a. Unkraut vergeht nicht — das Prädikat ein Verbum
     (vergl. die Verben in obigen Sätzen).   (was für eins?).
   - b. Tadeln ist leicht, besser machen schwer — d. Pr. ein Adjektiv.
   - c. Müßiggang ist Diebstahl — das Pr. ein Substantiv
     (in welchem Falle?).

3. Sätze mit verdecktem Subjekte.
   Schlafe oder schlaf'! Wache oder wach'! Bewahre! Lebe wohl!
   — Sprich! Sprecht! Geh langsam! — Geschwind! Flink! Still!

Hinaus! Fort! — Es regnet. Es donnert. Wohl bekomm's! Es zogen drei Reiter zum Thore hinaus. Das war schade.

Was ein Häkchen werden will, krümmt sich beizeiten.

Lehrsätze:

1. Das Wort ist der lautliche oder schriftliche Ausdruck für einen Begriff oder eine allgemeine Vorstellung. Der Satz ist der sprachliche Ausdruck für einen Gedanken, in welchem wenigstens zwei Begriffe zu einander in Beziehung gesetzt werden.

2. Das **Subjekt** ist der Satzgegenstand, von welchem etwas ausgesagt wird; es steht auf die Fragen: Wer oder was? Wer oder was thut 2c.? im Nominativ des Singulars oder des Plurals.

3. Das **Prädikat** ist die Satzaussage, welche die eigentliche Mitteilung enthält; es steht auf die Fragen: Was thut? Wie ist? Was ist?

4. Logisch ist der Satz ein Urteil, in welchem das Prädikat den Oberbegriff, das Subjekt, d. i. wörtlich das Unterworfene, den Unterbegriff ausdrückt. Ersteres hat darum auch im einfachsten Satz den Hauptton. (Vgl. das franz. le sujet, welches auch Unterthan bedeutet.)

5. Es kann darum auch der Begriff des Subjektes in dem des Prädikats enthalten sein, z. B. in den Befehls- oder Wunschformen und in Sätzen mit den unpersönlichen Fürwörtern es, das, was (3).

6. Tritt das Prädikat in Form eines Substantivs auf, so wird es mittels des Satzbandes oder der Copula sein (ist, war 2c.) mit dem Subjekte verknüpft.

Die verschiedenen Arten des Seins können auch durch andere Verben ausgedrückt werden: Engel heißt Bote. Joseph wurde der Landesvater genannt. Wir bleiben keine Kinder. Die Sonne scheint sich um die Erde zu bewegen (dagegen: Die Sonne scheint). Knaben werden Männer.

1. Aufg. Bestimme die Subjekte und die Prädikate näher in folgendem Sprachstück.

Die Rückkehr der Franzosen aus Rußland. In den ersten Tagen des Jahres 1813 fielen die Schneeflocken; weiß wie ein Leichentuch war die Landschaft. Da bewegte sich ein langsamer Zug geräuschlos auf der Landstraße auf die Stadt zu. Das waren die zurückkehrenden Franzosen. Sie waren vor einem Jahre der aufgehenden Sonne zugezogen mit Trompetenklang und Trommelgerassel, in kriegerischem Glanze und mit empörendem Übermute. Endlos waren die Truppenzüge gewesen. Tag für Tag ohne Aufhören hatte sich die Masse durch die Straßen der Stadt gewälzt; nie hatten die Leute ein so ungeheures Heer gesehen, alle Völker Europas, jede Art von Uniformen, Hunderte von Generälen. Die

Riesenmacht des Kaisers war tief in die Seele gedrückt. Das kriegerische Schauspiel mit seinem Glanze und seinem Schrecken füllte noch die Phantasie.

Aber auch einem furchtbaren Verhängnis sah man entgegen. Einen ganzen Monat hatte der endlose Durchzug gedauert; wie Heuschrecken hatten die Fremden von Kolberg bis Breslau das Land aufgezehrt. Denn schon im Jahre 1811 war eine Mißernte gewesen. Kaum hatten die Landleute Samenhafer erspart; den fraßen 1812 die französischen Kriegspferde; sie fraßen den letzten Halm Heu, das letzte Bund Stroh; die Dörfer mußten das Schock Häckselstroh mit 18 Thalern, den Centner Heu mit 2 Thalern bezahlen. Und gröblich wie die Tiere verzehrten die Menschen. Vom Marschall bis zum gemeinen Franzosen waren sie nicht zu sättigen. König Hieronymus hatte in der kleinen Stadt Glogau täglich 400 Thaler zu seinem Unterhalte erpreßt. Die Offiziere hatten die Frau eines armen Dorfgeistlichen die Schinken in Rotwein für sich kochen lassen; den fettesten Rahm tranken sie aus Krügen; auch der gemeine Soldat forderte des Mittags wenigstens 2 Gänge; wie Wahnsinnige hatten sie gegessen.

Schon damals ahnten das Volk und die Franzosen selbst eine traurige Rückkehr.

Aber die Rückkehr war in Wirklichkeit eine überaus klägliche. Es war eine Herde armer Sünder auf dem letzten Lebensgange; es waren wandelnde Leichen. Ungeordnete Haufen aus allen Truppengattungen und Nationen zusammengesetzt; ohne Kommandoruf und Trommel, lautlos wie ein Totenzug nahten sie der Stadt. Alle waren unbewaffnet, keiner beritten, keiner in vollständiger Montur, die Bekleidung zerlumpt und unsauber, aus den Kleidungsstücken der Bauern und ihrer Frauen ergänzt. Man sah Grenadiere in großen Schafpelzen, Küraßiere in Weiberröcken, wie in spanischen Mänteln. Der Mehrzahl waren Ohren und Nasen erfroren und feuerrot; erloschen lagen die Augen in ihren Höhlen. Vielen waren die Füße mit Stroh umwickelt, mit Decken, Lappen, dem Fell der Tornister oder dem Filze von alten Hüten. Alle wankten auf Stöcke gestützt, lahm oder hinkend. Alle waren durch Hunger und Frost und unsägliches Elend zu Schreckensgestalten geworden.

Nach G. Freytag.

2. Aufg. Unterscheide Subjekte und Prädikate in folgenden Haupt= und Nebensätzen:

Wer den Acker pflegt, den pflegt der Acker. Was ich denk und thu', trau ich andern zu. Man thut geschwind, was lang gereut. Was mich nicht brennt, blase ich nicht. Wer einmal lügt, dem glaubt man nicht. Wohlthaten, still und rein gegeben, sind Tote, die im Grabe leben, sind Blumen, die im Sturm bestehn, sind Sterne, die nicht untergehn. Wo kein Kläger ist, ist auch kein Richter. Wo man singt, da laß dich ruhig nieder. Man muß das Eisen schmieden, so lange es heiß ist. Wenn die Not am größten, ist Gottes Hilf' am nächsten. Es irrt der Mensch, so lang er strebt.

3. Aufg. Analysiere die einfachen Sätze in einigen Strophen eines bekannten Gedichtes, z. B. Schillers Glocke.

§ 35.
B. Der bekleidete einfache Satz.

1. **Aufg.** Weise an den Beispielen A, B, C auf S. 6 und 7 und den folgenden Beispielen nach, daß der nackte einfache Satz bekleidet oder **erweitert** wird

1. durch **Attribute** oder Beifügungen zu dem Subjekte oder einem andern im Satze stehenden Substantiv, und zwar:

   a. durch Eigenschaftswörter, Mittelwörter, Fürwörter und Zahlwörter:

Unrecht Gut gedeiht nicht. Ein gutes Gewissen ist ein sanftes Ruhekissen. Ein schlafender Fuchs fängt kein Huhn. Unser Vater ist im Himmel (altertümliche Wortstellung: Vater unser). Viele Hunde sind des Hasen Tod. Sechs Tage sollst du arbeiten.

   b. durch Hauptwörter im gleichen Falle, oder im 2. Falle, oder mit einem Vorworte:

Karl der Große starb 814. Pippin der Kleine. Heinrich der Städteerbauer. Kaiser Wilhelm der Siegreiche. Das Kaisertum Deutschland. Villa Hohenlohe. Fürst Blücher von Wahlstatt. Otto der Erste (I.). Friedrich II. Friedrich mit der gebissenen Wange. — Er war mit König Friedrichs Macht gezogen in die Prager Schlacht (vgl. S. 31). Das Auge des Gesetzes wacht. Auf diese Bank von Stein will ich mich setzen. — Vgl. die orthographischen Regeln auf S. 30.

   c. durch Zeitwörter in der Nennform mit zu:

Die Sitte zu rauchen ist bei Männern ziemlich allgemein. Das Vermögen zu sprechen ist ein Vorzug des Menschen vor dem Tiere. Schon die alten Ägypter kannten die Kunst zu schreiben und zu lesen. Mancher Mensch ist durch die Gelegenheit zu stehlen ein Dieb geworden. Die alten Deutschen sind bekannt durch ihre Neigung zu trinken und zu spielen.

Wie lassen sich diese Attribute sonst noch ausdrücken?

2. **Aufg.** Weise nach, daß der einfache Satz erweitert wird:

2. durch **Objekte** oder Ergänzungen des Prädikats

   a. im 2. Falle: Der Gerechte erbarmt sich seines Viehes. Der Arbeiter ist seines Lohnes wert.

   b. im 3. Falle: Dem Glücklichen schlägt keine Stunde. Dem Reinen ist alles rein.

   c. im 4. Falle: Ein gutes Wort findet einen guten Ort.

   d. im 3. und 4. Falle: Gieb mir, mein Sohn, dein Herz.

   e. im 2. und 4. Falle: Nimm dich deiner Eltern an, wenn sie hilflos werden.

Von welchen Wörtern werden diese Fälle oder Kasus regiert? Vgl. S. 38 und 39 und dann die später folgende Kasuslehre.

3. Aufg. Weise nach, daß der einfache Satz erweitert wird:
3. durch **adverbiale Bestimmungen**, welche ausdrücken **Umstände**
  a. des Ortes: Hinter dem Berge wohnen auch Leute. Das Gute lobt man allerorten oder überall.
  b. der Zeit: Rom ist nicht an einem Tage erbaut worden. Ehrlich währt am längsten.
  c. der Art und Weise: Neue Besen kehren gut (schön). Ein gutes Kind gehorcht geschwind. Eile mit Weile (d. h. nicht zu schnell).
  d. der Ursache und des Grundes: Den Vogel erkennt man an seinen Federn. Wegen eines dürren Astes fällt der Gärtner keinen Obstbaum.
  der Absicht und des Zweckes: Arbeite nicht zum Zeitvertreib. Federn dienen zum Schreiben.
  des Mittels: Durch Schaden wird man klug. Die nördlichen Griechen bezeugten dem Könige Persiens ihre Unterwerfung durch Ueberreichung von Erde und Wasser.
  des Stoffes: Aus fremdem Leder ist gut Riemen schneiden. Was wird aus Gold, aus Silber, aus Nickel bereitet?
  des Maßes: Saul überragte seine Brüder um eines Hauptes Länge. Du wirst deiner (treuen) Arbeit gemäß belohnt werden.

Durch welche Wörter werden die adverbialen Bestimmungen ausgedrückt? Was regieren die Präpositionen? Welche Attribute zeigen die Sätze unter 2 und 3?

4. Aufg. Zergliedere oder analysiere die einfachen Sätze des S. 63 aufgeführten Sprachstückes: Die Rückkehr der Franzosen, mit Rücksicht auf die Erweiterungen desselben. Dabei sind besonders die Vorwörter und die Umstandswörter zu beachten.

5. Aufg. Desgl. das Winterlied von Krummacher: Wie ruhest du so stille ꝛc., besonders mit Bezug auf die Attribute.

6. Aufg. Analysiere in gleicher Weise einige Strophen von der Ballade: die Bürgschaft von Schiller, oder aus der Glocke, oder Johanna Sebus von Goethe.

§ 36.

C. **Das Substantiv und seine Verwandten im Satze.**

1. Aufg. Bildung und Arten der Substantive. Vgl. S. 35 und 36; ferner S. 47—49.

Wie nennt man mit einem Worte: viele (mehrere) zusammengehörige Schiffe? wie Vögel, Schafe und Rinder, Mücken, Soldaten, Büsche, Wolken, Berge? Vater und Mutter, Eltern und Kinder, Brüder und Schwestern?

Welche **Stoffe** liefern Fingerringe, welche Broschen, Ueberröcke, Tinte, Sensen und Sicheln, den Ziegel und den Tiegel, den Spiegel und die Fensterscheiben, das Zehnpfennigstück, den Spielball? Was ist dem Müden erwünscht? Was kommt vor dem Falle? Was entehrt den Menschen? Was bricht leicht wie das Glas?

Gut: das Gut, die Güter, der (die) Gute, die Guten, die Güte, die Vergütung ꝛc. **Schlecht**: das Schlechte, der (die) Schlechte, die Schlechten, die Schlechtigkeit, die Verschlechterung ꝛc. **Rot**: das Rote, die Röte ꝛc. **Treu**: das Treue, die Treue, der (die, das) Treue ꝛc. Desgl. von **frei, hoch, reich, mächtig** u. a. **Lesen**: das Lesen, die Lese, die Nachlese, die Belesenheit ꝛc. Desgl. von **leiden, lügen** ꝛc.

2. **Aufg. Das Subjekt nicht durch ein Substantiv ausgedrückt. Vgl. § 34.**

Ehrlich währt am längsten. Zuvor **gethan** und nach **bedacht** hat manchen in groß Leid gebracht. **Fleißig gebetet** ist halb studiert. **Sagen** und **thun** ist zweierlei. **Versprechen** und **halten** steht fein bei Jungen und Alten. **Hoffen** und **harren** macht manchen zum Narren. **Sterben** ist nichts, doch **leben** und **nicht sehen können**, das ist ein Unglück.

Es ist menschlich zu irren. Es schadet nicht zu versuchen. Die Zimmer fleißig zu lüften ist für die Gesundheit unbedingt notwendig. Es macht Sorgen zu borgen. Eine fremde Sprache ist schwer zu erlernen.

Wer hochmütig ist (der Hochmütige oder die Hochmütige), hat selten viele Freunde. Wer weise ist, handelt nicht vorschnell. Wer unglücklich ist, wird nicht selten verspottet. Wer tot ist, wird beerdigt. Wer krank ist, hofft auf Genesung. Was angenehm ist, kommt stets erwünscht. — Das, was glänzt, wird meist für Metall gehalten. Die, welche irren, sollen auf den Weg der Wahrheit geführt werden. Der, welcher hofft, erwartet alles von der Zukunft. Wer sich einmal gebrannt hat, scheut das Feuer. Was erworben wurde, hat mehr Wert, als was geschenkt worden ist.

Durch welche Wörter oder Nebensätze wird hier das Subjekt ausgedrückt? Wie lassen sie sich in substantivischer Form ausdrücken?

Merke: Verben und andere Wörter werden nur dann groß geschrieben, wenn sie als **Substantive** gebraucht werden: das Lesen und das Schreiben, das A und das O. Vgl. S. 30.

3. **Aufg. Unterscheide das durch es oder das ausgedrückte grammatische Geschlecht von dem logischen und suche letzteres durch einen Nominativ auszudrücken, wenn es in einem abhängigen Kasus steckt:**

Es lebt ein Gott zu strafen und zu rächen. Es lächelt der See: er ladet zum Bade. Es donnern die Höhen, es zittert der Steg, nicht grauet dem Schützen auf schwindlichtem Weg. Mir grauet vor der Götter Neide. Mich hungert und dürstet. Mich friert (besser als: ich friere). Ist es dir damit ernst? Es bedarf nur eines Wortes oder Winkes. Es braucht hier keiner Vollmacht. Es giebt einen Gott. Dem Glücklichen kann es an nichts gebrechen. Es ist ein kurz und mühselig Ding um unser Leben; und wenn ein Mensch dahin ist, so ist es gar aus mit ihm (Weish. Sal. 2, 1).

4. Aufg. **Das Geschlecht der Substantive.**

Gieb das Geschlecht folgender Substantive an und gebrauche sie als Subjekte in Sätzen.

Frühjahr, Frühling, Messing, Säugling, Stahl, Zinn, Kupfer, Jahrmarkt, Sand, Mehl, Saat, Knoblauch, Saft, Monat, Heimat, Zierat, Osten, Westen, Orgel, Qual, Butter, Schmalz, Elster, Wunder, Zimmer, Frauenzimmer, Fräulein, Herrchen, Däumling, Günstling, Affe, Rebe, Ratte, Betrübnis, Erlaubnis, Fäulnis, Finsternis, Gefängnis, Vermächtnis, Teil, Anteil, Gegenteil, Vorder=, Hinterteil, Kugel, Kegel, Segel, Siegel, Zügel, Gondel, Regel, Nößel, Fabel, Fibel, Fistel, Klingel, Gewinst, Gespinst, Gespenst, Verlust, Verdruß, Burg, Irrtum, Reichtum, Judentum, Herzogtum, Rahmen, Schemen, Rahm.

5. Aufg. Merke besonders das Geschlecht folgender Substantive und wende sie in Sätzen an:

a. Stoffnamen sind durchgängig männlichen Geschlechts: der Talg, Flachs, Speck, Teer, Kattun, Grieß, Stahl, Tombak, der Schellack — das Siegellack; die Milch, Sahne, das (auch die) Platina oder Platin, Wachs, Schmalz, Salz, Mehl, Öl.

b. Länder= und Städtenamen sind sächlich: Österreich (nicht Östreich) ist gebirgig; es ist reich an Erzen. Erfurt ist jetzt entfestet; es treibt starken Gartenbau. Das feste Straßburg, das denkwürdige Wittenberg. Also ohne Rücksicht auf das Geschlecht des Grundwortes: Württemberg, Steiermark, Dänemark; Frankfurt, Magdeburg, Elberfeld, Nordhausen rc.

Aber: die Türkei, Lombardei, Walachei, Bulgarei, Tartarei; die Schweiz, Lausitz, Priegnitz, Altmark.

c. Der Löffel (Pl. die Löffel), Flegel, Stöpsel, Giebel, Stiefel, Schlingel, Griffel, Wechsel, Spiegel, Riegel, Ziegel, Tiegel rc. Vgl. S. 50.

Aber: die Bibel (Pl. die Bibeln), Fibel, Fabel, Aurikel, Fistel, Formel, Gondel, Angel; Gabel, Amsel, Deichsel, Hechel, Kugel, Klingel, Windel, Nadel.

d. Merke: die Drangsal, Mühsal, Trübsal, aber das Labsal; der Abscheu — die Scheu, der Mittwoch — die Woche, die Antwort — das Wort; der und die Waise, der Epheu; der Hochmut, Miß=, Wankel=, Klein=, Un=, Gleichmut; die Demut, An=, Lang=, Weh=, Schwermut, Armut. Vgl. §. 39 über mutig und =mütig. Über das Geschlecht der zusammengesetzten Substantive vgl. S. 54.

e. Merke das Geschlecht folgender Fremdwörter: der Komet, Kerker, Titel, Orden; Dom, Dialekt, Diameter, Paragraph, Altar, Arsenik; die Ceder, Letter; Courage, Equipage, Etage, Idylle, Chronik, Pacht (auch der), Trophäe, Vokabel; das Exempel, Theater

Komma; — Meter, Barometer, Thermometer, Ar, Hektar, — Liter, Katheder, Münster, Puls, Scepter, Sofa (letztere auch im männ= lichen Geschlecht gebräuchlich).
NB. Die Wörter sind auch außer der Reihe zu repetieren.

6. Aufg. Substantive verschiedenen Geschlechts und zugleich verschiedener Bedeutung. (In Sätzen anzuwenden.)

Der Band (eines Buches), das Band (zum Binden). Der Bauer (Landmann), das Bauer (Vogelkorb). Der Bund (Bündnis), das Bund (Heu, Schlüssel). Der Chor (mehrstimmiger Gesang), das Chor (in der Kirche). Die Erkenntnis (einer Sache), das Erkenntnis (des Gerichts). Der Erbe, das Erbe (Erbteil). Der Heide (Verehrer vieler Götter), die Heide (unfruchtbarer Boden). Der Hut (Kopf= bedeckung), die Hut (Wache). Der Kiefer (am Munde), die Kiefer (Baum). Der Koller (Wut), das Koller oder Goller (Halsbekleidung). Der Kunde (Käufer), die Kunde (Nachricht). Der Leiter (Führer), die Leiter (zum Steigen). Die Mark (Münze), das Mark (in den Knochen). Der Mast (am Schiffe), die Mast (Futter). Der Schild (des Ritters), das Schild (am Hause). Der Stift (Nagel), das Stift (Anstalt). Der See (stehendes Gewässer), die See (Meer). Der Sprosse (Sprößling), die Sprosse. Das Steuer (am Schiffe), die Steuer (Abgabe). Der Thor (un= kluger Mensch), das Thor (Eingang). Die Wehr, das Wehr (im Flusse).

7. Aufg. Substantive mit verschiedener Mehrzahl in zugleich verschiedener Bedeutung.

Das Band — die Bande (des Blutes, der Freundschaft, auch: Fesseln), die Bänder, die Bände (eines Buches). Bank — die Banken (Geldanstalten), die Bänke (zum Sitzen). Der Bauer — die Bauern (Landleute), die Bauer (Orgelbauer, Erbauer, auch die Vogelbauer). Das Gesicht — die Gesichte (Erscheinungen), die Gesichter (Antlitze). Der Laden — die Laden (am Fenster), die Läden (der Kaufleute). Das Land — die Lande (im edleren Stile), die Länder (in gewöhn= licher Rede). Lichte (aus Talg) — Lichter (Flammen). Der Ort — die Orte (Gegenden), die Örter (bestimmte Plätze). Der Strauß — die Sträußer (Blumen), die Sträuße (Kämpfe), die Strauße (Vögel). Das Tuch — die Tuche (Stoffe zu Kleidern, Tucharten), die Tücher (Kleidungsstücke zum Umbinden). Das Wort — die Worte (Teile der Rede, welche einen Gedanken bezeichnen), die Wörter (Teile der Rede ohne Zusammenhang). Die ältesten Drucke — die Eindrücke; die Fäden (eines Gewebes) — 6 Faden tief; Hörner — Horne (Arten von Horn); die Mächte — Vollmachten; Männer — Mannen (Lehnsleute), 500 Mann; die Monde — Monden (Monate).

Substantive, welche nur in der Mehrzahl gebräuchlich sind (da sie eine Mehrheit von Einzeldingen bezeichnen, welche zu einem Sammel= oder Kollektivbegriff verbunden sind).

Die Ahnen, Eltern, Gebrüder, Geschwister, Leute, Beinkleider, Ge= bühren, Briefschaften, Einkünfte, Gefälle, Gliedmaßen, Kosten, Alpen, Molken, Blattern, Masern, Röteln, Nisse, Sporteln, Träber, Trümmer,

Zeitläufte, Zinsen (der Zins = feste Abgabe); — Fasten, Ferien, Ostern, Pfingsten, Weihnachten (mehrere Feiertage); also nicht zum, sondern zu Weihnachten. Indes werden diese Festzeiten auch als Einheiten gedacht und singularisch gebraucht: Ostern ist nahe.

Nur in der Einzahl gebräuchlich: Der Mund, das Kinn, die Stirn, der Strand. — Vgl. übrigens die Deklination in der folgenden Kasuslehre.

§ 37.
Der Gebrauch des Artikels.
Lehrsätze mit Beispielen.

1. Der Artikel dient zwar jetzt als Geschlechtswort auch zur Unterscheidung des Geschlechts der Substantive, und zwar des natürlichen lebender Wesen wie des bloß grammatischen, hat aber eigentlich als „Glied" des Substantivs die Aufgabe, den Gegenstand als einen dem Hörer oder Leser entweder noch unbekannten oder als einen schon bekannten vorzuführen. Für den ersteren Zweck dient der sog. unbestimmte Artikel ein, eine, ein, der eigentlich ursprünglich bloß Zahlwort war; für den letzteren der bestimmte Artikel der, die, das, welcher ursprünglich bloß hinweisendes Fürwort war; vgl. S. 45.

Weise dies an einer Erzählung nach.

2. Da die meisten Gegenstände indes als bekannt gelten, so wird der bestimmte Artikel durchgängig bei Gattungsnamen gebraucht: Das Salz ist das unentbehrlichste Gewürz. Der Strauß ist der größte Vogel. Der Löwe ist der König der Tiere.

3. Die Eigennamen der Menschen, Städte, Dörfer und der meisten Länder erhalten keinen Artikel. Aber: Der große Friedrich. Ein Schiller, ein Luther ꝛc., d. i. ein ausgezeichneter Dichter wie Schiller, also Gattungsnamen; desgl. im Pl. die Schiller und Goethe sind selten; die Tassos, Bourbons (oder Bourbonen), die Judasse, Brutusse, Gracchen, Horatier, Fabier, Scipionen. Nenne Flüsse männlichen und dann solche weibl. Geschlechts.

4. Stoffnamen haben in der Regel weder den unbestimmten Artikel (da sie nicht zählbar sind), noch eine Mehrzahl. — Beisp.

5. Sammelnamen bilden dann eine Mehrzahl, wenn sie die Natur der Gattungsnamen annehmen: Wälder, Gebirge ꝛc.

In Einz. und Mehrzahl stehen: Gewürze, Gerät, Haar; nicht in der Mehrzahl: Gesinde, Vieh, Ungeziefer.

6. Abstrakte stehen in der Regel nur dann in der Mehrzahl, wenn sie konkrete Bedeutung annehmen: vgl. das Schreiben — die Schreiben, Bedenken, Leiden, Wettrennen, Verbrechen; Tugend — Tugenden, Schönheit — Schönheiten, Gang — Gänge.

7. Ohne Artikel stehen:
a. Eigennamen bei Aufzählungen: Ätna und Vesuv sind Vulkane. — Weitere Beisp.

b. die Genitive bei Maß- und Gewichtsnamen: — eine Mark Gold (st. Goldes), ein Faß Bier.

c. folgende Wortverbindungen:

Hunger leiden — hungern, Schatten werfen, Junge werfen, Unglück, Recht, Schuld ꝛc. haben; frohen Mutes, heitern Sinnes, guter Hoffnung ꝛc. sein; zu Fuß, Roß, Lande, Wasser; Roß und Reiter, Mann und Maus; groß und klein, jung und alt, schwarz auf weiß ꝛc. — Stürme brausen, Wogen schlagen, Blitze zucken, Masten splittern. — Röslein (personifiziert) sprach. Erlkönig hat mir ein Leids gethan.

§ 38.

Verhältnis des Fürwortes zu seinem Substantive.

Aufg. An den Beispielen auf S. 44 weise nach, welche Fürwörter als Subjekte gebraucht werden und welche Substantive sie vertreten.

Lehrs. a. Das Fürwort muß in Geschlecht und Zahl mit seinem Substantiv übereinstimmen. Suche Beisp.

Vergleiche dann:

Die Frau ließ ihren Krug stehen. Ein giftig Weib, was kann die nicht erzählen! Laßt wählen das Fräulein nach eigenem Sinn, und wen sie erwählet, der nehme sie hin. Und Trudchen warf sich auf den Grund; sie rang die schönen Hände wund. Das Pfäfflein, das wußte sich besser zu pflegen.

In welchem dieser Beispiele richtet sich das Fürwort nicht nach dem grammatischen, sondern nach dem natürlichen Geschlechte?

b. Von der 3. Person des besitzanzeigenden Fürwortes bezieht sich sein auf das männliche und auch auf das sächliche Geschlecht, ihr bloß auf das weibliche und die Mehrzahl;

Der Luchs ist ein schlaues Raubtier. Sein glänzendes Auge sieht sehr scharf. Dasselbe hat Veranlassung zu dem Ausdrucke „abluchsen," (= wie mit Luchsaugen absehen) gegeben. — Das Repphuhn lebt im Freien. Sein Gang ist viel schneller als der des Haushuhnes. Daher rührt der Namen desselben; niederd. rapp oder repp = flink. Das Elentier hat seinen Namen nicht von dem Elend oder der Fallsucht, mit welcher es behaftet sein soll.— Die Bänkelsänger haben ihren Namen von der kleinen Bank oder dem Bänkel, auf welchem sie ihre Lieder vortragen.

Vgl. später die Fürwörter im zusammengesetzten Satze.

§ 39.

D. Das Adjektiv im Satze.

1. Die Geschlechtsendungen und Verwandtes.

Beisp. Das Adjektiv als Attribut.

a. Kleiner Vorteil ist oft besser als großer Gewinn. Gebrauchter Pflug blinkt. Schnelle Hilfe ist doppelte Hilfe. Viel besser ist heimlicher Schade als offene Schande. Gestohlenes Gut brennt. Lesen und nicht verstehen ist halb(es) Müßiggehen. Reines Herz und froher Mut stehen zu allen Kleidern gut. Stille Wasser haben tiefe Gründe. Aber: die stillen Wasser 2c.

Rätselfragen.

Wie wird mit einem Wort genannt:
verbranntes Holz, gepflügtes Land,
gefrornes Wasser, dürres Gras,
gemahlner Weizen, geschoßner Has',
gekeimte Gerste, altes Weib,
gedroschne Garben, toter Leib,
gewebtes Garn, gesponnener Flachs,
gegerbte Haut, gegoßnes Wachs,
gebundne Blumen, dicker Strick,
gebacknes Mehl und sechzig Stück,
zerbrochne Töpfe, kleines Haus,
gedrehte Därme, kleine Maus,
ein schwarzes Pferd, ein junges Schaf,
ein kleines Schwein und ew'ger Schlaf,
geflochtnes Haar, ein breiter Fluß,
eine junge Kuh und ein hörnerner Fuß?

b. Ein guter Name ist ein teures Gut. Ein schlafender Fuchs fängt kein Huhn. Eine zu fette Henne legt keine Eier. Ein gutes Wort findet einen guten Ort. Ein gebranntes Kind scheut das Feuer. Gebrannte Kinder 2c.

Ebenso: mein (dein, sein, kein) reicher Onkel, meine reiche Tante, mein braunes Kleid.

Desgl. unser oder euer treuer Freund, unser, euer neues Haus; aber: unsere (unsre), eure schöne Stube.

c. Der erste Verdruß ist besser als der letzte. Ich bin der allmächtige Gott 2c. Die fleißige geschickte Hand erwirbt sich Brot in jedem Land. Erfahrung ist die beste Lehrmeisterin. Das erste Gebot. Die bösen Menschen.

Ebenso: Dieser (jener, mancher, derselbe, derjenige) glückliche Mann; diese rauhe Jahreszeit; dieses schöne Wetter; diese blühenden Blumen. Wir stolzen Menschenkinder sind eitel arme Sünder.

Vgl. Welcher schreckliche Krieg — welch schrecklicher Krieg; solcher treffliche Mensch — solch (welch) trefflicher Mensch. All dieses Volk; all sein Vermögen; mit all seinem Gut.

d. (Ohne Flexion) Jung Siegfried. Klein Roland. Klein Paris. Neu=Brandenburg. Preußisch Friedland. Vgl. Großglockner, Großbritannien.

War einst ein Riese Goliath, ein gar gefährlich Mann. (Claudius.) Lieb Knabe bist mein (Sch.).

Unrecht Gut gedeihet nicht. Gut Ding will Weile haben.

Eigen Lob stinkt, fremdes Lob klingt. Unser täglich Brot. Fromm Gemahl, fromm Gesind, gut Wetter, gut Regiment (Luther). Ein unglückselig, schmerzvoll Wiedersehen (Sch.). Mein artig Herz, mein einzig Wesen (Goethe).

e. Röslein rot. Vom Himmel hoch, da komm ich her. In meinem Prunksaal reich. Sag an, wer sind die Wächter treu. Aus dem Brunnen frisch (Uhl).

f. Das Adjektiv als Prädikat. Die Kunst ist lang, das Leben kurz, das Urteil schwierig, die Gelegenheit flüchtig. Ernst ist das Leben, heiter die Kunst. Alle Menschen sind sterblich. —

Der Mensch ist das klügste und dennoch in seiner Jugend hilfloseste aller Geschöpfe. Das Gesicht ist der edelste aller Sinne. Der Diamant ist der härteste aller Steine. Der Elefant ist das größte aller Landtiere. Der Wasserschierling ist eine der gefährlichsten unserer einheimischen Giftpflanzen. Das Zodiakallicht ist eine der fremdartigsten Naturerscheinungen. Die Trägheit ist eins der gefährlichsten Laster. Die Sonne ist für uns der wichtigste aller Fixsterne. (Über den Superlativ vgl. §. 39.)

Lehrs. 1. Das Adjektiv ist einer dreifachen Geschlechtsendung fähig: glücklicher, glückliche, glückliches. Die volle Geschlechts= endung Sing. er, e oder es, Pl. e, erhält das als Attribut gebrauchte Adjektiv, wenn kein Wort mit dieser Geschlechts= endung vorhergeht. Es behält also das Adjektiv die volle Ge= schlechtsendung nach dem unbestimmten Artikel ein, nach den besitz= anzeigenden Fürwörtern mein, dein, sein, ihr, auch nach unser und euer, und nach kein. Vgl. die Beisp. unter a und b.

2. Geht ein Wort mit der Geschlechtsendung vorher, wie der bestimmte Artikel der, die, das, oder eins der Fürwörter und Zahlwörter dieser, jener, solcher, derjenige, derselbe, etlicher, jeglicher, welcher, mancher, aller ꝛc., so erhält das Adjektiv in allen Geschlechtern wie in der Mehrzahl die Endung e.

Einige dieser Wörter wie welcher, mancher, solcher, aller können aber die Geschlechtsendung abwerfen, in welchem Falle das Adjektiv sie erhält. Vgl. die Beisp. unter c.

Wie all, so werden auch viel, wenig, mehr mit folgendem Adjektiv meist unflektiert gebraucht.

3. Ohne Geschlechtsendung oder unflektiert stehen die prädikativen Adjektive in altertümlicher oder sprichwörtlicher Rede und in volkstümlichen Dichtungen, in der Regel aber nur vor Sub= stantiven sächlichen Geschlechts, mit denen die betreffenden Ad= jektive begrifflich aufs innigste verbunden sind. Beisp. unter d.

4. Ebenso steht das Adjektiv unflektiert in altertümlicher Kon= struktion nach dem Substantiv. Beisp. unter e.

5. Als Prädikat wird das Adjektiv nur dann flektiert oder dem Geschlechte nach „gebogen", wenn es mit dem bestimmten Artikel ver= bunden ist. Es richtet sich im Geschlechte dann aber nicht nach dem Sub=

jette, sondern dem folgenden Substantiv (im Genitiv), auf welches es sich bezieht. Beisp. unter f und Aufg. 4 von §. 40.

6. Von dem flexionslosen Adjektiv ist das aus demselben gebildete Adverb zu unterscheiden, welches ein Adjektiv oder ein Verbum näher bestimmt und gleichfalls geschlechtslos ist. Unterscheide: gut ausgebackenes Brot — gutes, ausgebackenes Brot; der fleißig schreibende Schüler — der fleißige, schreibende Sch.; das schön nähende Mädchen — das schöne, nähende M.; der helle Mondschein — der Mond ist hell — der Mond scheint hell. Die frohen Leute — die Leute sind froh — das froh verlebte Fest. Vgl. S. 38.

7. Hiervon ist wiederum das dem folgenden Adjektiv und Substantiv einverleibte, untergeordnete und darum nicht durch ein Komma von demselben getrennte Adjektiv zu unterscheiden: die alte deutsche Reichsverfassung; das frühere französische Königshaus; die gute alte Zeit; der dritte klare Beweis; ein rüstiger alter Mann, ein gebrechlicher a. M.

1. Aufg. Gebrauche die Adjektive unter a—d in verschiedener Form, bald mit dem bestimmten Artikel oder den entsprechenden Fürwörtern, bald mit dem unbestimmten Artikel, bald auch ohne diese, sowohl in der Mehrzahl wie in der Einzahl.

2. Aufg. Betrachte die Adjektive in dem Sprachstück „Hamburg" S. 34 und „Die alten Deutschen" S. 40.

3. Aufg. Bestimme das Prädikat näher durch ein oder mehrere Adjektive.

Der Blitz ist eine feurige, plötzlich auftretende Lufterscheinung (oder: Der Blitz ist eins der bekanntesten und doch großartigsten Phänomene, vgl. Beisp. f und Lehrs. 5). Biene — Insekt, Borkenkäfer — Insekt. Tulpe — Blume (Zwiebelgewächs). Turm. Festung. Kanone. Waldhorn. Orgel. Das Sofa oder Kanapee. Mark. Pfennig. Kaffee, das Café. Geld. Der Flachs ꝛc.

4. Aufg. Unterscheide die Mittelwörter der Gegenwart, der Vergangenheit und der Zukunft: die bessernde Hand — verbesserte Fehler — zu verbessernde Fehler. Tadelnde Menschen — getadelte M. — zu tadelnde M. Erfreuendes Grün — erfreute Eltern — zu erfreuende E. Desgleichen von versenden, retten, betrügen ꝛc. Vgl. S. 41 u. 42.

5. Aufg. Gebrauche passende Mittelwörter und Adjektive als Attribute.

Ein Sommertag. Es war ein — Sommertag. Auf den — Wiesen lag — Heu. — Schnitter mähten mit — Sensen die — Kornfelder. Hier trabten — Rosse mit — Erntewagen daher. Dort fuhr ein anderer, die — Garben hochaufgetürmt langsam und mit — Bewegung den Scheunen zu. Überall sah man eifrig — Landleute mit — Gesichtern und mit — Stirn. — Herden weideten auf — Hügeln. Am — Bache tanzten — Schmetterlinge, schwirrten —

Käfer, summten Honig — Bienen. Über dem allen aber schwebte am — Himmel die — Lerche, — den Schöpfer, dessen — Hand alles spendet. *Nach Wiedemann.*

6. Aufg. Gebrauche folgende Fremdwörter mit deutschen Geschlechtsendungen in verschiedener Form (vgl. das „Wörterbuch"):

Konsequent, intelligent, eminent, konstant, intriguant, brillant, charmant, tolerant, vakant, konkret, abstrakt, attributiv, prädikativ, populär, porös, pompös, maliziös, ambitiös, perfekt, parallel, orthodox, ordinär, offiziell, speziell, nominell, materiell, loyal, kokett, violett, komplett, honett, bigott, bankerott, jovial, trivial, korrekt, inkorrekt, expreß, frivol, courant, diskret, bizarr, barock, absurd, accurat, apart, stereotyp; — spezifisch, skeptisch, philosophisch zc.; perennierend, imponierend, gravierend zc.; borniert, dressiert, okuliert, studiert, poliert zc. —

§ 40.
2. Die Komparation oder Steigerung.

Beisp. a. Die 3 Grade. 1. Der Brocken ist hoch — der 1141 m hohe Br. 2. Die Schneekoppe ist höher — die um 460 m höhere Sch. 3. Der Montblanc ist der höchste Berg in Europa (am höchsten).

Ein edler Held ist's, der fürs Vaterland, ein edlerer, der für des Landes Wohl, der edelste, der für die Menschheit kämpfend fällt. Europa ist etwa so groß wie Australien, aber es ist viel volkreicher als dieses.

b. Merke die Formen: edel — edler, offen — offener und offner, bittrer, heitrer; der heißeste, größeste, meist aber größte, frischeste, böseste, leiseste, wildeste, beherzteste, gelehrteste, dreisteste, festeste, falscheste, härteste, schrägeste; die gesittetsten Völker, die verkümmertsten Gesichter, die geordnetsten Verhältnisse, die gegründetste Besorgnis; die glänzendsten Farben, reizendsten Fluren, die drohendste Gefahr, das wütendste Tier; am rasendsten, glänzendsten zc.

c. Steigerung mit Umlautbildung: hart — härter, härteste, kalt — kälter, stark, arg, schwach, lang, krank, scharf, schlaff;

oft — öfter, groß; kurz — kürzer, jung zc.;

mutig (mutiger) — einmütig, hoch=, de=, weh=, lang=, klein=, schwermütig;

blutig (blutiger) — vollblütig, heiß=, kalt=, wie einblütig (mit einer Blüte);

lustig — wollüstig, saltig, — ein=, zwiefältig.

d. Steigerung ohne Umlautbildung; blau — blauer, taub — tauber (aber selten gebräuchlich); die Participien: schonend, gewandt, bekannt zc.; bang, barsch, blank, blaß, brav, bunt, dumpf, fahl, falb, falsch, flach, froh, hohl, hold, kahl, karg, klar, knapp, lahm, los, matt, morsch, nackt, platt, plump, rasch, roh, rund, sacht, sanft, satt, schlaff, schlank, schroff, starr, stolz, straff, stumm, stumpf, toll, voll, wahr, wund, zahm, zart.

Schwankend: bang—bänger oder banger, blaß, fromm, gesund, glatt, grob, naß, rot, schmal.

e. Merke: gut — besser — best; wenig — minder — mindest und wenig — weniger — wenigst; Adv. viel — mehr — meist; Adj. viel — mehrere — meiste; — der erste — erstere, letzte — letztere; — der vordere — vorderste, hintere — hinterste, untere — unterste, äußere — äußerste, innere — innerste; — die superlativischen adverbialen Formen: höchstens, erstens, meistens, frühestens, spätestens; am schönsten (auch als Prädikat), aufs schönste, beste, zum letzten, im geringsten, zu allerletzt; der allerjüngste Sproß, eine höchst wichtige Angelegenheit, die größt mögliche Sorge; ungemein, äußerst, außerordentlich nützlich.

f. Krösus war vielleicht mehr eitel als geizig, Judas mehr habsüchtig als falsch, Petrus mehr eifrig als besonnen.

Lehrsätze. 1. Adjektive und Adverbien der Art und Weise sind einer zwiefachen Steigerung, mitunter auch der Schwächung des Begriffes und der Form fähig: der erste Grad oder der Positiv (der unbedingte Stand eines Beiwortes oder das ohne Vergleichung stehende Beiwort), der zweite Grad oder der Komparativ (der Vergleichungsgrad), und der dritte Grad oder der Superlativ (die höchste Steigerungsstufe). Welche Endung hat das Adjektiv im Komparativ? und welche im Superlativ?

In Vergleichungssätzen steht nach dem Positiv wie, nach dem Komparativ als.

2. Zur Vermeidung harter Konsonantenhäufungen fügt sich im Superlativ zwischen Stamm und Endung ein e ein. Im Komparativ fällt das e oft aus. Beispiele unter a und b.

3. Die im Komparativ und Superlativ gewöhnliche Umlautbildung erleidet viele Ausnahmen. Beispiele unter c und d.

4. Wenn zwei Eigenschaften an demselben Gegenstande verglichen werden, so wird die Steigerung durch mehr — als ausgedrückt. Beisp. unter f.

5. Nicht steigerungsfähig sind: tot, lebendig (im eigentlichen Sinne), recht, ganz, halb, einzig, stumm, blind, schneeweiß, blutrot, kirschbraun; mündlich, schriftlich; golden, wollen, irden, eisern, gläsern ꝛc.; hiesig, dortig, geistig, geistlich, adelig, rund, viereckig, quadrat(förmig), dreieckig, rechtwinklig, einsilbig (im eigentlichen Sinne).

Was ist dagegen: rötlich, bräunlich, gelblich, weißlich, weichlich, härtlich?

6. Unterscheide die Steigerungsendungen, die Geschlechtsendungen und die Fallendungen:

ein groß=er Mann — eine groß=e Frau — ein groß=es Kind; ein größ=er=er M. — eine größ=er=e Fr. — ein größ=er=es Kind; mein kürz=est=er Finger — die kürz=est=e Linie — sein kürz=est=es Haar. Mit schärferem Gesichte; mit festerer Hand; aus weicherem Felle; von der oberen Seite; von einem glücklicheren Menschen; — mit fröhlicherer Miene; von edlerer Gestalt ꝛc.

1. Aufg. Gebrauche die unter b—e aufgeführten Adjektive und Adverbien in Verbindung mit Substantiven auf allen drei Stufen.

2. Aufg. Gurke und Kürbis.

Gurke und Kürbis sind nahe Verwandte. Der Wuchs des Kürbisses ist jedoch üppiger als der Wuchs der Gurke. Die Ranken sind länger. Die Blätter sind breiter. Die Haare sind rauher und steifer. Die Früchte sind größer. Für den Menschen ist aber die Gurke wichtiger als der Kürbis. Ihr Fleisch ist saftiger und wohlschmeckender. Daher ist ihre Verwendung allgemeiner. Gurke und Kürbis haben noch eine Verwandte, die Melone. Diese Frucht ist die feinste und vornehmste unter den dreien. Die Pflege der Melone muß die sorgfältigste sein, denn von den genannten Pflanzen ist sie am empfindlichsten gegen Kälte und Nässe.

Welche Eigenschaften haben die Gurke und der Kürbis gemein? (Die Gurke und der Kürbis haben einen üppigen Wuchs, oder: Die Gurke hat einen nicht so üppigen Wuchs wie der Kürbis.) Was hat der Kürbis vor der Gurke voraus? Was die Gurke vor dem Kürbis? Was die Melone vor beiden? (Der Kürbis hat einen üppigeren Wuchs als die Gurke.)

3. Aufg. Vgl. Seide mit Wolle; Elefant — Nashorn; Donau — Rhein; Afrika — Europa; Frankreich — die Schweiz; Pudel — Mops; Diamant — Glas; Cholera — Lungenentzündung; Haifisch — Hecht, Aal; Pergament — Papier; Kanone — Mörser, Flinte; Rasier- und Federmesser, Brotmesser; Kain — Abel; Joseph — Ruben und die andern Brüder; David — Saul; David — Goliath; Kaiser Wilhelm — Napoleon.

a. Vergleiche obige Begriffe so, daß der erste und dann der zweite als Subjekt dient: Die Seide ist teurer als die Wolle. Die Wolle ist wohlfeiler (oder billiger) als die Seide. Die Wolle ist aber eben so wertvoll wie die Seide.

b. Vgl. sie unter Angabe des Oberbegriffes: Die Seide ist ein kostbarerer Stoff als die Wolle. Die Wolle ist ein mindestens ebenso wertvoller Stoff als die Seide.

4. Aufg. Die Edelsteine sind kostbarer als alle anderen Steine. Die bayrischen Alpen sind höher als alle übrigen Gebirge Deutschlands. Das Korn ist wichtiger als alle übrigen Getreidearten unserer Gegend. Der Kolibri ist kleiner als alle anderen Vögel. Das Gewitter ist großartiger als alle anderen Naturerscheinungen. Die Luft ist leichter und durchsichtiger als alle anderen Körper. Der Fliegenpilz ist schöner, aber auch giftiger als andere Pilze. Die Bibel ist älter und verbreiteter als alle anderen Bücher. Berlin und Hamburg sind bedeutender und volkreicher als alle anderen deutschen Städte. Eier und Fleisch sind nahrhafter und gesünder als andere Speisen.

Gebrauche statt des Komparativs den Superlativ und füge ein Substantiv im 2. Falle hinzu: Die Edelsteine sind die kostbarsten aller Steine (oder von allen St.).

5. **Aufg.** Ergänze die Attribute:

Die Eiche ein heiliger Baum. Wie die — Griechen die — Eiche dem — ihrer Götter, dem — Donnerer Zeus, geweiht hatten, so war auch — Altvorderen — Königsbaum dem — Donnergott Thor geheiligt, der im — Blitz und — Donner sich den Sterblichen offenbarte. Der Eichenhain durfte nicht von Uneingeweihten, allein nur vom — Priester betreten werden, und wo eine — Eiche stand, würde — Menschen Hand gewagt haben, sie — Laubes und — Zweige zu berauben oder gar umzuhauen. — Recht hatte allein der aus der Gewitterwolke — Wetterstrahl — Gottes. Die — Deutschen, obwohl sie Heiden waren, hatten doch ein nicht — — Gefühl für das Leben und Weben der — in der Natur — Gotteskraft als wir, — — Nachkommen. Von — — Tempeln wußten sie nichts. Sie fanden die — Stätte für — Gottesverehrung in — von Menschenhänden —, durch — Allmacht — Eichenwäldern. Dort, im — Dunkel und in — Stille, vernahmen sie das — Wesen der Gottheit. — ihrer Götter mochten auf Berges Gipfeln und Felsenhöhen und an Flußufern wohnen; aber der — Gottesdienst des Volkes hatte — Sitz im — Hain, und nirgends hätte er auch einen — Platz finden können. Denn tritt nur hinein in — Stille eines — Eichenwaldes; sei es in der Frühe des Morgens, wenn die —Laubkronen im — Sonnenstrahle glänzen, oder am — Mittage, wenn auf dem — Moose in der Dämmerung — Lichtringe spielen, oder am — Abend, wenn die — Zweige von einem — Goldschimmer überzogen sind: ist es dir nicht auch als spräche eine Stimme in dir und zu dir: „Die Stätte, darauf du wandelst, ist eine — Stätte!" und als flüsterten die Blätter, von sanft — Luft bewegt, — Worte einer — Offenbarung? In dem — Dunkel der — Eichenwälder saßen einst die Priesterinnen — Väter und lauschten dem — Rauschen der Blätter, um der — Menge den Ausspruch der Götter zu verkünden. Hier barg man auch die — Fahnen und holte sie mit Ehrfurcht hervor, wenn der Schlachtruf in den Gauen wiederhallte und die Tapfern aufrief zum — Streit. Und wer dann — gefochten und den Sieg errungen hatte, den krönte ein Kranz von Eichenlaub, und — Blätterkrone galt mehr als eine — Fürstenkrone. Desgleichen wenn die — Deutschen über Krieg und Frieden beraten wollten, so versammelten sie sich nicht zwischen den vier — Wänden eines Hauses, sondern sie kamen zusammen in einem — Saale, dessen Boden ein — Teppich von Gras und Waldblumen und dessen Säulen die — Eichbäume waren.

Jetzt ist dieses —, — und — Geschlecht — Männer aus den Wäldern geschwunden; aber noch heute, wie vor einem Jahrtausend, hebt mit — dem Wuchse die Eiche ihr — Haupt in die Luft, und — Eichwälder sind noch immer — — Vaterlandes — Zier.

Grube.

§ 41.

Das Verbum im Satze. Konjugation.

I. Starke und schwache Biegung.

Rollkiesels Lebensgeschichte. Ich bin ein Rollkiesel, ein weitgereister Geselle, der in seinem Leben zahllose Stöße und Püffe erhalten hat. Vor vielen, vielen Tausenden von Jahren bildete ich mit vielen meiner Kameraden einen mächtigen Kieselfelsen. Da kamen Sturm, Frost und Regen und machten nach und nach ein großes Stück davon locker. Endlich fiel es aus großer Höhe herab, schlug auf einen andern Felsen auf und zerbrach in kleinere Stücke. Ein solches Stück bin ich. Jahrelang blieb ich an der Stelle liegen. Da kam ein wildes Gewitter. Das Wasser faßte mich und riß mich mit hinab in das Thal und hinein in das Bett eines rauschenden Baches. Jede Welle schob mich ein Stück weiter, drehte mich bald von rechts, bald von links immer langsam nach vorwärts. Fortwährend rieb ich mich an meinen Kameraden, hier stieß ein großer, da ein kleiner gar unsanft an mich an und brach mir die Ecken und Kanten ab. Dann kam wieder feiner, scharfkantiger Quarzsand und schliff die Bruchstellen mir glatt. Tausende von Jahren rollte ich langsam weiter, ich wurde immer kleiner, aber auch runder und glätter. Die Reise ging immer leichter und schneller. Endlich schoben die Wellen mich mit hinein in einen Fluß. Hier ging das Rollen langsamer.

Wiederum waren Jahrtausende vergangen, als plötzlich die Erde zu zittern begann. Ein Erdbeben hob den Boden hoch empor, und die Wasser liefen rauschend ab. Das Flußbett wurde leer, der Sonnenschein schien mir in das Gesicht und trocknete mich ab. Ich sah mich um. Ringsum lagen zahllose Kameraden halb vergraben im Sande. Große Elefanten und ungeheure Eidechsen lagen tot um mich her. Einen Menschen sah ich nicht. Die Reise hatte nun ein Ende, Gras und Kräuter wuchsen neben mir in die Höhe, und die Erde deckte uns nach und nach zu. Ich mußte nun still liegen und schlief ein.

Wie lange ich da unter der Erde gelegen habe, weiß ich nicht. Aber eines Tages stieß ein scharfes Eisen in die Erde und an mich an. Ich wachte auf und sah wieder den blauen Himmel über mir. Ich lag in einer Kiesgrube und sah zum ersten Mal die Menschen. Ich wurde mit vielen Kameraden auf einen Wagen geladen und in den Garten gebracht. Hier liege ich nun auf dem Wege mitten unter goldfarbigem Gartensande und wundere mich, wie doch die Welt jetzt ganz anders ist als damals, wo ich oben im Gebirge an der Klippe des Felsens hing.

Hugo Weber.

1. Aufg. Wiederhole, was S. 5 und 37 über den Infinitiv, das Activum und Passivum und über die Zeitformen gelehrt ist.

2. Aufg. Betrachte das Verbum in dem obigen Sprachstück nach diesen Gesichtspunkten und unterscheide namentlich die transitiven und intransitiven Verben.

3. Aufg. Welche Verben in dem Sprachstücke „Die alten Deutschen" S. 37 und im obigen Sprachstücke bilden die Vergangenheit oder das Präteritum durch Abwandlung des Grundvokals oder den sogenannten Ablaut? (erhaben — erhoben, ziehen — zogen) und welche durch die Endung te (ten)? zeigen — zeigten, können — konnten).

Welche Mittelwörter oder Participien in den Passivsätzen der 4. Aufgabe auf S. 39 endigen auf t und welche auf en? (entzündet, bereitet, gesponnen). Vergleiche die Participien auf S. 42. Beisp. a. Singe — sang — gesungen. b. lobe — lobte — gelobt.
spreche — sprach — gesprochen.   sage — sagte — gesagt.
sauge — sog — gesogen.   nütze — nützte — genützt.

Lehrs. 1. Die Biegung oder Formänderung des Zeitwortes ist eine starke, wenn dasselbe im Präteritum und (oft auch) im 2. Particip einen andern Vokal (den sogenannten Ablaut) erhält als im Infinitiv oder Präsens. Vergleiche die Wortbildung auf S. 47—49.

2. Die Biegung ist eine schwache, wenn der Stammvokal unverändert bleibt und das Präteritum auf te (Pl. ten) und das 2. Particip auf t (et) gebildet wird.

3. Aufg. Bilde aus folgenden Satzelementen Sätze, in denen das Verbum a. im Präsens, b. im Präteritum und c in dem Perfectum steht.

a. Die Nacht weicht dem anbrechenden Tage. Die Sterne erbleichen vor der aufgehenden Sonne. Schläfer erwachen. Häschen und munteres Wild aufspringen. Vögel schlüpfen. Bienen ausfliegen. Leute an die Arbeit gehen. Fuhrmann anschirren, fahren. Landmann beginnen (was?). Hirsche und Rehe eilen (wohin?). Kinder anziehen, waschen, essen, gehen, lernen ꝛc.

b. Die Nacht wich dem anbrechenden Tage.

c. Die Nacht ist dem anbrechenden Tage gewichen.

4. Aufg. Gieb die Grundformen (Präsens, Präteritum, 2. Participium) von folgenden allgemein gebräuchlichen und darum wohlbekannten, starkbiegenden Stammverben an und wende einige in Sätzen an.

Helfen (hilft, half, geholfen), schelten, sterben, weben, flechten, stechen, brechen, treffen, kommen, nehmen, geben, geschehen, sehen, lesen, treten, fressen, preisen, gleiten, saufen, stieben, riechen, scheinen, schreiben, schweigen, bieten, fliehen, fahren, wachsen, fallen, halten, schlafen, heißen, stoßen, gießen, meiden, lügen, betrügen, ziehen, streichen, verlieren, frieren, schaffen.

5. Aufg. Merke die Grundformen folgender starkbiegender Verben und wende sie in Sätzen an.

1. i (e) — a — u (o): gelingen (gelingt — gelang — gelungen), schwingen, dringen, schwinden, stinken, schlingen, zwingen, schwimmen, — a, o; beginnen, rinnen, spinnen, sinnen. —

2. i (e) — a (o) — o: gelten (gilt — galt — gegolten), werben, werden (ward oder wurde), empfehlen, stehlen, gebären (gebiert), bersten (birst), dreschen (drasch oder drosch), entrinnen, werfen, bergen; — schwellen (schwillt — schwoll — geschwollen), schmelzen, melken, glimmen, erschallen (o—o), quellen (i—o—o).

3. i (e) — a — e: essen (ißt — aß - gegessen), fressen, genesen, sehen (sieht — sah — gesehen), messen, bitten, sitzen.

4. ei — i (ie) — i (ie): kneifen (kneife — kniff — gekniffen), schleifen, schreiten, leiden (litt), schneiden, befleißen, schleißen, spleißen (= spalten), schmeißen, gleichen, schreien (schrie, geschrieen), speien, preisen, weisen, gedeihen (gedieh, gediehen), zeihen (zieh, geziehen).

5. ie (i, e) — o — o: glimmen, klimmen, weben, scheren, fechten, flechten, heben, erkiesen (erkor, erkoren), sieden (sott), triefen, gießen, genießen, schließen, entsprießen, verdrießen, kriechen, klieben (klob).

6. a — u — a: backen (bäckt — buk — gebacken), schaffen, wachsen, waschen, fahren, schlagen, tragen.

7. Prät. ie (ing): braten (brät — briet — gebraten), raten, halten, blasen, lassen; rufen (rief), stoßen, hauen (hieb), hangen (hängt, hing), fangen (fing), gehen (ging) — in Süddeutschland: hieng, fieng, gieng.

6. Aufg. Gebrauche in der 1., 2. und 3. Person des Präsens Singular: gebären, gebiert; lesen — liesest oder liest, liest; essen — issest oder ißt, ißt; geben — giebst, giebt (älter mit i); flechte — flichtst (flechtest), flicht; dreschen — drischest, drischt; fechten — fichtest (fechtest), ficht; spleißen — spleißest, spleißt (spaltet), ebenso sprießen, schließen, reißen; backen — bäckst, bäckt (Prät. buk besser als backte); bergen — birgst, birgt; lassen — lässest, läßt; befehlen — befiehlst, befiehlt; stehlen — ie, ie; nehmen, nimmst; geschehen — geschieht; sehen — siehst, sieht; fressen — frißt, frißt; messen — missest oder mißt, mißt; saufen — säufst, säuft; laufen — läufst, graben — gräbst, ebenso fahren, tragen, schlagen, mit Umlaut, aber nicht frägt, sondern fragst, fragt, wie im Präteritum fragte, Participium gefragt.

Nur die starkbiegenden Verben lauten im Präsens um; vergl. sagen — sagst, sagt, sagte; wagen, nagen, baden u. s. w., — aber bäckst, bäckt, trägst, brät, wächst, wäscht u. s. w.

Altertümliche Formen: freucht (st. kriecht), fleucht (flieht), beut (bietet), zeuch (zieh), treufst (trieft).

Desgl. im Plural Prät. wir funden (st. fanden), stunden, sprungen, bunden u. s. w., daher der Fund, die Stunde, der Sprung, Bund. Wie die Alten sungen, so zwitschern die Jungen.

Merke: Sende — sandte, gesandt; ebenso rennen, nennen, brennen, kennen (mit Rückumlaut im Prät.). Bringen, brachte, gebracht; denken, dachte, gedacht; mich dünkt, es deucht mich (te, t); wissen, wußte, gewußt; thun, that, gethan.

7. Aufg. Unterscheide die folgenden Verben

in starker Biegung:			in schwacher Biegung:		
trinke	— a	— u	tränke	— te	— t.
verderbe	— a	— o	verderbe	— te	— t.
(verdirbst, verdirbt)					
sinke	— a	— u	senke	— te	— t.
dringe	— a	— u	dränge	— te	— t.
schwinge	— a	— u	schwenke	— te	— t.
zwinge	— a	— u	zwänge	— te	— t.
springe	— a	— u	sprenge	— te	— t.

schwelle (i) — o — o	schwelle (e)	— te — t.
schmelze (i) — o — o	schmelze	— te — t.
schwimme — a — o	schwemme	— te — t.
schalle (a) — o — o	schelle	— te — t.
erlösche (erlischt) — o — o	löschen	— te — t.
(er)schrecke (i) — a — o	(er)schrecke	— te — t.
liege — a — e	lege	— te — t.
sitze (sitzest, sitzt) — saß — gesessen	setzen	— te — t.
esse (i) — aß — gegessen	ätze	— te — t.
schleife — iff — iff	schleife	— te — t.
beiße — i — i	beize	— te — t.
bleiche — i — i	bleiche	— te — t.
sauge (au) — o — o	säuge	— te — t.
fahre (ä) — u — a	führe	— te — t.
falle (ä) — ie — a	fälle	— te — t.
hange (ä) — i — a	hänge	— te — t.

Lehrsatz 1. Wie alle abgeleiteten Verben gehen auch die von Stammverben gebildeten Bewirkungsformen oder die Faktitiven nach der schwachen Biegung. Vergl. S. 53. Z. B.: der Goldschmied schmelzt (te) das Gold und das Silber, d. h. bewirkt, daß dieses schmilzt. Der Wirt löscht (te) das Licht aus, d. h. bewirkt, daß dieses erlischt.

Lehrsatz 2. Fremdwörter mit deutschen Verbalendungen gehen sämtlich nach der schwachen Biegung; auch erhält das 2. Participium derselben nicht die Vorsilbe ge: studiere — te — studiert; exerziere — te — exerziert; so auch dividieren, multiplizieren, korrigieren u. s. w. Beispiele.

3. Über die Trennbarkeit der Partikeln des Verbums war bereits S. 60 und 61 die Rede.

Unterscheide außer diesen noch:

pflege (gewohnt sein) — o — o	pflege	— te — t (für etwas sorgen, wiederholt thun).
wiege — o — o	wiege	— te — t (schaukeln).
schaffe (erzeugen) u — a	schaffe	— te — t (arbeiten — bewirken).
bewege — o — o (im bildlichen Sinne)	bewege	— te — t (im eigentlichen Sinn, auch beunruhigt).
weiche — i — i	weiche	— te — t (von weich).
bitte — a — e	bete	— te — t.
schlagen — u — a	ratschlagen	— te — t.

Ferner: mahle — mahlte — gemahlen (Mehl), — male — te — t (Bild); bedungen (durch Verhandlung festgesetzt) — bedingt (abhängig von); gerächt (v. rächen) — gerochen (v. riechen); gediehen — gediegen; erhoben — erhaben; verhehlt — unverhohlen.

Unsicher ist im Sprachgebrauche oft schon: wiegen und wägen, erschrecken, verderben, schmelzen; lud (eine Fracht), ladete (berief); hangen — hängen (im Präsens), gären, schallen, melken, weben, dingen, quellen, schrauben, schnauben werden oft schwach gebogen.

Bem. Über die Biegung der Hilfsverben, der Konjunktive und der Imperative später.

8. Aufg. Zur Anwendung obiger Formen, wo möglich im Präsens, Präteritum und Perfectum bilde Sätze: Arbeiter dingen. Luft dringen Thüren und Fenster. Zur Thür hinaus drängen. Gott Abraham befehlen. Sich einem empfehlen. Felsen bersten. Simei schelten David. Korbmacher Korb flechten. Dieb stehlen. Mensch sterben, verderben. Abrahams Knecht Braut werben. Junge werfen. Apfel essen. Spruch vergessen. Kapitel lesen. Korn dreschen. Vorschlag erwägen. Bier gären. Lunte glimmen. Felsen erklimmen. Flammen erlöschen. Kühe melken. Kranke pflegen. Lange zu schlafen pflegen. Erbsen quellen. Wasser quellen Erde. Schaf scheren. Gabe bescheren. Rohr anschrauben. Wasser aus den Haaren triefen. Eier sieden. Vom Bienenstich anschwellen. Wind Segel schwellen. Blumen entsprießen. Brief wiegen. Kleine Kinder wiegen. Sich einer schönen Handschrift befleißigen. Aus Furcht erbleichen. Leinewand bleichen. Kinder Eltern gleichen. Schmerzen leiden. Eine Festung schleifen. Ein Messer schleifen. Kleider schleißen. Erbsen erweichen. Dem Trunkenen ausweichen. Pflanze gedeihen. Geld verleihen. Krankes Kind schreien. Bitteres ausspeien. Einen des Diebstahls zeihen. Einem Flehenden verzeihen. Das Feuer anblasen. Brief empfangen. Zeit vergehen. Kind Mutter anhangen. Rock Nagel hängen. Judas Jesum verraten. Zwieback backen. Füße waschen. Junger Baum wachsen. Rätsel raten. Um Brot bitten. Fromme beten. Getreide mahlen. Landschaft malen. Feuer brennen. Pferde rennen. Wasser rinnen. Der Gefahr entrinnen. Gott preisen. Den Weg weisen. Gott Welt erschaffen. Ein Kunstwerk schaffen. Handwerker schaffen. Das Herz bewegen. Sturm Meerwasser bewegen. Jemanden um etwas fragen.

§ 42.

2. Tempora oder Zeitformen im Activum und Passivum.

I. Das Activum oder die Thätigkeitsform.

Die Hauptzeiten.

Beispiel a. Das **Präsens** oder die **Gegenwart.**

1. Ich sitze in der Schule und wohne dem Unterrichte bei. Wir lernen alle, einige lesen, andere schreiben. Der Lehrer unterrichtet, fragt, korrigiert, lobt und tadelt.

2. Der Mensch sieht, was vor Augen ist; Gott sieht das Herz an. Unrecht Gut gedeiht nicht. Die Zugvögel ziehen alljährlich in fremde Länder und kommen wieder zu uns zurück. Über allen Gipfeln ist (jetzt) Ruh'; in allen Wipfeln spürest du kaum einen Hauch; die Vöglein schweigen im Walde. Warte nur, balde ruhest auch du. (G.)

b. Das **Präteritum** oder die **Vergangenheit.**

Im Anfange schuf Gott Himmel und Erde. Ich ging im Walde so für mich hin 2c. Im Schatten sah ich ein Blümlein stehen u. s. w. (G.) Vor dieser Linde saß ich (Stauffacher) jüngst, wie heut, das schon Vollbrachte freudig überdenkend: da kam daher von Küßnacht, seiner Burg, der Vogt mit seinen Reisigen geritten. Vor diesem Hause hielt er wundernd an; doch ich erhub mich schnell und unterwürfig, wie sich's gebührt, trat ich dem Herrn entgegen. (Sch.)

c. Das **Futurum** oder die **Zukunft**.

Es werden Zeichen geschehen an der Sonne und Mond und Sternen, und auf Erden wird den Leuten bange sein und (sie) werden zagen, und das Meer und die Wasserwogen werden brausen. Und die Menschen werden verschmachten vor Furcht und vor Warten der Dinge, die da kommen sollen auf Erden. (Luth.) — Es wird alles eine Herde und ein Hirte werden. Es wird sich kaum ein Ort in Deutschland finden, von dem es keine Sagen gäbe.

Die Hauptzeiten und die Nebenzeiten.

Beisp. a. Das Präsens und das Perfectum oder die Vorgegenwart.

Alles hat seine Bestimmung erreicht, wenn es vergeht. Die Vögel singen, wenn (nachdem) es Tag geworden ist. Bist du denn nicht mehr Minister? Ich bin's gewesen, wie du siehst. (Sch.) Das Schwalbenpaar. Mutter, Mutter, unsre Schwalben — sieh doch selber, Mutter, sieh! Junge haben sie bekommen und die Alten füttern sie (jetzt). Als die lieben kleinen Schwalben wundervoll ihr Nest gebaut (haben), hab' ich stundenlang am Fenster, heimlich sinnend zugeschaut. Und wie erst sie eingerichtet und bewohnt das kleine Haus, haben sie nach mir geschauet gar verständig klug hinaus u. s. w. Sieh doch hin! Die lieben Alten bringen ihnen Nahrung dar. Giebt es Süßeres auf Erden als ein solches Schwalbenpaar? (Chamisso.)

b. Das Präteritum und das Plusquamperfectum oder die Vorvergangenheit.

Abraham wohnte zu Hebron, nachdem er aus Ägypten zurückgekehrt war. Als Christoph Columbus Amerika entdeckt hatte, fanden die Portugiesen bald auch den Seeweg nach Indien. Bei der Ankunft Blüchers auf dem Schlachtfelde von Waterloo (d. h. als Blücher ankam), hatten sich die Kräfte der Engländer fast ganz erschöpft. — Als man über Sokrates das Todesurteil gesprochen hatte, verzieh dieser allen, die ihn verurteilt hatten, und freute sich, daß er nun bald zu den Geistern edler Männer der Vorzeit hinüber wandeln werde. Dann führte ihn der Wärter wieder in das Gefängnis zurück. Seine Jünger hatten diesen bestochen, daß er ihn entkommen ließe. Er wies aber ihren Vorschlag zurück, trank entschlossen den Giftbecher, und, nachdem er sich noch einige Zeit mit seinen Freunden über die Unsterblichkeit unterhalten hatte, starb der edle Weise.

c. Das 1. und das 2. Futurum oder die Vorzukunft.

Wenn ich das nächste Weihnachtsfest mitfeiern werde, werde ich das 14. Lebensjahr vollendet (oder erreicht) haben. Wenn ich sie genugsam geplagt haben werde, so will (werde) ich sie an eine Säule binden (Simplicissimus). Ehe der Arzt kommt (kommen wird), wird der Patient gestorben sein.

Lehrsätze. 1. Es giebt drei Haupt= und drei Nebenzeitformen oder Tempora. Wird ein Ereignis unabhängig von einem andern dargestellt, so spricht man 1. im Präsens oder in der Gegenwart, oder 2. im Präteritum oder in der (einfachen, geschichtlichen) Vergangenheit, oder 3. im Futurum oder in der einfachen Zukunft (von gewissen, wie von wahrscheinlichen Ereignissen).

2. Im Präsens wird das dargestellt, was eben jetzt oder zu allen Zeiten, also gewöhnlich geschieht (a 1 und 2). Natur- und Menschenkenner reden darum auch von gewöhnlichen Erscheinungen im Präsens, Geschichtskenner von vergangenen Ereignissen im Präteritum, Propheten von künftigen Dingen im 1. Futurum. (Mit welchem Hilfsverbum wird dieses gebildet?)

3. Vergangenes und Zukünftiges wird aber auch im Präsens dargestellt, wenn man in lebhafter Erregung beides gleichsam vor Augen sieht. Gewöhnlich ist dies der Fall mit gewiß zu erwartenden oder eintreffenden Ereignissen der Zukunft.

Beisp. a. Jetzt erklimme ich den Berg. Ein tiefes Thal eröffnet sich meinem forschenden Auge. Zwischen zarten Gebüschen rieselt ein klarer Bach. Zu meinen Füßen weiden Lämmer, und durch den freien Wald brechen sich die letzten Strahlen der sinkenden Sonne. — Das Wasser rauscht', das Wasser schwoll, ein Fischer saß daran, sah nach der Angel ruhevoll, kühl bis ans Herz hinan. Und wie er sitzt, und wie er lauscht, teilt sich die Flut empor; aus dem bewegten Wasser rauscht ein feuchtes Weib hervor. (G.)

b. Aber ich gehe herum, sie aufzusuchen, und komme wieder, sobald ich sie finde. (Goethe.) — Das Schloß ersteigen wir in der (nächsten) Nacht; der Schlüssel bin ich mächtig. Wir ermorden die Hüter, reißen dich aus deiner Kammer. (Sch.) — Hirtenknabe, Hirtenknabe! Dir auch singt man dort einmal. (Uhland.)

4. Da zwei und mehrere Handlungen oder Ereignisse zu allen Zeiten gleichzeitig erfolgen, also auch in allen Zeitformen als gleichlaufend dargestellt werden können, und da nicht das Perfectum, sondern das Präteritum (früher Imperfectum genannt) das eigentliche historische, unabhängige Tempus der Vergangenheit ist, so darf dieses nicht als Mitvergangenheit übersetzt und angesehen werden. In süddeutschen Mundarten und Volksliedern ist das Perfectum für das Präteritum nicht selten.

Beisp. a. Als ich kam, ging er. Während einige Schüler schreiben, rechnen andere, und noch andere zeichnen. Morgen werde ich an ihn schreiben, indes ihr spielen werdet oder spielt. Vergl. das Beisp. von Sch. unter a 2: Vor dieser Linde ꝛc.

b. Es ist ein Bäumlein gestanden im Wald, bei gutem und schlechtem Wetter, das hat von unten bis oben nur Nadeln gehabt statt Blätter ꝛc. (Rückert.) Auf dem Berge bin ich gesessen, hab' den Vöglein zugeschaut ꝛc. Der Knecht hat erstochen den edlen Herrn ꝛc. (Uhland.)

5. Den drei Hauptzeiten stehen drei Nebenzeitformen zur Seite: a. dem Präsens das Perfectum, welches in der Gegenwart Vollendetes und auf die Gegenwart Bezogenes darstellt und darum Vor-

gegenwart zu nennen ist; — b. dem Präteritum das Plusquamperfectum, welches in einem Zeitpunkte der Vergangenheit Vollendetes darstellt und darum Vorvergangenheit genannt wird; c. dem 1. Futurum das 2. Futurum, welches gleichfalls in einem Zeitpunkte der Zukunft Vollendetes darstellt und somit Vorzukunft zu nennen ist. Vgl. die Beispiele a—c.

Bemerkung: Für den 1. Kursus genügt die einfache Gegenüberstellung und Übersetzung der Tempora.

6. Unter den Nebenzeit= oder relativen Zeitformen ist das Plusquamperfectum am abhängigsten von der entsprechenden Haupt= oder absoluten Zeitform, dem Präteritum. Die beiden andern werden unabhängiger gebraucht, doch ist die Beziehung des Perfectums zum Präsens (des Sprechenden) und des 2. Futurums zum 1. Futurum unverkennbar.

Beisp. a. Die Sonne ist aufgegangen, d. i. sie scheint jetzt, es ist Tag. So fragt der Lehrer: Wer hat die Welt geschaffen? (Die Welt, von der wir eben reden.) Aber 1. Mose 1: Am Anfang schuf Gott Himmel und Erde. Vgl. die Zeitformen im 1. Satze von „Rollkiesels Lebensgeschichte." S. 78. Elisabeth steht auf! Seid mir willkommen, Sir, in England! Ihr (Mortimer) habt den großen Weg gemacht, habt Frankreich bereist und Rom und auch zu Rheims verweilt. Sagt mir denn an, was spinnen unsre Feinde? (Sch.)

Maria: Ihr habt sein teures Angesicht gesehn,
des vielgeliebten, des erhabnen Mannes,
der meiner zarten Jugend Führer war.
O, redet mir von ihm. Denkt er noch mein? (Sch.)

b. N. wird in einigen Tagen die Arbeit vollendet haben.

Das 2. Futurum steht auch, wenn Vergangenes als wahrscheinlich hingestellt wird: Du wirst vom Elefanten gehört haben, daß ihm das Grunzen eines Schweines Schaudern und Entsetzen erweckt. Die Könige haben sich mit dem Schwerte verderbet, und einer wird den andern geschlagen haben (4. Kön. 3,23). Nein, Tell, die Antwort laß ich dir nicht gelten; es wird was anders wohl bedeutet haben. (Sch.)

Für das erste und zweite Futurum ist das Präsens und das Perfectum gewöhnlich: Ich bin erst abgereist und habe schon einige Meilen zurückgelegt, wenn du aufstehst. — Ihr Schreiben soll sogleich mein Kreditiv (Beglaubigungsschreiben) sein, mit dem ich mich einstelle, sobald ich es erhalten habe. (G.)

1. Aufg. Übertrage das Präsens in das Präteritum, indem du aus der Beschreibung eine Erzählung machst.

Gelehrsamkeit eines Kanarienvogels. Der Kanarienvogel ist ein sehr gelehriges Tier (Ich sah einst einen sehr gelehrigen Kanarienvogel) und kann zu Künsten abgerichtet werden, die in Erstaunen setzen. Man sieht Kanarienvögel, die ein kleines Schauspiel aufführen. Auf Befehl ihres Herrn kommen sie aus ihrem Käfig oder gehen wieder hinein; sie stehen ruhig auf einer Trommel, die man schlägt, stehen Wache, indem sie auf dem Kopfe eine Grenadiermütze haben und Flinte, Säbel und Patronentasche tragen. Einer von ihnen, der es satt hat, wirft die Waffen weg und desertiert. Der

Herr fängt ihn wieder ein, und der Vogel wird zum Tode verurteilt. Er nimmt von der ganzen Gesellschaft Abschied, die Augen werden ihm verbunden, eine Kanone wird auf ihn gerichtet, einer seiner Kameraden brennt sie los, der Schuß kracht, der Verbrecher stürzt tot nieder, und ein anderer Kanarienvogel ladet ihn auf einen kleinen Schubkarren und fährt ihn nach dem Begräbnisplatze. Aber kaum sind sie vom Richtplatze entfernt, so erhebt sich der Tote, singt ein munteres Liedchen und scheint über die glücklich bestandene Gefahr zu jubeln.

(Lenz.)

2. Aufg. Gebrauche jedes der vorkommenden Zeitwörter in den drei Hauptzeiten. (Die Sätze sind thunlichst zu erweitern.)

Das Gewitter. (Vergangenheit.) Schon seit Wochen Pflanzen und Tiere schmachten. Keine Wolken am Himmel sehen lassen. Tau nur notdürftig erfrischen. Alles nach Regen sehnen. (Gegenwart.) Da dunkle Flecken am Himmel aufsteigen. Sich vergrößern. Donner rollen, Blitze zucken. Sturm sich erheben. Große Tropfen fallen. (Zukunft.) Erde feucht werden. Pflanzen neu beleben. Tiere und Menschen sich munter in Feld und Wald bewegen. Alles den gütigen Vater loben.

3. Aufg. Berichtige die Tempora:

Das Riesenspielzeug. Im Elsaß hat vor Zeiten auf ein— hohe Berg eine Ritterburg gestanden. Die Ritter aber sind Riesen gewesen. Einst ist das Riesenfräulein i— Thal hinabgestiegen. Dort hat es ein— ackernden Bauer erblickt. Drauf ist sie hingegangen und hat d— Bauer samt d— Pflug und d— Pferde in ihr— Schürze gethan. Fröhlich ist sie mit ihr— Spielzeug in d— Schloß des Vaters angekommen. Der aber hat ein gar ernstes Gesicht gemacht und hat gesagt: „Ei, was für Unheil hast du angerichtet? Du hast ein so nützliches Wesen für ein Spielzeug angesehen? Trage sofort alles wieder an d— Ort, wo du es gefunden hast!" Darauf hat das Kind ganz betrübt drein gesehen. Aber es hat alles richtig an sein— Platz bringen müssen.

(Weshalb muß in den Worten des Vaters das Perfectum angewandt werden?)

4. Aufg. Was war der Vertreibung Adams und Evas aus dem Paradiese vorangegangen? und was folgte darauf? Gott Gebot geben. Eva verbotene Frucht essen. Adam auch nehmen. Beide Befehl übertreten. Deshalb sich verstecken aus Furcht. Gott zur Rede stellen. Adam sein Weib verklagen. Eva Schlange beschuldigen, Strafe nicht erlassen.

5. Aufg. Am Morgen. Wenn der Arbeiter sein Tagewerk beginnen wird, wird Folgendes vorangegangen sein. Die Finsternis der Nacht weichen. Das Morgenrot den Tagesanbruch verkündigen. Der Morgenwind die Nebel vertreiben. Fledermäuse und Eulen Schlupfwinkel aufsuchen. Heimkehr der Dachse und Füchse

von ihren Raubzügen. Verbreitung des Lichts durch die ersten Sonnenstrahlen. Aufwachen der Bewohner des Feldes und Waldes. Anstimmen munterer Lieder von den gefiederten Sängern. Lerche Morgenlied singen.

6. Aufgabe. Wähle die richtigen Zeitformen der Vergangenheit. Ein Kaufmann (wollen) eine weite Reise antreten, vorher aber (geben) er einem seiner Freunde eine beträchtliche Menge Eisen in Verwahrung. Er (bleiben) lange abwesend. Nach seiner Rückkehr (ausbitten) er sich das Eisen von seinem Freunde. Allein dieser (brauchen) mittlerweile Geld und (verkaufen) das Eisen. Er (antworten): Lieber Freund, mir (begegnen) ein verzweifelter Streich. Ich (verwahren) dein Eisen in einer Kammer. Als ich einmal (nachsehen), (entspringen) eine Ratte, die das ganze Eisen (auffressen).

Der Kaufmann (stellen) sich einfältig und (erwidern): Das ist möglich, die Ratten sollen Eisen sehr gerne fressen. Er (gehen) fort. Da (begegnen) ihm auf der Straße ein Kind seines Freundes; dieses (nehmen) er mit nach Hause und (schließen) es ein. Den folgenden Tag (gehen) er wieder zu seinem Freunde und (finden) ihn sehr bekümmert. Er (fragen): Was (zustoßen) dir? (Werden) jemand aus deiner Familie krank? Oder (haben) du Unglück im Handel?

Ach (sagen) der Freund, ich (verlieren) eins von meinen Kindern, ich (lassen) es schon durch Trommelschlag aufsuchen, aber noch (werden) es nirgends gefunden.

Als ich gestern nach Hause (gehen), (antworten) der Kaufmann, (sehen) ich eine Ohreule, die ein Kind in der Luft (forttragen). Vielleicht (sein) es das deinige. Wie kannst du, (rufen) der Freund, eines bekümmerten Vaters spotten! Ein so kleiner Vogel —.

O, (unterbrechen) ihn der Kaufmann, wenn eine Ratte mein ganzes Eisen (fressen), (können) wohl eine Ohreule das Kind rauben.

Nun (merken) der Freund den Zusammenhang und (einsehen), daß sein Freund so einfältig nicht (sein), als er (glauben). Er (gestehn), daß er ihn um das Eisen betrügen (wollen), (ersetzen) ihm den Wert desselben und (erhalten) sein Kind wieder.

Bemerkung. Weitere Übungen im Gebrauche der Haupt- und Nebenzeitformen unter dem Satzgefüge.

§ 43.

II. Das Passivum oder die Leideform.

1. Aufg. Bilde das Präsens im Activum und dann im Passivum. Der Arzt verbindet dem Patienten die Wunde. — Die Wunde wird dem P. von dem Arzte (durch den A.) verbunden. Uhrmacher Uhr verfertigen. Färber Tuch färben. Sämann Samen ausstreuen. Fischer Karpfen, Hecht, Aal, Schleihe und andere Fische fangen. Insekten manche Unkräuter vertilgen. Die spanische Fliege Blasenpflaster liefern. Falken andere schwächere Vögel verfolgen und verzehren. Blutegel Blutsaugen benützen. Ewiger Schnee Gipfel hoher Berge bedecken. Mehrere naheliegende Inseln Inselgruppe

bilden. Sonne erleuchten und erwärmen Erde, Mond und andere Planeten. Alpen berühren Mittelländisches Meer. Hauptfluß Nebenfluß aufnehmen. Feuerspeiender Berg Vulkan nennen. Der auf dem Gebirge schmelzende Schnee vermehrt die Wassermenge der Flüsse und überschwemmt die Niederungen. Der Äquator teilt die Erde in eine nördliche und südliche Hemisphäre, der Meridian von Greenwich oder Paris in eine östliche und westliche. Gebildete und gesittete Völker treiben außer Ackerbau und Viehzucht auch noch Gewerbe und Handel, Künste und Wissenschaften.

Merke: a. Im Activum regiert das zielende oder transitive Zeitwort den Accusativ.

b. Im Passivum wird das Objekt des zielenden Zeitworts zum Subjekt. (Achte auf den Gebrauch der Präpositionen von und durch.)

2. Aufg. Bilde das Präteritum im Activum und dann im Passivum. Paulus und Petrus predigten das Evangelium zuerst zu Rom. — Zu Rom wurde das Evangelium zuerst von den Aposteln (durch die A.) P. und P. gepredigt. Die ersten Christen hielten gemeinschaftliche Mahlzeiten; sie beobachteten strenge die Gebote Gottes, beteten und sangen Loblieder; aber sie bauten noch keine Kirchen, sondern sie verehrten Gott in Privathäusern oder an heimlichen Orten. — Römischer Feldherr Titus Stadt Jerusalem belagern. Viele Menschen gefangen nehmen, andere töten. Rohe Krieger durchwühlen Leichname der Getöteten (weshalb?); jeden Flüchtling kreuzigen. Hungrige Juden Körner roh verschlingen. Leder an Schuhen und Schilden benagen. Eltern Kindern Lebensmittel rauben. Eine Mutter eigenes Kind schlachten und verzehren. Namenloser Jammer verheerende Krankheiten erzeugen; Häuser mit Leichen sich füllen, Pesthauch verbreiten. Zuletzt Titus Jerusalem erstürmen und Tempel selbst erobern; diesen in der Verwirrung anzünden, Riegel und Zessel unter die Stürmenden schleudern. Hunger, Pest und Schwert eine Million Menschen töten; 97 000 Juden in Sklaverei verkaufen. Übrigen sich in alle Welt zerstreuen.

3. Aufg. Bilde das Futurum im Activum oder Passivum. Im Mai. Wenn der Mai da sein wird, wird Folgendes vorausgegangen sein: Der Winter wird Abschied genommen haben. Die Singvögel werden wieder gekommen sein. Die Schwalben werden begrüßt worden sein.

So im Activum und möglichst im Passivum: Wald sich neu belauben. Landmann Sommerfrucht säen; Gärtner Erbsen, Bohnen ec. pflanzen (stecken). Kinder Spielbälle hervorsuchen. Erwachsene leichtere Kleider anziehen. Veilchen verblühen. Knospen und Obstbäume aufbrechen. Fledermäuse erwachen. Wein verschneiden. Laube aufbauen. — Europäer nach und nach ganz Amerika bevölkern. Christen tum sich über die ganze Erde ausbreiten. Trägheit und Schwelgerei Kräfte deines Leibes und Geistes schwächen und vernichten. Ausbrechender Krieg Segnungen des Friedens zerstören und Menschheit entsittlichen.

4. Aufg. Haupt= und Nebenzeiten. Präteritum und Plusquamperfectum. Vgl. 1. Schon vor Sauls Tode hatte Samuel den jungen David zum Könige von Israel gesalbt. 2. Als Saul starb, hatte Samuel den jungen David schon zum Könige von Israel gesalbt. Als Saul starb, war David schon gesalbt worden.

Moses hatte die Kinder Israel 40 Jahre in der Wüste umhergeführt, als diese die Grenze des gelobten Landes überschritten. Nachdem der Herr Jesus das heilige Abendmahl eingesetzt hatte, führte er seine Jünger in den Garten Gethsemane. Nachdem der ägyptische König dem Joseph seine Träume erzählt hatte, erklärte dieser dieselben. Weil Moses einen Ägypter erschlagen hatte, mußte er einen andern Wohnsitz suchen. Obgleich David in seiner Jugend die Schafe gehütet hatte, berief ihn der Herr doch auf den Thron. Obgleich Petrus seinen Herrn verleugnet hatte, nahm dieser ihn doch wieder liebevoll auf.

Merke: Statt des Passivums wird oft das **Reflexivum** oder die **rückbezügliche** Form des Zeitwortes gebraucht. (Vgl. S. 39.)

Im Tode werden Leib und Seele getrennt werden; sie werden aber in der Auferstehung wieder vereinigt werden. — Im Tode werden sich Leib und Seele trennen, aber in der Auferstehung werden sie sich wieder vereinigen. Die nützlichen Gattungen der Tiere werden immer vermehrt, die schädlichen vermindert. Die Richtigkeit mancher Zeitungsangaben ist von jeher oft nicht bestätigt worden. Nicht jede Frage wird sachlich beantwortet. Die Unternehmungen mancher ländergierigen Fürsten sind vereitelt worden.

Übersicht der Konjugation des Verbums.

A. Das Activum.

1. **Haupttempora:** Das Präsens das Präteritum das 1. Futurum

   a. ich frage   ich fragte   ich werde fragen.
   (du fragst, er,
   sie, es fragt,
   wir fragen, ihr
   fragt, sie fragen).

   b. ich komme   ich kam   ich werde kommen

2. **Nebentempora:** Das Perfectum das Plusquamperfectum das 2. Futurum

   a. ich habe gefragt, ich hatte gefragt, ich werde gefragt haben.

   b. ich bin gekommen, ich war gekommen,   ich werde gekommen sein.

B. Das Passivum.

1. Haupttempora: Das Präsens   das Präteritum   das 1. Futurum
   a. ich werde ge- ich wurde (ward)   ich werde gefragt
      fragt.   gefragt.   werden.
   b. (kommen?)

2. Nebentempora: Das Perfectum   das Plusquam-   das 2. Futur.
                                 perfectum
      ich bin gefragt   ich war gefragt   ich werde ge-
      worden.   worden   fragt worden
                                          sein.

Lehrs.: 1. Unterscheide die Bildung des 1. Futurums im Activum von der des Präsens im Passivum.

2. Das 2. Participium von „werden": worden ist die ältere Form von geworden und wird oft fortgelassen. — Beisp. später.

3. Nur die transitiven Zeitwörter sind einer vollständigen Passivbildung fähig. Beispiele.

4. Transitive Verben werden in den Nebenzeitformen des Activums mit dem Hilfszeitwort haben, intransitive (gewöhnlich) mit sein konjugiert.

Ergänze: Wer einen andern ins Unglück gestürzt —, ist nicht zu bedauern, wenn er selbst hineingestürzt —. Die Sitten unserer Vorfahren — im allgemeinen nicht so verdorben als die der jetzigen Deutschen, die Luxus und Kriege verdorben (eig. verderbt) —. Man hat Beispiele von Menschen, die man aus Mutwillen so erschreckt —, oder die über ein Unglück so erschrocken —, daß ihnen die Haare ausgefallen oder grau geworden —.

Intransitive Verben, welche einen Zustand ausdrücken, werden ebenfalls mit haben flektiert.

Vgl. Ich habe gefroren — der Ast ist erfroren. Die Sonne hat geschienen — ein Komet ist erschienen. Ich habe fortgefahren zu lesen oder schreiben — wir sind von N. um 2 Uhr fortgefahren. Die Pflanze hat lange geblüht — jetzt ist sie verblüht.

Bemerkungen für gereiftere Schüler:

1. Das 1. Fut. des Activums wurde ursprünglich mit dem 1. Partic. gebildet: ich werde fragend d. i. ein Fragender, dem das Präsens des Passivums gegenübersteht; ich werde gefragt, d. i. ein Gefragter. Das 2. Participium des Passivums steht in allen Zeitformen und hat darum keine Beziehung auf die Zeit, sondern lediglich passive Bedeutung; dagegen drückt es in den 3 Nebenzeitformen des Activums die Vergangenheit der Handlung aus. (An obigen und ähnlichen Beispielen nachzuweisen.)

2. Die Hilfszeitwörter des Activums wie des Passivums deuten die Beziehung der Nebenzeitformen zu ihren entsprechenden Hauptzeitformen an.

Im Perfectum Act.: ich habe (gefragt) — ist habe das Präsens, im Plusquamperfectum: ich hatte (gefragt) — ist hatte das Präteritum, und im 2. Futurum: ich werde (gefragt) haben — ist ich werde haben das 1. Futurum des Hilfszeitwortes haben.

Ebenso ist im **Perfect.**: ich bin (gekommen) — bin das **Präsens**, im **Plusquamp.**: ich war (gekommen) — ist war das **Präteritum**, und im 2. **Futurum**: ich werde (gekommen) sein — ist werde — sein das 1. Futurum des Hilfszeitwortes sein.

3. Da das 2. **Participium** des **Passivs** überall die passive Thätigkeit des Verbums ausdrückt, so müssen die Tempora des Passivums lediglich durch die Hilfszeitwörter bestimmt werden.

a. In den drei Hauptzeitformen steht das Hilfsverbum werden im Präsens, im Präteritum und im 1. Futurum: ich werde — ich wurde (alte Form ward) — ich werde … werden.

b. In den drei Nebenzeitformen steht das Hilfsverb werden im Perfectum: ich bin … worden, im Plusquamperfectum: ich war … worden, im 2. Futurum: ich werde … worden sein.

c. In den drei Nebenzeitformen deuten außerdem, wie im Aktivum, die zur Biegung von werden nötigen Hilfsverben ich bin, ich war, ich werde sein auf die entsprechende Hauptzeit hin, da es das Hilfsverb sein im Präs., im Prät. und im 1. Futurum ist.

4. Diese höchst bedeutungsvolle, sinnreiche Gruppierung der Verbalformen beweist die Richtigkeit des S. 84 nachgewiesenen Unterschieds in Haupt- und Nebenzeitformen, deren Verhältnis zu einander und damit auch die Zweckmäßigkeit der gewählten Übersetzung vom Perfectum als Vorgegenwart, von Plusquamperfectum als Vorvergangenheit und vom 2. Futurum (futurum exactum) als Vorzukunft in der deutschen Grammatik.

§ 44.

3. Die Modi (Sing. Modus) oder Aussageweisen des Verbums.

Beisp. a. Die **Wirklichkeitsform im Indikativ**: Die Erde dreht sich um ihre Achse. Der Kluge weiß, daß die Menschen von nichts so überzeugt sind, als von ihren Irrtümern. Vorgethan und nachbedacht hat manchen in groß Leid gebracht. Ich weiß, daß mein Erlöser lebt.

b. Die **Möglichkeitsform im Konjunktiv**: Wunschsätze: Gott sei mit dir! Wäre ich doch gesund! Lange lebe der König! — Wenn er doch noch lebte! Ich hätte wohl Lust dazu. Es war zu wünschen, daß alle Reichen mildthätig wären. Der Mensch versuche die Götter nicht. — In abhängigen Nebensätzen: Er eilt heim mit sorgender Seele, damit er die Frist nicht verfehle. Den Sänger vermiß ich, den Bringer der Lust, der mit süßem Sang mir bewege die Brust. (Sch.) Des rühme der blutige Tyrann sich nicht, daß der Freund dem Freunde gebrochen die Pflicht; er schlachte der Opfer zweie und glaube an Liebe und Treue. (Sch.) Der Mensch frage sich selbst, wozu er am besten tauge. (G.)

Bedingungssätze: Er würde länger gelebt haben, wenn er mäßiger gewesen wäre. Ohne die schützende Schneedecke würde die Saat erfrieren. Hiob sprach: Warum bin ich nicht gestorben? Dann läge ich doch und wäre stille, schliefe und hätte Ruhe. (Hiob 3, 13.) Was hülfe es dem Menschen, so er die ganze Welt gewönne und nähme doch Schaden an seiner Seele? (Matth. 16, 26.)

Anführungssätze oder indirekte Rede. Solon behauptete, daß niemand vor seinem Tode glücklich zu preisen sei. Die Eltern Jesu meinten, er wäre unter den Gefährten. Die Fischer winkten ihren Gesellen im andern Schiffe, daß sie kämen und hülfen ihnen ziehen. (Luc. 5, 7.)

Die Hilfsverben der Möglichkeit: können, dürfen, mögen.

Ich kann gehen und sprechen, d. i. ich habe leibliche und geistige Kraft dazu. Ich darf nicht immer spielen, d. i. ich habe die Erlaubnis nicht dazu. — Ich möchte glücklich werden, d. i. ich hätte Lust dazu. — Der Himmel kann sich leicht trüben; es dürfte bald ein Gewitter ausbrechen (d. i. meiner Ansicht nach leicht möglich). Möchtest du beglückt und weise endigen des Lebens Reise. (Sch.) Möchte nie der Tag erscheinen, wo des rauhen Krieges Horden dieses stille Thal durchtoben. (Sch.)

c. **Die Notwendigkeitsform des Imperativs und der Hilfsverben: müssen, wollen, sollen.**

Komm her! Kommet her, ihr Gesegneten des Herrn! Rede wenig, sprich langsam und deutlich, denke gut nach und überlege sorgfältig. Prüfet alles und behaltet das Beste. Geh', gehorche meinen Winken; nütze deine jungen Tage; lerne künftig klüger sein. (G.) Gebet dem Kaiser, was des Kaisers ist. Verzeihen wir, damit man uns verzeihe. (Seume.) Verzagen wir doch nie zu früh. (Sch.)

Die Hilfsverben der Notwendigkeit.

Alle Menschen müssen sterben (Naturnotwendigkeit). Die Frucht muß reifen. Du sollst nicht stehlen (nach Gottes und der Menschen Gebot). Ich will gehorchen (nach meiner Wahl oder Entscheidung). Kinder wollen spielen. Man soll den Tag nicht vor dem Abend loben. Ja, sollte Gott gesagt haben: Ihr sollt nicht essen von allerlei Bäumen im Garten? (1. Mose 3, 1), d. i. es ist zu bezweifeln, daß Gott solches verboten habe. Der edle Herr soll (sagt man) im Tode liegen. Man will ihn dort gesehen haben — er soll dort gesehen sein. Heiliger Gott, was will (wird) aus dem Alten werden?

Bemerk.: Ein Ausrufungszeichen (!) steht nur nach dem Ausrufe- oder eigentlichen Befehlsatz, nicht nach allgemeinen Sentenzen imperativischer Form.

Lehrs. 1. Mitgeteilte Ereignisse können nach der Ansicht des Erzählers wirklich oder möglich oder auch notwendig sein. Im ersten Falle gebraucht er den **Indikativ** oder die Wirklichkeitsform: Die Sonne scheint. Gott ist ein Geist. Sieht er die Thatsache als möglich oder erwünscht an, so gebraucht er den **Konjunktiv** oder die bedingende abhängige Redeweise: Das gebe Gott! Das wüßte ich nicht. Den **Imperativ** oder die Befehlsform gebraucht er, wenn er die Handlung oder das Ereignis als ein von ihm gewolltes oder notwendiges ansieht: Sprich deutlich!

2. Die verschiedenen Arten der Möglichkeit werden durch die Hilfsverben können, dürfen und mögen, die der Notwendigkeit durch müssen, wollen und sollen in Verbindung mit In-

finitiven ausgedrückt. Vgl. die Beispiele und achte dabei auf die Hauptbedeutungen dieser Hilfsverben.

3. Der Konjunktiv des Präsens wie des Präteritums behält in allen Personen denselben Vokal: ich komme, du kommest, er komme, wir kommen, ihr kommet, sie kommen: ich käme (v. kam), du kämest, er käme, wir kämen, ihr kämet, sie kämen. Gewöhnlich wird der Konjunktiv des Präteritums durch den Umlaut des Grundvokals gebildet: ich hätte, sähe, nähme, gäbe; ich gösse (v. goß), flösse, schösse, flöchte, dürfe, dürfte, möge, möchte, könne, könnte, wisse, wüßte; ich führe (v. fuhr), wüsche ꝛc.

Merke aber die (altertümlichen) Formen: ich hülfe (aber die Hilfe), verdürbe, stürbe, würbe, würfe. Ferner: ich sei (v. sein), du seist, er sei, wir seien, ihr seiet, sie seien; ich wäre ꝛc.

4. Der **Konjunktiv** wird hauptsächlich im Satzgefüge oder in Nebensätzen angewandt, — worauf wir noch zurückkommen. In einfachen Sätzen stellt

a. der Konjunktiv des Präsens die Thätigkeit als eine mögliche hin, oder er drückt einen Wunsch, eine Bitte, einen milden Befehl aus: Der Drache, der das Land verödet, er liegt von meiner Hand getötet; frei ist dem Wanderer der Weg; der Hirte treibe ins Gefilde; froh walle auf dem Felsensteg der Pilger zu dem Gnadenbilde. (Sch.)

b. Der Konjunktiv des Präteritums und Plusquamperfectums drückt entweder einen Wunsch oder eine bescheidene Behauptung aus: Armer Hirtenstab, o hätt' ich nimmer mit dem Schwerte dich vertauscht! (Sch.) Unterworfen hätt' ich mich dem Richterspruch der Zweiundvierzig? (Sch.) Länger schweigen wär' Verrat.

Der Konjunktiv wird modifiziert durch die Interjektionen und Partikeln: o, ach, o weh; doch nur, doch wohl, vielleicht, gern ꝛc.

Bemerk. Über die Interpunktion s. am Schlusse dieses Abschnittes.

5. Merke den Imperativ starker Verben (2. Person Sing.): sprich, stirb, wirb, hilf, nimm, stiehl, empfiehl, gieb (nicht spreche, sterbe ꝛc.); wohl aber blase, falle, halte (halt! als Interjektion), laufe, rufe, heiße, lade, leide, biete, schreite.

Der Imperativ schwacher Verben endet stets auf e: lobe, liebe, setze, nütze ꝛc. In der Abkürzung mit Apostroph: lieb', lauf', kauf', fall', leid' ꝛc. —(Die 2. Pers. Pl.) Tretet ein! Höret doch auf mich! Die Aufforderung wird für die 1. und 3. Person durch den Konjunktiv ausgedrückt: Treten Sie näher, mein Herr. Eilen wir, sie zu schützen.

1. Aufgabe. Unterscheide in folgendem Sprachstücke die Erzähl=, Frage=, Befehls=, Ausrufe= und Wunschsätze.

Zeus und das Schaf. Schaf. O ewiger Vater, in welcher Hilflosigkeit hast du mich erschaffen! Von allen Tieren habe ich zu leiden. Könnte ich mich doch verteidigen! Mildere mein Elend, mein Schöpfer!

Zeus. Ich sehe wohl, mein frommes Geschöpf, du bist allzu

wehrlos. Soll ich deinen Mund mit schrecklichen Zähnen und deine Füße mit Krallen rüsten?

Sch. O nein, laß mich nichts mit den reißenden Tieren gemein haben!

Z. Oder soll ich Gift in deinen Speichel legen?

Sch. Ach wenn ich dann nur nicht gehaßt würde wie die giftigen Schlangen!

Z. Nun, was soll ich thun? Ich will Hörner auf deine Stirn pflanzen und Stärke deinem Nacken geben.

Sch. Auch nicht, gütiger Vater! Wie leicht könnte ich stößig werden wie der Bock!

Z. Aber bedenke, du mußt selbst schaden können, wenn sich andere, dir zu schaden, fürchten sollen. Also wähle!

Sch. O dann laß mich, gütiger Vater, wie ich bin! Wie leicht möchte mit dem Vermögen, schaden zu können, die Lust in mir entstehen, schaden zu wollen! Ist es nicht besser, Unrecht leiden als Unrecht thun?

Z. Du hast recht, gutes Schaf. O daß doch alle gleichen Sinnes wären! Bewahre dir deinen Sinn, so wirst du glücklich sein.

2. Aufg.: Bilde a. Wunschsätze: Wünsche eines Kranken, Müden, Hungrigen, in der Jugend, im Alter, beim Anblicke der aufkeimenden Saat, der reifenden Saat, bei der Abfahrt von Auswanderern, von Kriegern, die ins Feld ziehen, von Schülern 2c.

b. Ausrufesätze: bei Betrachtung des Sternenhimmels, bei der Ankunft eines ersehnten Besuches; beim Empfang einer traurigen Nachricht; über die Wärme der Luft, die Klarheit des Wassers, die Kühle des Waldes, bei schwerer Arbeit.

c. Befehlssätze und Bitten in imperativischer Form: des Lehrers für die Schüler, des Vaters für den Sohn, der Mutter für die Tochter 2c.

3. Aufgabe. Denke nach über die Bedeutung der Hilfsverben der Weise, unter Zugrundelegung obiger Beispiele und der folgenden Dichtung Rückerts, und dann verwende dieselben in Sätzen.

Sechs Wörtlein.

Sechs Wörtlein nehmen mich in Anspruch jeden Tag.
Ich soll, ich muß, ich kann, ich will, ich darf, ich mag.
Ich soll ist das Gesetz von Gott ins Herz geschrieben,
das Ziel, nach welchem ich bin von mir selbst getrieben.
Ich muß, das ist die Schrank', in welcher mich die Welt
von einer, die Natur von andrer Seite hält.
Ich kann, das ist das Maß der mir verlieh'nen Kraft,
der That, der Fertigkeit, der Kunst und Wissenschaft.
Ich will, die höchste Kron' ist dieses, die mich schmückt,
der Freiheit Siegel, das mein Geist sich aufgedrückt.
Ich darf, das ist zugleich die Inschrift bei dem Siegel,
beim aufgethanen Thor der Freiheit auch ein Riegel.

Ich mag, das endlich ist, was zwischen allen schwimmt,
ein Unbestimmtes, das der Augenblick bestimmt.
Ich soll, ich muß, ich kann, ich will, ich darf, ich mag,
die Sechse nehmen mich in Anspruch jeden Tag.
Nur wenn Gott stets mich lehrt, weiß ich, was jeden Tag
ich soll, ich muß, ich kann, ich will, ich darf, ich mag.

§ 45.

4. Die Frage, die Verneinung und die Ellipse.

Die Wirklichkeit, Möglichkeit oder Notwendigkeit der Ereignisse kann in erzählender (berichtender, behauptender) oder in fragender Form und in bejahender oder verneinender Form dargestellt werden.

1. Aufg. Beantworte folgende

a. **Ergänzungsfragen,** die mittels eines besonderen Fragewortes gebildet werden: Wer ist ein Dieb? Was ist ein Säugetier? Wessen Hufe sind gespalten? ungespalten? Wem (welchem Tiere) ist der Wolf ähnlich? Wen erschlug Kain? Was veranlaßte ihn dazu? Warum ergrimmte er? Wohin floh er? Wer ist dein Freund? Was ist der Freund? Wie ist der Freund? Wer (was) ist das? (eine Kirche ꝛc.) Welche denn? Was für eine Kirche ist das? — Vgl. S. 45.

Fragen mit wodurch, womit, wovon, woraus, worin, wo, weshalb, weswegen, warum? aus welchem Grunde? mit welchem Rechte? ꝛc.

b. **Entscheidungsfragen,** die mit einem Verb oder Hilfsverb beginnen (Verbal=Fragen): Scheint die Sonne noch? (Ja — nein.) Ist er verschieden? Steigt oder fällt das Quecksilber im Barometer bei größerem Luftdrucke? Kocht das Wasser bei 80° oder bei 100°? Ist das Licht in seiner Bewegung schneller oder langsamer als der Schall oder der elektrische Strom? Handelte Joseph so strenge gegen seine Brüder aus Rachsucht oder aus kluger Vorsicht? Wurde Moskau im Jahre 1812 durch die Russen oder durch die Franzosen angezündet?

Von indirekten Fragen, z. B.: Darf ich mich erkundigen, wie Sie geschlafen haben? — wird unter der indirekten Rede oder beim Anführungssatze die Rede sein. Desgl. von der rhetorischen Frage noch in der Poetik.

a. Fragen, die nur an der Betonung und am Fragezeichen kenntlich sind: Ihr wagtet euch bis in des Tigers Höhle? Den Brief gab dir der König? Du folgst mir auch? Auch du, mein Sohn Brutus? —

Fragen mit gewöhnlicher Wortfolge mit dem Ausdrucke der Verwunderung oder des Erstaunens.

b. Will ich nicht das Beste meines Volkes? Mußt du nicht dankbar sein gegen Gott? Darf man wohl an seiner Aufrichtigkeit zweifeln? Hättest du nicht die Güte, mir das Buch zu leihen? Beraubt er nicht des eignen Bruders Kind? Sind sie nicht unser, diese Tannen? Diese Ulmen mit Reben umsponnen, sind sie nicht Kinder unserer Sonnen? (Sch.) Hör' ich nicht das Pförtchen gehen? Hat der Riegel nicht geklirrt? Nein, es war des Windes Wehen, der durch diese Pappeln schwirrt. (Sch.) — Verbalfragen mit dem gleichzeitigen Ausdrucke lebhafter Gemütsbewegung.

c. O Gott, wie schuldig stehe ich vor dir! Was habe ich verloren! Welche Perle warf ich hin! Welch Glück des Himmels hab' ich fortgeschleudert! (Sch.) O, welche Sprache muß ich hören! Wie glänzt die Sonne, wie leuchtet die Flur! — Vgl. einige Strophen des Gellertschen Liedes: Wie groß ist des allmächtigen Güte! — Rhetorische Fragen zum Ausdruck lebhafter Gemütsbewegung.

2. Aufg. Versuche einige dieser Sätze unter a, b, c in erzählender oder behauptender Form zu umschreiben: Ich bin ganz erstaunt darüber, daß ihr euch bis in des Tigers Höhle gewagt habt. Beachte die Interpunktion.

Die Bejahung und Verneinung.

a. Einfache Bejahung: Der gerade Weg ist der beste. Man sieht oft den Wald vor lauter Bäumen nicht.

Weitere Beispiele.

b. Die Bejahung durch das Formwort ja und die Verneinung durch das einfache nein. Beisp. in den Antworten der vorigen Aufg. Lebt N. N. noch? Ja (er lebt noch). Nein (er lebt nicht mehr).

c. Verstärkte Bejahung durch die Formwörter (der Entscheidung oder Versicherung): o ja, allerdings, freilich, gewiß, wirklich, fürwahr, wahrhaftig, zweifelsohne, doch. Das ist's ja, was den Menschen zieret, und dazu ward ihm der Verstand 2c. (Sch.) Sie schien mir gar nicht verändert, ja, sie schien mir jünger als vorher. Schwert traf auf Schwert, zum Schlachtfeld ward die Stadt; ja, diese Hallen selbst bespritzte Blut. O, sei ja vorsichtig! Sag' ihm, er möchte ja kommen. Fürwahr, er trug unsere Krankheit 2c. (Jes. 53, 4.)

c. Verneinungs-Partikeln: nein, nicht, nichts, nie (je), nirgend (irgend, überall), nimmer, niemals (jemals, immer); das Pron. kein (nicht ein).

Mein Erstes ist nicht wenig; mein Zweites ist nicht schwer; mein Ganzes läßt dich hoffen; doch traue nicht zu sehr. (Vielleicht.) Nichts ist es spät und frühe um alle meine Mühe. — Johanna geht, und nimmer kehrt sie wieder. Not kennt kein Gebot. Nicht das Schaffot ist's, das ich fürchte; es giebt noch andere Mittel, stillere, wodurch sich die Beherrscherin von England vor meinem Anspruch Ruhe schaffen kann. (Sch.)

d. Verstärkte Verneinung. Der Herr ist nie und nimmer nicht von seinem Volk gewichen. Verstärkungen mit durchaus nicht, schlechterdings nicht, keineswegs, auf keinen Fall 2c. Er hat nicht einen Tropfen getrunken. Das ist um kein Haar besser. Er fragt (nicht) den Kuckuck darnach). Ich kann das um den Tod nicht leiden. Keinen Heller wert sein.

Früher: Habt ihr je Mangel gehabt? Herr, nie keinen. (Luc. 22, 35.) Seid niemand nichts schuldig, denn daß ihr euch unter einander liebet. (Röm. 13, 8.)

e. Verneinende Form mit positiver Bedeutung. Er ist nicht ungeschickt = geschickt; nicht ungerecht, keineswegs unerträglich ꝛc. Keiner blieb ungerührt. Er ist nichts weniger als gelehrt, d. i. ganz ungelehrt; nichts weniger als ungesund = ganz gesund. Nicht wahr, gegen das 5. Gebot hast du in diesem Falle nicht gefehlt? (bist ohne Schuld.) Was der Mann nicht alles verraten kann! (er ist schlau.)

f. Wenn das Verbum schon negative oder verneinende Bedeutung hat, so wird die Verneinung im verkürzten Nebensatze nicht mehr besonders ausgedrückt. Er leugnete, es gethan zu haben. Er verbot ihm, sein Haus zu betreten. Man warnte mich, nach N. zu gehen. Er wurde verhindert, die Arbeit fortzusetzen. — Dagegen: Hütet euch, daß eure Herzen nicht beschweret werden mit Fressen und Saufen. Nimm dich in acht, daß dich der Zorn nicht übermanne. Was hindert mich, daß ich euch (nicht) hinausjage?

4. Aufg. Bilde ähnliche Sätze mittels der Bejahungs- und der Verneinungs-Partikeln.

5. Aufg. Ergänze oder umschreibe folgende Ellipsen oder elliptischen Sätze, bei denen man sich meist aus innerer Erregung nicht die Zeit der vollständigen äußern Form der Mitteilung giebt.

Woher des Weges? = Woher kommst du? Die Zeit ist vorbei (gegangen). Gute Nacht! = Ich wünsche dir gute Nacht! Glück auf! Verzeihung! Herbei! Bewahre! Behüte (Gott)! Nicht zu lange gesackelt, geseiert! Vorwärts! Rechts! (gesehen, gegangen.) Drum frisch, Kameraden! Den Rappen gezäumt! Die Brust im Gefechte gelüftet! Ausgetrunken! Rosen auf den Weg gestreut, und des Harms vergessen! Wie das Herz auch trauert: gestrebt und ausgedauert! Mit gefangen, mit gehangen. Zur Sache, wenn's beliebt! Heraus mit der Wahrheit! Meinem Freunde! Um Gotteswillen, Fährmann, euren Kahn! Was thun? — Frische Fische, gute Fische.

Achte auf die Formen des Verbums, wenn dieses überhaupt in der Ellipse steht und auf das Ausrufungszeichen.

§ 46.

F. Die Kasuslehre.

I. Zur Deklination.

Die Deklination oder Biegung des Substantivs mit seinem Artikel ebenso die der persönlichen und anderer Fürwörter kann als bekannt vorausgesetzt werden; vgl. S. 3. Es möge nur noch folgen ein die Adjektive mitumfassendes Deklinationsschema.

Singular.
Masculinum.

Nom. Der hohe Berg	ein hoher Berg	hoher Berg
Gen. des hohen Berges	eines hohen Berges	hohes(en) Berges
Dat. dem hohen Berge	einem hohen Berge	hohem Berge
Acc. den hohen Berg.	einen hohen Berg.	hohen Berg.

Femininum.

Nom. Die reizende Gegend	eine reizende Gegend	reizende Gegend
Gen. der reizenden Gegend	einer reizenden Gegend	reizender Gegend
Dat. der reizenden Gegend	einer reizenden Gegend	reizender Gegend
Acc. die reizende Gegend.	eine reizende Gegend.	reizende Gegend.

Neutrum.

Nom. Das tiefe Thal	ein tiefes Thal	tiefes Thal
Gen. des tiefen Thales	eines tiefen Thales	tiefes(en) Thales
Dat. dem tiefen Thale	einem tiefen Thale	tiefem Thale
Acc. das tiefe Thal.	ein tiefes Thal.	tiefes Thal.

Plural.

Maskulinum:	Femininum:	Neutrum:
Nom. die hohen Berge	die reizenden Gegenden	die tiefen Thäler
Gen. der hohen Berge	der reizenden Gegenden	der tiefen Thäler
Dat. den hohen Bergen	den reizenden Gegenden	den tiefen Thälern
Acc. die hohen Berge.	die reizenden Gegenden.	die tiefen Thäler.
Nom. hohe Berge	reizende Gegenden	tiefe Thäler
Gen. hoher Berge	reizender Gegenden	tiefer Thäler
Dat. hohen Bergen	reizenden Gegenden	tiefen Thälern
Acc. hohe Berge.	reizende Gegenden.	tiefe Thäler.

1. Aufg. Dekliniere nach diesem Schema:

a. Der geschossene Hirsch, ein gebrochener Arm, jener helle Stern, dieser feine Bleistift, ein glatter Aal.

b. Der reiche, angesehene Mann, der heidnische Gott, ein dichter, dunkler Wald, unser sterblicher Leib.

c. Der brüllende Löwe, ein mutiger, frecher Knabe, mein gestrenger Herr, unser fleißiger Gehilfe, euer rüstiger Gefährte.

d. Ein empfindlicher, stechender Schmerz (es, aber Schmerzenskind); ein tiefer Brunnen (s), Kuchen, Bissen, Nachen, Balken; Garten (ä).

e. Der lange Mast (es, Pl. en), See, Staat, Stachel Strahl, Zins (vgl. §. 36, 7. A.); das Auge (es, Pl. en), Bett, Ende, Hemd, Leid, Ohr, Herz (ens).

f. Der Hals (ses, se, Hälse); Gehölz, Gebäude, Gras, Roß ꝛc., Förster, s, —, Hirsch, Geiz; Schuster, Sommer, Rätsel, Morgen, Bächlein, Heiland, s, Monat, König, Hering, Wüterich, Reichtum.

g. Eine blühende Rose, eine volle Schüssel, unsere heilige Pflicht, eine anfeuernde Ansprache; seine gestorbene Tochter, ihre jammernde Mutter, kühle Witterung, lohnende Arbeit; der Arme, n, n; Gelehrte, Gesandte, der Beamte; ein Armer, n, e, Gesandter, Beamter 2c.

Der Preuße, Pl. n, der Grieche, Ungar, Portugiese 2c.

h. Ein volles Faß, ein leeres Gefäß, sein scharfes Gebiß, warmes weiches Brot, bares Geld, einträgliches Gewerbe.

2. Aufg. Suche die Kasus in dem Sprachstücke „Die Rückkehr der Franzosen", S. 63, näher zu bestimmen.

(In der Biegung zum Teil schwankend.)

3. Aufg. Vgl. § 36, 7. Aufg. Der Bauer (Erbauer), s — der Bauer, n (Landmann) — das Bauer, s; das Boot, es, die Boote; der Buchstab(e), en; der Bursch (e), en, die Burschen; der Dorn, es, Dornen; Gevatter, s, n; Greis, ses, se; Hahn, es, Hähne; Halm, es, Halme; Haupt, es, Häupter, früher Häupte, daher zu den Häupten (1. Sam. 26, 7); Kleinod, s, Kleinode oder Kleinodien; der Mai, es, die Maie, auch des Maien — die Maie, n (Birkenzweig); das Denkmal, es, die Denkmale (edler als) Denkmäler, ebenso Gastmale und Gastmäler, aber Merkmale; Kaufmann, -leute, aber Ehemänner, Staatsmänner; Nachbar, en (s), Pl. en; Pfau, en; Säue oder Sauen (bes. von Wildschweinen); Schächte und Schachte; Scheite und Scheiter; Schlüchte und (meist) Schluchten; Schnüre und Schnure; die Schnur (Schwiegertochter) — Schnüre; die Schwäne, aber Schwanengesang; Schwerter (u. e), die Sinne (u. n); der Sporn und Sporen; Sträucher und Sträuche; Sträußer oder Sträuße, aber die Strauße, Straußen (Vögel); Thäler und (edler) Thale; Throne und Thronen.

4. Aufg. a. Fremdwörter. Der Pantoffel, s, Pantoffeln, ebenso Muskel; der Doktor, s, Pl. en; Pastor, Direktor, Professor, Konsul; der Offizier, s, e, Barbier, Kompaß (sses, sse); der Theologe, des n, die n, Beduinen, Superintendent, Planet, Komet, Katholik, Protestant, Pianist, Philosoph, Astronom, Monarch, Demokrat. — Die Monarchie, Monarchieen, Theorie, ieen; Kolonie; — das Gymnasium, die Gymnasien, Adverbium — bien, Evangelium; das Museum, die Museen; das Seminar — e, aber das Seminarium — ien; Kapital — ien; der Musicus, die Musici oder die Musiker, Medicus; der Kasus — die Kasus; der Modus — die Modi; das Verbum — die Verba (das Verb — die Verben); das Factum — die Facta; das Thema — die Themata (oder die Themen), das Komma; das Substantiv, e, Adjektiv, der Infinitiv; der Katechismus — die Katechismen. Der Omnibus — die Omnibusse, der Krokus — sse, der Atlas — sse (oder Atlanten).

b. Personennamen. Karl, s, Friedrich, Hugo, Bruno, Max, ens, Fritz, Elise, sens, Sophie, Julie, Henriette, Karoline, Marie, aber Marias, Metas.

Ciceros Reden, Schillers Gedichte, Homers Ilias, die Übersetzung des Ulfilas, von Voß (oder Voßens), Musäus' Märchen; des geistvollen Lessing, des frommen Luther, Luthers Predigten, unseres Humboldt; Herrn Müllers — des Herrn Müller; Doktor Martin Luthers Katechismus. Er war mit König Friedrichs Macht gezogen in die Prager Schlacht. Das Reich Ludwigs des Frommen; das Reich des Kaisers Napoleon, des großen Friedrichs Thaten.

Das Evangelium des Matthäus, Markus, Lukas, Johannes oder die Evangelien Matthäi, Marci, Lucä, Johannis. — Jesus Christus, unser Erlöser; die Lehre Jesu Christi; Jesu Christo angehören; an Jesum Christum glauben; o Jesu Christe, Lamm Gottes. — Um oder zu Johannis (nämlich: Fest des Johannes), Martini.

Bemerkung: Fremdwörter, über deren ursprüngliche Biegung man ungewiß ist, kann man auch unverändert lassen: an Jesus Christus glauben; des Martinus, die Modus, die Komma u. s. w.; oder auch die Kommas, die Themas, wie die Papas, Uhus, Kolibris, Sofas, Mottos.

§ 47.
2. Die Rektion der Verben und der Adjektive.

Es ist zunächst zu repetieren, was S. 38 und 39, sowie S. 89 über die verschiedenen Arten der Verben und was dieselben regieren, gelehrt worden ist. Der **Nominativ** steht als Subjekt, als Attribut und als Prädikat. Beisp. § 34—36.

I. Der Accusativ.

Dasjenige Objekt, welches von der Thätigkeit des Subjekts ganz bewältigt oder erzeugt wird, steht im **Accusativ**.

1. Aufg. a. Das **transitive** Zeitwort erfordert im Activum als Ergänzung oder Objekt der Thätigkeit den **Accusativ** (auf die Frage wen oder was?). Hoch im Bogen spritzen Quellen Wasserwogen (was?). Den Dank, Dame, begehr' ich nicht. (Sch.) — Siehe weitere Beispiele S. 5, 38 und 89.

Ergänze: Eine Schwalbe macht kein— Sommer. Das Handwerk hat ei— golden Boden. Jeder Tag hat sein— eigen— Plage. D— Geschickt— hält man wert, d— Ungeschickt— niemand begehrt. Die Katze läßt d— Mausen nicht. Ein gutes Wort findet ei— gut— Ort. Der Ackersmann verläßt d— Pflug, das Weib d— Rocken, der Bürger zündet s— Stadt, der Landmann s— Saaten an. Die Einen füllen mit nützlicher Geschäftigkeit d— Beutel; die Andern wissen ih— brav zu leeren. Stets nachzuahmen erniedrigt ei— Mann von Kopf. Es giebt ein— Gott. Es giebt nichts Widerwärtigeres als ei— Heuchler und ei— Schmeichler. Herr, lehre mich thun nach deinem Wohlgefallen. Ich benachrichtige (begrüße, beglückwünsche) Sie (ihn, dich) 2c.). Er trat mich auf den Fuß. Die Wespe stach m— in den Finger. Ich wärme mich — mir die Hände. Der Hut kleidet dich (Sie) gut. Es kleidet m— Schwester schlecht.

Bemerk. Über intransitive Verben, welche durch Vorsilben transitiv werden, vgl. den folgenden §.

2. Aufg. b. Transitive Verben, welche zu ihrer Ergänzung zwei Objekte bedürfen, regieren den **Accusativ der Sache** und den **Dativ der Person.**

Öffne dem Verlassenen (den V.— wem?) deine Thür (was?).

Dem Friedlichen gewährt man gern den Frieden. (Sch.) Alle Schuld habe ich dir (ihm) erlassen.

Ergänze: Eine Krähe hackt d— ander— kein Auge aus. Rein und ganz giebt schlecht— Tuch gut— Glanz. Wer d— d— Rock bürstet, d— bürste du d Mantel. D— Schlange d— Schwanz abhauen, hemmt ihr Zischen nicht. Lobe den Herren, der künstlich und fein d— bereitet, der d— Gesundheit verliehen, d- freundlich geleitet. Die Zunge hat kein Bein, schlägt aber manch— d— Rücken ein. Wer jed— d Weg zeigen will, kommt selbst nicht ans Ziel. Cyrus schenkte d— König Krösus nicht allein das Leben, sondern behielt ihn auch als Freund bei sich. Dort (in der Grabeskirche) haben die Heerscharen des Himmels zuerst d— Ärmst— unter dem Volke d— Heiland verkündet. Gott wird geben ei— jeglich— nach seinen Werken. Unsterblich's Leben wird, der d— schuf, d— geben. Brich d— Hungrig— dein Brot. Jedem das Seine (geben).

Mutter Bettler Pfennig geben. Kaufmann Kunde Ware an= bieten. Magd Herrschaft Fleisch holen. Bote Herr eingeschriebener Brief besorgen. Räuber Wanderer Geld 2c. nehmen. Schüler ab= geben. Kunde bezahlen. Arzt Patient verschreiben. Pate schenken. Unterthan entrichten. Chirurg verbinden. Die Weisen des Morgen= landes darbringen. Deutsche Franzosen entreißen. Krieg rauben. — Weissagen, kundthun, mitteilen, darreichen, zeigen, vergeben, abschlagen, vorhersagen, leisten, verbieten, nachtragen, schenken, verheißen, sagen, verzeihen, anvertrauen, gestehen.

Bemerk. Der Accusativ wird oft ausgelassen oder durch einen Nebensatz ausgedrückt: Wer den Armen giebt (Almosen), der leihet dem Herrn (Gold). Sage mir, mit wem du umgehst, und ich will dir sagen, wer du bist. Er teilte ihm mit, was sich zugetragen habe. Vater, vergieb ihnen, denn sie wissen nicht, was sie thun. Antworte dem Narren nicht nach seiner Narrheit. Glaube ihm nicht (was er sagt). Wer einmal lügt, d— glaubt man nicht. „König Philipps rechtem Auge." (After.)

c. Verben oder Adjektive, welche ein Maß, einen Zeitpunkt oder einen Wert ausdrücken, regieren den Accusativ, z. B. den ganzen Tag arbeiten, studieren, einen Thaler kosten, gelten; den nächsten Sonntag kommen; den 28. Februar (schreibe ich); einen Groschen wert; einen Fuß lang, breit, dick, hoch, tief 2c.

3. Aufg. d. Verschiedene transitive Verben regieren den **Accus. der Person** und den **Genitiv der Sache.**

Ihr beraubt mich aller meiner Kinder (1. Mos. 42, 36.) Welcher unter euch kann mich einer Sünde zeihen (beschuldigen)? (Joh. 8, 46.)

Ich versichere d— mein— Freundschaft. Er würdigte m— kein— Blick. Der Verleumder beraubt ih— sein— Ehre. Kläger beschuldigen Angeklagter Amtsehrenbeleidigung. Athener weiser Sokrates Sitten=

losigkeit und Verführung der Jugend bezichtigen, verklagen. Josephs Brüder alter Vater sein Liebling berauben. Gefangenwärter Züchtling Fesseln entledigen. Entbinden, würdigen, belehren, strafen (Lügen), entkleiden, entsetzen, entheben, überführen, berichten (eines andern), verweisen (des Landes).

e. **Reflexive** und **unpersönliche** Verben regieren den **Accus.** der **Person**, erstere oft auch den **Genitiv** der **Sache.**

Der Aufrichtige schämt sich des Lügens. (Ich schäme mich, du schämst dich 2c.) Mitleidige sich erbarmen Dürftige. Jugend sich freuen Leben. Eitle sich rühmen Geschicklichkeit und Erfolg. Faule sich weigern Arbeit. Menschenfreund Verlassene sich annehmen. Guter Sohn Stand seiner Eltern sich schämen.

Es friert mich (dich), hungert, dürstet, schläfert, verdrießt, reut, ärgert, betrübt, bekümmert, befremdet, gelüstet, verlangt, dauert mich. Es juckt mich in den Ohren – die Ohren jucken mir. Was geht es dich an? Das geht (sicht) mich nichts an. Es jammerte ihn des Volkes. Mich jammert des Volkes. Es wundert mich, nimmt mich wunder. Vgl. übrigens den folgenden §, 4. Aufgabe.

4. Aufg. (Reflexive Verben.) Die Türken vor Wien. 1683 wollten die Türken sich (die Hauptstadt Österreichs) bemächtigen und Ludwig XIV. von Frankreich versicherte sie dabei (sein Beistand). Noch ehe sich Kaiser Leopold (die drohende Gefahr) recht versah, standen 230000 Muselmänner vor den Thoren Wiens. (Solche Greuel) wie sie damals von den Türken verübt wurden, konnten sich die ältesten Leute nicht entsinnen. Die wilden Horden erbarmten sich (weder der Greis, noch das Kind). Der Kommandant von Wien, Graf Rüdiger von Stahremberg, wurde (das allgemeinste Vertrauen) gewürdigt, und er zeigte sich der schweren Aufgabe auch allenthalben gewachsen. Zwei Monate lang spottete er (die feindliche Übermacht). Doch zuletzt vermochte man sich (der Hunger) nicht mehr zu erwehren. Jetzt erst erinnerte sich der Kaiser (die Reichsfürsten) und bat sie um Hilfe. Max Emanuel von Bayern und Johann Georg von Sachsen waren (ihre Pflichten gegen das Reich) eingedenk und eilten im Vereine mit dem edlen Polenkönig Sobiesky der bedrängten Stadt zu Hilfe. Die Heere wurden in Schlachtordnung aufgestellt, und nach dreistündiger Schlacht konnten sich die Verbündeten (ein glänzender Sieg) rühmen. Sowohl die Bayern und die Sachsen, als auch die Polen hatten sich (die größte Tapferkeit) befleißigt. Durch diesen Sieg war der Erbfeind der Christenheit fast (alle seine errungenen Vorteile) beraubt worden. Der Sultan geriet bei der Nachricht von der Niederlage in die höchste Wut. Er beschuldigte den Oberbefehlshaber (die Feigheit), entsetzte ihn (das Amt) und ließ ihn hinrichten.

5. Aufg. f. Einen **doppelten Accusativ** erfordern: Schimpfen, schelten, nennen, heißen (nennen), lehren und fragen.

Er läßt sich nennen den Wallenstein. (Sch.) Simei schimpfte (schalt) den flüchtigen König David einen Bluthund, einen losen Mann. Was heißet ihr mich Herr? (Luk. 6, 46.) Herr lehre mich deine Rechte. (Ps. 119, 12.) Wer hat dich solche Streiche gelehrt? (Uhland.) Er fragte mich nur gleichgültige Dinge. Römer Kaiser Titus Freund und Wonne der Menschheit. Republikaner oberste Person des Staats Präsident. Feinde Sokrates Verächter der Götter und Verführer der Jugend. Ritter ihre Söhne Freiheit das Reiten und Fechten. Barbara Uttmann arme Erzgebirger Spitzenklöppeln. Religion Menschen Gott, Nächsten (lieben lehren).

Als Peter der Große, Kaiser von Rußland, unter fremdem Namen in Holland die Schiffsbaukunst erlernte, nannte ihn sein Lehrherr oft ei— Lehrjungen; bisweilen schimpfte er ih— auch wohl ei— unwissenden Menschen. Gleichwohl belohnte Peter die j— Mann, weil er ih— ei— Kunst lehrte, welche ih— viel Vergnügen machte. Nichts war in der Folge dem Kaiser angenehmer, als wenn man ih— Peter Baas oder d— Meister Peter hieß.

Merke aber: Die Alten hielten den Walfisch für einen Fisch, betrachteten ihn als ei— Fisch (sahen ihn an). Unsere Vorfahren das Spielen und Trinken kein Laster. Sokrates Tod Eingang in ein besseres Leben. Muhamedaner Muhamed größter Prophet.

Einen **Accusativ** mit dem **Infinitiv** erfordern: heißen (= gebieten), sehen, hören, fühlen und lassen.

Er heißt mich gehen, heißt mich gut (aber höre, was ich dir heiße. Wer hat dir solches geheißen?). Ich sehe dich, ihn kommen, höre ihn singen, fühlte den Wind wehen.

Laß den Arzt holen, d. h. ordne an, daß der Arzt geholt werde. Die Juden forderten, daß der Herr sie ein Zeichen vom Himmel sehen ließe. (Matth. 16, 1.) Laß mich gehen, d. h. erlaube, daß ich gehe. Laß ihn kommen, spielen ꝛc. Laß mich deinen Freund sein, bleiben, werden (doppelter Accusativ).

Bemerk. Der Accus. mit dem Infinitiv ist ein verkürzter Nebensatz, in welchem der Accusativ das Subjekt vertritt, also durch einen Nominativ ausgedrückt werden kann.

Unterscheide. Der Fürst läßt seinem Sohne, dem Prinzen N. N., ein Palais bauen (der Dativ hängt von bauen, nicht von lassen ab). Der Fürst läßt seinen Hofbaumeister ein Palais für den Prinzen bauen. Die Großmutter läßt ihre Enkelin den angekommenen Brief vorlesen. — Die Großmutter läßt ihrer Enkelin den angekommenen Brief vorlesen. Die Mutter läßt der Tochter zum Geburtstage ein neues Kleid anfertigen. — Die M. läßt die Tochter ein neues Kleid anfertigen. Der Wirt läßt dem Fremden eine Mahlzeit bereiten. Laß mich das Buch holen — laß mir das Buch holen. Ich lasse dich eine Geschichte erzählen — ich lasse dir etwas erzählen.

Ergänze: Laß m— die Zeitung vorlesen — laß m— die Zeitung durch Georg vorlesen. Laß m— einen Brief schreiben. Laß dein— Bruder m— ein— Brief schreiben. Laß m— dein— Bruder ein— Brief schreiben. Gott läßt d— Mensch— sich seines Lebens freuen. Ich werde — sobald, wenn möglich, wissen lassen, was zu thun ist. Laß m— ja bald ein— Brief von dir sehen und laß m— wenigstens die Hoffnung, d— bald wieder zu sehen. Krösus bewirtete d— weisen Solon freundschaftlich und ließ ih— alle seine Schätze zeigen. Der Lehrer läßt sein— Schüler jed— Monat ei— längeren Aufsatz schreiben.

§ 48.
II. Der Dativ.

Im **Dativ** steht das entferntere Objekt, für welches, zu dessen Nutzen oder Schaden, Vorteil oder Nachteil, Freude oder Schmerz etwas geschieht. Vgl. die Sätze der 2. Aufg. des vorigen § und die Beispiele auf S. 39.

1. Aufg. a. Den **Dativ** regieren diejenigen **intransitiven** Verben, welche einer Ergänzung bedürfen.

aa. Einfache intransitive Verben.

Dem fleißigen Hamster schadet ein strenger Winter nicht. Dem Verdienste gebührt der Lohn (seine Krone). Weisere Fassung ziemt dem Alter. (Sch.) Schmeichle niemandem. Jedem Narren gefällt seine Kappe. Harre auf Gott, denn ich werde ihm noch danken, daß er mir hilft. (Pf. 42, 6.) Helfet dem Elenden und Dürftigen zum Recht. (Pf. 82, 3.) Dem Mutigen gehört die Welt. Ein süßer Trost ist ihm geblieben: er zählt die Häupter seiner Lieben und sieh, ihm fehlt kein teures Haupt. (Sch.) Es kann der Beste nicht in Frieden leben, wenn es dem bösen Nachbar nicht gefällt.

Ergänze: Ein treuer Nachbar hilft d— andern. Unrecht leiden schmeichelt groß— Seelen. Der schöne Frühling lacht ih— nicht, ih— lacht kein Ährenfeld. D— durch Anstrengung Ermüdeten schmeckt die Speise. Die Industrie nützt d— Staat. Das junge Mädchen ähnelt (gleicht) d— Vater weniger als d— (ihr—) Mutter. D— Armen mangelt viel, d— Geizigen alles. Traue mehr d— Tugend als d— Glück. D— Pöbel weich', handle ih— nicht gleich. Wenn es d— übel geht, so verzage nicht. Segne, die d— fluchen. We— nicht zu raten ist, d— ist auch nicht zu helfen. Gehorsam ziemt d— Kinder. Die Mutter lehret die Mädchen und wehret d— Knaben. Ich gratuliere —. Die Unterthanen huldigen —.

bb. Zusammengesetzte intransitive Verben.

Der Bösewicht kann seinem Schicksale nicht entgehen. Nichts widersteht d— Zahn der Zeit. Die Liebe kommt d— Lust zuvor. Gefangene entkommen oft —. Der Kluge mißtraut —. Hase

entfliehen —. Jüngerer Bruder ältern nacheifern. Jünger Herr nach=
folgen. Leere Wagen müssen d— vollen ausweichen, aber volle Köpfe
d— leeren. Wer d— Armut und d— Elend enteilen will, muß flink
sein. D— Vernünftige nachgeben ist keine Schande. Niemand kann
zwei Herren dienen; er wird ei— anhangen und d— andern ver=
achten. Danket d— Herrn, lobsinget sei— Namen.

Gebrauche die eingeklammerten Intransitiva.

Versuche nie, durch eine Lüge die dich bedrohende Gefahr ab=
zuwenden (entgehen). Nimm den Spötter nicht zum Muster (nach=
ahmen). Den Armen und Notleidenden unterstütze nach Kräften (bei=
stehen). Hänge dein Herz nicht an die vergänglichen Güter der Welt
(nachjagen). Befriedige nicht jeden Wunsch und jedes Gelüste deines
Herzens (willfahre). Ein von Jugend auf verwöhnter Mensch trägt
noch im Alter die Spuren einer verkehrten Erziehung an sich (an=
haften). Niemals darf man einen Untergebenen zu einer unwürdigen
Handlung verleiten (zumuten). Mit Freuden übernimm jedes dir
zugewiesene Amt und jede damit verbundene Arbeit und Mühe (sich
unterziehen).

2. Aufg. Verbinde mit dem Dativ in der Ein= und Mehr=
zahl. Starke Schwachen beistehen. Direktor Anstalt (Gymnasium,
höhere Bürgerschule 2c.) vorstehen. Neugieriger Taschenspieler und
Seiltänzer zusehen. Nebenfluß Hauptfluß, dieser Meer zueilen. Ver=
sammlung Worte des Redners zuhören, Beifall zollen. Verwegenen
Gefahr drohen. Jugend Erfahrung mangeln. Eulen, Mäuse 2c.
nachstellen. Herr aufwarten. Schaden, nützen, trotzen, wehren, be=
gegnen, drohen, dienen, frönen, mißfallen, entsagen, auflauern, bei=
pflichten, unterliegen, zuvorkommen 2c. Zu statten kommen, zu gute
kommen, zu teil werden, sauer, schwer werden, wehe thun, not thun,
leid thun, angst und bange machen, etwas weismachen, preisgeben,
Wort halten.

Bemerk. Wie von den letzteren mehrere Verben ursprünglich
transitive sind, so lassen sich manche intransitive durch transi=
tive so umschreiben, daß der Dativ bei ihnen ganz erklärlich erscheint:
danken — Dank sagen, helfen — Hilfe leisten, dienen — einen Dienst
leisten, folgen — Folge leisten, schaden — Schaden thun, nützen —
Nutzen gewähren 2c.

Gebrauche diese in Sätzen und umschreibe sie; desgl.: huldigen,
gratulieren, vertrauen, trotzen, höhnen, gehorchen, leuchten, winken,
beipflichten, beistehen.

3. u. 4. Aufg. b. Einige Verben regieren im transitiven Sinne
den Accusativ oder den Dativ und Accusativ und im intransitiven
den Dativ. (Von anderen, die intransitiv ohne Kasus, transitiv mit
dem Accusativ gebraucht werden, war S. 39, Aufg. 5 die Rede.)

aa. Der Schütze fehlt (verfehlt) das Centrum der Scheibe. — Was
fehlt dir? Die Mutter kostet (schmeckt, prüft) das Gericht. — Der

Krieg kostete ihm das Leben. Das kostet mir (nicht mich) einen Thaler.
Es gilt einen Versuch. — Es gilt das Heil des Königs (wenn dieses
bedroht ist). Es gilt dem Heile des Königs (wenn dessen Gesundheit getrunken wird). Gilt es m— oder gilt es b—? Einen Thaler gelten (wie
kosten). Die Suppe schmecken (kosten). — Die Ruhe schmeckt dem Müden,
dem Hungrigen die Speise. Ein Haus gegen Feuersgefahr versichern.
Ich versichere (beteuere) Ihnen, daß ꝛc. Mir ist versichert worden.
Aber: Ich versicherte meinen Freund meiner lebhaftesten Dankbarkeit; oder:
Ich versicherte meinem Freunde die lebhafteste Dankbarkeit. Ein Schiff
steuern (lenken, auch: Das Schiff steuert irgend wohin). Der Bosheit,
dem Bösen steuern (Einhalt thun, wehren). Das Brautpaar trauen;
es wird getraut. Traue, vertraue (dem nicht, der dir schmeichelt). Ich
traue mir nicht, das zu thun (d. h. ich traue mir nicht zu, bin nicht
sicher). Ich traue mich (getraue, wage mich) an den gefährlichsten Ort zu
gehen. Ein Geschenk bekommen. Die Tour ist ihm wohl bekommen.
Harte Erbsen weichen (erweichen, einweichen). Dem Zudrange weichen.
Einem an Gelehrsamkeit weichen. Einem Menschen, aber eine Sache (Tugend) nachahmen.

Merke: Was maßest du dir an? Laß dir nichts weismachen.
So lange mir denkt — Mich dünkt, auch mich deuchte. Es kam mich
Furcht und Zittern an — jetzt üblich: es kam mir sauer, hart an. Es
kommt mir darauf an zu beweisen ꝛc. Was geht es dich an? Laß es
dich nicht anfechten. Aus Ägypten habe ich meinen Sohn gerufen
(Matth. 2, 15 herbeigerufen). Er ruft seine Schafe mit Namen. (Joh. 10,3.)
Wer ruft dem Heer der Sterne? (zurufen, Gott.) Ehe ich mich dessen
versah —. Das hätte ich mir von ihm nicht versehen.

bb. Viele **Intransitiva** werden zu **Transitiven** durch die Vorsilben be, er, ver und durch die Präpositionen durch, hinter,
über, um.

Eltern weinen über den Tod des Kindes — beweinen den
Tod des Kindes. Moses stieg auf den Berg Horeb — bestieg d. -
Berg Horeb. Humboldt reiste durch Süd- und Mittelamerika. Cyrus
herrschte —. David trauerte —. Die Kinder Israel wohnten —.
Der Ungläubige zweifelt an dem Dasein Gottes —. Die Sonne
scheint über Gerechte und Ungerechte —. Lohnen — belohnen, trauern
— betrauern. Dienet dem Herrn — bedienen. Steigen — ersteigen, verdienen, verschweigen; durchziehen, durchreisen, durch-
wandern, übertreten ꝛc.; danken — sich bedanken; stehen — sich
unterstehen.

Aber: Wie soll ich dich empfangen und wie begegn' ich dir?
Ein warmes Zimmer behagt einem Fröstelnden.

c. Mehrere **unpersönliche** Verben regieren den **Dativ** (vgl.
§ 47, Aufg. 3.) Mir ahnt, bangt für ihn, schwindelt vor den
Augen, träumt, ekelt vor der Speise. Mir grauet vor der Götter
Neide; mir hat's gegraust, gegruselt. Mir dauert die Zeit lang
— es dauert mich. Es geziemt, schadet, schmeckt mir, schwebt

mir vor, es genügt, ziemet, gelingt mir. Ihm gehts schlecht, übel. Mir wird übel. Dem ist nicht so.

Unpersönliche Passivform der Intransitiven. Es wird mir von ihm beigestimmt, zugeredet, gedroht, gratuliert, gedankt, geholfen, vorgearbeitet, nachgestellt, geschmeichelt ꝛc.

Scheinbar reflexiv sind: Ich maße mir (das Wort) an; ich bilde mir ein (was?); ich nehme mir vor ꝛc. vergl. §. 47, 3. Aufg.

5. Aufg. d. **Den Dativ** regieren manche **Adjektive**, welche in ihrer Bedeutung den Intransitiven verwandt sind; vgl. nützen — nütze, nützlich, danken — dankbar, dienen — dienlich, dienstbar, helfen — behilflich, folgen — folgsam, trauen — treu, gleichen — gleich, ähneln — ähnlich, passen — paßlich, schmeicheln — schmeichelhaft, schaden — schädlich, hören, gehorchen — gehorsam, huldigen — hold ꝛc.

aa. Der Feigheit ist stets ein Hindernis willkommen. Die Sprache ist dem Menschen weder angeboren noch anerschaffen. Dem Tiere wie dem Menschen sind Stimmorgane eigen. Die Bettler sind d— Hunde feind, die Hunde d— Bettler. Mach mich dir gleichgesinnt, wie ein gehorsam Kind.

Ergänze: Verstellung ist ei— offen Seele fremd. Der Stärke Recht ist d— Gefangene (weibl.) nicht günstig. Ein frommer Knecht war Fridolin, ergeben d— Gebieterin. Dann geht das Kantonieren (Einquartierung der Truppen) an, d— Bauer eine Last, verdrießlich jed— Edelmann und Bürger — gar verhaßt. Ein Sparer ist gleich ei— Gewinner. D— Reinen ist alles rein. Böse Beispiele sind auch d— Gute— gefährlich. Wie mancher ist s— Aufgabe nicht gewachsen!

bb. Wind Gewächse zuträglich, aber Sturm schädlich. Wind Schiffer günstig, Windstille. Chinarinde Fieberkranke heilsam, — Bad gefährlich. Einsamkeit Arbeitsame willkommen, Geschäftslosigkeit unerträglich. Ruder Seefahrer entbehrlich — Kompaß. Friede Wissenschaften und Künste förderlich — Krieg. Feuer und Wasser Menschen und Tiere notwendig, —. Bettler Gastwirt lästig —. Sonnenschein Reisende angenehm, lästig Regen und Nebel —. Hund Herrschaft treuer als Diener.

cc. Gebrauche mit dem Dativ: ferne, nahe, unähnlich, möglich, überlegen, angemessen, gemäß, hold, abhold, zugethan, geneigt, gewogen, unlieb, ersprießlich, gelegen, vorteilhaft, schmeichelhaft, ärgerlich, abtrünnig, wichtig (auch mit für), gedeihlich, anstößig, ekelhaft, gehässig, willfährig, zugehörig, schimpflich, gleichgültig, erklärlich, furchtbar, fürchterlich, gefällig.

§ 49.

Der Genitiv.

1. Aufg. Der **attributive Genitiv** bei Substantiven S. 6 und 35.

a. (Subjektiver Genitiv.) Die Gnade der Großen (d. i. eine Gnade, welche die Großen gewähren), die Gunst der Gewaltigen, die Förderung der Thätigen, die Neigung der Menge, die Liebe der Einzelnen: alles wandelt auf und nieder, ohne daß wir es festhalten können. — Das eben ist der Fluch der bösen That, daß sie fortzeugend Böses muß gebären. Das Leben ist das einzige Gut der Schlechten. Des Kaisers Burgvogt Seni war des Herzogs von Wallenstein Astrolog. Unterscheide: die Liebe Gottes — zu Gott.

b. Der Wald. Der Wald ist die Wohnung der Hirsche. Auch die Rehe und Hasen suchen das Dickicht d— Wälder auf. Die Nester d— Vögel sind hier sicher, weil die Blätter d— Bäume sie schützen. Die Früchte d— Eichen liefern d— Eichhörnchen und and— Tiere Nahrung. Unten sieht man die Löcher d— Kaninchen, die d— Wachstum d— Baumwurzeln stören. Daneben liegen die Vorratskammern d— Mäuse und Hamster. Auch die Rinde d— Kiefern ist ein beliebter Aufenthaltsort manch— Tiere. Dort findet man die Gänge d— Käfer, und aus den Kronen d— Bäume und d— Gebüsche tönt das Gesumme der Bienen.

Aufg. Ergänze zunächst den Genitiv der Mehrzahl, übertrage ihn dann in die Einzahl und ziehe einige Genitive mit den Substantiven zusammen.

c. Objektiver Genitiv. Die Erziehung der Kinder, vgl. Kinder erziehen, die Erfindung —, die Entdeckung —; der Verfasser —, der Erbauer —, der Genuß —, der Verlust —, die Unterdrückung —, die Unterstützung —, die Verteidigung —, der Verteidiger —, die Wahl —, die Einsetzung —, die Verfolgung ꝛc.

Von welchen Wörtern sind diese Nominative gebildet?

2. Aufg. Den **Genitiv** regieren manche transitive, intransitive und reflexive Verben, besonders in altertümlicher, feierlicher Rede.

a. Das Weib bedarf in Kriegsnöten des Beschützers. Seid getrost alle, die ihr des Herrn harret. (Ps. 31, 25.) Unsere Seele harret auf den Herrn. (Ps. 33, 20.) Der Gerechte wird seines Glaubens leben. (Röm. 1, 17). Die Dienste der Großen sind gefährlich und lohnen der Mühe, des Zwanges und der Erniedrigung nicht, die sie kosten. Sie sind allzumal Sünder und mangeln des Ruhmes, den sie vor Gott haben sollten. (Röm. 3, 23.) Der im Himmel wohnet, lachet ihrer, und der Herr spottet ihrer. (Ps. 2, 4.) Hat jemand ein Amt, so warte er des Amtes (seiner oder sein, dessen); lehret jemand, so warte er der Lehre. (Röm. 12, 7.)

Ergänze: Der Krieg schont nicht d— Kindlein in der Wiege. Wohl dem, der sich d— Dürftigen annimmt. O, denket nicht d— Irrtums meiner Jugend. Ich gedenke d— frohe Kinderzeit. Es lohnt sich nicht d— Mühe. Du hast d— einig— Sohn nicht verschonet um meinetwillen. (1. Mose 22, 12.) Viele starben Hungers, ei— schrecklich Tod. O, nimm d— Stunde wahr, eh' sie entschlüpft. Der Müde bedarf —. Der Dankbare gedenkt —. Die Gesunden bedürfen — nicht. Groß sind die Werke des Herrn; wer ih— achtet, hat eitel Lust daran. (Pf. 111, 2.) Der Ruhe, Rates pflegen. Sie ist d— Tod verblichen.

Über den Genitiv der reflexiven Verben s. § 47.

Merke 1. Den partitiven (einen Teilbegriff ausdrückenden) Genitiv. Es schenkte der Böhme des perlenden Weines (Sch.). Sorgsam brachte die Mutter des klaren herrlichen Weins. (G.) Wenn ich mit Menschen= oder Engelzungen redete und hätte der Liebe nicht 2c. (1. Kor. 13, 4.) (Beisp. aus dem Französischen.)

2. Frohen (es) Mutes sein, werden; reines Herzens, guter Laune, guter Dinge, guter Fassung, anderes (en) Sinnes, des Glaubens, der Meinung, Willens sein, werden. Solcher (der Kindlein) ist das Himmel= reich. (Matth. 19, 14.)

3. Bei manchen dieser Verben ist der Accus. jetzt üblicher als der altertümliche Genitiv. Du achtest nicht das Ansehen der Menschen. (Matth. 22, 16.) Denn fehlst du ihn (den Apfel), so ist dein Kopf verloren. (Sch.) Vergiß die alten thörichten Wünsche. — Einen satt haben. Einen zweiten Schuß wert sein. Des war er zufrieden.

3. Aufg. **Adjektive** mit dem **Genitiv.**

a. Wallenstein. Wallenstein war ein Feldherr, der kundig war (Krieg). Er wurde 1625 zum Oberbefehlshaber über das kaiser= liche Heer ernannt und zeigte sich wert (kaiserliches Vertrauen). Er war voll (männlicher Mut und kühne Entschlossenheit). Weil er sich bewußt war (seine Feldherrntalente), so machte er sich nicht selten schuldig (stolzes und hochmütiges Betragen). (Dieses Benehmen) wurden die Fürsten und selbst der Kaiser überdrüssig. Im Jahre 1630 wurde er daher verlustig erklärt (seine Ämter und Würden). Allein schon nach zwei Jahren war der Kaiser wieder bedürftig (seine Hilfe). Wallenstein war schon längst überdrüssig gewesen (sein zurückgezogenes Leben), und folgte dem Rufe des Kaisers. Allein der Mann, der sonst so sicher war (Sieg), verlor die Schlacht bei Lützen, und ein= gedenk (die übernommene Aufgabe), vermied er darauf jeden entschei= denden Schritt. 1633 machte er sich sogar verdächtig (das Bündnis mit Schweden). Der Kaiser ward müde (das lange Zaudern). Er war wohl eingedenk (die großen Verdienste Wallensteins), dennoch beschloß er seinen Untergang. 1634 wurde er in Eger von einem seiner Offiziere, welcher nicht würdig war (die von Wallenstein empfangenen Wohlthaten), ermordet.

b. Gebrauche außerdem noch den Genit. bei: ansichtig, bar, bedürftig, begierig, benötigt, bloß, entblößt, einig (des Handels), erfahren, fähig, frei, froh, geständig, gewahr, gewärtig, gewiß, gewohnt, habhaft, ledig, leer, los, mächtig, quitt (des Eides, aller Sorgen), satt, teilhaft, zufrieden; vgl. geistesarm, siegesgewiß, kriegsbereit, todesmutig u.dgl. S. die 3. Bem. der vorigen Aufg.

c. (Ergänze.) Der Götterglaube der Germanen.

Der oberste Gott d— alten Germanen war Wodan. Er ward d— höchsten Verehrung gewürdigt. Stets gedachte er d— Geschickes d— hilflosen Menschen. Sein Angesicht erschien ih— voll hoh— Weisheit und Würde. Zwei Wölfe zur rechten und linken harrten als seine Diener jederzeit seine— Wink. Außerdem durcheilte er selbst mit Gedankenschnelle die weiten Räume d— Weltall und bediente sich dabei e— achtfüßig, schneeweiß Roß. Tapfere Helden wurden s. besonder Gunst teilhaftig. Waren sie e— Heldentod gestorben, so wurde ih— die himmlische Burg Walhalla zur Wohnung eröffnet. Hier erfreuten sie sich e. herrlich, neue Leben. Besonders pflegten sie hier wie auf Erden d— gewohnt Kampfspiel. Keiner schonte da d— andern. Doch all— empfangene Wunden spottete man. Denn war einer auch d— Glieder oder wohl gar d— Haupt beraubt worden, so schwang er sich doch nach beendigtem Kampfe sofort wieder frisch und gesund auf sein Roß. Sobald die Helden d— Kampf müde oder überdrüssig waren, wartete ih— in der Walhalla ein frugales Mahl. Allvater aber bedurfte solch— Speise nicht, sondern er warf sie d— neben ihm Wache haltenden Wölfen vor.

4. Aufg. Umschreibung des Kasus durch Präpositionen.

a. Der attributive Genitiv. Das Straßburger Münster — das M. von St. Die Beschreibung Palästinas. Die Geschichte der Erbauung der Stadt Rom. Menschen aller Stände — aus a. St. Die Hoffnung eines besseren Jenseits — auf.

b. Das attributive Adjektiv. Eine adelige Dame — D. von Adel. Ein angesehener, hochbegabter Mann. Ein herzförmiges Blatt. Der siebenfarbige Regenbogen. Ein fußloses, zweifüßiges, vierfüßiges Tier. Ein dreiteiliges Kleeblatt.

c. Statt des Genitivs. Sich erinnern an den Freund, denken, gedenken an; hören, warten, achten, sich freuen auf das Fest; sich erbarmen, freuen, wundern, frohlocken über; — begehren, verlangen, gelüsten nach verbotener Frucht; sich entwöhnen, enthalten, genesen von.

c. Statt des Dativs. Glauben an (Acc.), vertrauen, trauen auf, einen Brief an jemand schreiben.

d. Verwandle die Umschreibung in einen bloßen Kasus, Gen. oder Dat., zum Teil mit Änderung des Verbums.

Nur vor dem Fleiße und der Anstrengung eröffnet sich das Verständnis der Sprache. Verschließe dein Herz nicht vor dem Bittenden. Wallenstein gebot unbeschränkt über eine gewaltige Kriegsmacht. Traue nicht allein auf die Zukunft und wende deinen Blick nicht von der Gegenwart ab. Der Krieg erzeugt selbst in dem Feigen Mut. Vergebens harrten die Griechen auf guten Wind: Diana zürnte auf den Führer Agamemnon. Vor dem überlästigen Laurer sollen wir unsere Geheimnisse verhüllen; vor dem wahren Freunde können wir stets das Herz aufschließen. Wer über alle Ausbrüche kindlicher Freude und auf ein fröhliches Gesicht zürnt, spottet über die Ordnung der Natur. Der Arzt sieht in das Auge des

Patienten, fühlt seinen Puls und öffnet seine Ader. Der Hagelschlag hat meine (seine, ihre) Gartenfrüchte zerstört. Der verlorene Sohn mochte nicht unter die Augen seines Vaters treten. Der Kanarienvogel läßt sich so zähmen, daß er sich auf die Schulter und den Kopf des Menschen setzt. Kinder sollen oft an ihre gestorbenen Eltern und an die ehemaligen Lehrer gedenken.

§ 50.

5. Aufg. Weitere Übungsstoffe.

a. Der Esel und der Wolf. Ein Esel begegnete e— hungrig Wolf. „Habe Mitleiden mit m—", sagte der zitternde Esel, „ich bin ein armes, krankes Tier; sieh nur, was für e— Dorn ich m— in b— Fuß getreten habe!" — „Wahrhaftig, du dauerst m—", versetzte der Wolf, „und ich finde m— in mein— Gewissen verbunden, d— von dies— Schmerzen zu befreien." — Kaum war ih— das Wort entfahren, so ward der Esel von ih— zerrissen.

b. (Pronomen) Lieber Bruder!

Leider muß ich — die traurige Nachricht von d— Erkrankung unser— geliebten Großmutter mitteilen. Du kannst — gar keine Vorstellung machen, wie leidend und schwach sie ist, wie sie fast all— Nahrung und d— erquickend Schlaf völlig entbehrt. Ich fürchte, wir werden uns ih— nicht lange mehr zu erfreuen haben. Du kannst — also auf das Schlimmste gefaßt machen. Du weißt, wie herzlich die gute Großmutter d— und m— stets geliebt hat. Auch jetzt gedenkt sie - in herzlichst— Liebe. Wiederholt hat sie d— Wunsch geäußert, noch einmal zu sehen. Erst heute Morgen erwähnte sie — sehnsüchtig. Darum setzte ich — sofort hin, um — zu schreiben und — zu bitten, sobald wie möglich herüber zu kommen; jedenfalls erwarten wir — d— nächsten Sonntag, wenn d— d— nicht eher frei machen kannst. Hoffentlich vermag — aber noch vorher günstigere Nachrichten zu geben.

Dein

Berlin, d. 25. Mai 1884. — liebender Bruder
N. N.

Zunächst sind die fehlenden Kasus zu ergänzen, und dann der Brief an eine Tante zu adressieren, welche mit Sie angeredet wird.

c. Verehrter Herr Lehrer!

Der Himmel hat m— an (Sie, Ihnen?) e— zweit Vater geschenkt, als er m— I— Sorgfalt und I— Unterricht anvertraute. Erlauben Sie m—, daß ich (Sie, Ihnen?) heute nebst m— heißeste Wünsche für I— ferner— Lebensglück auch d— wärmste Dank für alle m— erzeugte Güte ausspreche! — Ach, mit welch— Sanftmut und Güte haben Sie m— auf gute Wege geleitet, m— unterrichtet und m— Schwache geholfen, mit wieviel Geduld sich m— Schwachheit angenommen! Nehmen Sie, da ich — durch nichts anderes lohnen

— 113 —

kann, meine herzlichste Gegenliebe nebst d— heiligsten Versprechen an, daß ich alle meine Kräfte aufbieten werde, (Sie, Ihnen?) durch Wort und That zeitlebens für all—, was Sie m— gethan, dankbar zu bleiben.

In unwandelbar— Liebe und Treue

Magdeburg, d. 11. Juni 1880.   Ihr ergebener Schüler
                                                              N. N.

6. Aufg. Die Zeit dauert m— nie zu lange, wenn ich in gut— Gesellschaft bin; nur dauert es m—, wenn ich e— bloß Vergnügen wegen meine Pflicht vernachlässigen muß. Ich nenne d— selbst m— Freund, aber ich kann d— nicht alle diejenigen nennen, die m— als Freunde begegnen. Überhebe d— d— Vorzüge nie, damit andere d— nicht dj. oder jen. Fehler anklagen und d— spotten. D— nenne ich mein— Freund, der m— die Wahrheit sagt und m— das lehrt, was ich zu wissen habe; wer m— aber schmeichelt, d— heiße ich m— Feind. Mit Freuden werden wir dj. verzeihen, der sich sein— früher schlecht Leben schämt, dj. in Wahrheit bereut und sich d— alt Sünden nicht wieder teilhaftig macht—. Ehre d— Eltern und gehorche —: denn sie stehen an Gott— Statt; sie geben d— nicht allein das Leben, Nahrung und Freude, sondern sie bilden d— auch für die Zeit und Ewigkeit. Wer j— Vater von Herzen ehrt, wer j— Mutter hochschätzt und liebt, der ist zu all— Guten fähig. Darum gehorche d— Vater und d— Mutter; sie wissen am besten, was d— dienlich und was d— schädlich ist, was d— im Guten fördert und was d— hemmt. Ehre d— Eltern, auch wenn du ih— Leitung und Aufsicht nicht mehr unterworfen bist und vergiß nie d— viel Gute, was sie d— gethan haben. Ehre d— Mutter, die um deinetwillen manche sorgenvolle Nacht durchwachte, die für d— betete, wenn du sorglos d— Spiel nachjagtest; die sich manche Freude versagte, um d— ein sorgenfreies Los zu bereiten. W— Vater und Mutter nicht ehrwürdig sind, d— ist nichts unter d— Himmel ehrwürdig und heilig: e— solch fliehe, denn er ist zu all— Verbrechen fähig. Es ist die höchste Freude, welche Gott tugendhaft—, fromm— und dankbar— Kinder auf Erden gewähren kann, wenn er ih— Eltern e— hohes gesegnetes Alter schenkt, dann ist es möglich, d— Guten das — zeitlebens zugewendete Gute zu vergelten. Wehe d— Kind, welches d— Wohlthaten uneingedenk ist. „Ein Auge, das d— Vater verspottet, und verachtet, d— Mutter zu gehorchen, d— müssen die Raben aushacken und die jungen Adler fressen", sagte der weise Sirach. Wenn du d— zu Bette legst, so halte d— ja immer d— Frage vor: Wie hast du d— heutig— Tag benutzt? Hast du d— gebessert oder verschlimmert? Hast du Ursache, d— zu freuen oder d— zu betrüben? Wohl d—, der sich nichts Böses vorzuwerfen hat und sich d— Schlaf ruhig in d— Arme werfen kann! Wehe aber d—, der sich j— Thorheiten und Laster schämen muß! Ih— giebt selten die Nacht die gewünschte Erquickung, die d— harmlose Müde belohnt (lohnt).

§ 51.

3. Rektion der Präpositionen oder Vorwörter.

I. Der Rektion nach gruppiert.

Zunächst ist zu repetieren, was S. 4 gelehrt ist.

a. Präpositionen mit dem Accusativ:
durch, für, ohne, um, sonder, gegen, wider.

1. Aufg. a. Einem Taugenichts muß man nicht durch die Finger sehen. Wer für dich sieht, für den sollst du hören. Ohne einen umsichtigen Steuermann scheitert das beste Schiff. Ein Ritter sonder Tadel; sonder Furcht und Grauen (sondern?). Viele Menschen haben eine Antipathie gegen die Spinne. Wider den Tod kein Kraut gewachsen ist.

b. Ergänze. Ein Riese wird nicht errettet durch s. große Kraft. Es ist schon mancher wohlhabend geworden—, aber arm —. Die Bienen und andere Insekten sammeln Vorräte für d— Winter. Saul mußte — büßen. Der Soldat geht in den Kampf —. Der Knecht arbeitet —. Ohne — können Pflanzen nicht gedeihen. Geh' ohne — Stab nicht im Schnee, ohne — Steuer nicht zur See; geh' ohne Gottes Geist und Wort niemals aus deinem Hause fort. Die Erde bewegt sich um —. Turteltauben haben e. Ring um —. Alle Hoheit der Erde sonder herzliche Liebe ist Staub. Sonder Zahl, Wanken. Kinder müssen folgsam sein gegen —. Absalom empörte sich —. Die Bewohner unseres Vaterlandes können sich gegen d— Neid, d— Habsucht und d— Übermut fremder Völker auf nichts verlassen, als auf ihre eigene Kraft. Wer nicht mit mir ist, der ist wider m—. Wie murren denn die Leute im Leben also? Ein jeglicher murre wider s. eigene Sünde. (Klag. Jer. 3, 39.)

Unterscheide sonder und sondern, wider und wieder (samt ihren Zusammensetzungen, vgl. S. 26), wider und zuwider (mit dem Dat.), gegen (die Richtung wohin?) und wider (stärkeren oder feindlichen Gegensatz ausdrückend). Sonder (= ohne) wird ohne Artikel gebraucht.

2. Aufg. a. Schuldschein. D— d. vorliegend. Schuldschein erkläre ich, daß ich von Herrn N.N. zu P. ein kleines Kapital — Betrag — 100, sage einhundert Mark vorgestreckt erhalten habe, und zwar — d. nächsten zwei u. e. halben Monat u. — 4% Zinsen pro anno. Ich verspreche, genannte Summe — d. Zinsen — d. bestimmten Zeitpunkt auch — vorherige besondere Kündigung — Seiten des Gläubigers wieder zurückzuzahlen, oder, falls ich dazu — all. Vermuten — genannten Zeitpunkt nicht — stande sein sollte, — Martini d. J. zu zahlen oder schlimmsten Falles — e. genügende Bürgschaft oder hypothekarische Sicherheit zu sorgen.

Hannover d. 1. Mai 1884.   G. H.

b. Verbinde zu Sätzen: durch — bringen. Die Flintenkugel bringt durch die Brust, den Schädel, den Unterleib ꝛc.

1. durch: waten, gehen, sich beliebt machen, erwerben, sehen, fliegen, schaden; — 2. für: sammeln, sorgen, anfertigen, arbeiten, bezahlen, bürgen, dienen, sich halten, ansehen, büßen, sich entscheiden; Wort für Wort, ich für meine Person, fürs erste, für sein Alter klug; vgl. vor in § 52, 4. Aufg.; —

3. ohne: essen, verreisen, ausgehen, wirken, selig werden, ohne Freunde sein, ohne Talent, Überlegung; ohnedem; — 4. um: sich versammeln, bewerben, scharen, streiten, trauern, bitten; ums Leben kommen: ums liebe Brot schreiben, Auge um Auge, um die Zeit der Ernte, um e. hohen Preis; es ist mir leid um dich; — 5. gegen, wider: streiten, sich auflehnen, Krieg führen; gefällig, freundlich, artig sein (gegen), sündigen, werfen, ziehen; gegen 600 Mann.

b. Präpositionen mit dem Dativ:
mit, nach, nächst, nebst, samt, bei, seit, von, zu, zuwider, entgegen, gegenüber, binnen, außer, aus.

3. Aufg. a. Heil dem Manne, der sein Feld mit der eigenen Hand bestellt! Heil vor allem, deren Mühen noch nach ihrem Tode blühen! Nächst der Wissenschaft und Kunst haben wir dem Christentum sehr viel zu verdanken. Die Stadt sah den Hunger nebst seinem ganzen Gefolge mit schrecklichen Schritten sich nähern. Ich glaube, daß mich Gott erschaffen hat samt allen Kreaturen. Bei unsern Vorfahren, den alten Germanen, galt ein Handschlag glücklicherweise so viel wie ein Schwur. Seit den Freiheitskriegen hatte das deutsche Volk ein großes Verlangen nach größerer Freiheit und Einheit, zu welchen es aber erst durch die Kriege von 1866 und 1870 gelangt ist. Von einem Streiche fällt keine Eiche. Zum Werke, das wir ernst bereiten, geziemt sich wohl ein ernstes Wort. Alles versteckte hinterhaltige Wesen ist einer edlen Seele zuwider. Die Märtyrer des christlichen Glaubens gingen standhaft dem Tode entgegen. Der alte Zustand der Natur kehrt wieder, wo Mensch dem Menschen gegenüber steht. Der Aberglaube wähnt, daß die öftere Wiederholung derselben Formeln binnen einer gewissen Zeit die Strafe der Sünden aufheben könne. Suche die Quelle der Zufriedenheit nicht außer dir, außer deinem Herzen. Aus der Wolke quillt der Segen. Da stürzet die raubende Rotte hervor aus des Waldes nächtlichem Ort. (Sch.)

b. Ergänze. Hast nach d— Beste du nur gestrebt, so hast du nicht umsonst gelebt. Handle stets nach dein— bessere Überzeugung und nach d— Gewissen. Sage mi—, mit w— du umgehst, und ich will di— sagen, wer du bist. Erfahrung kommt mit d— Jahre. Handwerker arbeiten mit verschieden— Werkzeuge: der Schmied mit — 2c. Die Bewohner des Spreewaldes sind Kerngestalten mit blond— Haar, blau— Augen und rund—, gutmütig— Gesichter—. Opfer waren sehr gebräuchlich bei d— alt— Völker—, namentlich —. Freundschaft wohnt selten bei Reiche—, noch seltener bei Große— und Mächtige—. Die Amerikaner sind die gebildetsten Völker nächst d—, die Asiaten —. Joseph und Maria flohen nebst de— Jesuskind nach Ägypten. Meinen Leib und meine Seele, samt d— Sinne und Verstand, großer Gott ich dir befehle! Wie viele Schiffe samt ihr—

Mannschaft finden nicht alljährlich d— Untergang! Seit d— dreißigjährig— Krieg hat sich der Protestantismus wenig ausgebreitet. Amerika ist seit — bekannt. Der ordentliche Mensch verrichtet alles zu— recht— Zeit; auch ist er zu jed— Stunde bereit, Rechenschaft von s— Arbeit, s— Thun und Lassen abzulegen. Der Ostwind ist — entgegen, der Südwind —. Wenn ein Schiff von England nach Hamburg fährt, so ist ih— der Ostwind zuwider. Gewitter ziehen scheinbar häufig — entgegen. Handle weder — Gesetze des Landes, noch — Gebote Gottes zuwider. Die englische Stadt Dover liegt — gegenüber, wie Hamburg —. Außer — giebt es noch zahllose Firsterne, — noch viele Planeten, — mehrere Nebenplaneten. Paulus spricht: Ich habe Lust außer d— Leib zu wollen und daheim zu sein bei d— Herrn. (2. Kor. 5, 8.) Aus d— Augen, aus d— Sinn. Am Morgen greift jeder zur Arbeit: der Maurer — Kelle, der Zimmermann —, der Schlosser —, der Tischler — 2c. Der Arzt eilt zum Kranken, der Lehrer —, der Richter —, der Fremde —.

Merke. Unterscheide: er sitzt neben mir, nächst mir (nach mir in der Reihe) und nebst mir (d. i. ich mit ihm) auf der Bank. Ich gehe nach der Schule, zu dem Herrn Lehrer N. N.

4. Aufg. Von den alten Deutschen. Seit Geburt Christi deutsche Geschichte. Von Römer geschrieben. Mit Römer und and. benachbart. Völker Kriege führen. Armin aus Knechtschaft erretten. Römischer Feldherr Varus samt auserlesenes Heer vernichten. Schlachtfeld bei Stadt Detmold liegen. Nach Schlacht im Teutoburger Walde Deutsche frei bleiben. Zu tapferste Volksstämme Franken gehören. Außer Franken Sachsen gefürchtet. Nächst diese Bayern sich bemerklich machen. Eigener Vorteil zuwider Deutsche oft uneinig. — Karl der Große um Einigung Deutschlands verdient machen. Durch dieser Herrscher Sachsen Christen werden. Heinrich I. und Otto I. einst gegen Volk Hunnen kämpfen. Beide für Sicherheit des Landes sorgen durch Erbauung und Befestigung von Städte. Ohne ihr Mut und ihre Klugheit Deutschland verloren gewesen. —

5. Aufg. Verbinde zu Sätzen: aus — stehlen. Ein geschickter Dieb vermag auch aus wohlverschlossenen Schränken zu stehlen, 1. aus: kommen, bestehen, gebrannt werden, sich befreien, entstehen, geben, führen, folgen, entfliehen, vertreiben; — 2. außer: bedürfen, besitzen, notwendig sein, sich sein, Gefahr sein, a. Landes sich aufhalten, blühen im Garten, gehören zu; — 3. bei: einkehren, wohnen, schmelzen (bei 0 Grad), bleiben, wachen, sprechen, schwören, fassen, bei Leibe nicht; — 4. binnen (v. innen): sich ändern, abreisen, sich entscheiden; — 5. entgegen: handeln, dem Willen, Befehl, ziehen, eilen, führen; — 6. gegenüber: wohnen, stehen, liegen, stellen; — 7. mit: schreiben, zeichnen, fangen, nähen, atmen, mit vollen Händen geben, spielen, sich verbinden, einigen, sich begnügen, zufrieden, froh, unzufrieden sein, prahlen, sparsam umgehen, sich unterhalten, mit Mann und Maus, mit Gunsten; — 8. nach: reisen, folgen, senden, schlagen, streben, trachten, sich sehnen, fragen, sich richten, urteilen; — 9. nächst:

einen Rang einnehmen, ehren; — 10. nebst: bestehen aus, besitzen, verkaufen, einladen, verreisen; — 11. samt: umkommen, gestohlen werden, fortziehen; — 12. seit: krank, gesund, bekannt sein, regnen, dauern; — 13. von: essen, fallen, herabkommen, erben, erlösen, sprechen, befreien, heilen, müde sein, sich erholen, abhangen, leben, von nöten, von Sinnen, von weitem; — 14. zu: kommen, gehören, sich sammeln, pflücken, erwählen, ernennen, ermahnen, verführen, dienen, bereit sein; — 15. zunächst: reiten, stehen, folgen; — 16. zuwider: d. Verabredung, d. Versprechen, Befehl, Rat, d. Interessen jemandes.

§ 52.

c. Präpositionen mit dem Dativ und Accusativ.

An, auf, hinter, neben, in,
über, unter, vor und zwischen
stehen mit dem Accusativ,
wenn man fragen kann wohin?
Mit dem Dativ stehn sie dann,
Wenn man wo? nur fragen kann.

1. Aufg. a. Wo wächst die Pflaume? (an) die Weintraube? die Brombeere? Wo scheinen Sonne, Mond und Sterne? An welchem Flusse liegt Köln, Hamburg? Wo schwimmen die Schiffe? (auf) die Fische? (in) Wo leben die Menschen? der Hirsch? die Gemse? der Maulwurf? (unter) der Walfisch? der Strauß? Wo liegt Spanien von Deutschland aus? (hinter) die Schweiz? die Türkei? Wo befinden sich die Backenzähne? Wo steht der Schrank? (neben) die Bank? der Apfelbaum? Wo befindet sich die Zimmerdecke? (über) die Sterne? die Baumkrone? Wo arbeitet der Bergmann? Wo findet der Taucher Perlen? Wo liegt von Deutschland aus die Ostsee? (vor) Frankreich? die Schweiz? Wo befindet sich die Nordsee? (zwischen) die Straße von Calais? die Straße von Gibraltar?

b. Wohin steigt der Rauch, der Bergmann, der Dachdecker? Wohin ziehen die Zugvögel im Herbste, die Karawanen, die Seeschiffe? Wohin zogen die Israeliten unter Moses? unter Josua? Wohin legte jene arme Witwe ihre beiden Scherflein? Wohin erhebt sich die Lerche? Wo schwebt sie dann? Wohin setzt sich die Biene? Wo sitzt sie dann? Wo hangen die Glocken? Wohin hängt man sie? Wo verschwindet die Sonne? Wohin sinkt sie hinab? Wohin klettert das Eichhörnchen? Wo klettert es umher? ꝛc.

2. Aufg. a. Aus der Naturgeschichte.
An: Ephen Giebel emporranken. Baumstamm anklammern. Auf: Adler Felsen horsten. Störche Dächer Nest bauen; Schwalben (an) Mauern, (unter) Dach. Hinter: Walfisch Scharen von Heringe herziehen. Spinnen Schrank sich verstecken. Neben: Fuchs Hauptbau noch Fluchtröhren. Strauß einige Eier Nest legen. In: Fischotter Wasser leben. Biber Wohnung Wasser bauen. Über: Fischadler

See, Teich kreisen. Schwalbe Mittelländisches Meer ziehen. Unter: Eingang Biberhöhle Wasserspiegel liegen. Enten lange Wasserspiegel tauchen. Vor: Eule Sonnenlicht sich scheuen. Bienen oft Flugloch setzen. Zwischen: Schwimmvögel Schwimmhäute Zehen. Rohrdommel und Rohrsperlinge Nester Schilfstengel bauen. (Ein= und Mehrzahl.)

b. Der Arzt fühlt dem Kranken an d— Puls, denn an d—selbe erkennt er die Geschwindigkeit des Blutumlaufs und d— Grad des Fiebers. Die Affen klettern auf d— höchste Bäume und werfen die Früchte herab, die auf d—selbe wachsen. Ein Spitzbube versteckt sich hinter — und lauert hinter — auf Vorübergehende. Wie sehr wünschte ich meine Freunde einen Augenblick neben m—, damit sie sich neben m— stehend und mit m— d— Aussicht erfreuen könnten, die sich m— darbietet. Damit wir nicht in d— uns zu teil gewor= den Freude ausschweifen, tröpfelt das Schicksal manchen Tropfen Wermut in d— Becher der Freude. Der Schwache fügt sich in d— scheinbar unvermeidliche— Umstände, wie eine Blume des Feldes in d— Flug des Windes; denn in s— Brust flammt kein Mut. Hannibal bahnte sich e— Weg über d— mit Eis und Schnee be= deckte— Alpen, dann siegte er dreimal über d— sich ih— entgegen= stellende— römische— Heere. Gewiß stehen nur wenige Feldherren an groß— Begabung und fein— Klugheit über dies— afrikanisch— Held. Missionare gehen unter d— wilde— Volksstämme fremder Weltteile, um unter dies— das Evangelium zu predigen. Vor d— aufsteigende Sonne schwinden die Morgennebel. So verschwindet der Nebel des Irrtums, der sich vor d— Wahrheit geschoben hat, vor d— erhellenden Licht der Forschung. Wenn sich der Mond zwischen d— Erde und d— Sonne stellt und genau in d— Mitte zwischen dies— Himmelskörper steht, so bemerken wir eine Sonnenfinsternis, die natürlich so lange dauert, wie der Mond zwischen — steht.

Es ziehen die luftigen Wolken am Himmel dahin und daher, hoch über d— Länder der Menschen, hoch über d— wogende Meer. Bald wehen sie glänzend und heiter, von freundlich— Lüfte geschwellt, wie weiße Fahnen des Friedens hin über d— blutende Welt. Bald gießen sie labend— Regen herab auf d— blühend— Land.... Sie sind zwischen Himmel und Erde wie schützende Geister gestellt; sie schauen hinauf zu d— Sternen, sie schauen herab auf d— Welt.

3. Aufg. (Eigentliche und uneigentliche Bedeutung.) Unrecht Gut kommt nicht an den dritten Erben. Denk' an d— Tod in gute— Tage! Auf einen groben Klotz gehört ein grober Keil. Auf e— Löwe gehen viele Hasen. Freunde in d. Not gehen tausend auf e— Lot. Auf Gott und nicht auf mein— Rat will ich mein Glück stets bauen. Hinter d— Faulheit her geht die Unachtsamkeit; hinter d— Vornehm= thuerei verbirgt sich die Unwissenheit. Wer hinter d— Wahrheit zu kommen bestrebt ist, muß sich gleichwohl hüten, daß er nicht hinter d. Licht geführt wird. Nicht selten kommt man hinter e. schlaue Betrug. Du sollst keine anderen Götter neben m— haben. Gott setzet den Armen neben d—

Fürst. Halt' in all— Maß und Ziel; iß und trink' und schlaf' nicht viel. Die Überschrift über Christi Kreuz war geschrieben in griechisch—, hebräisch— und römisch— Sprache. In rauhes Erz sollst du die Glieder schnüren. (Sch.) Und wie er erwacht in seliger Lust. (Sch.) — Friedrich Wilhelm IV. fragte einst ein Schulkind, auf eine Apfelsine zeigend: „Wohin gehört das?" „In das Pflanzenreich", erwiderte schüchtern das Mädchen. „Wohin nun das?" fragte der König, auf ein Goldstück zeigend. „Ins Mineral= reich", war die Antwort. „Wohin gehöre aber ich denn, mein Kind?" „Ins Himmelreich". Da glänzte eine Thräne in d. Auge des leutseligen Königs u. er schloß das Kind in s. Arme. — Der Herr segne d— u. behüte d—! Der Herr lasse sein Angesicht leuchten über d— u. sei d— gnädig! Der Herr erhebe sein Angesicht über d— u. gebe d— Frieden! (4. Mos. 6, 24 2c.) Ein gewissenhafter Mensch ist über s. kleiner Fehler eben so gut betrübt wie —. Der Jünger ist nicht über seinen Meister. Unter dieses Joch wird man euch beugen. (Sch.) Unter all— Getränke ist Wasser das gesündeste. Gerechter Gott, vor d— Gericht muß alle Welt sich stellen u. sich vor d— Angesicht ihr Urteil lassen fällen. — Der wesentlichste Vorzug des Menschen vor d. Tier besteht darin, daß er über d. Gegenstände, die ih— umgeben, nachdenken, über dj. allgemeine Begriffe bilden u. diese in verständliche Worte kleiden kann. Auch kann der Mensch allein unter all— Geschöpfe in d. heißeste wie in d. kälteste Zonen der Erde leben. Er kann stets unter frei— Himmel zubringen, aber sich auch unter d. Erde aufhalten. Sogar sein Angesicht giebt ih— e— bedeutend Vorzug vor d. Tier; auf dj. wird sein Inneres gleichsam sichtbar, da sich auf dj. Freude u. Schmerz, Hoffnung und Verzweiflung abspiegelt. Der Mensch gewöhnt sich leichter als Tiere an all—, an jed—, Klima, jed— Lebensweise.

Lehrsätze. 1. Drücken die Verben in Verbindung mit den Prä= positionen eine Ruhe oder ein Verweilen an einem Orte aus (auf die Frage wo?), so regieren die Präpositionen den Dativ. Drücken sie aber eine Bewegung nach einem Ziele (auf die Frage wohin?) aus, so stehen sie mit dem Accusativ.

2. Die Präpositionen beziehen sich zunächst auf einen Ort, dann auch auf die Zeit, z. B. an dem Tische, an diesem Tage; — auf dem Hause, auf einen Tag verreisen; — in dem Schlosse, in einigen Tagen; — über der Thür, übers Jahr; — unter der Erde, unter der Regierung Friedrichs II.; — vor einem andern hergehen, vor kurzem; — zwischen den Häusern, zwischen den Hauptfesten.

3. Oft werden sie in uneigentlicher oder bildlicher Beziehung, d. h. ohne Beziehung auf Ort und Zeit gebraucht, so daß sich die Fragen wo? und wohin? nicht stellen lassen. Dann stehen auf und über gewöhnlich mit dem Accusativ, die übrigen auch mit dem Dativ. Doch ist soviel wie möglich auf die sinnliche Grund= bedeutung zu achten.

Beispiele. Du kannst es auf mein Wort glauben. Ich freue mich über seine Fortschritte. S. die 3. und die folg. Aufg.

4. Merke die Zusammenziehungen der Präpositionen mit dem bestimmten Artikel: am = an dem, im = in dem, hinterm, überm, unterm; — ans = an das, aufs, hinters, ins (ohne Apostroph).

4. Aufg. Verwende in Sätzen. An: an einer Sache oder Person zweifeln, irre werden, verzagen; an frischem Futter mangeln; — an die Thür schlagen, klopfen; sich an einen Stein stoßen, an eine Blume riechen, etwas an die Wandtafel schreiben (aber: an der Tafel schreiben); sich an die Sache, ihn stoßen; an die Schweiz grenzen; die Reihe kommt an mich (an mir ist die R.); ein Brief an Sie; an das Dasein Gottes glauben — aber: an dem Das. G. zweifeln; sich an ihn erinnern; jemandem an die Hand gehen — an der Hand jemandes g—; viel an ihn (im Spiele) verlieren — viel an ihm (dem Gestorbenen) verloren haben; er hält sich an mich. Der Hund liegt an die Kette gebunden — an der Kette. —

Auf: auf einem Irrtum beruhen; auf seinem Kopf, Willen bestehen; auf seiner Hut sein; auf dem Sprunge stehen; — auf eine Reihe von Jahren; auf den Regen folgt Sonnenschein; auf das Geräusch wandte ich den Kopf; aufs freundlichste, beste grüßen; einen auf den Kopf schlagen, den Fuß treten; ich baue, traue auf dich; bis auf einen; auf den Abend einladen; auf die Minute da sein; auf das Essen (nach dem Essen) ruhen; auf seine Kenntnisse stolz sein; sich auf die Sache verstehen; auf ihre Gesundheit trinken; es kommt auf dich an; einen auf sein Gewissen fragen, auf ihn hören, warten, rechnen ꝛc.; es gründet sich auf den Satz; auf feines Papier drucken; sich auf das Fest freuen.

Über: immer über den Büchern liegen; über dem Lesen einschlafen; über dem Spiele die Arbeit vergessen, doch auch: über gewisse Dinge den Verstand verlieren. — Über den ganzen Leib wund sein; über alle Beschreibung schön; den ganzen Tag über; er hält sich über mich auf — über mir? die Hände über den Kopf schlagen — über dem Kopfe zusammensch.; der Löwe brüllt über seinen Raub — über seiner Beute; über ihn lachen, spotten, sich freuen, sich erbarmen, erstaunen ꝛc.; bekümmert, froh, einig sein.

In: sich in der Sache irren, täuschen; jemanden in einer Kunst übertreffen; in seliger Lust; in Amt und Würden; im klaren; sich im Lesen üben; behutsam in der Wahl der Freunde; — in die Bestandteile zerlegen, sich in eine Summe teilen; sich in den Mantel hüllen, kleiden, in den Mantel gehüllt; sich in sein Schicksal finden; Blumen in einen Strauß binden; Vertrauen in dich setzen; in sie verliebt sein; sich in alles finden. Als ich in den Wald kam, war mein Bruder schon in demselben angekommen.

Unter: unter fremdem Namen reisen; unter streitenden Parteien Frieden stiften; unter allgemeinem Jubel einziehen; unter einem Pfunde verkaufen; unter dem Vorwande; — einen unter die Freunde rechnen, zählen; unter diese Tiere gehören; Geld unter die Kinder teilen; unter (zwischen) böse Menschen geraten.

Vor: vor allen Dingen, vor allem; vor einem voraus haben; vor allen andern herrlich; vor kurzem; vor der Gefahr fliehen, warnen; — die Pferde vor den Wagen spannen; ihn vor den Kopf stoßen (vgl. auf den Fuß treten); viel vor sich (dich) bringen. Vgl. für. Nützlich für mich; für einen Monat — vor einem M.; für sein Leben fürchten — sich vor ihm f.; für seinen Bruder — vor s. B. Soldat werden.

5. Aufg. (Persönliche Fürwörter mit Präpos. und Verben.)
Hochgeschätzter Herr Vormund!

Gestatten Sie m—, m— Gefühle der Dankbarkeit in wenig—
Worten Ausdruck zu geben, die ich bis auf d. heutige Tag gegen
— hege. Ich kann — versichern, daß ich jederzeit mit d. größte
Hochachtung auf—geblickt u. immer in — mein—- größten Wohlthäter
erkannt habe. Auch jetzt noch kann ich meine Hoffnung auf kein—
ander Mensch setzen als auf —, denn außer — habe ich ja nie=
mand, der m— hilfreich zur Seite stünde —. Die wertvollen Ge=
schenke an m. letzte Geburtstage, die Sie so gütig waren m— zu=
kommen zu lassen, haben m— aufs neue gezeigt, daß ich an — ein—
wahrhaft väterlich Freund habe. Möge Gott s. reichsten Segen
über — und Ihr — ausschütten u. alles Übel von — ferne halten.
Ich verspreche u. hoffe auch außer — Hause so zu leben, daß —
nur Freude über — haben werden, daß ich zu jeder Zeit mit fröh=
lich Herz vor — hintreten darf, u. hoffe endlich, daß nichts d.
schöne Verhältnis, wie es zwischen — und — besteht, trübe. Ich
schließe diese Zeilen an — mit d. ergeben— Bitte, m— — Liebe
auch ferner zu schenken u. versichere —, daß ich stets bleiben werde

Ihr

Hannover, d. 11. Juni 1884.   dankbarer Mündel

N. N.

Der Brief kann auch so abgeändert werden, daß 1. mehrere
Enkel an den Großvater schreiben, den sie mit Ihr anreden; 2. daß
Kinder an einen Onkel schreiben, den sie mit Du anreden. —

§ 53.

d. **Präpositionen mit dem Genitiv.**

Unweit, mittels, kraft und **während,**
laut, vermöge, ungeachtet,
oberhalb und **unterhalb, innerhalb** und **außerhalb,**
diesseit, jenseit, halben, wegen,
statt, auch **längs, zufolge, trotz**
stehen mit dem **Genitiv** oder auf die Frage **wessen?**
Doch ist hier nicht zu vergessen,
daß bei diesen letzten drei
auch der **Dativ** richtig sei.
außerdem noch **um** —**willen.**

Beispiele. Die Trümmer von dem alten Ninive hat man
unweit der Stadt Mosul gefunden. Mittels einer Lupe oder
eines Mikroskops können auch sehr kleine Gegenstände genau betrachtet
werden, vermittels des Teleskops sehr entfernte. Pyrrhus besiegte
die Römer vermittels der diesen unbekannten Elefanten. Die
Gerichte erkennen im Namen des Königs und kraft besonderer, von
Sr. Majestät ihnen übertragener Gewalt. Während der Feiertage,

besonders während d. öffentlich Gottesdienst, soll alle Arbeit ruhen. Laut des mit Frankreich abgeschlossenen Friedensvertrages gehören jetzt das Elsaß und Deutschlothringen wieder zu unserm Vaterlande. Vermöge ihres Erfindungsgeistes und ihrer Betriebsamkeit haben die Engländer die Herrschaft zur See erworben. Ungeachtet des lange dauernden und bedenklich erscheinenden Ostwindes und der dann folgenden Windstille, und trotz der großen Unzufriedenheit und des heftigen Widerstandes seiner Mannschaft setzte Columbus ruhig und fest seinen Kurs nach Westen fort. Die Landschaft oberhalb des Galiläischen Meeres heißt Obergaliläa. Unterhalb einer gewissen Grenze, der sog. Schneelinie, schmilzt alljährlich auf Bergen der Schnee. Innerhalb eines Jahrhunderts pflegt es nicht mehr als zwei bis drei sehr gute Weinjahre zu geben. Aussätzige durften sich nur außerhalb des Lagers oder der Städte aufhalten. Jenseits des Kanals liegt eine große Insel, deren Küste man diesseits desselben mit bloßen Augen sehen kann. Die Schiffahrt auf dem Lorenzstrom ist der vielen Katarakten halber sehr gefährlich. Man verachtet keinen Baum seiner unansehnlichen Blüten halber, wenn er seiner Früchte oder seines Holzes wegen zu schätzen ist. Streitens wegen kam ich nicht hierher. Wegen eines dürren Astes oder um eines dürren Astes willen wird kein Baum gefällt. Um des Freundes willen erbarmet euch. Wir stehen hier statt einer Landgemeinde. (Sch.) Wilde Völker bedienen sich noch der Bogen samt dem Pfeil anstatt der Feuerwaffen. Längs der Seeküste bemerkt man Leuchttürme oder andere Seezeichen für die Seefahrer. Der Herzog ließ die Wachen längs dem ganzen Ufer verdoppeln. (Sch.) Wir hatten schon den ganzen Tag gejagt entlang des Waldgebirges. (Sch.) Den ganzen Berg entlang strömt ein wütender Zaubergesang. (G.) Dem von Moltke entworfenen Feldzugsplane zufolge sollte die deutsche Armee getrennt marschieren, aber vereint schlagen. Zufolge dieser Dispositionen oder Anordnungen wurde bei Königgrätz ein glänzender Sieg errungen und später auch die französische Armee bei Metz geschlagen. Infolge dessen wurde eine große Armee in Metz eingeschlossen. Trotz alles Geschwätzes. (Sch.) Trotz meiner Aufsicht, meinem scharfen Suchen, noch Kostbarkeiten, noch geheime Schätze! (Sch., M. St.)

1. Aufg. Suche die Genitive nach Geschlecht, Zahl ꝛc. näher zu bestimmen. Untersuche, welche Präpositionen aus Substantiven, welche aus Adjektiven gebildet sind; welche auch mit dem Dativ oder Accus. verbunden werden; welche dem Substantiv nachgestellt zu werden pflegen; welche in verschiedener Form vorkommen und dgl.

Lehrsätze. 1. Die meisten dieser Präpositionen sind aus Substantiven gebildet und regieren deshalb den Genitiv. Wegen ist urspr. eine flektierte Form von Weg, willen von Wille, halben oder halber vom alten Subst. die Halbe, woraus auch ober=, unter=, inner= und außerhalb gebildet sind. Mittels, mittelst, vermittelst sind adverbiale Fort=

bildungen aus Mittel, wie diesseits und jenseits aus „dieser, jener Seite", längs aus dem Adj. lang; dagegen vermöge aus Vermögen gekürzt zu sein scheint. Jenen Formen stellen sich zur Seite: angesichts (des Feindes), behufs (Ausfertigung eines Kontraktes), namens (= im Namen meines Vaters), seitens (= von Seiten der Menschen), betreffs (= im Betreff dieser Angelegenheit), links (des Stromes), rechts (des Waldes), seitwärts, abwärts, inmitten (des Meeres oder: in Meeres Mitten); rücksichtlich (seines Alters), hinsichtlich oder bezüglich (seiner Verpflegung), einschließlich (eines Landstrichs); unbeschadet (seiner Gesundheit) und andere. So werden auch die Subst. kraft, statt, anstatt, laut, zeit (meines Lebens) als Präp. mit dem Genit. gebraucht, wie dank mit dem Dativ: Dank dem letzten Kriege bildet Deutschland wieder ein Reich.

2. Merke die Nebenformen: mittels, mittelst und das übliche vermittelst, statt und anstatt, unweit und unfern, längs und entlang, diesseit, jenseit und diesseits, jenseits, zufolge und infolge, halben und halber.

3. Zufolge des Befehles oder dem Befehle zufolge; trotz des Widerstandes oder dem W.; längs des Flusses oder den Fluß entlang; wegen des Unwetters oder des U. wegen; Ehren halber; — meinet-, deinet-, seinet-, ihrent- oder ihretwegen, -halben, unsert-, euretwegen, -halben.

2. Aufg. a. Die Waldmühle. Oberhalb — Dörfchen Friedenthal liegt eine Hügelkette, welche während — Sommer gern besucht wird. Auf einem der Hügel entspringt unweit ein— groß— Felsblock ein Bächlein. Dieses rieselt innerhalb ein— schattig Thal dahin. Diesseit — Bächlein geleitet uns ein sich sanft schlängelnder Pfad bis zu einem Wehre. Unterhalb dies— Wehr liegt die stille Waldmühle. Ein schmaler Steg führt hier über den Bach, und jenseit — Bach ladet eine dichtbewachsene Laube zum Sitzen ein. Innerhalb — alt— Gebäude klappert rüstig das Mühlwerk, und außerhalb —selben bewegt sich ein großes Rad. Trotz sein— langsam Gang bewegt es mit Leichtigkeit das ganze Mühlwerk. Das plätschernde Wasser verbreitet eine angenehme Kühle und wegen dies— Vorzug— sieht die einfache Waldmühle im Sommer viele Gäste bei sich einkehren.

b. Ergänze. Die ersten Christen wurden verfolgt — (Glaube, um — willen). Die Römer waren berühmt —. Indien ist schon im Altertum — besucht worden. Griechische Lehrer waren in Rom — (wegen) geschätzt. Phönizien eignete sich — (halber) für den Seehandel. Nero ward von jedermann gefürchtet —. Die Vögel haben Federn — (statt oder anstatt), die Fische Schuppen —. Die größte Kälte herrscht (während) —. In der Schule muß alles ruhig sein — wie in der Kirche —. Fast alle Tiere schlafen —, und viele, selbst größere Säugetiere schlafen —. Afrika und Europa liegen —, Amerika —. — kann der Kurzsichtige sehen. In dem Kampfe gegen die Römer wehrten sich die Juden verzweifelt —; trotz — Gegenwehr mußten sie doch unterliegen. Der Walfisch gehört zu den Säugetieren ungeachtet —. Das Wasser kann vermittelst — in bedeutende Höhen geleitet werden. Längs — sind Zollämter errichtet. Amphibien atmen vermöge —, Fische —, aber Säugetiere und Vögel —. Der Löwe hat seit d. älteste Zeiten wegen s. Mut, s. Kühnheit und Kraft, wegen s. Tapferkeit und s. Heldensinn, s. Adel und s. Großmut, s. Ernst und s. Ruhe d. Namen König d. Tiere geführt.

3. Aufg. a. Die Völkerschlacht bei Leipzig. Unweit — wurde im Jahre 1813 die große Entscheidungsschlacht geschlagen. Napoleon wagte den Kampf ungeachtet —. Unterhalb und oberhalb — rückten die Verbündeten gegen die Stadt heran. Der französische Machthaber hatte sein Hauptquartier innerhalb — aufgeschlagen. Die große Mehrzahl seiner Truppen befand sich aber außerhalb —. Laut — stiegen in der Nacht vom 15. bis 16. Oktober drei weiße Raketen aus dem preußischen Lager zum Himmel empor und verkündeten den Österreichern, daß man zum Kampfe fertig sei. Während — wüteten mehr als 2000 Feuerschlünde und kämpfte fast eine halbe Million Krieger aus allen Ländern Europas gegen einander. Am ersten Tage des gewaltigen Ringens schien sich das Glück auf Napoleons Seite zu neigen, und schon wurden infolge — in Leipzig die Glocken geläutet. Allein man jubelte zu früh, und ungeachtet — geriet Napoleon bald in schwere Bedrängnis. Mehrmals versuchte er, mittels — die feindlichen Linien zu durchbrechen, jedoch stets blieben seine Anstrengungen ohne Erfolg. Am 18. Oktober war die Schlacht entschieden. Statt — hatte er eine vollständige Niederlage erlitten. Zufolge — mußte er schnell Leipzig verlassen und jenseit — Sicherheit suchen. Leider konnten die verbündeten Monarchen wegen — den Feind nicht nachdrücklich genug verfolgen. Ganz Deutschland aber jubelte um —willen hoch auf.

b. Wende die unter dem 1. Lehrsatze sonst noch aufgeführten Präpositionen in Sätzen an. —

§ 54.

II. Der Bedeutung nach

bezeichnen die Präpositionen samt den von ihnen abhängigen Substantiven und Pronomen

1. den **Ort** oder die **Richtung** einer Thätigkeit auf die Fragen **wo? woher?** und **wohin?** Vgl. §§ 35 und 52.

(Die lokale Bedeutung.)

1. Aufg. a. Wo? Turm steht —. Keller, Dach sich befinden —. Garten liegen. Heidelbeeren wachsen. Schwamm —. Kirschen —. Maßliebchen —. Neckar entspringen. Rhein —. Elbe —.

Berlin liegen. Magdeburg. Hannover. Stuttgart. München. Eichhörnchen sich aufhalten. Fuchs. Biber. Gott uns sehen.

b. Wohin? Landmann Samen streuen. Kutscher Pferd spannen. Fischer Netz werfen. Bäcker Brot schieben. Schütze zielen. Jäger schießen. Schmied Eisen legen. Kuckuck Eier legen. Neckar münden; Saale; Warthe; Isar; Weser sich ergießen; Weichsel. Müller Korn schütten. Schornsteinfeger steigen. Habicht nisten (wo?) s. Nest bauen (wohin?). Schwalbe. Stein sinken.

c. Woher? Wärme kann — herrühren. Tau aufsteigen. Wolle kommen; Wachs. Vieh saufen; Hirsch. Wein laufen. Taube fliegen. Bienen schlüpfen. Kälteste Winde wehen; wärmste W.

2. Aufg. Das Wasser. Woher quillt das Wasser? Wo befinden sich die Quellen meistenteils? Woher rieseln also die Bäche? Wohin ergießt sich das Wasser des Baches? Wohin kann es auch fließen? Wo kommt fast alles Wasser zusammen? Wohin steigt das Wasser als Dunst? Wo schwebt es alsdann als Wolke? Wohin fällt es aber später als Regen oder Schnee? Wohin bringt es zuletzt wieder ein?

b. Ergänze: — das Innere Neuhollands — die Südsee ist die europäische Kultur noch nicht weit eingedrungen. Die nördlichsten Grenzen dieses Erdteils, welche 12 Grad — d— Wendekreis liegen, leiden an übermäßiger Hitze. Romulus wurde — d. Götter versetzt. Confucius trat als Religionslehrer — d— Chinesen auf. Bürgerliche Gesetze erstrecken sich nie — d. Grenzen ihres Staates; aber die göttlichen Gesetze haben Geltung für alle Völker und für alle Zeiten. Wie klein erscheint der Mensch — c. Elefant, und was ist dieser Koloß dennoch — d. für die Ewigkeit bestimmt Mensch. Gottes Gerichte setzen sich bis — d. Grab fort; — dasselbe urteilt der beschränkte Mensch. Wer — d. Weg baut, hat viele Meister. Welche Verhältnisse, wenn man sich die größten Menschen oder Riesen — d. kleinsten, b. Zwergen denkt! Beides Ausschreitungen des Maßes der Natur, die aber — einander gestellt, erst recht auffallend werden. Oder wenn man sich nur den großen Patagonier — s. Nachbar, d. kleinen Päschera, denkt oder gar — d. fast zwergähnlichen Eskimo.

2. **Die Zeit** einer Thätigkeit auf die Fragen **wann?** und **wie lange?** (Die temporale Bedeutung.)

3. Aufg. a. (Zeitpunkt) Wann? Schneeglöckchen und Veilchen blühen; Herbstzeitlose. Getreide reifen; Weintraube. Zugvögel ziehen fort, kehren wieder. Sonne im Sommer aufgehen, untergehen: im Winter. Frühling anfangen; Sommer 2c. Getreide geerntet werden; gedroschen. Winterfrucht säen; Sommerfrucht. Tage abnehmen, zunehmen.

b. (Zeitdauer) Wie lange? (auch ohne Präpos.) Der Mensch lebt —; das Pferd 2c. Rosen blühen. Eiche alt werden. Schulunterricht dauern. Seit wann hatte Tilly kein Glück mehr? Seit wann sind die Juden zerstreut? Bis zu welchem Zeitpunkt sollen Kinder die Schule besuchen?

c. — b. Vertreibung der Könige wurden in Rom Konsuln erwählt. — b. Leipziger Schlacht zogen sich die Franzosen eilig über d. Rhein zurück. — b. dreißigjährigen Krieg lag Handel und Wandel darnieder, der Wohlstand war vernichtet und — dj. traf man stellenweise mehr Wölfe als Menschen an. Huß blieb — e. lange qualvolle Gefangenschaft und selbst — d. fürchterliche Tod auf d. Scheiterhaufen f. Überzeugung getreu.

3. **Die Art und Weise der Thätigkeit auf die Frage wie?** (auf welche Art und Weise?) (Die modale Bedeutung.)

Bemerk. Die Art und Weise wird gewöhnlich durch Adverbien oder Umstandswörter ausgedrückt.

a. Der Sommerabend. Wie geht die Sonne unter? Wie färben sich die Wolken? Wie weht die Luft? Wie kehrt der Landmann heim? Wie suchen die Zugtiere ihre Ställe auf? Wie schwirren die Mücken umher? Wie quaken die Frösche? Wie schlägt die Nachtigall? Wie faltet das Kind seine Hände? Wie spricht es sein Gebet? Wie schläft es dann ein?

4. Aufg. b. (Adverbien). Die Rose riecht angenehm, lieblich. Die Traube schmeckt. Der Holzapfel. Die Eiche. Die Pilze. Die Schnecken. Der Windhund. Igel. Sturm. Regen. Donner. Blitz. Nacht. Morgen. Sonne. Mond. Sterne. Saat. Obst. Wolken. Eisenbahnzug. Dampfschiff.

c. Ergänze die Präpositionen. Holet die Wagen, mit Garben beladen aus d. Gefild — Sang und — Klang. — Wahl verteilt die Gaben, — Billigkeit das Glück. Der Neidische sieht jedermanns Glück — scheel Augen an. Was auch kommen möge, erwartet's — Geduld. Der Verlust wurde — d. empfindlichste gefühlt. Man beschloß — d. schleunigste, Hilfe zu senden. Ein jeder wird besteuert — f. Vermögen. Lasset uns tagen — d. alte Bräuche des Landes. Er lebt j. Stand — sehr einfach. Man hält m. hier gefangen — alles Völkerrecht. — Fuß, — Roß, — Schiffe reisen, — kommen. Die Krieger fielen — Tausende. — Leben und Tod kämpfen. —

d. Was heißt: stehenden Fußes abreisen? eilenden Laufes vorübergehen? spottender Weise sich wenden an? jemanden schnellen Blickes erkennen? Sprich kecken Mutes vom Guten Gutes. Leichten Kaufes ist der Ruhm nicht zu haben. (Herder.) Nicht leichten Kampfes siegt der Glaube. (Körner.) Versuche diese Genit. durch Präpositionen zu umschreiben.

4. Den **Grund** und den **Zweck** der Thätigkeit. (Die kausale Bedeutung.)

5. Aufg. a. Der Sachgrund und der Erkenntnisgrund auf die Fragen warum? weshalb? weswegen? wodurch? woran?

aa. Einen seichten Menschen erkennt man leicht an seinem unnützen Geschwätz. Vermöge unseres freien Willens können wir das

Gute oder das Böse wählen. Wegen der fortdauernden Kälte kann die Obstblüte leicht verderben. Durch die Abholzung der Wälder im Gebirge entstehen oft große Überschwemmungen. Von der unendlichen Mühe ermattet sinken die Kniee. (Sch.) Die Stimme der Gerechtigkeit ist verstummt vor der Parteien Wut.

bb. Ergänze. — Müdigkeit, Erschöpfung umsinken. Sich — Lachen nicht halten können. Mancher sieht den Wald — lauter B. nicht. — Kälte zittern. Ein Stein fällt — f. Schwere zu Boden. Die Bäche schwellen an — frische Regengüsse. (Sch.) — viel Lachen erkennt man den Narren. — ihre Früchte sollt ihr sie erkennen.

cc. Gieb die Ursache oder den Grund an: Das Eisen rostet von der Feuchtigkeit. Pflugschar blank. Gras verdorren. Strom anschwellen. Luft gereinigt werden. Wasser faulen. Feuer erzeugt werden. Mühlen in Bewegung gesetzt werden. Kranke nicht schlafen können. Kind sich eine Krankheit zuziehen. Steine untersinken. Holz schwimmen. Zähne verdorben werden. Schnee im Frühjahr schmelzen. Im Winter wärmere Kleidung.

6. Aufg. b. Der Beweggrund (für die Handlungen der Menschen und Tiere). Weshalb fiel Eli vom Stuhle und brach den Hals? Weshalb stahl Achan? verkauften die Söhne Jakobs ihren Bruder Joseph? starb Jesus für die Menschheit? jauchzt der Wanderer? schreit der Patient? wiehert das Pferd? bellt der Hund? zieht der Zugvogel in fremde Länder? sammelt die Biene für den Winter?

Weshalb schränken sich so viele Eltern ein? (um —willen) macht der Ehrgeizige so große Anstrengungen? arbeitet ein Schüler so wenig? ein anderer so viel?

c. Der Zweck auf die Frage wozu? wobei? Wozu braucht man Waffen? Pulver? Wasser? Holz? Salz? Wozu dient die Zunge? die Feder? das Haus? der Schwamm? der Griffel? — Wobei oder wozu wird Kalk verwendet? Kreide? Papier? Farbe? Feuer? Mehl? Stärke?

d. Das Mittel. Wodurch werden Felsen gesprengt? Bäume entwurzelt? Maschinen bewegt? Straßen beleuchtet? Wodurch wird man arm? reich? klug? krank? gesund? Womit (wodurch) fängt man Mäuse? löscht man ein Feuer?

e. Der Stoff. Woraus baut der Storch sein Nest? die Schwalbe? Woraus wird Papier bereitet? Geld geprägt? ein 10Pfennigstück? Lauge gewonnen? Branntwein bereitet?

7. Aufg. a. Mittel und Zweck. Durch welche Mittel (wodurch) erreicht man folgende Zwecke?

Die Erwärmung eines Zimmers; die Reinigung des Körpers; die Wiederherstellung der Gesundheit; die Stärkung schwacher Augen; eine weite Aussicht; Gewandtheit des Körpers; Unterhalt des Lebens; eine gute Censur; Ruhm vor der Welt; den Eltern Freude machen; dem Unter=

richte des Lehrers folgen; reichlich ernten; Bewahrung des Eigentums vor Dieben; Erwerbung von Vermögen; Fang der Vögel, Fische.

b. Möglicher Grund oder Bedingung. Wann (unter welcher Bedingung, in welcher Voraussetzung) werden wir einen Ausflug machen können? Unter welcher Bedingung kann ein Schüler sein Ziel erreichen? Ohne wen scheitert das beste Schiff? Ohne was ist keine Glückseligkeit möglich?

c. Entgegengesetzter Grund (Einräumung) auf die Frage wessen ungeachtet? trotz wessen?

— b. beständige Klage über schlechte Zeiten fehlt es nicht an Volksbelustigungen. — f. groß Fleiß kommt mancher Schüler nicht recht vorwärts. — Wirbel, Sturm und Wogendrang kam der Erretter glücklich an. Trotz lauem Frühlingswetter wehen oft verwelkte Blätter. (Voß.) —

d. Ergänze. Die Masse der Gedanken wird nicht erworben — Lesen, sondern — Denken, so wie man nicht reich wird — Borgen, sondern — Erwerben. — f. Rechtlichkeit will der Deutsche niemanden in s. wohlerworben Eigentum stören. Lykurg führte in Sparta s. Grundsätze —, — welche durchaus kein Luxus im Staate aufkommen sollte, Münzen aus Eisen ein. Die Schlangen können — ihr stierer Blick kleinere Vögel ordentlich bezaubern. Alte Leute wissen oft — eigen Erfahrung mehr, als Gelehrte sich — Bücher erwerben. Die Königin Elisabeth zögerte lange, das Todesurteil — Königin Maria vollziehen zu lassen, nicht — irgend ein Gefühl der Menschlichkeit, sondern — arg List.

§. 55.

4. Verschiedene Ergänzungen im einfachen Satze.

1. Aufg. a. Mehrere Attribute. Geendet nach langem, verderblichem Streit war die kaiserlose, die schreckliche Zeit (Sch.). Gott ist der Schöpfer des Himmels und der Erden. Der Geiz ist eine der unedelsten und schändlichsten Leidenschaften.

Ergänze. Im Walde. Die goldene — Sonne erscheint. Ein — Wind erhebt sich. Alle — Vögel erwachen. Im Gebirge flötet die — Amsel. Der — Finke schlägt. Am Stamme trommeln — Spechte. — Staare pfeifen. — Konzert erfreut jeden — Zuhörer. — Die Bienen sind — Insekten. Die Tulpe —. Der Rabe hat — Stimme. Die Kröte — Tier. Die Diamanten — Steine. — Der Pelz des Marders und des Zobels sind teuer. Die Halme — borstig. Die Wohnungen — liegen unter der Erde. Die Haare — sind weich. Zweige — biegsam. Früchte — heißen Zapfen. Beeren — sind rot. Holz — zu Möbeln verarbeitet; — als Feuerungsmaterial benutzt.

b. Mehrere Objekte. Die Eigenliebe gebiert die Eitelkeit,

den Hochmut, den Stolz, die Hoffart und die Aufgeblasenheit. (Zimmermann.) Traue nicht den lachenden Wirten und den weinenden Bettlern. Befleißige dich stets der reinsten Redlichkeit und der strengsten Wahrheitsliebe. Groben Leuten und tollen Hunden soll man aus dem Wege gehen.

Ergänze. Versöhnt— Feindschaft und geflickt— Freundschaft ist nicht zu trauen. Der Kranke bedarf —. Habichte und Enten stellen — nach. Der Tapfere verteidigt —. Der Dankbare erinnert sich gerne —. Der Krieg zerstört —. Der Wolf — ähnlich; der Löwe —. Wärme — zuträglich. Manche Insekten — lästig. Jüngling — nacheifern. Füchse — nachstellen. Ohne Arbeit giebt es keine —.

Vgl. das Lied von Hey: Winterszeit, kalte Zeit.

2. Aufg. c. Mehrere adverbiale Bestimmungen oder Umstände.

Nach Sorge, Furcht und manch— Not kommt endlich doch zuletzt der Tod. Dein Lebelang habe Gott vor —. Wie leicht kann nicht der Bergmann auf der Fahrt hinunter in den Abgrund stürzen! Mit heiß— Thränen wirst du d— dereinst sehnen nach d— heimisch Bergen, d— väterlich Hütte. Es giebt außer (Sonne, Mond, Planeten) noch unzählige Gestirne. Jeder bedeutendere Sturm verschlingt Anzahl Schiffe nebst Mannschaft. Das gefallene kleine Kind läuft nach — zu s. Mutter, um bei — Trost und Hilfe zu finden.

Ergänze. Telegraphendrähte ziehen sich jetzt —. Der Rhein fließt —. Der Panzer schützt den Krieger —. Gegen — Blitzstrahl bringt man — den Häusern bis — d. Erde herabgehende Leiter an. Der arme Lazarus wurde — Engeln — Schoß Abrahams getragen. — Brocken kann man — Gefahr steigen und — e. auf b. Gipfel gebaut— Wirtshause übernachten. Der Advokat muß — s. Klient — Gericht erscheinen, um ds. — Richter zu verteidigen. Der Rhein entspringt — der Schweiz— Kanton Graubündten — St. Gotthard — mehrere Quellen. Wenn man Pflanzen — längere Zeit — gänzlich Verwesung schützen will, so legt man — ausgebreitet — lockeres Papier und läßt — dj. trocknen.

Wo liegen England? die Vereinigten Staaten Nordamerikas? Ägypten?

3. Aufg. Suche die mehrfach vorhandenen Satzglieder näher zu bestimmen in dem Sprachstücke auf S. 63: Die Rückkehr der Franzosen ꝛc.

Bemerk. 1. Gleichartige Glieder werden durch Kommata getrennt. Nur in längeren Sätzen ist auch das Semikolon gebräuchlich (vgl. den Satz über London in der folg. Aufg.)

2. Von mehrfach vorhandenen Subjekten und Prädikaten ist im folgenden Kapitel unter der Zusammenziehung der Sätze die Rede.

Deutsche Sprache von Dr. W. Jütting.

4. Aufg. a. Bestimme die mehrfach vorhandenen Satzglieder näher in folgenden Sätzen oder ergänze diese.

Auf der Berge freien Höhen, in der Mittagssonne Schein, an des warmen Strahles Kräften zeugt Natur den goldnen Wein. (Sch.) Eine Glocke am Klang, einen Vogel am Gesang, einen Mann am Gang, einen Thoren an den Worten erkennt man an allen Orten.

Der Sommer bringt jed— e. willkommen Gabe: b. spielend Kinde —, d. Knabe —, d. Mädchen —, d. Vater ꝛc.; b. Landmann —, b. Fleißige, d. Müde, d. Kranke und Schwache —. Auch der Winter spendet mancherlei Gaben und Freuden: b. rüstige Jugend —, d. Alte —, d. Kranke —, d. Tiere —, b. Saat a. d. Feld —. Das Kamel ist dem Araber geboren, sein Sklave, sein Reichtum von Abrahams Zeiten her bis zum heutigen Tage. Es ist aber eine Mißgestalt ohne Gleichen, ohne Schmuck, ohne Anmut, halb Pferd, halb Schaf, mit gespaltener Lippe, mit kleinen, aufgestellten Ohren, mit langem, eingebogenem Halse, mit dem Barte an der Brust und am Kinn, dem hageren Kreuze und kurzem Schweif. (Meyer.)

London. Dort sieht man d. größte Markt, d. Welthandel, d. Menschen aus allen Nationen und Länder d. Erde, jed— in s. vaterländisch Tracht: d. Chinese neben d. wohlgekleidete Handelsherr der City oder d. Altstadt; d. Tartar und d. Kauffahrer — Schweden; d. Türke — d. Levante — d. Russe — Petersburg oder — d. Holländer — Amsterdam; d. Süd- und Nordamerikaner — d. spanische und portugiesische Seefahrer.

b. Erweitere auf verschiedene Weise:

Joseph wurde verkauft. Wer war Joseph? Joseph, der Sohn Jakobs, wurde verkauft. Von wem? an wen? Wie kamen die Brüder mit den Midianitern in Berührung? (dieselben zogen vorüber — vorüberziehend) Um wieviel verkaufte man ihn? Weshalb? (aus Neid).

Die Schwalben ziehen — wann? woher? wohin? weshalb? worüber?

Die Deutschen befreiten sich — wann? wovon? wie? wodurch?

Armin vernichtete d. römischen Legionen — wer war Armin? wo? wann? wodurch? Paulus wurde bekehrt. Haman erhängt. Columbus entdeckte Amerika. Moses führte die Israeliten. Der Wald belaubt sich. Die Franzosen sind besiegt worden.

5. Zur Übung in der Kasuslehre überhaupt.

1. Alexander der Große in Afrika. Auf s. Zug d. Welt zu bezwingen, kam Alexander der Macedonier zu e. Volk in Afrika, das in e. abgesondert Winkel in friedlich— Hütten wohnte, und weder d. Krieg, noch d. Eroberer kannte. Man führte ih— in d. Hütte d. Beherrscher, um ih— zu bewirten. Dieser setzte ih— e. Teller mit gold— Datteln, gold— Feigen und gold— Brot vor. „Esset ihr denn Gold?" fragte ih— Alexander. „Ich stelle m— vor (was?)", antwortete der Beherrscher, „genießbare Speisen hättest du in dein— Land auch finden können. Warum bist du denn zu uns gekommen?" — „Euer Gold hat mich nicht hergelockt", sprach Alexander, „aber eure Sitten möchte ich kennen lernen." — „Nun wohl, nimm denn dein— Aufenthalt in uns— Lande so lange es d— gefällt."

Indem sie sich unterhielten, kamen zwei Bürger vor Gericht. Der eine brachte als Kläger Folgendes vor: „Ich hatte dies— Mann

e. Acker abgekauft, und als ich den Boden desselben durchgrub, fand ich darin e. Schatz. Dieser gehört natürlich m— nicht, denn ich habe ja nur d. Acker erstanden, nicht d. darin verborgene Schatz, und gleichwohl will ih— der Verkäufer nicht von m— annehmen." Dieser antwortete ih—: „Ich denke, ich hätte ih— d. Acker samt all—, was darauf oder darin ist, verkauft. Wie kann ich denn d. gefunden Schatz als mein Eigentum annehmen?" — Beide mußten d— Richter diese Worte wiederholen, damit er sich überzeugte, ob er sie auch recht verstanden hätte. Nach einig— Überlegen fällte er folgend— Urteil: „Du hast e. erwachsenen Sohn, Freund, nicht wahr?" — „Ja." — „Und du e— Tochter?" — „Ja." — „Nun wohl, so gieb s. Sohne dein— Tochter zur Frau und d. jungen Ehepaar d. streitig Schatz als Hochzeitsgut". — Alexander wunderte sich d. Uneigennützigkeit des weisen und gerechten Richters in so entlegen— Lande.

2. Du sollst deinen Nächsten lieben wie dich selbst.

Es war im Jahre 1846, als ein Leutnant d— Landwehr-Ulanen — e. Feldmanöver — Freienwalde — d. Provinz Pommern — s. Bursch — d. Stadt zurückkehrte. Der Leutnant mochte — d. Strapazen d. Übung wohl — d. behaglich Quartier denken, das s— wartete; denn — sausend Galopp sah man d. Offizier samt s. Bursch dahin sprengen. Plötzlich, als sie gerade d. Staritzsee passierten, stürzte d. Pferd d. Bursch und warf s. Reiter kopfüber in d— an ds. Stelle besonders tief See. Der d. Schwimmen unkundige Mann schien verloren. Da springt der Offizier, d. Gefahr erkennend, — Pferd und wirft sich — Besinnen d. Fluten, — welch— er dann auch — großer Anstrengung und eigen— Lebensgefahr d. Ertrinkende herausgeholt. Da es — d. Stelle des Unglückes bis — Wohnung d. Leutnant noch weit war, so mußte derselbe e. länger Ritt — d. durchnäßten Kleidung bestehen, was — Folge hatte, daß der edle Retter e. Menschenleben — jen— Zeit, als Erinnerung — s. hochherzige That, ein rheumatisches Übel — sich herumschleppt. Der damalige Bursche d. Herrn Leutnant aber hat sich — s. Herrn nicht mehr getrennt und ist als Schäfer — s. Dienste geblieben. Der Herr aber trägt heute noch — Stolz — s. höchsten und hohen Orden d. Rettungsmedaille — s. Brust, denn der damalige Landwehr-Leutnant ist kein anderer, als — unser jetziger Reichskanzler, der Fürst Bismarck. K. Wagner.

3. Die Römerschlacht im Teutoburger Walde.

Als am Morgen das römische Heer ohne Mut und Hoffnung aufbrach, begann — allen Seiten der geordnete Angriff. Armin, — eine— Höhe stehend, — welch— er das Schlachtfeld überschauen konnte, verfügte — Wort und Wink, — Zuruf und Ermunterung — d. Kräfte d. Seinigen, um d— Stoß der Keile dahin zu lenken, wo er zum voraus d— verderbliche Wirkung sah. Ein fürchterlicher Kampf! Die Römer stritten — düstere Verzweiflung — d. letzte

Gut, — d. Leben. Die Deutschen, — freudig — Erwartung, — d. höchste Gut, d. Freiheit; beide — d. äußerste Anstrengung, d— die menschliche Natur fähig ist. — d. einen Seite Angstgewimmer und Klagegeschrei; — d. andern Seite Schlachtgesang und Siegesjauchzen; beides vermischend d. Rauschen der Regenschauer und d. Geheul des Sturmwindes. Varus wurde verwundet. — Schmerz d. Wunde verzagend, — Gefühl des Unglückes übermannt, keine Möglichkeit der Rettung erblickend, aber d. angestammten Mut zu sterben in sich bewahrend, stieß er sich — eigen— Hand d. Schwert — d. Brust, um d. Anblick d. Jammers zu entgehen, wie d. gerechte Rache siegestrunken — Feinde. Viele folgten dj. Beispiel d. Verzweiflung; bei d. meisten vernichtete die Todesangst alle Besinnung; nur wenige waren stark genug zu d. Entschluß, — Kampf d. Tod zu suchen. Niemand entkam, als wer — Zufall d. Gefahr vermied. Zuletzt ließ sich die Menge, ih— Führer beraubt, — d. Anstrengung und d. bangen Angst gleichgültig — d. Leben u. d. Tod — allen Widerstand niedermetzeln. — d. blutig Gefilde erhob sich endlich ein unendliches Siegesgeschrei d. begeistert Krieger, ein Dank d. Schutzgötter des Vaterlandes, d. Verbündeten ein Zeichen d. wiedergewonnene Freiheit.

Nach Kohlrausch.

4. **Gustav Adolf.**

Gustav Adolf war — Widerspruch der erste Feldherr f. Jahrhunderts und d. tapferste Soldat — f. Heer, das er sich selbst erst geschaffen hatte. Ganz Deutschland hat d. Manneszucht bewundert, durch welch— sich die schwedischen Heere — deutsch Boden — d. erste Zeiten so rühmlichst auszeichneten. Alle Ausschweifungen wurden — strengste geahndet, — strengste Gotteslästerung, Raub, Spiel und Quelle. — d. schwedischen Kriegsgesetze wurde die Mäßigkeit befohlen; auch erblickte man — schwedisch Lager, d. Gezelt d. Königs nicht ausgenommen, weder Silber noch Gold. Das Auge des Feldherrn wachte — eben d. Sorgfalt — d. Sitten d. Soldaten, wie — d. kriegerische Tapferkeit. Jedes Regiment mußte — Morgen- und Abendgebet c. Kreis — f. Prediger schließen und — frei Himmel seine Andacht halten. — all— dies— war der Gesetzgeber zugleich ein Muster. Eine ungekünstelte, lebendige Gottesfurcht erhöhte d. Mut, d. f. großes Herz beseelte. Alles Ungemach d. Krieg ertrug er gleich d. Geringsten — Heer. Mitten — d. schwärzesten Dunkel d. Schlacht war es licht — f. Geist; allgegenwärtig — f. Blick, vergessen der Tod, der ihn umringte; stets fand man ih— — d. Wege größt Gefahr. E. solch Führer folgte d. Feige wie d. Mutige — Sieg, und f. leuchtend Adlerblick entging keine Heldenthat, die f. Beispiel geweckt hatte.

Schiller.

5. **Hochgeehrter Herr Oheim!**

— groß Vergnügen habe ich — Ihr— geehrten Schreiben und dessen Inhalt — überzeugt, daß Sie ungeachtet d. wenig— Verbindungen, welche die Umstände — e. wert Mitgliede der Familie und — m. und mein— Angehörigen zugelassen haben, sich dennoch m. geneigtest erinnern und innigen Anteil — m. Schicksal nehmen. Ich statte — hierfür, sowie — d. ansehnliche Geschenk — Geld, welch— Sie m. zugedacht haben, m. herzlich Dank ab, bitte aber zugleich — gütige Erlaubnis, letzteres nicht annehmen zu dürfen. Ich befinde m. nämlich — df. Augenblick, — ein Zusammentreffen mehrerer günstigen Umstände, — e. Lage, — welch— ich m. wenig— Bedürfnisse hinreichend zu befriedigen vermag, und würde daher glauben, es ander—, vielleicht noch Hilfsbedürftigern, zu entziehen, wenn ich — gütige Unterstützung benützte. Erlauben Sie — lieber, mein hochverehrter Herr Oheim, daß ich — df. — eine künftige Gelegenheit aufspare und m— bis dahin — d. Bewußtsein Ihr— freundlich Gewogenheit genügen lasse. Dasselbe ist ein weit angenehmeres Besitztum — m., als die sonstige reichste Gabe. Dj. Ih— gütig Gesinnung empfehle ich — daher auch — d. Zukunft angelegentlichst und habe selbst die Ehre, — d. hochachtungsvollsten Ergebenheit zu verharren

Ihr

Liegnitz, d. 5. Nov. 1883. gehorsamer Neffe
Theodor Lehmann.

Referiere über den Inhalt des Briefes, so daß darin von dem Neffen als in der 3. Person die Rede ist.

Hochwohlgeborner Herr,
Hochzuverehrender Herr Kammerdirektor!

Ew. Hochwohlgeboren wollen e. junge Mensch, d. Blödigkeit und die Furcht, jemand— beschwerlich zu fallen, d. Bitte um e. mündlich Gehör nicht verstatten, gütigst erlauben, gegenwärtige Zeilen — Hochdieselben zu richten. Mein Vater hat — d. heutig Datum — Ew. Hochwohlgeboren geneigt — Rat und unterthänigste Bittschrift — Sr. Durchlaucht, uns— gnädigst Fürst, — mein— Anstellung — sein — Gehilfe, überreicht. Er hält es nun für schicklich, daß ich selbst Ew. Hochwohlgeboren m. Verehrung bezeuge und — e. Fürwort — Sr. Durchlaucht gehorsamst bitte. Ich thue dies — so innig als ehrerbietig Anliegen und hoffe, Ew. H. werden, rücksichtlich Ih— früher—, m. Vater öfter bewiesen Gewogenheit, rücksichtlich d. lange Dienstzeit des letztern und s. täglich zunehmende Kränklichkeit, auch rücksichtlich m— Zufriedenheit d. Vorgesetzte beendigt eifrige Vorbereitung —d. gewünschte Beruf, gelegentlich e. gut Wort —m. einlegen. Unsere Familie wird dadurch e. neu Anlaß erhalten, Hochdieselben als ih— Beschützer zu verehren, und ich selbst würde m. außerdem alle Mühe geben, so zu leben und zu wirken, daß Sie es nie bereuen dürften, m— Ihre Verwendung gewährt zu haben. — d. angenehmen Hoffnung, — mein— Gesuch nicht ganz abgewiesen zu werden, nenne ich m. unter Bezeugung unbegrenzter Ergebenheit und Verehrung

Ew. Hochwohlgeboren unterthänigst— Diener
Georg Neumann.

Stettin, d. 25. April 1884.

2. Kapitel.
Der zusammengesetzte Satz.

§ 56.
Der zusammengesetzte Satz im allgemeinen.

Es ist zunächst zu repetieren, was S. 7—9 über den zusammengezogenen Satz, die Satzverbindung und das Satzgefüge gelehrt ist.

Beisp. a. Bienen, Wespen und Hornissen stechen. Gott ist ewig, allweise, allgütig und gerecht.

b. Der Sämann streut den Samen, und Gott giebt das Gedeihen. Der Mensch denkt, Gott lenkt.

c. Wer einmal lügt, dem glaubt man nicht. Der Hahn kräht, ehe der Tag anbricht.

Lehrsätze. 1. Einfache nackte und erweiterte Sätze werden mit einander zu einem Satzganzen verbunden, wenn sie begrifflich zu einander in Beziehung stehen. So entstehen zusammengesetzte Sätze.

2. Im zusammengesetzten Satze können die einzelnen Sätze als sog. Hauptsätze ihre Selbständigkeit bewahren (b), oder der eine Satz wird als Nebensatz dem Hauptsatze untergeordnet (c).

3. Wenn zwei oder mehrere Sätze einen Hauptsatzteil, d. i. ein Subjekt oder ein Prädikat gemeinsam haben, so können sie zusammengezogen werden und bilden dann eine Satzzusammenziehung. Welche Satzteile sind in den Beispielen unter a einfach, welche mehrfach vorhanden?

4. Behalten die einzelnen zu einander in Beziehung stehenden Sätze ihre Selbständigkeit derart, daß jeder sein besonderes Subjekt und Prädikat hat, so bilden sie gemeinsam eine Satzverbindung oder eine Satzreihe. Welche Sätze sind unter b mittels eines Bindewortes und welche ohne ein solches verbunden?

5. Wenn zwei oder mehrere einfache Sätze so ineinander gefügt werden, daß wenigstens einer von ihnen nicht mehr für sich verständlich bleibt, so bilden sie ein aus Haupt- und Nebensatz bestehendes Satzgefüge (c).

6. Der Nebensatz ist ein in Satzform ausgedrücktes Glied eines einfachen Satzes. Er ist unter anderm daran kenntlich, daß das Verbum oder Hilfsverbum stets am Ende des Satzes steht. Vgl. S. 149. Versuche die unter c gesperrt gedruckten Nebensätze durch Glieder des einfachen Satzes zu umschreiben.

7. Da die Satzzusammenziehung und die Satzverbindung

viel Übereinstimmendes haben, namentlich bezüglich der Bindewörter, so fassen wir sie unter der Satzverbindung im weitern Sinne zusammen. So erhalten wir für den zusammengesetzten Satz zwei Hauptgruppen: A. die Satzverbindung und B. das Satzgefüge.*)

1. Aufg. Unterscheide in folgenden zusammengesetzten Sätzen:

a. die Satzzusammenziehung und gieb an, welche Glieder einfach, welche mehrfach vorhanden sind; sodann löse sie in einzelne Hauptsätze auf;

b. die Satzverbindung und gieb in jedem Einzelsatze derselben das Subjekt, das Prädikat und andere Satzglieder an, auch, ob die Verbindung durch Bindewörter hergestellt wird oder nicht;

c. die Satzgefüge und suche in diesen Haupt- und Nebensätze zu unterscheiden, letztere womöglich auch in Glieder eines einfachen Satzes zu verwandeln.

Zögernd kommt die Zukunft angezogen; pfeilschnell ist das Jetzt entflogen; ewig still steht die Vergangenheit. — Ein Fremder und ein Barbar waren bei den Griechen Worte von gleicher Bedeutung. — Groll und Rache sei vergessen. — Man muß erst arbeiten, dann ruhen; erst säen, dann ernten; erst denken, dann reden. (Hebel.) — Der Damm zerreißt; das Feld erbraust; die Fluten spülen; die Fläche saust. (G.) — Die Ernte naht; die Sichel klingt; die Garbe rauscht; gen Himmel bringt der Freude lauter Jubelsang. (Kr.) — Mit vielem hält man Haus; mit wenigem kommt man auch aus. — Alte soll man ehren, Jungen soll man wehren; Weise soll man fragen, Narren auch ertragen. — Den Geschickten hält man wert, den Ungeschickten niemand begehrt. — Mancher möchte leben und essen; aber er hat das Arbeiten vergessen. — Des Lasters Bahn ist anfangs zwar ein breiter Weg durch Auen; allein sein Fortgang bringt Gefahr, sein Ende Nacht und Grauen. — Das Leben ist der Güter höchstes nicht; der Übel größtes aber ist die Schuld. — Die Himmel erzählen die Ehre Gottes, und die Feste verkündigt seiner Hände Werk. — Was keine Sünde ist, ist keine Schande. — Mir genügt, wie Gott es fügt. — Was sich neckt, das liebt sich. — Wo nichts ist, da hat der Kaiser sein Recht verloren. — Man muß das Eisen schmieden, so lange es heiß ist. — Wie es in den Wald hinein schallt, so schallt es wieder heraus. — Wer sich in Gefahr begiebt, der kommt darin um. — Die Stadt Jerusalem erschien mir wie eine Witwe in ihrer Trauer.

---

*) Ich bemerke hier ausdrücklich, daß ich im Gegensatze zu mehreren anderen Grammatikern den Ausdruck Hauptsatz als gegensätzlich zum Nebensatze auch auf die Glieder einer Satzverbindung anwende, dagegen von dieser die schon unter § 55 behandelten, mehrfach vorhandenen Nebenglieder des einfachen Satzes — die Attribute, die Objekte und die adverbialen Bestimmungen — als wesentlich zu den Erweiterungen des einfachen Satzes gehörig, insoweit davon ausschließe, als sie nicht durch Konjunktionen besonders hervorgehoben werden.

Die Jahrhunderte, welche auf ihr liegen, die vor Alter sinkenden Ölbäume, die Grabmale mit den weißen Steinen, die durchlöcherten Felsen, das zerstreute Gemäuer, alles erinnert an die schweren Begebnisse, die diese Stadt erlitten hat. (Hackländer.)

2. Aufg. Unterscheide diese Haupt=Satzarten in einem Lesestück, z. B. „Friedrich Rotbart" von Geibel; in der Erzählung: „Du sollst deinen Nächsten lieben ꝛc." S. 131.; die Erziehung bei unsern Vorfahren (meine Muster und Aufgaben ꝛc. S. 51).

§. 57.
A. Die Satzverbindung.

Beisp. 1. a. Tanzen, Kartenspiel und Wein reißen große Häuser ein. Der Mann muß hinaus ins feindliche Leben, muß wirken und streben und pflanzen und schaffen, erlisten, erraffen, muß wetten und wagen, das Glück zu erjagen. (Sch.) —

b. Da reißet die Brücke der Strudel hinab, und donnernd sprengen die Wogen des Gewölbes krachende Bogen. (B.)

2. a. Alles in der Welt läßt sich ertragen, nur nicht eine Reihe von schönen Tagen. (G.)

b. Reden ist Silber, aber Schweigen ist Gold.

3. a. Kein Mensch ist ohne Sünde, folglich auch strafbar vor Gott.

b. Danket dem Herrn, denn er ist freundlich.

Lehrsätze. 1. Satzverbindungen und Satzzusammenziehungen sind von dreierlei Art: es kann der zweite und folgende Satzteil oder Hauptsatz dem ersten gleichgestellt und mit ihm zusammengestellt, oder er kann ihm entgegengestellt sein, oder endlich kann er Grund und Folge von ihm angeben.

2. Die Sätze unter 1 bilden zusammenstellende oder kopulative Satzverbindungen, 1a solche Satzzusammenziehungen, 1b eine solche Satzverbindung mittels der kopulativen Konjunktion und.

3. Die Sätze unter 2 bilden entgegenstellende oder adversative Satzverbindungen, 2a eine adversative Zusammenziehung, 2b eine adversative Satzverbindung.

4. Die Sätze unter 3 bilden folgernde und begründende oder kausative Satzverbindungen, 3a eine folgernde Zusammenziehung und 3b eine begründende Verbindung.

5. Zusammengezogene Sätze haben einen Hauptteil, das Subjekt oder das Prädikat gemeinsam; sie können aber auch einen Nebenteil, ein Attribut, ein Objekt oder eine adverbiale Bestimmung gemeinsam haben, z. B.: Das Scepter und die Krone des Königs fehlten. Die Jungfrauen und Jünglinge gingen dem Sieger entgegen. Aus der Wolke quillt der Regen, strömt der Segen.

1. Aufg. Unterscheide die verschiedenen Arten von Satzzusammenziehungen.

Die Katze. Die Katze ist ein nützliches und oft sehr notwendiges Haustier. Ihr Geruch und ihr Gesicht sind beide sehr scharf. Außerdem ist sie im Springen, wie auch im Erklettern hoher Gegenstände sehr gewandt. Von Charakter ist sie freundlich und zutraulich, oft aber auch falsch und heimtückisch. Sie schmeichelt ih— Lieblinge, doch kratzt sie d. auch ganz unversehens. Man muß ih— daher nicht allzuviel trauen, vielmehr ih— meistens mißtrauen.

Sie fängt nicht bloß Mäuse, sondern auch Ratten, jagt dieselben nicht allein im Hause, sondern auch auf dem Felde. Nicht allein Mäuse und Ratten, sondern auch die Vögel scheuen sich vor — und fliehen — ängstlich.

Die Katze ist außerordentlich behende, dabei leise, und deshalb jen— Tiere sehr gefährlich. Ihr Gang ist schleichend und völlig geräuschlos, mithin für — Raubzüge ganz geeignet. Das Gebiß wie die Krallen sind spitz und scharf, darum tödliche Waffen für —. Die Katze ist eine getreue Wächterin gegen viele kleine Diebe, deshalb ein weitverbreitetes Haustier.   Nach Wiedemann.

2. Aufg. Unterscheide die verschiedenen Arten der Satzzusammenziehungen und Satzverbindungen und achte besonders auf die Bindewörter.

a. Der Handel. Der Handel führt d. ein Land zu, was es aus c. ander bedarf, verteilt d. Gaben der Natur über d. Welt, verschafft d. Armen Arbeit u. Unterhaltung, d. Thätige Gewinn, d. Wohlhabende Schätze u. d. Große der Erde Pracht. Der Handel lehrt uns Völker und Länder kennen, bringt Erfindungen und Künste aller Art hervor, bereichert die Wissenschaften u. ist nicht selten die erste Veranlassung geworden zur Veredelung und Gesittung der Völker u. z— Ausbreitung eines geistigen und christlichen Lebens unter ih—.
(Süßkind.)

b. Der Bär horcht auf das Summen d. Bienen u. sehnt sich nach d. Honig, achtet auf d. Lauf der Ameisen, deren Säure s. Gaumen besonders kitzelt, schnüffelt auf dem Boden nach schmackhaft— Kräuter, nimmt aber am Ende mit Gras und Wurzeln vorlieb, wenn er nichts Besseres findet.
(Meyer.)

c. Das Thermometer. Das Thermometer ist ein sehr wichtiges Instrument, denn mit Hilfe desselben vermögen wir die Temperatur jederzeit ganz genau zu bestimmen. Der Verfertiger desselben nimmt zuerst eine Glasröhre, dann füllt er Quecksilber hinein, hierauf macht er die Röhre luftleer, darnach verschließt er dieselbe, und zuletzt bringt er eine Scala an. An der Skala sieht man zwei Hauptpunkte. Der eine heißt der Eispunkt, den andern dagegen nennt man den Siedepunkt. Die Entfernung zwischen diesen beiden Punkten teilte Réaumur in 80 und Celsius in 100 Grade, die letzteren sind mithin die kleinsten. Die Wärmegrade nennt man auch Plusgrade, die Kältegrade hingegen heißen Minusgrade. $+3^{\circ}$ R. heißt 3 Grad Wärme nach R., und — 3° C. heißt 3 Grad Kälte nach Celsius. Die Wärme dehnt alle Körper aus, demnach steigt das Quecksilber bei warmer Temperatur in der Röhre, aber bei kalter fällt es. Durch die Wärme der Hand steigt das Quecksilber bis auf + 30°, folglich muß dies die Blutwärme des Menschen sein. Die gewöhnliche Winterkälte beträgt bei uns — 5 bis 10° R., in Sibirien jedoch steigt sie bis — 40° R. Dann kann man freilich kein Quecksilber zur Messung gebrauchen, denn dies gefriert schon bei — 32° R. Man bedient sich vielmehr statt dessen des Weingeistes. Unsere Sommerwärme beträgt + 15 bis 25° R. im Schatten, indes zeigt das Thermometer in der Sonne nicht selten auf + 30 bis 40°. Am nötigsten gebrauchen die Naturforscher das Thermometer, doch auch die Kunstgärtner und Bierbrauer können es nicht entbehren, und selbst der Krankenwärter muß es in der Krankenstube zur Regelung der Zimmerwärme haben.

§ 58.

I. Die kopulative oder zusammenstellende Satzverbindung.

Beisp. a. Versprechen und halten steht fein bei Jungen und Alten. Schauet die Lilien auf dem Felde, wie sie wachsen, sie arbeiten nicht, auch spinnen sie nicht. (Matth. 6, 28.) Täglich neu ist Gottes Treu'; auch dein Dank sei täglich neu. In der Schaubude waren reißende Tiere zu sehen, außerdem (überdies) noch einige Papageien und Affen. Der König empfing ihn freundlich, desgleichen auch die Königin. — Wie gelangen wir zu einer deutlichen Vorstellung eines Dinges? Erst (zuerst, erstlich, erstens) werfen wir einen flüchtigen Blick auf das Ganze, dann betrachten wir die Teile bf. einzeln. Hierauf (dann, weiter oder hernach) die Verbindung dieser Teile, und endlich fassen wir das Ganze samt f. Teile auf. — Wider ihn (den König von Frankreich) im Heer der Feinde (der Engländer) kämpft sein nächster Vetter und sein erster Pair; ja seine Rabenmutter (Isabeau) führt es an. (Sch.) Der Graf übte die strengste Uneigennützigkeit; selbst Gaben, die seiner Stelle gebührten, lehnte er ab. (G.) Auf der ersten Reise nach Amerika glaubte die Mannschaft des Columbus oft Spuren des Landes zu entdecken, ja selbst Land zu sehen.

b. Unter allen Städten Brabants war Antwerpen die wichtigste, sowohl durch ihren Reichtum, ihre Volksmenge und ihre Macht, als (auch) durch ihre Lage am Ausflusse der Schelde. (Sch.) Nicht die Krokodile und der Jaguar allein stellen den südamerikanischen Pferden nach; auch unter den Fischen haben sie einen gefährlichen Feind, den elektrischen Rochen. (A. v. H.) Eine gerade Linie ist nicht nur in der Geometrie die kürzeste, sondern auch in der Sittenlehre. Zu den Großen führen uns teils unsere Verhältnisse; teils sind wir ihn ihr — Stand und ihr — Ansehen wegen Aufmerksamkeit schuldig. (Engel.)

Die Gestalten und Formen der Dinge erkennen wir einerseits durch das Gesicht, andererseits durch das Gefühl. — Bald stören uns des Körpers Schmerzen, bald das Geräusch der Welt; bald kämpft in unserm eignen Herzen ein Feind, der öfter siegt als fällt. (Gellert.) Sieh erst auf d. und d. die Deinen; dann schilt auch m. und d. Meinen. Halb zog sie ihn, halb sank er hin. (G.) Nun eilt, nun stockt der Fuß. Die Kirche ist aus Stein gebaut, nämlich aus Sandstein. Sie setzten die gewöhnlichen ritterlichen Übungen fort, als jagen, Pferde kaufen, tauschen, bereiten und einfahren. Große Geister wie Paulus, Augustinus, Luther, hatten große Kämpfe mit sich selbst, wie mit andern zu bestehen.

c. Vermittelst d. Telegraph oder d. Fernschreiber kann man Schriftliches in d. Ferne mitteilen, vermittelst d. Telephon oder d. Fernsprecher Hörbares. Ein spanischer König mußte ein rechtgläubiger König sein; oder er mußte von diesem Throne steigen. — Niemand kann zween Herren dienen: entweder er wird einen hassen und den andern lieben, oder wird einem anhangen und den andern verachten. (Matth. 6, 24). Sei weder abergläubisch noch ungläubig. Weder Blindheit, noch Gift, noch Alter, noch Armut, noch häusliches Leiden, noch politische Täuschungen, noch Schmach hatten Macht, die gelassene und majestätische Geduld Miltons zu stören. Vgl. Röm. 8, 38. 39.

Lehrsätze. 1. Jeder kopulative Satz verbindet zwei oder mehrere Gedanken durch Zusammenziehung einfacher Sätze zu einem Ganzen, ohne daß ein Satzteil von dem andern abhängig gemacht wird, wie im Satzgefüge.

2. Die Sätze stehen unverbunden neben einander, gewöhnlich durch ein Semikolon getrennt: Die Theorie allein ist blind; die Praxis allein ist lahm. Die Lerche steigt; der Tag erwacht. (Sch.)

3. Oder im nachfolgenden Satze weist ein Wort auf den vorhergehenden hin, z. B. ein demonstratives Pronomen: Mit Gott fang an, mit Gott hör' auf; das ist der schönste Lebenslauf. Oder ein demonstratives Adverb: Der Himmel ist hoch; man kann sich nicht dran halten. Oder am gewöhnlichsten eine Konjunktion: Der Zahn beißt oft die Zunge, und doch bleiben sie gute Nachbarn.

4. Die gewöhnlichste kopulative Konjunktion ist und, welches in der lebhaften Schilderung vor jedem der verbundenen Satzglieder stehen oder ganz fehlen kann: Und es wallet und siedet und brauset und zischt, wie wenn Wasser mit Feuer sich menget. (Sch. — jedes einzelne Satzglied bedeutungsvoll hervorhebend.) Dagegen: Kochend wie aus Ofens Rachen, glühn die Lüfte; Balken krachen, Pfosten stürzen, Fenster klirren, Kinder jammern, Mütter irren; Tiere wimmern unter Trümmern; alles rennet, rettet, flüchtet; taghell ist die Nacht gelichtet. (Sch. — die einzelnen Glieder lebhaft und eilig aneinander fügend.) Vgl. die Poetik über das Polysyndeton oder die Häufung der Bindewörter und das Asyndeton, die Weglassung derselben.

Über und im adversativen Satze später.

Falsch ist die umgekehrte Wortfolge nach und: X. reichte eine

Petition ein, und scheint er (st. er sich.) alle seine Hoffnung darauf gestellt zu haben.

5. Die in den Beisp. unter a gebrauchten Konjunktionen haben einfach anreihende (kopulative), fortführende, ordnende Bedeutung; und, auch (wie, wie auch); desgleichen, gleichfalls, ebenfalls; zudem, außerdem, überdies; ferner, dann, hierauf, hernach, nachher, endlich; erst, erstlich, erstens, zweitens, sodann; ja, sogar, selbst.

6. Die unter b gebrauchten Konjunktionen: sowohl — als auch, nicht allein (nicht bloß, nicht nur) — sondern auch; teils — teils, einesteils — andernteils, einerseits — andererseits, halb — halb; bald — bald, jetzt — jetzt, nun — nun, verbinden die Glieder auch, heben aber dieselben vereinzelnd und in gewissem Sinn vergleichend hervor. Das durch „sondern auch" eingeleitete zweite Satzglied wird gegen das erste hervorgehoben. „Auch" führt das an sich unbedeutende Glied an; ja, sogar, selbst führen steigernd den zweiten Satzteil als etwas Unerwartetes ein; — namentlich, nämlich, und zwar, als, wie bezeichnen den Begriff näher durch einen folgenden, erweitern ihn also.

7. Von den unter c gebrauchten Konjunktionen ist oder bloß erklärend, berichtigend oder das erste Glied durch das zweite ausschließend; entweder — oder schließt ebenfalls ein Glied aus; weder — noch (keins von beiden) schließt beide aus, stellt sie also im negativen Sinne zusammen.

8. Vor und und oder steht nur dann ein Komma, wenn ein vollständiger Satz folgt, also nur in der eigentlichen Satzverbindung, nicht in der Zusammenziehung, wenn nicht in diese ein Nebensatz eingeschoben ist: Frohsinn, Mäßigkeit und Ruh' schließen dem Arzte die Thüre zu. (Logau). Die wahre feine Lebensart entspringt entweder aus der Tiefe des Geistes oder aus der Fülle des Herzens. (Börne.) — Kein Schiffer lenket die Fähre, und der wilde Strom wird zum Meere. (Sch.) Ein spanischer König (siehe unter c). Siehe übrigens die Interpunktionslehre am Schlusse der Syntax. —

1. Aufg. Ziehe die folgenden Sätze zusammen und bediene dich dabei der eingeklammerten Konjunktionen.

Amerika. 1. Amerika nördliche, südliche Halbkugel liegen (nicht nur — sondern auch). 2. Atlantischer, Großer Ozean, nördliches Eismeer bespülen (teils — teils). 3. In O. und W., S. und N. nicht mit Erdteil zusammenhängen (weder — noch). 4. Flächeninhalt Australien, Europa, Afrika übertreffen (nicht bloß — sondern auch). 5. Nur Asien zahlreichere Bevölkerung, größere Ausdehnung (sowohl — als auch). 6. Amerika weite Ebenen, hohe Gebirge finden (nicht nur — sondern auch). 7. Andengebirge, Nord- und Südamerika durchziehen (sowohl — als auch). 8. Das längste Gebirge, eins der höchsten der Erde (nicht allein — sondern auch). 9. Ebenen hohes Gras, Urwald bewachsen (teils — teils). 10. Inneres des Urwaldes nicht menschlicher Fuß betreten, nicht menschliches Auge schauen (weder

— noch). 11. Scharen großer, kleiner Tiere darin (sowohl — als auch). 12. Amerika viele große Ströme bewässern (nicht nur — sondern auch). 13. Asien, Europa keinen Strom wie Amazonenstrom, Mississippi aufweisen (weder — noch). 14. Amerika Produkte, Tier-, Pflanzen-, Mineralreich reich (sowohl — als auch). 15. Vaterland Lama, Kolibri, Klapperschlange, Kartoffeln, Tabak (nicht nur — sondern auch). 16. Pflanzungen Baumwolle, Zucker, Kaffee, Tabak bauen (teils — teils). 17. Gut bevölkert Ost- und Westküste (nicht allein — sondern auch). 18. Nördliche, südliche Länder, Inneres wenig Bewohner (sowohl — als auch).

2. Aufg. Verwende bei Beantwortung folgender Fragen die Konjunktionen: als, wie, nämlich, namentlich, besonders, und zwar, zunächst, dann, ferner, endlich in zusammengezogenen Sätzen.

Welche Gebirge liefern edle Metalle? Von welcher Pflanze werden heilkräftige Säfte gewonnen? Welche hervorragenden Fürsten nahmen an den Kreuzzügen teil? Wo sind in den Freiheitskriegen die Hauptschlachten geliefert worden? wo in dem letzten deutsch-französischen Kriege? In welchen Städten befinden sich die berühmtesten deutschen Universitäten? Welche Flüsse entspringen in den Alpen? Welche auf dem Fichtelgebirge? Welche verschiedene Ursachen des Wohlstandes giebt es? Wie wird aus dem Flachse Leinwand bereitet? Wie wird das Getreide gewonnen? Welche Staaten berührt die Donau auf ihrem Laufe? Welche verschiedenen Lebensalter durchwandelt der Mensch?

3. Aufg. Kopulative Satzverbindungen.

Die Lebensalter. Der Mensch durchläuft von seiner Geburt an drei Zeiträume. Er tritt in die Zeit des Wachstums, die Zeit der Reife folgt, er stirbt wieder ab (zuerst — dann — endlich). — Die Dauer dieser Zeiträume ist wegen der verschiedenen Körperbeschaffenheit bei den einzelnen Personen nicht ganz gleich, Klima, Lebensweise und Erziehung haben Einfluß darauf (auch). — Die Zeit des Wachstums zerfällt wieder in zwei Abschnitte, man unterscheidet das Kindes- und das Jünglingsalter (nämlich). In dieser Zeit nimmt der Körper an Größe zu, die geistige Entwickelung ist am bedeutendsten (nicht nur — sondern auch). — Darum ist sie so recht die Zeit des Lernens, niemand sollte sie ungenützt vorübergehen lassen; sie ist wohl für die meisten die sorgenfreieste und glücklichste, gar mancher wünscht sie sich zurück (und — überdies — und). — Mit dem 20. bis 24. Jahre beginnt die Zeit der Reife. — Das Wachstum ist beendet, die Organe sind vollständig entwickelt, die geistige Bildung hat einen gewissen Abschluß erreicht (und — desgleichen). Der Mann widmet seine Zeit dem Berufe, er verbringt sie in seiner Familie (teils — teils). — Die Frau besorgt das Hauswesen, ihr liegt meist die Erziehung der Kinder ob (außerdem). — Etwa mit dem 60. Jahre beginnt das Greisenalter. — Die Haare werden weiß, die Zähne fallen aus, die Kräfte nehmen ab, die Sinne werden stumpf, die geistigen Anschauungen werden zuweilen wieder denen der Kinder ähnlich (und — dazu — auch — sogar). — Dann tritt der Tod ein. — Die gewissenhafteste Pflege kann nun den welkenden Körper nicht erhalten, der geschickteste Arzt vermag nicht, ihn neu zu beleben (weder — noch).

4. **Aufg.** Erweitere folgende Sätze zu **kopulativen Satzverbindungen.**

Die alten Ägypter bauten mit bewunderungswürdiger Anstrengung ihre Pyramiden an den Grenzen der Wüste; außerdem —. Die Griechen unternahmen schon im grauen Altertum e. gewaltig Kriegszug nach Kolchis, d. sog. Argonautenzug; ferner —. Nachdem die Römer Italien ganz unterworfen hatten, trugen sie ihre siegreichen Waffen über d. Alpen nach Gallien und Spanien hinein; auch —. Heinrich I. hat nicht nur durch e. Waffenstillstand jene erbitterten Feinde Deutschlands, d. Magyaren, neun Jahre von uns. Grenzen fern gehalten —. Gustav Adolf hat nicht allein für s. bedrängt Glaubensbrüder das Schwert gezogen —. (Wie wäre der Satz zu ergänzen, wenn er begönne: G. A. hat für s. bedr. Glaubensbrüder nicht allein das Schwert gezogen —?) Jesus Christus ist nicht allein der erhabenste Lehrer der Weisheit und Tugend gewesen und hat nicht nur das höchste Beispiel menschlicher Tugend gegeben —. Die Sprichwörter enthalten teils (zum Teil) Lehren der Weisheit —. Leiden rauben dem Tugendhaften weder seinen Mut —.

Unterscheide: Jesus starb wie ein Missethäter —. Früher wurden viel mehr Menschen als Missethäter hingerichtet, als jetzt. Als ein Fremder sich an einem Orte aufhalten. — Wie ein Fremder an einem Orte angesehen werden.

5. **Aufg.** Verbinde folgende Sätze, teils zu **Satzzusammenziehungen,** teils zu **Satzverbindungen:**

Freundschaftlicher Trost mildert d. Kummer des Menschen. F. T. läßt uns auf einige Zeit die Not des Lebens vergessen. — Die Zeitwörter sind zielend; d. Z. s. ziellos; d. Z. s. rückbezüglich. — Die Seidenwürmer sind schwer zu ziehen wegen d— ih— nötig Nahrung. D. S. s. sch. z. z. wegen d— ih— nötig Wärme. Die Säugetiere haben ihren Aufenthalt auf Bäumen, auf und unter der Erde, im Wasser rc. — Der Frühling vergeht schnell. Die Jugend des Menschen schwindet dahin. — D— Faule gefällt nicht das frühe Aufstehen. D. F. g. n. das beständige, angestrengte Arbeiten. — Solon war ein weiser Mann; er war ein tapferer Krieger. Er gab den Athenern die trefflichsten Gesetze; er eroberte ihnen die Insel Salamis wieder. — Sokrates war ein Weiser; er war ein tapferer Krieger; er focht in vielen Schlachten für sein Vaterland; er errettete einst s. Zögling Alkibiades in e. Schlacht vom Tode. — Arbeitsamkeit bringt d. Menschen Nutzen hinsichtlich des Erwerbes; sie ist ih— nötig hinsichtlich der Gesundheit; d. Gesundheit des Leibes, d. G.

des Geistes. Ohne Arbeit werden seine Glieder steif. Der Geist verliert seine Lebendigkeit. — Die Güte des Herzens verliert man nicht durch Schiffbruch; die Kraft des Geistes kann das Feuer nicht vertilgen. —

§ 59.
II. Die adversative oder entgegenstellende Satzverbindung.

Beisp. a. (Aufhebung.) Es erbt der Eltern Segen, nicht ihr Fluch. (G. Vgl. Hes. 18, 20.) Nicht viel Einkommen macht ein Haus reich, sondern verständige Wirtschaft. Der Kluge und Bescheidene widerspricht niemandem (nicht) sofort in der Unterhaltung, vielmehr hört er zuerst eines jeden Meinung freundlich schweigend an. Bist du, der da kommen soll; oder sollen wir eines andern warten? (Matth. 11, 3.) Eigensinn muß frühe bezähmt werden; sonst artet er später in Trotz und Unbändigkeit aus. (Möser.) Er scheidet von dir, du gebest ihm denn gute Worte (es sei denn, daß 2c.). Ich lasse dich nicht, du segnest mich denn (nur wenn). (1. Mos. 32, 36.) — Ohne Bindewörter. Mit Geld und Gut ist's nicht gethan; Verstand und Tugend ziert den Mann. Nicht das wir haben, ist unser Höchstes; unser bester Besitz ist das, was wir sind. (Jordan.) Frage nicht, was andere machen; acht' auf deine eignen Sachen.

b. (Beschränkung.) Arbeit hat bittere Wurzel, aber süße Frucht. Gott läßt uns wohl sinken, aber nicht ertrinken. Den Ruhm soll der Weise verachten, aber nicht die Ehre. (Seume.) Freunde sollen alles gemein haben, nur nicht die Stube. (J. Paul.) Leutselig sei, doch keineswegs gemein. (Shakespeare.) Die goldene Zeit ist wohl vorbei; allein die Guten bringen sie zurück. Die dramatischen Dichter beabsichtigen unsere Leidenschaften zu erregen; die Fabeldichter hingegen (dagegen d. F.) wenden sich zunächst an unsere Einsicht. (L.) Das schwere Herz wird nicht durch Worte leicht, doch (dennoch) können Worte uns zu Thaten führen. Zwar haben die Naturwissenschaften in unserm Jahrhunderte außerordentliche Fortschritte gemacht; doch kennt man von dem Wesen der Dinge heute wenig mehr als vor hundert Jahren. Gefährlich ist's, den Leu zu wecken; verderblich ist des Tigers Zahn; jedoch das Schrecklichste der Schrecken, das ist der Mensch in seinem Wahn. (Sch.) Die ersten Christen wurden von Juden wie von Heiden schrecklich verfolgt; dennoch, ja trotzdem breitete sich der neue Glaube im Abend- und Morgenlande aus. Zwar haben sich der Volkswohlstand und die Volksbildung im allgemeinen seit der Erfindung der Dampfmaschine gehoben; die Kluft zwischen Reichtum und Armut, zwischen Bildung und Roheit scheint gleichwohl eher größer als geringer geworden zu sein. — Freilich will gar manches, was da gesät wird, nicht zur

Reife kommen; indes (indessen) wer weiß denn, ob es nicht doch wächst, ernährt und erfreut. — Die Franzosen hatten durch die ersten großen Niederlagen, die Einschließung von Metz und durch die Gefangennahme des Kaisers und seiner Armee fast die ganze reguläre, bewaffnete Macht eingebüßt; nichtsdestoweniger (gleichwohl, dessenungeachtet) beschloß die neugewählte republikanische Regierung den Krieg aufs nachdrücklichste fortzusetzen. Allein es fehlte ihnen doch ebensosehr an umsichtigen Führern wie an Kerntruppen; es waren hauptsächlich nur Mobilgarden und Franctireurs, welche den Kampf noch Monate in die Länge zogen.

Lehrsätze. 1. Wenn zwei Urteile zu einander in Gegensatz treten, so hebt das zweite das erste entweder völlig auf, oder es beschränkt den Inhalt des ersten Satzes oder wenigstens die aus demselben zu ziehende Folgerung.

2. Die in dem Beisp. unter a gebrauchten adversativen Konjunktionen: nicht, nicht—sondern, vielmehr, oder, sonst, denn (es sei denn) lassen den Inhalt des zweiten Satzes zu dem des ersten in einen so entschiedenen Gegensatz treten, daß das erste Urteil durch das folgende aufgehoben wird. Bei oder, sonst, denn schließt die Annahme des einen Urteils die Verneinung des andern in sich, wie bei dem im vorigen Paragraphen aufgeführten entweder—oder. Man kann diese Gruppe adversativer Konjunktionen auch disjunktive, d. i. die sondernden, sich ausschließenden, nennen.

3. Der Inhalt des ersten Satzes oder die aus demselben gezogene Folgerung wird beschränkt durch die unter b. gebrauchten Konjunktionen: aber, allein, dagegen, hingegen, doch, jedoch, dennoch, trotzdem, indes (indessen), dessenungeachtet (demungeachtet), gleichwohl, nichtsdestoweniger, nur. Die Konjunktion zwar (eig. == in Wahrheit) dient im Vordersatze zur stärkeren Hervorhebung des Zugeständnisses.

4. Auch und kann einen Gegensatz einleiten: Meinem Haupte war der Streich gedroht, und das eure fiel. (Sch.)

1. Aufg. Betrachte die unter a und b gegebenen Beispiele genauer und achte dabei auf die Gegensätzlichkeit des Urteils, die gewählten adversativen Konjunktionen und unterscheide auch die einzelnen Sätze als Satzzusammenziehung und Satzverbindung (Satzreihe).

2. Aufg. Bilde Satzzusammenziehungen unter Benutzung von adversativen Bindewörtern.

Das Meer. Der größte Teil des Erdballes ist kein Festland; er wird vielmehr vom Meere eingenommen (nicht — sondern). — Der Wasserspiegel des Meeres ist oft mit haushohen Wellen bedeckt; doch ist dies nicht immer so (indessen). — Das Meerwasser ist hell und durchsichtig. Wegen s. bitter Geschmack ist es für d. Mensch ungenießbar (dessen ungeachtet aber). — Für gewöhnlich sieht das Meer eigentümlich bläulichgrün aus. Oft sieht es auch dunkel- oder schwärzlichgrün aus (jedoch). — Dies rührt von dem darüber gespannten Himmel her; zuweilen ist es die Folge von der Beschaffenheit des Meeresgrundes; oft sind ungeheure Massen kleiner Wassertiere und Pflanzen die Ursache (oder, oder). — Der Anblick des Meeres erfüllt uns das eine Mal mit Ehrfurcht und Bewunderung, während er uns das andere Mal Furcht und Entsetzen einflößt (zuweilen aber auch). — Über den Ocean fährt man mit Dampfschiffen; doch benutzt man auch noch Segelschiffe (oder). — Eine Fahrt auf dem Meere ist reich an Genüssen; sie hat aber auch ihre Gefahren (allein — auch). — Trotzdem geht der Matrose nicht mit Zittern und Zagen auf die See; er empfindet im Gegenteil Lust und Freude (meist — vielmehr).

3. Aufg. Bilde Satzverbindungen mit adversativen Bindewörtern.

Die alten Deutschen. Land der alten Deutschen rauh — kernhaftes Volk sehr gut gefallen. Ackerbau und Viehzucht Hauptnahrungszweige — Frauen und Sklaven sich damit beschäftigen, Männer derartige Arbeit entwürdigend. Tägliche Beschäftigung Jagd — lieber Krieg ziehen. Nie freier Mann ohne Waffen — Spieß und Schild stete Begleiter. Langer Spieß mit kurzer Spitze Hauptwaffe — auch Schwert mit Vorliebe sich bedienen. Jagd auf Auerochsen und Bären gefährlich — diese Tiere am liebsten jagen. Ihr Anzug im Kriege ohne Prunk — Schilder schön bemalt. Kämpfer mit Schild aus Schlacht heimkehren — für ehrlos gelten. Tod auf Schlachtfeld ehrenvoll — andere Todesart beklagenswertes Schicksal. Kälte und Hunger sehr wohl ertragen — Hitze und Durst matt machen. Im Essen mäßig — beim Trinken nie genug bekommen. Ihre liebsten Getränke Bier und Met — Wein nicht trinken. Alte Germanen sich durch herrliche Tugenden auszeichnen — leider auch Trunk und Würfelspiel ergeben. Mancher alles verloren — fortspielen und Freiheit einsetzen. Verlierender nicht entfliehen — willig in Knechtschaft folgen. Römer Feinde — Treue, Tapferkeit, Gastfreundschaft rühmen. Wort soviel als Eidschwur — im Kriege List erlaubt. Fremdling nie von der Thür weisen — aufs beste bewirten und beschützen. Frau nicht Sklavin, wie bei vielen Völkern — Männer in Frauen treue Genossinnen sehen. Knabe frühzeitig Jagd gehen — bei Sturm und Wetter in Strom werfen und mit demselben ringen.

4. Aufg. Ergänze. Nicht nach weltlicher Ehre, sondern — strebt der Weise. Rechtschaffenheit nicht — macht glücklich. Mehrere Amphibien atmen anfänglich ebensowenig durch Lungen wie die Fische —. Der Strauß kann nicht fliegen —. Die Luft erscheint uns so machtlos, weil wir sie nicht sehen und sie leicht verdrängen können —. Viele Tiere übertreffen d. Mensch an Größe und Körperkraft —. Das Kamel ist ein häßliches Tier —. Der Affe ist zwar äußerlich dem Menschen sehr ähnlich . Der Pfau hat ein schönes Gefieder —. Der Star richtet zwar in den Weinbergen große Verheerungen an —

Die Pelzwerke müssen im Sommer sorgfältig aufbewahrt werden —. Das Schwein nützt uns nur nach seinem Tode —. Die Tiere darf man zwar töten —. Kinder dürfen wohl zu gewissen Zeiten spielen —. Die Eltern müssen den Kindern manche Bitte versagen —. Gott läßt viel Unglück über die Menschen kommen —. Mancher Mensch sieht seine Fehler wohl ein —. Der gerechte Richter hört weder auf die Stimme guter Freunde, noch auf die Regungen des eigenen Mitgefühls —. Sparsamkeit ist eine schöne Tugend —. Eintracht baut das Haus —. Das Gewitter ist eine furchtbare Naturerscheinung —. Kinder haben in der Schule viel Gelegenheit etwas zu lernen —.

§ 60.
III. Die kausale oder begründende und folgernde Satzverbindung.

Beisp. a. (Begründung.) Geize mit der Zeit; denn du kannst keine Minute von ihr wieder zurückrufen. Den größten Unmenschen zähmt die väterliche und häusliche Liebe; denn auch eine Bärenmutter ist gegen ihre Jungen freundlich. (Herder.)

b. (Folgerung.) Der Schatten der Erde ist bei jeder Stellung rund; folglich ist die Erde kugelförmig (= die Erde ist eine Kugel; denn der Schatten ꝛc.). Höflichkeit ist Klugheit; folglich ist Unhöflichkeit Dummheit. (Schopenhauer.) Die Mexikaner sagen ihren Kindern bei der Geburt: „Du bist in die Welt gekommen zu dulden; leide daher und schweige!" Wunderschön ist Gottes Erde und wert darauf vergnügt zu sein; drum (darum) will ich, bis ich Asche werde, mich dieser schönen Erde freun. (Hölty.) Auch aus entwölkter Höhe kann der zündende Donner schlagen; darum in deinen fröhlichen Tagen fürchte des Unglücks tückische Nähe. (Sch.) Ich denke, darum (also) bin ich. (Cartesius.) Die Schmeichler verderben den Menschen; deshalb (deswegen) vermeide ihren Umgang. Leben zündet sich nur am Leben, mithin (somit) das Höchste im Kinde nur durch Beispiel. (J. Paul.) Gott ist die Liebe; also sind seine Befehle nicht Befehle eines eigensinnigen strengen Herrn. Die Pflanzen sind an den Boden gebunden, auf dem sie stehen und können nur durch äußere Gewalt und mit Gefahr für ihre Existenz von da entfernt werden; ihr Leben ist demnach (sonach, somit) gehemmter und eingeschränkter als das der Tiere.

Lehrsätze. 1. Von den kausalen Konjunktionen giebt denn in dem folgenden Gedanken den Grund für die vorstehenden an. Beisp. a.

2. Die unter b benutzten kausalen Konjunktionen: folglich, daher, darum, (drum), deshalb, deswegen, mithin, somit, demnach, sonach, also ziehen im zweiten Satze eine Folgerung aus dem im ersten enthaltenen Grunde.

3. Achte auf die Verschiedenheit in der Wortfolge nach dem begründenden denn und nach den übrigen folgernden Konjunktionen. Die gleichfalls kausalen Konjunktionen da und weil leiten nur begründende Nebensätze ein.

4. Übrigens können in den kausalen und adversativen wie in kopulativen Satzverbindungen die Konjunktionen ganz fehlen.

1. Aufg. — wie die 1. Aufg. des vorigen Paragraphen.

2. Aufg. Gebrauche die begründenden und folgernden Bindewörter.

Sonne und Erde. Sonne Fixstern — eigenes Licht (denn). Entfernung der Sonne von der Erde 21 Mill. Meilen — klein erscheinen (deshalb). Licht in 8 Min. 13 Sekunden — 42,000 Meilen in einer Sekunde (denn). Erde von der Sonne Licht und Wärme — abhängig (folglich). Erde um Sonne sich bewegen — Wandelstern oder Planet (darum). Umlaufszeit der Erde 365 Tage 5 Stund. 48 Min. — unser Jahr diese Zeitdauer (daher). Erdachse nicht senkrecht zur Erdbahn — Sonne uns Sommer höher erscheinen als Winter (darum). Sommer nördliche Halbkugel zugekehrt — bei uns lange Tage (infolge dessen). Sonnenstrahlen senkrechter, länger — warm (darum). Winter südliche Halbkugel zugekehrt — bei uns Tage kurz (mithin). Sonnenstrahlen schräger, kürzere Zeit — kalt (darum). Bewohner des hohen Nordens Sommer monatelang Tag — für sie Sonne nicht untergehen (denn). Winter Sonne ebensolange nicht aufgehen — (also). Über dem Äquator Sonne fast immer senkrecht — nie Winter (daher). Bei uns vier Jahreszeiten abwechseln — glücklichste Lage (somit).

3. Aufg. Ergänze. Die Söhne Jakobs waren neidisch auf Joseph (denn — deswegen). Abrahams und Lots Hirten zankten sich —. Viele Vögel finden bei uns während des Winters keine Nahrung —. Menschen sind nicht wie viele Tiere durch eine dicke, wollige Haut gegen die Kälte geschützt —. In vielen Gegenden fehlt es an Wasser —. Es hat im Laufe des Sommers an Regen gefehlt —. Die Bienen werden den Kindern oft zu Mustern aufgestellt — (denn). Die europäischen Westwinde streichen über stark ausdünstende Meere —. Die Nordwinde wehen aus kalten Gegenden —. Die Ostwinde —. Herodes fürchtete seinen Thron zu verlieren —. Der Vierfürst Herodes wollte das s. Tochter feierlich gegebene Wort nicht brechen —. Die Wolken sind nichts anderes als in die Höhe gezogener, verdichteter Nebel —. Der Mensch hat freien Willen (mithin). Die Wärme dehnt alle Körper aus —. Das Eis nimmt einen größeren Raum ein als das Wasser vorher hatte —. Maria Stuart war der englischen Königin Elisabeth nicht unterthan —. Die Luft ist um so kälter, je weiter sie von der Erde entfernt ist —. Die Pflanzenblätter bedürfen des Sonnenlichtes, um eine grüne Färbung zu bekommen.

4. Aufg. Bilde von den unter einer Nummer stehenden Sätzen Satzzusammenziehungen.

Die Eisenbahn. 1. Meistenteils schnurgerade ziehen sich die Eisenbahnschienen dahin — meistenteils eben — nur ausnahmsweise in weiten Bogenlinien, nur ausnahmsweise mit geringer Steigung oder Senkung — diese für das bloße Auge kaum merklich. Die Eisenbahnschienen ziehen sich durch die Fluren dahin. Sie ziehen sich durch die Wälder dahin. 2. Wie ganz anders laufen die gewöhnlichen Straßen! Sie laufen hier bergauf. Sie laufen hier bergab. Sie laufen dort im Zickzack. Sie laufen dort mit ganz kurzen Krümmungen. 3. Die Eisenbahnlinie dagegen geht gerade durch Berge hindurch. Sie geht gerade durch Thäler hindurch. Sie weicht den Flüssen nicht aus. Sie weicht den Teichen nicht aus. Sie weicht den Sümpfen nicht aus. 4. Die Berge wurden vielmehr um ihretwillen durchschnitten. Die Thäler wurden überbrückt. Die Teiche wurden mit festen Dämmen durchzogen. Die Sümpfe wurden mit festen Dämmen durchzogen. 5. Jetzt kommt ein Zug. Der Zug kündigt sich schon aus der Ferne durch die aufsteigenden Rauchsäulen an. Er kündet sich schon durch ein weithin schallendes Pfeifen an. 6. Voran keucht die Lokomotive. Die Lokomotive schleppt eine lange Reihe aneinander gehängter Wagen hinter sich her. Die Reihe ist kaum übersehbar. 7. Die Schnelligkeit des Zuges ist schon seit einigen Minuten von dem Zugführer gemäßigt worden. Die Schnelligkeit ist aber doch im Vergleich mit anderem Fuhrwerk noch immer überaus groß. 8. Nun ist der Zug in den Bahnhof hereingefahren. Nun macht der Zug vor dem Hauptgebäude halt. 9. Hunderte von Reisenden steigen eilig aus. Hunderte von Reisenden eilen nach ihrem Gepäck. Hunderte von Reisenden wandern der Stadt zu. Hunderte von Reisenden fahren der Stadt zu. Hunderte von Reisenden strömen den nächsten Ortschaften zu. 10. Güterwagen werden abgehängt. Güterwagen werden angehängt. Güterwagen werden ausgeladen. Güterwagen werden frisch befrachtet. 11. Plötzlich giebt ein heller Glockenton das Zeichen zur Abfahrt. Ein schrilles Pfeifen giebt das Zeichen auch. 12. Der Zug setzt sich wieder, erst langsam in Bewegung. Bald aber setzt er sich immer schneller in Bewegung. In kurzem ist der Zug unseren Augen entschwunden. 13. Das eben erst noch undurchdringlich scheinende Gewühl auf dem Bahnhofe hat im Nu sein Ende erreicht. Das Gewühl ist einer fast unheimlichen Verödung gewichen. Es ist einer fast unheimlichen Stille gewichen.

5. Aufg. Bestimme die Art der Satzverbindung näher und verbinde die einzelnen Satzglieder thunlichst durch entsprechende Konjunktionen.

Gestern noch auf stolzen Rossen; heute durch die Brust geschossen; morgen in das kühle Grab. — Nicht deine Klugheit siegte über die meinige; dein schlechtes Herz hat über mein gerades den schändlichsten Triumph davon getragen. — Es donnern die Höhen; es zittert der Steg; nicht grauet dem Schützen auf schwindlichtem Weg. — Eintracht ist ein festes Band; sie hält zusammen Leut' und Land. — Treue ist ein selt'ner Gast; halt ihn fest, wo du ihn hast. — Mach' dich mit leerem Stolz nicht breit; man lacht nur deiner Eitelkeit. Der Wahn ist kurz; die Reu' ist lang. — Kleine Diebe hängt man; große läßt man laufen. — Das Alter wägt; die Jugend wagt. — Sich selbst bekämpfen ist der schwerste Krieg; sich selbst besiegen, ist der schönste Sieg. — Der Knecht hat erstochen den edlen Herrn; der Knecht wär' selber ein Ritter gern. —

> Liebe schwärmt auf allen Wegen;
> Treue wohnt für sich allein.
> Liebe kommt euch rasch entgegen;
> Aufgesucht will Treue sein. (G.) —

B. Das Satzgefüge.

§ 61.

Das Satzgefüge im allgemeinen: Verhältnis des Nebensatzes zum Hauptsatze; Kennzeichen und Arten des Nebensatzes. Vgl. S. 8 u. 9: „das Satzgefüge".

Beisp. a. Wer leicht glaubt, wird leicht betrogen = Der Leichtgläubige wird leicht betrogen.
  b. Thue, was recht ist = Thue das Rechte.
  Gedenke, daß du sterblich bist = Gedenke deiner Sterblichkeit.
  Wer einmal lügt, dem glaubt man nicht = Dem Lügner glaubt man nicht.
  Gott sprach: „Es werde Licht!" (das Objekt?)
  Die Hoffnung, daß wir uns wiedersehen (= H. des Wiedersehens), möge den Abschied versüßen.
  c. Nicht an Güter hänge dein Herz, die das Leben vergänglich zieren. (Sch.) = Nicht an vergängliche G. h. d. H.
  d. 1. Wo ein Aas ist, da sammeln sich die Adler = an die Stätte des Aases s. s. d. A. (Matth. 24, 28).
  2. Wenn die Not am größten ist, ist Gottes Hilfe am nächsten = Zur Zeit der Not i. G. H. a. n.
  3. Wie die Alten sungen, so zwitschern die Jungen = d. J. z. auf dieselbe Weise wie die Alten.
  4. Das Thermometer steigt, wenn (sobald) die Wärme der Luft größer wird = D. T. st. bei größer werdender Luftwärme.

Lehrsätze. 1. Alle Glieder des einfachen erweiterten Satzes, mit Ausnahme des Prädikates lassen sich in Satzform, d. i. durch Nebensätze umschreiben. „Der Nebensatz ist ein in Satzform ausgedrücktes Glied eines einfachen Satzes," wurde deshalb schon in § 56 gelehrt. Vgl. die in obigen Beispielen gesperrt gedruckten Satzteile oder Nebensätze mit den entsprechenden Gliedern des einfachen Satzes.

2. Da in einem einfachen Satze das Prädikat den wesentlichsten Bestandteil bildet, dem alle andern Glieder unterworfen sind — vgl. S. 63 — so können aus den Nebengliedern des einfachen Satzes eben nur Nebensätze, d. i. von Hauptsätzen abhängige Sätze gebildet werden. Haupt= und Nebensätze treten aber innig zu einem Satz= gefüge zusammen und drücken nur einen Gedanken aus.

3. In Rücksicht auf die Glieder des einfachen erweiterten Satzes, welche durch Nebensätze umschrieben werden können, teilt man diese

a. in Subjektssätze, welche das Subjekt umschreiben (auf die Frage wer oder was?).

Das Prädikat ist nur in ganz vereinzelter Weise durch einen Neben= satz umschrieben worden: Gott ist, der er war. Gott ist auch, der er sein wird. Er bleibt, der er stets gewesen. Vgl. 2. Mos. 3, 14: Ich werde sein, der ich sein werde, d. i. der Ewige, Unveränderliche (Je= hova). Neid war's, was ihn antrieb. Gott ist's, der alles regiert.

b. in Objektssätze, welche die verschiedenen Objekte des Accus., Genit. und Dativs umschreiben (auf die Fragen: wen oder was? wessen? wem?). Zu den Objektssätzen gehören auch die Anfüh= rungssätze in direkter oder indirekter Rede; vgl. S. 9. Ferner die, welche den attributiven Genitiv umschreiben.

c. in Attributivsätze, welche ein attributives Beiwort um= schreiben (was für ein? welcher?).

d. in Adverbialsätze, welche adverbiale Bestimmungen des Ortes, der Zeit, der Weise und des Grundes umschreiben (d 1—4, auf die Fragen wo? wann? wie? wann oder warum?).

Wir gruppieren die Nebensätze als Kasussätze (a und b), als Beiwortssätze und als Umstandssätze.

4. Der Haupt= und der Nebensatz unterscheiden sich so,

a. daß jener meist für sich allein stehen kann, also selbständig ist, dieser nie;

b. jener eine Behauptung, das Prädikat, enthält, dieser nur eine nähere Bestimmung desselben oder das Subjekt umschreibt;

c. jener das Verbum an zweiter Stelle, dieser am Schlusse hat;

d. jener gewöhnlich den Inhalt einer Frage bildet, auf welche man mit diesem, dem Nebensatze, antwortet.

5. Der Nebensatz ist von seinem Hauptsatze durch ein Komma getrennt und wird durch Binde=, Umstands= oder Fürwörter eingeleitet, wenn nicht sein Verbum im Konjunktiv steht.

6. Ein Satzglied pflegt nur dann in Form eines Nebensatzes ausgedrückt zu werden, wenn die Bedeutung desselben nachdrücklicher und bestimmter hervorgehoben werden soll. Indes läßt sich nicht jeder Nebensatz auf ein einfaches Satzglied zurückführen und ist auch nicht immer aus demselben hervorgegangen.

Vgl. die Sätze: Man erzählt sich von der Ankunft des Fürsten — daß der Fürst angekommen sei oder ankommen werde. „Wer nicht hören will, muß fühlen", hat sicher anfänglich nicht gelautet: „Der nicht hören Wollende muß fühlen."

1. Aufg. Unterscheide in folgenden Satzgefügen Haupt- und Nebensätze, gieb die Arten der letzteren näher an und weise die obigen Lehrsätze an denselben nach; versuche auch mehrere Nebensätze in Form von Gliedern eines einfachen Satzes auszudrücken:

Wer nicht arbeitet, der soll auch nicht essen. Was lange währt, wird gut. Wer andern eine Grube gräbt, fällt selbst hinein. Was Gott thut, das ist wohlgethan. Was glänzt, ist für den Augenblick geboren. (G.) Was ich denk' und thu', trau' ich auch andern zu. Genieße was dir Gott beschieden; entbehre gern was du nicht hast. Man wußte nicht, woher sie kamen. Wer den Acker pflegt, den pflegt der Acker. Wem nicht zu raten ist, dem ist auch nicht zu helfen. Wer ins Feuer bläst, dem fliegen die Funken ins Auge. Solon sprach: „Niemand ist vor seinem Tode glücklich zu preisen". Der Mann ist aller Ehren wert, der alle Dinge zum Besten kehrt. Ein Auge, das den Vater verspottet, und verachtet, der Mutter zu gehorchen, das müssen die Raben am Bache aushacken und die jungen Adler fressen. (Spr. Sal. 30, 17.) Die Tugend, die man immer bewachen muß, ist nicht der Wache wert. (L.) Hüte dich vor den Katzen, die vorne lecken und hinten kratzen. — Mein Auge sieht, wohin es blickt, die Wunder deiner Werke. (Gellert.) Wo Gott eine Kirche baut, da baut der Teufel eine Kapelle daneben. Es irrt der Mensch, so lang er strebt. Wenn sich die Hirten zanken, dann hat der Wolf gewonnen Spiel. Bevor wir's lassen rinnen, betet einen frommen Spruch. (Sch.) Wie es in den Wald hinein schallt, so schallt es wieder heraus. Je lieber das Kind, je schärfer die Rute. Lebe, wie du, wenn du stirbst, wünschen wirst, gelebt zu haben. (Gell.) Der Selbstsüchtige hat keinen Freund, weil niemand vor ihm sicher ist. Ehre Vater und Mutter, auf daß dir's wohl gehe. Was Hänschen nicht lernt, lernt Hans nimmermehr. Wenn die Maus satt ist, schmeckt's Mehl bitter. Fliehe die Sünde, als ob sie die Pest wäre. Wer leicht glaubt, wird leicht betrogen. Wen der Neid zu schwärzen sucht, den beginnt er erst zu loben. Das sind die rechten Weisen, die vom Irrtum zur Wahrheit reisen; das sind die Narren, die im Irrtum beharren. Wes Brot ich esse, des Lied ich singe. Wo kein Kläger ist, da ist kein Richter. Laß mich wissen, was ich zu fürchten oder zu hoffen habe.

2. Aufg. a. Verbinde je zwei der folgenden Sätze erst zu einer Satzverbindung und dann in verschiedener Weise zu einem Satzgefüge:

Das Obst ist reif. Es muß gepflückt werden. — Thue deine Pflicht. Du wirst deinen Eltern und Lehrern lieb und wert sein. — Ehre Vater und Mutter. Es wird dir wohlgehen. — Du hast keinen

Freund. Der liebe Gott ist dir nah. — Die Tiefe des Meeres erzeugt die köstliche Perle. Den weisen Mann bildet oft die stille Verborgenheit. — Die Maus ist satt. Das Mehl schmeckt bitter. — Das Eisen ist warm. Man muß es schmieden. — Antworte dem Narren nicht nach seiner Narrheit. Du wirst ihm ähnlich. — Alle eure Sorgen werfet auf Gott. Er sorget für euch. — Vor Gott ist nichts verborgen. Habe ihn stets vor Augen und im Herzen. — Die Kartoffeln sind ein weitverbreitetes Nahrungsmittel. Sie sind aus Amerika zu uns gekommen. — Die Lappen bewohnen das nördliche Europa. Sie nähren sich hauptsächlich durch die Renntierzucht. — Der Zimt ist die Rinde eines Gewürzbaumes. Seine Heimat ist Ostindien und die ostindischen Inseln.

b. Bestimme die Arten der Nebensätze und wandle sie in Glieder des einfachen Satzes um.

Das Kochsalz. Das Salz gehört zu den Mineralien, welche für uns unentbehrlich sind. Es übertrifft durch seinen Nutzen weit das Gold, das meist nur der Eitelkeit dient. Es steht in gleichem Range mit dem Eisen, welches allgemein geschätzt wird. Gleichwohl räumt man ihm nur selten die Stelle ein, die ihm gebührt. Seine allgemeine Verbreitung ist die Ursache davon, daß es oft so gering geachtet wird. Wenn wir die Natur sorgfältig durchforschen, so begegnen wir allenthalben dem Salze. Die Luft, die uns umgiebt, enthält Bestandteile des Salzes. Auch das Meer ist eine Salzquelle, welche nie erschöpft werden wird. Aber am häufigsten finden wir es, wenn wir in das Innere der Erde hinabsteigen. Daselbst begegnen wir Salzlagern, die so hoch wie Berge sind. Die Betrachtung des Salzes liefert den Beweis dafür, daß das Dichterwort wahr ist: „Was jeder haben muß, giebt Gott im Überfluß."

3. Aufg. Zur Übung im Analifieren der Sätze überhaupt.

Die Erhebung im Jahre 1813.

Wie ein Frühlingssturm, der die Eisdecke bricht, fuhren die Erlasse des Königs von Preußen durch die Seele des Volkes. Es wurden nicht viele Worte gemacht, kurz war der Entschluß. Die Freiwilligen sammelten sich still in den Städten ihrer Landschaft und zogen mit ernstem Gesange aus den Thoren nach Königsberg, Breslau, Kolberg und später auch nach Berlin. Die akademischen Vorlesungen in Königsberg, Berlin und Breslau mußten geschlossen werden, weil die Studenten einzeln oder in kleinen Haufen als Freiwillige in die Armee eingetreten waren. Nicht nur die erste blühende Jugend trieb es in den Kampf, auch die Beamten, unentbehrliche Diener des Staates, Richter, Landräte, Männer aus jedem Kreise des Civilstandes. Es gab wenige Familien, die nicht ihre Söhne dem Vaterlande darboten. Kaum wollte der König an solche Opferfreudigkeit glauben. Als er aber aus den Fenstern des Regierungsgebäudes zu Breslau den ersten langen Zug von Wagen und Männern aus der Mark sah, den Zuruf hörte und die allgemeine Freude erkannte, rollten ihm die Thränen über die Wangen. Wer nicht selbst ins Feld zog oder ein Glied seiner Familie ausrüsten half, der suchte durch Gaben dem Vaterlande zu helfen.

Es ist eine holde Arbeit, die langen Verzeichnisse der eingelieferten Spenden zu durchmustern. Wer kein Geld zu opfern hatte, bot von seinen Habseligkeiten, seiner Arbeit. Gewöhnlich war es, daß Gatten ihre goldenen Trauringe einsandten. Landleute schenkten Pferde, Gutsbesitzer Getreide. Kindern war es eine Freude, ihre Sparbüchsen zu öffnen. Ein armes Mädchen, dessen schönes Haar gelobt worden war, schnitt es ab zum Verkaufe. Was das arme Volk aufbringen konnte, wurde mit der größten Opferfreudigkeit eingesandt. Es war das erste Mal, daß ein deutsches Volk in solcher Opferlust aufloderte.

§ 62.

I. **Die Kasussätze: Subjekts- und Objektssätze.**

Beisp. 1. Subjektssätze.

Wer sucht, der findet. Wer sich in Gefahr begiebt, der kommt darin um. Wer Pech angreift, (der) besudelt sich. Wer klug ist, lerne schweigen. Wer besitzt, der lerne verlieren; wer im Glücke ist, lerne den Schmerz. (S.) Was ich nicht weiß, (das) macht mich nicht heiß. — Was man nicht nützt, ist eine schwere Last. (G.) Was du ewig liebst, ist ewig dein. (Geibel.) Wessen Dienste nur körperliche Arbeit erfordern, der hat dafür nichts als Metall zu erwarten. (Engel.) Wem's Gott vergönnt, (der) wird schlafend reich.

Daß die Wogen sich senken und heben, das eben ist des Meeres Leben; und daß es hofft von Tag zu Tag, das ist des Herzens Wellenschlag. (Rückert.) Daß wir so viele Sterne kaum oder gar nicht sehen können (die Kleinheit oder Unsichtbarkeit so vieler Sterne), hat seinen Grund in ihrer großen Entfernung von der Erde. Das eben ist der Fluch der bösen That (= es ist d. Fl. ꝛc.), daß sie fortzeugend Böses muß gebären (g. muß. Sch.). Es ist besser, daß ein Kind jetzt weint, als daß die Eltern später weinen. Die sich am leichtesten übereilen, (das) sind nicht die schlechtesten Menschen = Es sind nicht die schlechtesten, die ꝛc. (Lessing.) Der ist weise und wohlgelehrt, der alle Dinge zum besten kehrt.

Lehrs.: Der Subjekts- oder Nominativsatz wird mit seinem Hauptsatze meistens durch die relativen Fürwörter wer? was? (Gen. wessen?) oder durch den Satzartikel daß verbunden. Dem relativen Fürworte und dem Satzartikel daß entspricht im Hauptsatze an Stelle des Subjektes das hinweisende oder demonstrative Fürwort der, das. Geht der Hauptsatz dem Nebensatze mit daß voran, so wird derselbe mit es eingeleitet.

1. Aufg. a. Verwandle in obigen Beispielen die Nebensätze thunlichst in Subjekte des einfachen Satzes.

b. Umgekehrt drücke folgende Subjekte in Form von Subjektssätzen aus:

Das Irdische soll wieder zur Erde werden. Der Stillstehende kommt leicht rückwärts. Der viel Fragende geht leicht irre. Der seine Schulden Bezahlende verbessert seine Güter. Der Müßiggänger in der Jugend muß im Alter meist am Hungertuche nagen. Das werdende Häkchen krümmt sich bei Zeiten. Das schnell Gewonnene zerrinnt gewöhnlich auch ebenso schnell wieder. Der den Pfennig nicht Ehrende ist auch des Thalers nicht wert. — Ich weiß es nicht; es macht mich nicht heiß. Es kommt nicht von Herzen; es geht auch nicht zu Herzen.

c. Beantworte. Wer ist sparsam, verschwenderisch, geizig? Wer ist gerecht, parteiisch, leichtsinnig? Wer ist ein Betrüger, ein Dieb, ein Lügner, ein feiner Mörder? Wer flucht, schwört?

d. Ergänze. Es ist ein Glück, daß —. Es ist die Frage, ob —. Es ist nicht einerlei —. Es ist gewiß —. Es kommt vor —. Es ist längst erwiesen —. Es ist mein Wunsch —.

2. Objekts- oder Ergänzungssätze.

Beisp. a. (Statt eines Accusativs). Ich schätze den (wen?), der tapfer ist und grad. (G.) Sage nicht alles, was du weißt; aber wisse immer, was du sagst. (Claudius.) Wer redet, was ihn gelüstet, muß hören, was ihn entrüstet. Leicht entbehrt man, was man nicht besaß. Wer sich liebt allzusehr, den hassen die andern um so mehr. Wen der Herr lieb hat, den züchtigt er. (Hebr. 12, 6.) Wem Gott will rechte Gunst erweisen, den schickt er in die weite Welt.

Der Gesunde weiß nicht, wie reich er ist. Kinder erkennen noch nicht, wie gut es Eltern und Lehrer mit ihnen meinen. Du weißt nicht, von wannen (woher) der Wind kommt und wohin er fährt. (Joh. 3, 8.)

b. Du kannst noch nicht wissen, ob eins der Gerüchte wahr sei. Kein Mensch vermag zu sagen, ob er nicht einmal eines Helfers bedürfe. Gott sah von aller Ewigkeit, wie viel mir nützen würde. Noch keinen sah ich glücklich enden, auf den mit immer vollen Händen die Götter ihre Gaben streun. (Sch.) Das Sprichwort behauptet nicht mit Unrecht, es gebe soviel Sinne als Köpfe, jeder Mensch habe seine eigene Ansicht der Dinge. Die Natur sei im Kleinsten am größten, behauptet ein alter Naturforscher.

c. Daß. Wir vergessen immer (was?), daß ein schlafender Fuchs kein Huhn fängt, und daß wir im Grabe noch Zeit genug zum Schlafen haben. Lykurg begriff wohl, daß es damit nicht gethan sei, Gesetze für seine Mitbürger zu schaffen; er mußte auch Bürger für diese Gesetze schaffen. (Sch.) Fast durchgängig kann man behaupten, daß die Absichten der alten Gesetzgeber weise und lobwürdig waren, daß sie aber in den Mitteln oft fehlten. (Sch.) — Galiläi, der, während des Gottesdienstes wahrscheinlich etwas zerstreut, schon als Knabe erkannte (was?), daß durch die Dauer der Schwingungen von Kronleuchtern, welche in gleicher Höhe hingen, die ganze Höhe eines Kirchengebäudes zu messen sei, hatte freilich nicht geahnt, wie das Pendel einst von Pol zu Pol getragen werden würde, um die Gestalt der Erde zu bestimmen. (A. von Humboldt.)

d. (Statt eines Genitivs u. Dativs.) Wes (wessen) das Herz voll ist, des (dessen) geht der Mund über. (Matth. 12, 34.) Freue dich nur, wessen du dich freuen darfst. Gedenke Sohn, daß du dein Gutes empfangen hast (Luk. 16, 25) = des Empfanges. Des rühme der blutige Tyrann sich nicht, daß der Freund dem Freunde gebrochen die Pflicht. (Sch.) Des Königs Tochter ist immer wert, daß wir darum stechen und schlagen.

Wer ins Feuer bläst, dem fliegen die Funken ins Auge. Wem Gott ein Amt giebt, dem giebt er auch den Verstand. Wem nicht zu raten ist, dem ist auch nicht zu helfen. Das Glück hilft denen, die sich selbst zu helfen suchen.

e. (Statt eines attributiven Genitivs.) Man hat Exempel, daß man den Mord liebt und den Mörder straft (Sch.) = Exempel der Liebe zum Morde. Der Vorwurf, daß er geizig sei (V. des Geizes), trifft ihn mit Unrecht. Das Peinlichste am körperlichen Schmerze ist die Täuschung, daß er immer währe. (J. Paul.) Habt ihr Befehl gegeben, daß man ihn zurückweise? Die Erfüllung dessen, was man versprochen hat (= des Versprochenen), ist oft schwerer als das Versprechen. Die spätere Pflege derer, denen wir Leben und Erziehung verdanken, ist für uns heilige Pflicht. An der Schonung dessen, was Menschen Jahrhunderte hindurch teuer war, erkennt man den vernünftigen Menschen. Die Überschätzung dessen, was wir geleistet haben, ist ein leider allzu gewöhnlicher Fehler.

Lehrsätze. 1. Die Objekts- oder Ergänzungssätze umschreiben in mehr oder weniger erweiterter Form diejenigen Objekte oder Ergänzungen des einfachen Satzes, welche gewöhnlich durch den Accusativ (Beisp. a—c), seltener durch den Genitiv oder Dativ (d) ausgedrückt werden. Sie stehen auf die Frage wen oder was? Sie werden mittels der bezüglichen Pronomen wer, was, der (wen, wem, wessen), denen im Hauptsatze ein demonstratives der, das, den entspricht, oder durch die Partikeln ob und wie, woher, wohin, oder durch den bloßen Konjunktiv (b), sehr häufig aber auch durch den Satzartikel daß gebildet.

2. Eine besondere Gruppe der Ergänzungssätze bilden die in den folgenden Paragraphen näher zu behandelnden Anführungssätze.

3. Der Übereinstimmung und der Form halber stellen wir zu ihnen auch die gleichfalls durch den Satzartikel daß eingeleiteten sog. abnominalen, d. i. zu einem Nomen tretenden Genitivsätze, welche attributive Genitive objektiver Art umschreiben (e).

1. Aufg. a. Umschreibe die Objekte durch Objektivsätze.

Moses. Moses sah mit tiefem Schmerze der Bedrückung seiner Landsleute durch die Ägypter zu. Er wollte die Mißhandlungen nicht länger mehr dulden. Er ließ sich vom Zorne zum Totschlage eines ägyptischen Aufsehers hinreißen (soweit). Der König erfuhr den Vorfall. Die Furcht vor der Strafe bewog Moses zur Flucht. Später gebot ihm Gott die Rettung seines Volkes. Moses erkannte die Schwierigkeit dieses Auftrags wohl. Er erinnerte sich der Ungnade Pharaos. Dennoch führte er den Befehl Gottes aus.

b. Desgleichen.

Guter Freund!

Sicherlich hast Du Dich nicht wenig über mein langes Schweigen gewundert, denn Du wolltest ja gern etwas über das in Hamburg Gesehene wissen. Allein ich hoffe auf Deine Entschuldigung, sobald Du die Umstände meiner Abhaltung erfahren haben wirst. Ich erinnere mich auch wohl an Deine vor meiner Abreise ausgesprochene

Bitte um eine ausführliche Reisebeschreibung. Allein auch auf diese mußt Du für heute verzichten. Ich kann Dir nur mein gestern erfolgtes Eintreffen in Hamburg melden. Allerlei kleine Unfälle hinderten mich am schnelleren Vorwärtskommen, und nun ist erst etwas Einrichtung und Eingewöhnung nötig, ehe ich Bericht erstatten kann. Nimm daher vorläufig diese wenigen Zeilen als einfaches Lebenszeichen freundlich an, vergiß ihr so spätes Eintreffen und sei der baldigen Lieferung eines ausführlichen Berichtes versichert. Schließlich bitte ich Dich noch, grüße alle bei der Ankunft Anwesenden und teile ihnen meine Hoffnung auf baldige Erwiderung dieser kurzen Nachricht mit. Laß mich recht bald etwas über Euer Befinden wissen und denke auch in der Ferne so oft wie sonst

Hamburg, den 12. April 1884.

Deines aufrichtigen Freundes
N. N.

2. Aufg. a. Ergänze durch Nebensätze.

Jakob und Esau. aa. Isaak befahl dem Esau —. Rebekka wünschte —. Esau drohte —. Jakob fürchtete —. Laban glaubte —. bb. Bei seiner Reise nach Harem wußte Jakob nicht —. Bei seiner Rückkehr war er ungewiß —. Er hätte gern erfahren —. Esau fragte seinen Bruder Jakob —.

b. Wen nennt man mitleidig, barmherzig, gehorsam, pünktlich, neidisch, einen Schmeichler, Heuchler?

Was wünschte Ahab? Kain? Was hoffte Columbus? beabsichtigte Karl der Große, als er die Sachsen bekriegte? behauptete Luther? Was verlangt das 7. Gebot? das 4.? Wonach soll der Mensch streben?

c. Ergänze das Bindewort daß und das Fürwort das und bestimme dabei möglichst die Satzart.

Man glaubte vordem, — die Planeten das Schicksal der Menschen lenkten. Wie nannte man diejenigen, welche — glaubten? Es ist ein großes Glück, — wir — nicht wissen, was die Zukunft uns bringt. Warum ist — ein großes Glück? Was Gott für mich bestimmt, — kommt aus lieben Vaterhänden; ich weiß es, — mir alles frommt, was diese huldreich senden. Gieb, — mir jeden Tag stets — vor Augen schwebe, — dein' Allgegenwart mich wie die Luft umgebe. D— ist die Liebe zu Gott, — wir seine Gebote halten. D— lasse der Herr ferne von mir sein, — ich sollte meine Hand an den Gesalbten des Herrn legen! (1. Sam. 26, 11.) D— sei ferne von dir, — du — thuest, und tötest den Gerechten mit dem Gottlosen. (1. Mos. 18, 25.) Gott will, — allen Menschen geholfen werde und — sie alle zur Erkenntnis der Wahrheit kommen. (1. Timoth. 2, 4.)

§ 63.

3. **Die Anführungssätze.**

Beisp. a. Der Träge entschuldigt sich nicht selten damit, daß er der Notwendigkeit gehorchen müsse.

b. Sag' nicht, du müssest der Notwendigkeit gehorchen. Meinst du, ich sei ein Kind? Gott fragte Adam, wo er sei und ob er nicht gegessen hätte (habe) von dem Baume der Erkenntnis.

c. Franz Baco sagt: „Wissen ist Macht." „Zeit ist Geld", lautet der Wahlspruch der Amerikaner.

„Ich habe stets die Gerechtigkeit geliebt und die Ungerechtigkeit gehaßt", sprach Papst Gregor VII., „deshalb sterbe ich in der Verbannung."

Lehrsätze. 1. Zu den Objekts= oder Ergänzungssätzen gehören auch die Anführungssätze, welche ausdrücken, was jemand sagt, behauptet, denkt, und welche in der Form nichts Abweichendes haben, wenn sie mit daß beginnen (Beisp. a). Ob nach daß der Indikativ oder der Konjunktiv gebraucht werden müsse, hängt von dem Grade der Gewißheit ab, womit der Redende spricht.

2. Oft aber führt man jemandes Worte oder Ansichten in indirekter Rede nur dem Sinne nach an, wobei der Satzartikel daß fortfällt, das Verb im Konjunktiv gebraucht wird und die Wortfolge die des Hauptsatzes ist (b).

3. Lebendiger und nachdrücklicher wird die Darstellung in direkter oder wörtlich anführender Rede, in welcher nur der Indikativ gebraucht wird.

4. Die mitgeteilten Worte können entweder
a. wie andere Objekte oder Objektivsätze dem Hauptsatze oder dem einführenden Worte folgen, sind dann aber von demselben durch ein Kolon zu trennen und zwischen Anführungszeichen zu fassen;
b. oder sie können zur größeren Lebhaftigkeit der Mitteilung vorangehen, oder
c. sie können den einführenden Hauptsatz in ihre Mitte nehmen, in welchem Falle dieser durch Komma, wie durch Anführungszeichen deutlich von der direkten Rede zu sondern ist.

1. Aufg. a. Weise dies an folgenden Sätzen nach und übertrage die direkte in die indirekte Rede.

Friedrich der Große erklärte: „Ich bin der erste Diener meines Staates." — „In meinem Lande," sagte Friedrich der Große, „kann jeder nach seiner Façon selig werden." — Das Sprichwort sagt: „Müßiggang ist aller Laster Anfang." — Columbus sagte einmal: „Jede Sache erscheint uns leicht, wenn sie gethan ist." — Gottes Wort fordert: „Vor einem grauen Haupte sollst du aufstehen und die Alten ehren." — Pilatus fragte: „Was ist Wahrheit?" — Jesus rief am Kreuze: „Vater, vergieb ihnen, denn sie wissen nicht, was sie thun;" ferner: „Es ist vollbracht!" — worauf er verschied. - „Morgen, morgen, nur nicht heute!" sprechen alle trägen Leute. „Ich bin," spricht jener, „zu sterben bereit und bitte nicht um mein Leben; doch willst du Gnade mir geben, ich flehe dich um drei Tage Zeit, bis ich die Schwester dem Gatten gefreit; ich lasse den Freund dir als Bürgen; ihn magst du, entrinn' ich), erwürgen." (Sch.)

b. Der Löwe und der Fuchs.

„Herr Löwe," sprach der Fuchs, „ich muß
dir's nur gestehen, mein Verdruß
hat sonst kein Ende,
der Esel spricht von dir nicht gut;
er sagt, was ich an dir zu loben fände,
das wiss' er nicht; dein Heldenmut
sei zweifelhaft; du gäbst ihm keine Proben
von Großmut und Gerechtigkeit;
du würgtest die Unschuld, suchtest Streit;
er könne dich nicht loben!
Ein Weilchen schwieg der Löwe still,
dann sprach er: „Fuchs, er spreche, was er will,
denn was von mir ein Esel spricht,
das acht' ich nicht!" Gleim.

Was der Fuchs den Esel erzählen läßt, steht in **indirekter** Rede. Wandle diese in die **direkte** um.

2. Aufg. Übertrage folgende Gleichnisrede in die indirekte Form.

Die Glieder des Leibes. Der Römer Agrippa erzählte seinen Mitbürgern, als ein Bürgerkrieg in Rom ausgebrochen war, folgendes Gleichnis: „Die Glieder des Leibes lehnten sich einst gegen den Magen auf und erklärten diesem: „„Wir müssen immer arbeiten; die Füße laufen, die Augen umhersehen, die Hände tausenderlei verrichten, die Zähne kauen, und das kommt alles dem Magen zu gute, der nichts zu thun braucht, als nur anzunehmen und zu verzehren, was sie ihm zubereiten und darreichen. Deswegen sind wir übereingekommen, von jetzt an zu feiern, damit der Magen einmal sieht und spürt, wie ihm das bekommt."" Als sie aber etliche Tage gefeiert hatten, waren die Füße schwach geworden, die Augen trübe, die Hände laß und der ganze Leib kraftlos, weil der Magen keine Speise mehr bereiten und sie den Gliedern mitteilen konnte. Da erkannten sie ihre Unbesonnenheit und sahen ein, daß jedes Glied schuldig sei, nicht nur allein um des Magens willen, sondern auch um seiner selbst willen seine Schuldigkeit zu thun, „denn", sprachen sie, „es ist nicht an dem, daß die Glieder nur dem Magen dienen, sondern es dient auch hinwiederum der Magen den Gliedern". Mit diesem Gleichnisse brachte Agrippa seine Mitbürger auf bessere Gedanken, daß sie sich schämten und heimkehrten, jeder an seine Arbeit.

3. Aufg. Gebrauche die richtige Interpunktion.

a. Der Geizige. Ich Unglücklicher klagte ein Geizhals seinem Nachbar man hat mir den Schatz den ich in meinem Garten vergraben hatte diese Nacht entwendet und einen verdammten Stein an dessen Stelle gelegt Du würdest antwortete ihm der Nachbar deinen Schatz doch nicht genützt haben bilde dir also ein der Stein sei dein Schatz und du bist um nichts ärmer Wäre ich auch schon um nichts ärmer erwiderte der Geizhals ist ein anderer nicht um soviel reicher Ein anderer um soviel reicher Ich möchte rasend werden. Lessing.

b. Die Feuersbrunst. Feuer Feuer erscholl es mitten in der Nacht eilt zu retten mahnte die Feuerglocke wo brennt es rief alles zum Fenster hinaus der Gasthof steht in Flammen kommt und helft war die Antwort große Menschenmassen strömten in kurzer Zeit der Feuerstätte zu welch ein Lärm herrschte hier ist noch jemand im Hause fragte der eine wer rettet das Vieh schrie ein anderer hierher eine Leiter befahl ein dritter wo ist in der Nähe ein Brunnen riefen die Spritzenleute richtet den Wasserstrahl nach der Giebelmauer kommandierte der Feuerlöschdirektor es ist alles erfolglos seufzte der trostlose Besitzer sucht nur das verheerende Element von den Nachbarhäusern abzuwehren und es war wie er gesagt der Gasthof brannte bis auf die Mauern nieder weiteres Unglück aber ward verhütet.

c. Wandle unter a und b die direkte Rede thunlichst in die indirekte und achte auf die veränderte Interpunktion. Zu ähnlichen Übertragungen bieten Lesestücke oder Gedichte vielfach Gelegenheit.

4. Aufg. Sprachstücke mit verschiedenartig gestellter direkter Rede sind zur Übung in der Interpunktion nach Diktat aufzuschreiben, z. B. die drei Blicke. Eintracht macht stark. Alexander der Große in Afrika (§ 55).

§ 64.
II. Die Attributiv- oder Beiwortssätze.

Beisp. a. Der Stolzen Hochmut ist ein Wind, der gar bald verschwindt. Du sollst dem Ochsen, der da drischt, nicht das Maul verbinden. (5. Mos. 25, 4.) Nichts ist so elend als ein Mann, der alles will und der nichts kann. Man lernt Verschwiegenheit am besten unter Menschen, welche keine haben, und Plauderhaftigkeit am leichtesten bei solchen, welche verschwiegen sind. Die Stätte, die ein guter Mensch betrat, ist eingeweiht. (G.) Mäßigung ist eine Tugend, welche unserm Zeitalter vor allen andern am meisten zu fehlen scheint. (G. Forster.)

Heilig ist das Gesetz, so dem Künstler Schönheit gebietet. (Klopstock.) Liebet eure Feinde; segnet, die euch fluchen; thut wohl denen, die euch hassen; bittet für die, so euch beleidigen und verfolgen (Matth. 5, 44 — welche Nebensätze?).

b. Gar mancher Schatz, den ihr in Freudenstunden umsonst gesucht, ihn hat der Schmerz gefunden. (Geibel.) — Man zeige uns den Wilden, der, ohne blödsinnig zu sein, vom Mein und Dein gar keinen Begriff hätte. Sein ist die Hütte, die er errichtet, der Pelz, den er genäht, der Kahn, den er ausgehöhlt, der Bogen, den er geschnitzt. Sein ist der Baum über s. Haupt, der ihm Früchte trägt, das Wild, das er tötet, der Fisch, den er fängt. Das Messer, womit (mit welchem) er schneidet, hat er sich selbst aus Holz oder Stein bereitet. Darum verteidigt er auch die Hütte, worin (in der) er wohnt, seine Waffen, mit denen (womit) er sich die Nahrung holt, als sein Eigentum mit Beharrlichkeit (Forster). — Wie köstlich ist des Freundes Rede, deren Himmelskraft ein Einsamer entbehrt. (G.) — Noch keinen sah ich fröhlich enden, auf den mit immer vollen Händen die Götter ihre Gaben streun. (Sch.) — Das Betragen ist ein Spiegel, in welchem jeder sein Bild zeigt. Der Vorteil, um den (welchen) sich zwei streiten, erfreut meistenteils den dritten. Es giebt Unthaten, über welche kein Gras wächst.

c. Der Stuhl ist elfenbeinern, worauf der Kaiser sitzt; der Tisch ist marmelsteinern, worauf sein Haupt er stützt. Kennst du das Land, wo (in welchem) die Citronen blühn? (G.) Jede Erdichtung, womit (mit welcher) der Poet eine gewisse Absicht verbindet, ist eine Fabel. (L.) O schöner Tag, wann (an welchem) endlich der Soldat aus dem Kriege heimkehrt! Wie vieles hat er nicht zu berichten, worüber die Seinen sich freuen oder betrüben! Aus wie vielen Gefahren, in denen (worin) er sich befunden, hat ihn der gnädige Gott wunderbar gerettet! Nur ein Herz, von Gott erneut, giebt im Tode Freudigkeit.

Lehrsätze. 1. Unter Attributivsätzen verstehen wir nur die Beiwortssätze, welche Adjektive (auch Participien) umschreiben, also Substantive erweitern. Sie können den Hauptsätzen folgen oder von diesen eingeschlossen werden. Eingeleitet werden sie durch die relativen Fürwörter der, die, das oder welcher, e, s, welche sich in Geschlecht und Zahl nach dem Substantiv richten müssen, auf welches sie sich beziehen und in dessen Nähe sie stehen müssen; der Fall wird jedoch durch das Prädikat des Nebensatzes oder durch eine Präposition bestimmt (a und b). Ältere Schriftsteller gebrauchen als Relativ auch so.

2. Bezieht sich der Beiwortssatz auf einen Ort oder eine Zeit, so wird er durch wo oder wann, worauf, woran ec. eingeleitet, doch nähert er sich dann einem Adverbialsatze, bei welchem Relativ-Adverbien wie woran, worauf, womit, worüber ec. häufig sind.

3. Merke die Genitive des Relativums der, die, das; dessen, deren, dessen, Pl. deren, dagegen der Genitiv Pl. vom Demonstrativum derer: Die Füße derer, die deinen Mann begraben haben, stehen vor der Thür und werden dich hinaustragen. (Ap. Gesch. 5, 9.)

1. Aufg. a. Verwandle die Beifügung in einen Nebensatz. Selbstverdientes Brot schmeckt am besten. Der gegen seinen Vater sich auflehnende Absalom wurde schwer bestraft. Noch unreifes Obst schadet der Gesundheit. Für das auf Erden ausgerichtete (gethane) Gute werden wir im Himmel belohnt werden. Das zu scharf geschliffene Messer wird bald schartig. Ein lehrreiches Buch ist ein guter Freund. Das von Berthold Schwarz erfundene Schießpulver wird aus Salpeter, Kohle und Schwefel bereitet. Die von Franz Drake nach Europa gebrachten Kartoffeln sind ein namentlich bei der ärmeren Bevölkerung sehr verbreitetes Nahrungsmittel geworden. Der vom Weibe ersparte Groschen ist mehr wert als der vom Manne erworbene Thaler. Die im Zimmer gezogene Blume kann die rauhe Außenluft

nicht vertragen; ebensowenig kann ein von Geburt an verzärteltes Kind ein rauhes Lüftchen vertragen.

b. Verwandle einige Beifügesätze in Beifügungen. Die Giftpflanzen. Die Gewächse welche giftige Stoffe enthalten, heißen Giftpflanzen. Eine Giftpflanze, welche auf Schutthaufen wächst, ist das Bilsenkraut. Der Auswuchs, welcher aus den Kornähren hervorkommt, wird Mutterkorn genannt. Die Giftpflanze, die eine apfelähnliche Frucht hat, führt den Namen Stechapfel. Eine andere Pflanze, welche kirschenartige Beeren trägt, wird Tollkirsche genannt. Der Schierling, welcher in Gemüsegärten vorkommt, sieht der Petersilie sehr ähnlich. Das giftige Zwiebelgewächs, das im Herbst blüht und im Frühjahr erst Blätter und Früchte bekommt, ist die Herbstzeitlose. Die Pilze, die am schönsten aussehen, sind gewöhnlich auch giftig.

2. Aufg. a. Verbinde je zwei Sätze zu einem Satzgefüge. Der Igel. 1. Der Igel ist ein einheimisches Säugetier. Dasselbe trägt ein Stachelkleid. 2. Er hat einen kleinen und zugespitzten Kopf. Derselbe wird durch den sehr kurzen Hals mit dem Rumpfe verbunden. 3. Mit den Augen vermag er des Nachts gut zu sehen. Dieselben liegen ziemlich weit auseinander. 4. Die Stacheln sind weiß und schwarzbraun gefärbt. Dieselben haben eine ungefähre Länge von $2^1/_2$ Centimeter. 5. Den Tag über schläft er in seinem Verstecke. Dasselbe wählt er am liebsten unter Hecken und Baumwurzeln. 6. Seine Nahrung sucht er sich am Abende. Dieselbe nimmt er aus dem Tier- und Pflanzenreiche. 7. Am liebsten frißt er Mäuse. Dieselben weiß er mit großer Sicherheit und Gewandtheit zu beschleichen. 8. Durch die Stacheln schützt er sich gegen Angriffe. Dieselben erfährt er oftmals von unverständigen Menschen und von Raubtieren. 9. Im Herbste macht er sich ein Lager zurecht. Dasselbe füttert er mit Moos aus. 10. Hier hält er einen langen Schlaf. Derselbe dauert den ganzen Winter hindurch.

b. Der Weinstock kommt bei uns im Freien fort. Er ist am Kaspischen See heimisch. Seine Wurzel bringt tief in den Boden. Sie ist stark und zähe. Der Stamm erreicht eine Länge von 30 bis 40 Fuß. Der Stamm hat ästige Ranken. Die Blätter sind langgestielt. Die Blätter sind herzförmig. Sie sind drei- bis fünflappig. Die kleinen Blüten sind grünlich gelb. Die Blüten bilden eine Traube. Die Frucht ist eine saftige Beere. Der Same in der Frucht ist birnförmig. Die Arten des Weinstocks sind zahlreich. Bei Paris werden allein an 1000 Arten gezogen. Die großen und süßen Beeren eines Weinstocks geben, getrocknet, Rosinen. Dieser wächst in Kleinasien und Syrien. Die kleinen Beeren einer andern Art geben, getrocknet, die Korinthen. Sie wächst in Griechenland.

3. Aufg. a. Ergänze durch Beiwortssätze:
Moses zerbrach die steinernen Tafeln —. Das Leben und die Thaten Konstantins des Großen — zeugen oft von unchristlicher Gesinnung. Peter

Hele ist der Name des Mannes —. Maria Stuart war diejenige unglückliche Königin —.

Die Sonne beleuchtet die eine Hälfte der Erde, deren —. Die Sonne, deren —, gehört zu den Fixsternen —. Der Löwe — besitzt nicht denjenigen Grad von Großmut —. Die Bienen — haben einen Stachel —. Der Nil — befruchtet ganz Ägypten. Die Christen — zeigten in denselben die größte Standhaftigkeit.

b. **Erkläre durch Beiwortsätze:** Osten, Westen, Süden, Norden, Flußmündung, Quelle, rechtes und linkes Ufer, Meerenge, Insel, Halbinsel, Äquator, Nordpol, heiße Zone, Säugetiere, Vögel, Fische, Amphibien, Insekten, feste, flüssige, luftförmige Körper, Schwerpunkt, Mittelpunkt, Umkreis; spitzer, stumpfer, rechter Winkel.

c. **Gebrauch der Relativpronomen das, welches und was** (von denen letzteres sich auf den Inhalt eines ganzen Satzes oder auf allgemeine Ausdrücke wie alles, nichts, manches, das Beste, das Gute ec. bezieht).

Die Israeliten zogen nach dem Lande, — ihnen verheißen war. Sie zeigten sich aber oft unzufrieden und ungehorsam — b. Herr mißfiel. Niemand weiß, — der nächste Tag bringen werde. Das Meer, —, heißt der Atlantische Ocean. Am Meere beobachtet man ein regelmäßiges Steigen und Fallen des Wassers, — Ebbe und Flut genannt wird. Mir widerfährt nichts, — mich an der Vorsehung zweifeln ließe.

4. **Aufg. Friedrich Barbarossa.** (Wähle die passenden Relativpronomen.) Der erste Hohenstaufe, — die deutsche Kaiserkrone trug, war Kaiser Konrad. Nach dessen Tode wählten die deutschen Fürsten den Herzog Friedrich von Schwaben, — auch das ganze übrige Deutschland freudig zujauchzte. Friedrich I, — die Italiener wegen seines roten Bartes „Barbarossa" nannten, verdiente dieses allgemeine Vertrauen. Gegen Übelthäter und Aufwiegler, — des Reiches Wohl zu untergraben suchten, war er furchtbar streng. Gegen die Feinde aber, — Reue sich als ernst erwies, zeigte er sich stets versöhnlich. Sein Urteil, — Schärfe von allen Zeitgenossen anerkannt wurde, betrog ihn fast nie. Gegen die übertriebenen Forderungen der Geistlichen, — er sonst ehrfurchtsvoll begegnete, trat er mit Nachdruck auf. Gern blickte er auf große Vorbilder der früheren Zeiten. Namentlich hatte er sich Karl den Großen, mit — Lebensgeschichte er ganz vertraut war, zum Muster genommen. Das Hauptziel, — er unausgesetzt zustrebte, war die Unterwerfung Italiens. Die sechs Feldzüge, — er zu diesem Zwecke unternahm, sind unter dem Namen der Römerzüge bekannt. Besonders glänzend war der zweite dieser Züge, auf — das mächtige Mailand zerstört wurde. Aber die Niederlage bei Legnano, — Ursache der Abfall Heinrichs des Löwen war, vernichtete Friedrichs schönste Hoffnungen. Im hohen Alter unternahm er noch einen Kreuzzug, von — er leider nicht zurückkehrte. Im Saleph, — reißende Fluten er mit seinem Rosse durchschwimmen wollte, fand er seinen Tod. Das deutsche Volk, — an den Verlust seines edelsten Fürsten nicht glauben mochte, ließ ihn noch lange in der Sage fortleben. Es versetzte ihn in

den Schoß des Kiffhäusers, aus — er einst wieder als Herrscher eines neuen deutschen Reiches hervorgehen sollte.

b. Die Gottesgerichte. Man hatte in der das Mittelalter genannten Zeit eine eigentümliche und grausame Art, die Schuld oder Unschuld des eines Verbrechens angeklagten und dasselbe leugnenden Verbrechers an den Tag zu bringen. Der Beklagte mußte nämlich die Wasser= oder Feuerprobe, oder einen Zweikampf bestehen. Die Wasserprobe wurde entweder mit eiskalt— oder mit siedend heiß— Wasser angestellt. Bei b. erst— wurde der (die) Beklagte an Händen und Füßen gebunden ins Wasser geworfen, und wenn er dann oben schwamm, für schuldig, wenn er untersank, für unschuldig erklärt. Bei b. letzt— mußte der (die) Beklagte mit völlig entblößt— Arme aus dem Grunde eines mit siedend— Wasser angefüllt— Gefäß ein— vom Priester geweiht— Ring herausholen. Wenn dies geschehen war, so wurde ih— von e. b. Richter ein Sack über d. Arm gezogen und versiegelt. Bei der nach drei Tagen stattfindenden Besichtigung wurde er losgesprochen, wenn sein Arm leicht oder gar nicht verbrannt war. — Die Feuerprobe wurde auf verschiedene Art angestellt. Der Beklagte mußte mit bloß— Füßen über glühend gemachte Kohlen gehen, oder glühendes Eisen mit bloß— Hand fassen. Seine Schuld oder Unschuld wurde aus d— stärker oder schwächer erlitten— Beschädigung beurteilt. — Zuweilen wurde d—. streitig— Parteien der mit groß— Feierlichkeit gehaltene Zweikampf zuerkannt. Man hat diese Art zu richten ein Gottesgericht oder Ordäl genannt, weil man die Entscheidung als eine unmittelbar von Gott geleitete betrachtete. —

Ergänze zunächst die Kasus und verwandle dann einige Attribute, durch welche der Stil schwerfällig wird, in Attributivsätze.

§ 65.

III. **Umstands= oder Adverbialsätze des Ortes, der Zeit und der Weise.**

1. **Adverbialsätze des Ortes.** Vgl. § 54. S. 124.

Beisp. a. Wo rohe Kräfte sinnlos walten, da kann sich kein Gebild gestalten. (Sch.) Wo das Strenge mit dem Zarten, wo Starkes sich und Mildes paarten, da giebt es einen guten Klang. (Sch.) Wo vor Jahrtausenden in Deutschland Urwälder waren, da erheben sich jetzt blühende Städte. Da, wo die Flüsse ins Meer münden, bilden sich leicht Sandbänke. Wo man Singvögel vertilgt, da züchtet man schädliche Insekten. Wo man Maulwürfe fängt, da hegt man ein dem Graswuchse schädliches Gewürm. Wo man den Eulen nachstellt, (da) liebäugelt man mit den Feldmäusen.

b. Wohin man nach dem siebenjährigen Kriege kam, (da) sah man die Spuren der furchtbaren Verwüstung. Soweit die Sonne leuchtet, lebt niemand schattenlos. (Logau.) Gott, deine Güte reicht soweit, soweit die Wolken reichen. (Gellert.) Wenn doch jeder (dahin) eilte, wohin die Pflicht ihn ruft! Jener Unverstand über die vermeintlich schädlichen Tiere rührt daher, woher aller Unverstand kommt und führt dahin, wohin alle Unwissenheit führt.

Lehrf. 1. Adverbial= oder Umstandssätze des Ortes vertreten oder erweitern die lokalen Umstandsbestimmungen einfacher Sätze und werden durch die relativen Adverbien wo? wohin? woher? und soweit eingeleitet, denen im Hauptsatze die demonstrativen Adverbien da, dort, dahin, dorthin, daher, soweit entsprechen, die indes wie andere Demonstrative im Satze auch fehlen können.

Aufg. a. Ergänze. Wo euer Schatz ist —. Wo nichts ist —. Wo Tauben sind —. Wo das Aas ist —. Die Welt ist vollkommen überall —. Regensburg liegt da —. Wo einst die Städte Herculanum und Pompeji standen —. Wohin sich im Frühlinge unsere Blicke lenken —. Der Gärtner pflanzt den jungen Stamm dorthin —.

b. Verwandle in Satzgefüge mit Adverbialsätzen des Ortes. An der Stelle der Franken=Durchfurt erhebt sich jetzt die Stadt Frankfurt am Main. Am Zusammenflusse der Mosel und des Rheines liegt Koblenz. An Stelle der christlichen Kirchen befinden sich jetzt in Konstantinopel muhamedanische Moscheen. Auf der Grenze von Europa und Asien liegt das Uralgebirge. An allen Orten der Schweiz erheben sich mächtige Berge.

c. Versuche einige Adverbialsätze unter den Beispielen in Ortsbestimmungen zu verwandeln.

2. Adverbialsätze der Zeit. Vgl. § 54. S. 125.

Beisp. A. Der Zeitpunkt. a. Der gleichzeitige.

Wenn (während) der Träge schläft und gähnt oder sich nach Possen sehnt, (dann) kürzt der Fleißige die Zeit sich durch frohe Thätigkeit. (Weiße.) Wir fahren zuberg, wir kommen wieder, wenn der Kuckuck ruft; wenn erwachen die Lieder; wenn mit Blumen die Erde sich kleidet neu; wenn die Brünnlein fließen im lieblichen Mai. (Sch.) Während wir unser Auge auf die Zeit richten, ist schon wieder ein Teil derselben verschwunden. (Reinhard.) Ach vielleicht, indem wir hoffen, hat uns Unglück schon betroffen. Indes ihr Komplimente drechselt, kann etwas Nützliches geschehen. Und als er ging im finstern Wald, kam er zu einer Schmiede bald. (Uhl.) Da ich ein Kind war, redete ich wie ein Kind und hatte kindische Anschläge. (1. Kor. 13, 11.) So oft der Frühling wiederkehrt, ertönen neue Freudenlieder. (H.) Und wie er winkt mit dem Finger, aufthut sich der weite Zwinger. (Sch.)

b. Der vorangegangene Zeitpunkt.

Nachdem (als) der Seeweg nach Ostindien entdeckt war, kam der Landweg mehr und mehr außer Gebrauch. Nachdem (seitdem) Hannibal den römischen Boden verlassen hatte, wollte das Kriegsglück ihm nicht mehr günstig sein. Ich hab' mich ihm ergeben, zu sterben und zu leben, sobald er mir gebeut (= unmittelbar auf den Befehl. P. Flemming). Viele treten einen Schritt zurück, sobald sie sehen, daß dich das Glück nicht anlächelt. (Knigge.)

Kaum haben wir einen Wunsch erreicht, so machen wir Anschläge auf neue Vergnügungen. Lehre nicht andere, bis du selber gelehrt bist.

c. Der nachfolgende Zeitpunkt.

Mancher will fliegen, ehe ihm die Federn gewachsen sind (erst nach dem Versuche des Fliegens wachsen ihm d. F.). O nimm der Stunde wahr, eh' sie entschlüpft. (Sch.) Und eh' er noch das Wort gesprochen, hat ihn der Jubel unterbrochen, der von der Reede jauchzend schallt. (Sch.) Untersuche und prüfe erst alle näheren Umstände, bevor du einen Menschen eines Verbrechens oder Irrtums zeihst. Ein Kreis entsteht, wenn (indem) man um einen festen Punkt eine Linie in gleich weiter Entfernung von diesem herumzieht, bis der Endpunkt mit dem Anfangspunkte zusammentrifft.

B. Die Zeitdauer. Seit (seitdem) ich mich aus der Welt zurückgezogen habe und mit wenigerem lebe, genieße ich sie besser und reiner als vorher. Bis die Glocke sich verkühlet, laßt die schwere Arbeit ruh'n. (Sch.) Doch will er mir gönnen drei Tage Zeit, bis ich die Schwester dem Gatten gefreit; so bleib' du dem König zum Pfande, bis ich komme zu lösen die Bande. (Sch.) Wahrheit und Irrtum sind im Streit gewesen, seitdem (solange) Menschen auf Erden leben. (Reinhard.) Wer wollte sich mit Grillen plagen, so lang uns Lenz und Jugend blüh'n? (Hölty.) Man muß das Eisen schmieden, dieweil (= die Weile oder solange) es heiß ist.

Lehrs. 1. Wie bei der temporalen Umstandsbestimmung, so kann auch der temporale Umstandssatz einen Zeitpunkt auf die Frage wann? oder eine Zeitdauer auf die Frage wie lange? betreffen.

2. Die Handlung des Nebensatzes kann zu gleicher Zeit mit der des Hauptsatzes stattfinden, oder dieser vorangehen oder endlich nachfolgen.

3. Nebensätze, welche gleichzeitige Handlungen oder Ereignisse darstellen, werden mit den Konjunktionen da, als, wenn, wie, indem, indes (indessen, unterdessen), während und so oft eingeleitet.

Da, als, wie (sowie) geben den Zeitpunkt bestimmt an, während, indes, unterdessen und indem beziehen sich auf einen Zeitraum, innerhalb dessen die Handlung des Hauptsatzes erfolgt. Das sehr gebräuchliche wenn geht nicht auf einen bestimmten Zeitpunkt, sondern auf einen Zeitraum überhaupt. So oft findet Anwendung bei wiederholten Handlungen.

4. Nebensätze, welche vorangegangene Ereignisse betreffen, werden mit nachdem, als, sobald, kaum und bis eingeführt.

5. Nebensätze, welche nachfolgende Ereignisse darstellen, werden durch ehe, bevor und bis eingeleitet.

6. Nebensätze der Zeitdauer werden durch seitdem (seit), bis und solange eingeleitet.

Seitdem (seit) läßt die Handlung des Hauptsatzes von einer im Nebensatze angegebenen Zeit an beginnen und fortdauern. Bis bestimmt einen Zeitpunkt in Raum und Zeit, an dem Handlungen beginnen, oder nach einer gewissen Dauer endigen können.

7. Übrigens geht wie bei den Präpositionen die Beziehung dieser

Konjunktionen von den örtlichen und zeitlichen bald und oft in eine andere, abstraktere über, so daß z. B. da den Grund, wenn die Bedingung, indes einen Gegensatz, während eine Vergleichung, indem das Mittel 2c. darstellt. Wir werden denselben deshalb im folgenden Paragraphen wieder begegnen.

1. Aufg. Die Entdeckung Amerikas. (Bilde Satzgefüge.)
1. Der Kompaß war erfunden. Der Ocean blieb nicht mehr eine verschlossene Welt (nachdem). 2. Früher wagte man sich nicht in die offene See hinaus. Jetzt steuert man kühn durch die Weltmeere (während). 3. Heinrich der Seefahrer entdeckte einige neue Inseln. Man trug sich mit kühnen Gedanken (seitdem). 4. Christoph Columbus faßte den Plan zu einer großen Seereise nach Westen. Er bot seine Dienste zuerst seiner Vaterstadt Genua an (sobald). 5. Die Ratsherren dieser Stadt wiesen ihn schnöde ab. Er versuchte sein Glück in Portugal (als). 6. Hier hielt man ihn mit Versprechungen hin. Ohne sein Wissen machte man einen Versuch mit einer solchen Fahrt (solange — bis). 7. Seine Pläne scheiterten hier. Er wandte sich an den König von Spanien (nachdem). 8. Aber auch hier mußte er viele Jahre harren. Seine Wünsche erfüllten sich nicht sogleich (ehe). 9. Oft erneuerte er seine Bitte. Aber immer erhielt er eine ausweichende Antwort (so oft — so oft). 10. Immer hieß es: „Der Krieg mit den Mauren muß beendet sein. Dann sollen einige Schiffe ausgerüstet werden" (sobald). 11. Die Ausrüstung der kleinen Flotte war vollendet. Darauf spannte sie die Segel und ging in See (kaum — als). 12. Man schiffte auf bekannten Meeren an Afrikas Küste hin. Jubel und Mut herrschte auf den Schiffen (solange). 13. Man hatte bereits 400 Meilen zurückgelegt, und es zeigte sich noch kein Land. Nun verlangten die Begleiter stürmisch die Rückkehr (nachdem). 13. Indes bat Columbus das erregte Schiffsvolk. Er erhielt endlich noch drei Tage Frist zur Weiterreise (solange — bis). 15. Die Not ist am größten. Die Hilfe ist am nächsten (wenn). 16. Der Morgen des zweiten Tages graute. Vom Mastkorbe herab erscholl es: „Land, Land (noch ehe)!" 17. Die Sonne war aufgegangen. Vor den entzückten Augen lag eine herrliche Insel (als).

2. Aufg. Ergänze.
a. Gleichzeitigkeit. Als die morgenländischen Weisen nach Jerusalem kamen —. Da Herodes von einem neugebornen Könige der Juden hörte —. Während Joseph und Maria mit dem Jesuskinde in Ägypten waren —. Sowie (sobald) die Hühnchen aus den Eiern schlüpfen —. Sobald die Sonne sich erhebt —. — entflieht der Hase. — erglühen die Bergspitzen der Alpen. — Die Zugvögel kehren wieder —. Das Wild bekommt einen wärmeren Pelz —. Viele Blumen schließen ihre Kelche —.

b. Ungleichzeitigkeit. aa. Vergangenes.
Nachdem der Herr Jesus mit seinen Jüngern das letzte Abend=

mahl gehalten hatte —. Als er im Garten Gethsemane angekommen war —. Sobald (nachdem) Judas mit den Gerichtsdienern eingetreten war —. Kaum hatten diese den Herrn ergriffen —. Seitdem Jerusalem zerstört ist —. Seit der Arzt Jenner die Schutzpocken=Impfung gelehrt hat —. Seit Columbus Amerika entdeckt hat —. Noah ging mit den Seinen in den Kasten —. Dieser blieb auf dem Berge Ararat sitzen —. Noah ging dann aus dem Kasten —.

bb. Nachfolgendes. Ehe Paulus sich bekehrte —. Unser Vater im Himmel kennt unsere Bedürfnisse —. Bevor die Sonne aufgeht —. Joseph mußte erst ins Gefängnis wandern —; so wird noch mancher gedemütigt —. Der Krug geht so lange zu Wasser —. Pflücke die Rose —.

c. Zeitdauer. Leonidas hielt die Perser bei Thermopylä auf —. Die Athener flüchteten sich später auf ihre Schiffe —. Luther übersetzte die Bibel —. Der Lichtstrahl gelangt erst in geraum acht Minuten von der Sonne zur Erde —. Die Verbindungen zwischen den Ländern, selbst den überseeischen, sind außerordentlich vermehrt und erleichtert worden —.

3. Aufg. Drücke die Zeitbestimmungen in Form von Nebensätzen aus und achte auf das Zeitverhältnis beim Haupt= und Nebensatze.

Aus der Geschichte. Zur Zeit der Geburt Christi beherrschten die Römer die ganze gebildete Welt. Während der Regierung des Kaisers Augustus erstreckte sich das Römerreich über drei Erdteile. Nach der Zerstörung Jerusalems wurden die Juden aus ihrem Vaterlande vertrieben. Seit der Regierung Konstantins des Großen war im Römerreiche das Christentum Staatsreligion. Im Jahre 476 ging das römische Reich zu grunde. Nach dem Untergange der Römerherrschaft hob sich die Macht der Deutschen. Mit der Thronbesteigung Heinrichs I. erhielt Deutschland einen Fürsten von herrlichen Geistesgaben. Während der Regierung Barbarossas stand es nach außen hin in hohem Ansehen. Nach dem Tode des letzten Hohenstaufen sank das Ansehen des Reiches. Mit der Wahl Rudolfs von Habsburg trat wieder Ordnung und Ruhe ein. Nach der Gründung des Rheinbundes durch Napoleon I. löste sich das deutsche Reich vollständig auf. Seit der Kaiserkrönung Wilhelm I. ist es wieder zu neuem Glanze erstanden.

4. Aufg. a. Gieb zu jedem der folgenden historischen Ereignisse ein anderes an, welches a. demselben vorausging oder b. ihm folgte, und verwende dabei die passenden Konjunktionen.

Die Erfindung des Glases, des Schießpulvers, des Kompasses, des Leinenpapiers, der Buchdruckerkunst, des Teleskops, des Mikroskops, der Dampfmaschine, der Photographie, der Telegraphie.

b. Was geht den folgenden Ereignissen voran? oder was folgt ihnen und was begleitet sie?

Untergang der Sonne, Anfang des Winters, des Sommers, Getreideernte, Weinernte, Aussaat des Getreides; Entlassung aus der Schule, Antritt eines Amtes oder Berufes, Verheiratung, Tod des Menschen.

3. Adverbialsätze der Art und Weise.

Vergleichungssätze. Vgl. §. 54, Nr. 3. S. 126.

Beisp. a. Vergleichung. Wie's Gott gefällt, (so) gefällt's auch mir. Die Biene baut in ihrer Jugend so, wie sie in ihrem Alter baut, und wird am Ende der Welt so bauen, wie sie im Beginn der Schöpfung baute. (Lessing.) So wie der Weihrauch das Leben einer Kohle erfrischt, so erfrischet das Gebet die Hoffnungen des Herzens. (G.) Die Zahl der Märtyrer ist größer, als die Zahl der Heiligen je gewesen ist. Ein Vogel fliegt schneller, als ein Pferd laufen kann. Wie mancher große Mann hegte nicht a n d e r e Absichten, als ihm seine Freunde gewöhnlich zuschreiben. Meine Sünde ist g r ö ß e r (zu groß), als daß (L. denn daß) sie mir vergeben werden möge. (1. Mos. 4, 13.) Man kann dem Kinde keine größere Wohlthat erweisen, als wenn (daß) man es zum Gehorsam erzieht. Ihm war (so), a l s w e n n (ob) ihm ein Stein vom Herzen gefallen wäre. Es war, als ob die Menschheit auf der Wanderung wäre, wallfahrend nach dem Himmelreich. (Sch.) Thut (so), als wenn (ob) ihr zu Hause wäret. Und es wallet und siedet und brauset und zischt, w i e w e n n Wasser mit Feuer sich menget. (Sch.) So langsam sein Geist gebar, so vollendet waren seine Früchte; so spät sein Entschluß reifte, so standhaft und unerschütterlich wurde er vollstreckt. So oft die Reiterei heranstürmte, ward ihr Angriff durch die Carrés des Fußvolkes abgewiesen.

b. Vergleichung nach dem Grade. Je mehr er hat, je mehr er will, nie schweigen seine Wünsche still. Je reiner die Gedanken der Menschen sind, desto mehr stimmen sie zusammen. Je höher die Affen steigen, desto (auch je) lächerlicher sie sich zeigen. Je mehr du schläfst, desto weniger lebst du. Die Schwierigkeiten wachsen oft, je näher wir dem Ziele kommen. Die Eskimos werden kleiner, je weiter sie nach Norden wohnen. Seine Ehrfurcht vor dem Throne ist u m s o m e h r anzuerkennen, je weniger er diesem zu verdanken hat.

c. Vergleichung nach der Wirkung. Jung Siegfried schlug (so sehr), daß weit der Wald erklang und alles Eisen in Stücke sprang. (U.) Keiner ist so reich, daß er vor dem Bettelbrote sicher wäre. Die Wolken schweben oft so tief, daß man sie auf Berghöhen unter sich im Thale sieht. — Eure Versöhnung war ein wenig zu schnell, als daß sie dauerhaft hätte sein können. Er ist zu verständig, als daß er das Herkommen nicht achten sollte. Der Rat war zu einleuchtend, als daß er nicht befolgt wäre (um nicht befolgt zu werden).

Lehrsätze. 1. Vergleichende Nebensätze werden durch wie (gleichwie, sowie) eingeleitet, dem im Hauptsatze meist ein demonstratives so entspricht, nach einem Komparativ durch als, als daß; als ob oder als wenn deuten auf eine Möglichkeit oder angenommene Wirklichkeit hin. So — so steht vor Adjektiven oder Adverbien.

2. Je — je, je — desto, je — um so zeigen das Verhältnis an, in welchem die gesteigerten Grade zweier oder mehrerer Eigenschaften zu einander an.

3. Ist die Vergleichung derart, daß im Nebensatze die Wirkung oder Folge einer Thätigkeit ausgedrückt wird, so wird bei gleichen Verhältnissen der Hauptsatz mit so, der Nebensatz mit daß eingeleitet, bei ungleichen Verhältnissen das Adjektiv im Hauptsatze mit zu gesteigert und der Nebensatz mit als daß eingeleitet.

1. Aufg. a. Vergleichungen. 1. Ein faules Ei verdirbt den ganzen Brei, und ein einziger Zänker stört die Freude der ganzen Gesellschaft. 2. Leere Kornähren stehen hoch, und der Stolze ist gewöhnlich ein hohler Kopf. 3. Das duftende Veilchen blüht im Verborgenen, und wahres Verdienst drängt sich nicht hervor. 4. Der Kot beschmutzt die Schuhe, und die Sünde befleckt das Herz. 5. Der Wind verweht die Spreu, und das Glück der Menschen entflieht schnell. 6. Ein Nachtfrost vernichtet die Blumen, und unsere schönsten Hoffnungen werden oft mit einem Schlage zerstört.

Bilde Satzgefüge der Vergleichung mit wie — so, gleichwie oder sowie — so.

b. Ergänze. Gleichwie der Baum wächst, blüht, Früchte trägt und abstirbt —. So wie der Gärtner den jungen Obstbaum beschneidet oder einen neuen Zweig auf den wilden Stamm pfropft —. Gleichwie auf Regen Sonnenschein folgt —. Wie aus der Larve sich der Schmetterling entwickelt —. Sein Glück war größer —.

2. Aufg. a. Vergleichung nach dem Grade oder der Wirkung. 1. Niemand ist vollkommen — Fehler. 2. Kein irdisches Gut ist beständig — Vertrauen. 3. Christus war so vollkommen — Feinde Sünde zeihen. 4. So nützlich das Feuer ist — Schaden. 5. Krösus war so für seinen Reichtum eingenommen — Glücklichster der Welt. 6. Der Mensch wird älter — Besonnenheit. 7. So grausam Tiberius war — feige. 8. So gern Wallenstein fröhliche Menschen um sich sah — selbst finster. 9. Die Sonne wirft größeren Schatten — Untergang. 10. Die Zeit ist zu kostbar — Verschwendung. 11. Niemand soll sich selbst höher schätzen — Schätzung anderer.

Bilde Satzgefüge mit so — daß, so — so, je — desto, als daß, als.

b. Ergänze. Je höher unsere Erkenntnis steigt —. Je mehr reine Luft an brennende Körper strömt —. Je senkrechter die Sonnenstrahlen auf die Erde herabfallen —, je schräger aber —. Man wird langsamer und bedächtiger —. Je nachdem du handelst —. Im Freien muß man singen —. Manche Winter sind so kalt —. Du bist mir zu teuer — (als daß). Viele Fixsterne sind zu weit von uns entfernt —. Die Kinder Israel wurden von den Ägyptern (so) zu sehr gedrückt —. Eher ließ sich die Mutter mit ihren sieben Söhnen zu Tode martern —. Der Sieg Hannibals über die Römer bei Cannä war so glänzend —. Der Anschlag der 95 Thesen Luthers machte ein solches Aufsehen —.

§ 66.
4. Umstands- oder **Adverbialsätze des Grundes.**
Vgl. § 54, Nr. 4. S. 126.

Übersicht.

Adverbiale Satz-gefüge. Beisp.	Inhalt des Haupt- (H) u. Nebensatzes (N).	Art des Nebensatzes.
1. a. Weil der Schüler fleißig gewesen ist, so hat er auch ein gutes Examen gemacht.	N Grund (Ursache) (natürliche oder erwartete), H Folge (Wirkung).	1. a. Begründungs- oder Kausalsatz.
b. Der Schüler lernt fleißig, damit (auf daß) er ein gutes Examen mache.	H Grund, N Beabsichtigte Folge (Zweck).	b. Absichts- oder Finalsatz.
2. Wenn der Schüler fleißig lernt, so macht er auch ein gutes Ex. (so fällt er im Ex. nicht durch).	N Bedingter Grund, H erwartete Folge.	2. Bedingungs- oder Konditionalsatz.
3. Obgleich der Schüler fleißig gelernt hat, so hat er doch kein gutes Ex. gemacht, (so ist er im Ex. doch durchgefallen).	N Eingeräumter Grund, H verneinte oder nicht erwartete Folge.	3. Einräumungs- oder Konzessivsatz.

Aufg. Bilde aus folgenden Satzelementen Satzgefüge nach obigem Schema: 1. Mancher ist reich geworden. Er hat gearbeitet und gespart. 2. Es ist fruchtbares Wetter. Ein Gewitter hat die Luft von bösen Dünsten gereinigt. 3. Dieses Jahr war die Ernte schlecht. Der Sommer war sehr dürre. 4. Viele Menschen wandern nach Amerika oder einem andern fremden Weltteile aus. Sie haben in der Heimat ihr Brot nicht gefunden. 5. Das Feld trägt reiche Frucht. Es ist gut gedüngt worden. 6. Die Flußniederung ist gegen Überschwemmungen geschützt. Es sind Dämme mit Schleusen gebaut worden. 7. Der Schüler findet die Fehler in seinen Arbeiten meist selber. Er liest sie aufmerksam durch. 8. Er schreibt schöner. Er hält die Feder besser. 9. Der Bach bringt immer tiefer in die Wiesen ein. Man läßt ihm freien Lauf (auch in verneinender Form). 10. Die Uhr geht. Sie ist aufgezogen.

1. **Begründungs- oder Kausalsätze.**

Beisp. a. Kausale oder ursächliche Nebensätze.

Das Rütli heißt sie (die Matte), weil dort die Waldung ausgereutet ward. (Sch.) Ein Prophet gilt nichts in seinem Vaterlande. Wißt ihr auch warum? Weil er da geboren und erzogen ist. (G.) Manch blutig Treffen wird um nichts gefochten, weil einen Sieg der junge Feldherr braucht. Die Blumen schließen ihre Kelche, weil es Abend wird. Man verändert fremde Rede beim Wiederholen nur darum so sehr, weil man sie nicht verstanden hat.

Ich kann nun fröhlich scheiden, da meine Augen diesen Tag gesehen. (Sch.) Da Gott die Welt erschaffen hat, so wird er sie auch erhalten. Dir blüht gewiß das schönste Glück der Erden, da du so fromm und heilig bist. (Sch.) Dadurch giebt Neigung sich kund, daß sie bewilligt aus freier Gunst, was sie auch nicht gebilligt. (Sch.)

Mittel. Indem man dem Könige von Schweden, Gustav Adolf, das reiche Bayern zur Beute ließ, hoffte man in der Unternehmung auf Sachsen nicht von ihm gestört zu werden. — Endlich sagte ich ja, indem ich die Beistimmung meiner Eltern zur notwendigen Bedingung machte.

b. Finalsätze oder Absichtssätze. Er eilt heim mit sorgender Seele, damit er die Frist nicht verfehle. (Sch.) Junges Blut spar' dein Gut, damit es dir im Alter wohlthut. Wohlstand ist dir nur gegeben, (auf) daß auch andere davon leben. Gedenke des Sabbattages, daß du ihn heiligest. (2. Mos. 20, 8.) Ehre Vater und Mutter, auf daß es dir wohl gehe 2c. Richtet nicht, auf daß ihr auch nicht gerichtet werdet. (Matth. 7, 1.) Daß die Hand gesichert bleibe, faßt man Kohlen an mit Zangen; die gefährlichsten Geschäfte sind mit Vorsicht anzufangen. (Logau.) Um die Wahrheit zu begraben, muß man viele Schaufeln haben. Wir essen, um zu leben, leben aber nicht um zu essen.

Lehrs. 1. Nebensätze, welche einen Grund für die Aussage des Hauptsatzes enthalten, werden mit weil oder da eingeleitet: weil (dieweil = die Weile) giebt allgemein den Sach- oder Beweggrund, da den Erkenntnisgrund an. Der Hauptsatz enthält zuweilen ein demonstratives darum, dadurch — (daß).

2. Die mit damit oder daß (früher auf daß) beginnenden Absichtssätze (Final- oder Zwecksätze) geben den Zweck für die Handlung des Hauptsatzes an. Durch den Infinitiv mit zu verkürzt, wird dieser Nebensatz mit um (zu) eingeleitet.

Da aber der im Nebensatz ausgedrückte Gedanke nicht als ein verwirklichter, sondern nur als ein beabsichtigter hingestellt wird, so steht das Verbum gewöhnlich im Konjunktiv.

1. Aufg. a. Gieb den Sach- oder Beweggrund mit weil an. Der Frosch kann schwimmen —. Der Storch vermag im Sumpfe zu waten —. Der Fischreiher braucht einen langen Hals —. Die Katze vermag die Mäuse unbemerkt zu beschleichen —. Die Zahl der Elefanten und Walfische vermindert sich von Jahrzehnt zu Jahrzehnt —. Die Söhne Jakobs verkauften ihren Bruder Joseph —.

Warum (weshalb) können wir am Tage die Sterne nicht sehen? Warum platzen Flintenläufe, wenn Wasser in denselben gefriert? Warum schwillt der Nil alljährlich so bedeutend an? Weshalb strafte Nathan den König David? Weshalb wandern alljährlich so viele Menschen nach Amerika? Weshalb lernt mancher so wenig? geht's ihm oft so schlecht?

b. Gieb den Erkenntnisgrund mit da an.

Den Walfisch muß man unter die Säugetiere rechnen —. Die Alten hielten ihn für einen Fisch —. Man sieht ihn sehr oft in der Nähe von Heringszügen —. Wie kannst du die Fehler anderer so strenge tadeln —. Das Barometer steigt —.

c. Mittel. Eine Mutter giebt ihren Kindern stets ein gutes Beispiel, indem —. Indem ich mich Ihrem Wohlwollen bestens empfehle —. Columbus bewies, daß es ihm an Mut nicht fehlte —. Luther trat dem Papsttum immer entschiedener entgegen —.

Aufg. 2. a. Verwandle die adverbialen Bestimmungen in begründende Nebensätze.

Die Sterne kommen uns ihrer weiten Entfernung wegen so klein vor. Die Pflanzen verdorren im Sommer vor Sonnenhitze und Regenmangel. Ein Körper fällt vermöge seiner Schwere zur Erde. Es hat schon mancher durch den Besuch schlechter Gesellschaften seine guten Sitten verloren. Die Wolken schweben vermöge ihrer Leichtigkeit in der Luft. Das Meerwasser ist s. salzig, bitter, ekelhaft Geschmack wegen weder zum Trinken noch zum Kochen brauchbar. Vermöge uns— frei Wille können wir das Gute oder das Böse wählen.

b. Absichtssätze. Vorbereitungen zu einer Gebirgsreise. 1. Der Reisende erkundigt sich im voraus nach den sehenswertesten Punkten, damit (Versäumnis). 2. Er versieht sich mit gutem Schuhwerk und passender Kleidung, auf daß (Witterung). 3. In die Hand nimmt er einen festen Stock, damit (Stütze, Wehr). 4. Auf den Rücken schnallt er ein Ränzchen, daß (Kleider, Wäsche). 5. Er steckt auch ein Fläschchen mit Wein ein, auf daß (Stärkung). 6. Und damit (Sicherung gegen alle Fälle), nimmt er eine wohlgefüllte Börse mit sich.

Warum verhört der Richter Zeugen? Warum warnen Eltern und Lehrer die Kinder sehr oft? Weshalb unterdrückte Pharao die Israeliten? Warum sollst du nicht lieblos richten und verdammen? Warum muß der Vater arbeiten und sorgen? Weshalb zündete Nero Rom an? Warum unternahmen Hunderttausende von Christen Kreuzzüge nach dem Morgenlande? Weshalb bereiste Peter der Große von Rußland die europäischen Länder?

c. König Heinrich, der Begründer des Rittertums und der Städte. Heinrich wollte ein Reiterheer schaffen —. Die Ritter mußten sich schon in frühester Jugend im Reiten und Kämpfen üben —. Jeder Ritter mußte noch eine Anzahl Knechte stellen —. Die Ritter trugen starke Panzer —. Sie waren auch mit Lanzen bewaffnet —. Die Pferde der Ritter mußten sehr stark sein —. Im Frieden wurden ritterliche Spiele abgehalten —. Für die Wehrlosen errichtete Heinrich feste Plätze —. Diese Plätze wurden mit Mauern umgeben —. Die Bewohner der Städte erhielten mancherlei Vorrechte —.

2. Bedingungs- oder Konditionalsätze.

Beisp. a. Wenn (in dem Falle oder unter der Bedingung, daß) der Sommer recht warm ist, so (unter diesen Umständen) wird das Obst, namentlich der Wein vollkommen reif. Wenn es regnet, die Sonne scheint, und wenn diese einer Regenwolke gegenüber steht, so erscheint ein Regenbogen. Man muß nicht mit Sechsen fahren, wenn man nur für zwei Futter hat. — Wohlthätig ist des Feuers Macht, wenn sie der Mensch bezähmt, bewacht. Doch furchtbar wird die Himmelskraft, wenn sie der Fessel sich entrafft, einhertritt auf der eignen Spur, die freie Tochter der Natur. (Sch.)
Gieb mir, wofern es dir gefällt, des Lebens Ruh' und Freuden. (Gellert.) Es ist immer rührend, wenn auch der schwache abgelebte Nestor sich dem herausfordernden Hektor stellen will, falls kein (im Falle daß, es sei denn, daß kein) junger und stärkerer Grieche mit ihm anzubinden sich getraue. So er spricht, so geschieht's; so er gebeut, so steht's da. (Ps. 33, 9.) So du kämpfest ritterlich, (so) freut dein alter Vater sich. (Stolberg.) Gute Handlungen haben weder vor Gott, noch vor Menschen einen Wert, wenn sie nicht aus reinen Absichten entsprungen sind (=außer wenn sie rc.; es sei denn, daß sie rc.; sie seien denn rc.

b. (Unechte Form des Bedingungssatzes.) Wenn du fromm bist, so bist du angenehm; bist du aber nicht fromm, so ruhet die Sünde vor der Thür. (1. Mos. 4, 7.) Es ließe sich alles trefflich schlichten, könnte man eine Sache zweimal verrichten. (G.) Willst du der Liebe, Fürst! dich würdig nennen, so sei der Tapfern tapferster. (Sch.) Ist sie begeistert und von Gott gesandt, wird sie den König zu entdecken wissen. (Sch.) Ganz England, strömt' es alle seine Bürger auf unsere Küsten aus, vermöchte nicht, dies Reich zu zwingen, wenn es einig ist. (Sch.) Kommt die warme Sonne nicht zu mir, ich kann sie nicht mehr suchen auf den Bergen. (Sch.) Warf er das Schwert von sich, er war verloren. (Sch.) — Lebe rein (wenn du r. l.), so bist du glücklich. Sprich nur ein Wort, so wird meine Tochter gesund. Thue nichts Böses, so widerfährt dir nichts Böses.

c. Der Konjunktiv im Haupt- und Nebensatze.
Wenn ich es nicht selbst mit eigenen Augen gesehen hätte, so würde ich es einer ganzen Welt nicht glauben (= ich habe es aber selbst gesehen, deshalb weiß ich es gewiß.) Schiller: Nicht glauben würd' ich's einer ganzen Welt, hätt' ich's nicht selbst gesehn mit meinen Augen. Man würde stets glücklich sein, wenn man nicht so oft seinen Leidenschaften nachginge (aber man geht ihnen nach), folglich ist man nicht immer glücklich). — Es gäbe bald keine Tugend mehr, wenn alle guten Handlungen belohnt würden (sie werden aber nicht alle belohnt). O hättest du von Menschen besser stets gedacht, du hättest besser auch gehandelt.

d. (Bedingend und vergleichend.) Die Wolken flogen vor ihm her, wie wenn der Wolf die Herde scheucht. (Bürg.) Es wallet und siedet und brauset und zischt, wie wenn Wasser mit Feuer sich menget. (Sch.) Thut, als wenn (als ob) ihr zu Hause wäret. Ist es nicht, als ob dieses Volk mich zum Gott machte? (Sch.)

e. (Bedingend und ausnehmend.) Er geht alle Tage spazieren, auch wenn schlechtes Wetter ist. Es sei denn, daß ich mit Zeugnissen der heiligen Schrift oder mit hellen und klaren Gründen überwunden werde, so kann und will ich nichts widerrufen. (Luther.) Wo der Herr nicht das Haus bauet, so arbeiten umsonst, die daran bauen. (Pf. 12. 7, 1.) Es sei denn eure Gerechtigkeit besser, denn (als) die der Schriftgelehrten und Pharisäer, so werdet ihr nicht in das Himmelreich kommen. (Matth. 2, 20. — Wenn nicht, wo nicht, wofern nicht 2c.)

Lehrs. 1. Der Bedingungssatz giebt an, unter welcher Bedingung oder in welchem Falle das im Hauptsatze Gesagte eintrifft oder giltig ist. Das gewöhnlichste Bedingungswort ist wenn, früher auch wo oder so, dem im Hauptsatze oft ein so entspricht. Wofern hebt die Bedingung schärfer hervor, falls deutet sie als ungewiß an, es sei denn, daß als unerwartet.

2. In der 3. B. von Schiller oft angewandten unechten Form des Bedingungssatzes fehlt die Konjunktion. Gewöhnlich beginnt sie mit der verbalen Frageform oder mit dem Imperativ. Der Hauptsatz kann im Konjunktiv des Präsens stehen: Er komme, will er in sein Unglück stürzen. Er greife uns an, gelüstet's ihn.

3. Haupt= und Nebensatz stehen im Konjunktiv, wenn der letztere eine Verneinung oder einen unerfüllten Wunsch enthält (die Optativform).

1. Aufg. Bilde Bedingungssätze, teils durch wenn — so, teils in unechter Form.

Der Wind. 1. Man öffnet die Thür eines geheizten Zimmers. Kalte Luft strömt hinein und warme hinaus. 2. Ein brennendes Licht wird auf die Thürschwelle gestellt. Die Flamme schlägt nach dem Zimmer zu. 3. Man hebt das Licht nach der Mitte der Thüröffnung herauf. Die Flamme wird ruhiger und steht gerade. 4. Man hält das Licht oben an die geöffnete Thür. Der Luftzug weht die Flamme nach der Hausflur zu. 5. Die Luft wird ungleichmäßig erwärmt. Es entsteht Wind. 6. Derselbe ist sehr heftig. Er heißt Sturm. 7. Schiffe befinden sich auf dem Meere. Sie schweben in großer Gefahr. 8. Die Bäume haben nicht recht starke Wurzeln. Sie werden entwurzelt. 9. Der Wind kommt aus Osten. Er ist in der Regel sehr trocken. 10. Er bläst dagegen aus Norden. Gewöhnlich ist er kalt. 11. Er weht aber aus Süden oder Westen. Er bringt häufig Regen.

b. Ergänze. Gebrannter Kalk wird heiß —. Das Petroleum entzündet sich —. Salz löst sich auf —. Eisen rostet —. Hohe Berge gewähren eine weite Aussicht —. Fremdwörter sollte man überall in der Muttersprache meiden —. Auch der Schlaf kann uns nachteilig werden —. Die Märtyrer hätten in ihren Kämpfen erliegen müssen —. Die Wissenschaften und Künste hätten keine so allgemeine Verbreitung gefunden —.

2. Aufg. a. Wann entsteht eine Mondfinsternis? eine Sonnenfinsternis? Ebbe und Flut? läßt sich Quecksilber sogar hämmern? funkeln Edelsteine? nimmt der Magnet an Kraft zu? Was folgt, wenn du nicht ge-

horchst? wenn der Mensch von einem tollen Hunde oder einer Kreuzotter gebissen wird? wenn er von einer Biene gestochen wird? Wann kann auch der Frömmste nicht in Frieden leben?

b. Ergänze. Falls man dich fragte —. Was wäre 1870 wohl aus unserm Vaterlande geworden —. Man muß nicht borgen —. Lerne deine Gedichte genau —. Merke dir die Orthographie fremder und seltener Wörter genau —. Hätte ich Geld —. Hast du genug und Überfluß —. Verlaß dich nicht auf Menschen —. Wolltest du dich allein auf fremde Menschen verlassen —. Müßtest du auch einmal darben —. Fiele dir Reichtum zu —. Suche dir stets selbst zu helfen —.

c. Ergänze. — so schwitzen die Fenster. — so kommt gewöhnlich bald Regen. — muß die Form (der Glocke) in Stücke gehn. (Sch.) — so sieh, wie die andern es treiben; — blick in dein eigenes Herz. (Sch.)

Elliptisch. — zerspringt der Bogen. — alles gut.

3. Einräumungs- oder Konzessivsätze.

Beisp. a. Ob ich schon wanderte im finstern Thal, (so) fürchte ich doch kein Unglück! denn du, Gott, bist bei mir. (Ps. 23, 4.) Darum fürchten wir uns nicht, wenn gleich die Welt unterginge und die Berge mitten ins Meer sänken. (Ps. 46, 3.) Ob bei uns ist der Sünde viel, bei Gott ist viel mehr Gnade. Ob uns der See, ob uns die Berge scheiden, und jedes Volk sich für sich selbst regiert, so sind wir eines Stammes doch und Blutes. (Sch.) Ob du gebettelt vor der Thür, ob Tausenden geboten; du zahlst dem Glücke die Gebühr: man wirft dich zu den Toten. Hören sie Mosen und die Propheten nicht, so werden sie auch nicht glauben, ob jemand von den Toten auferstünde. (Luk. 16, 31.) Lebt seine Lieb' in meiner Seele (konditionell), so treibt sie mich zu jeder Pflicht: und ob ich schon aus Schwachheit fehle, herrscht doch in mir die Sünde nicht. (Gellert.) Wenn auch die Tugend keines Lohnes bedarf, so folgt doch daraus nicht, daß das Laster keine Strafe verdiene. Keine Lehren der Welt, und wenn sie mit feurigen Zungen gepredigt würden, können der Wirkung der Thatsachen gleich kommen. (Jakobs.) — Ungeachtet (trotzdem) die Trappisten kein Fleisch essen, werden sie doch bei ihrer stillen thätigen Lebensweise recht alt. Der Aberglaube, in dem wir aufwachsen, verliert, auch wenn wir ihn erkennen, darum doch nicht seine Macht über uns. —

b. (Einräumend und hinsichtlich der Stärke vergleichend.) Ein heiliger Wille lebt, wie auch der menschliche wanke. (Sch.) Ich bitte nicht um Ehr und Ruhm, so sehr (auch) sie Menschen rühmen. Keine Thorheit, wie unschuldig sie auch scheinen mag, kann einen Freibrief gegen den Spott verlangen. Ein einzelnes Ereignis, wie tragisch es auch sein mag, giebt noch keine Tragödie. Wie weit er auch die Stimme schickt, nichts Lebendes wird hier erblickt. (Sch.)

c. (Unechte oder fragende Form.) Und käm' die Hölle selber in die Schranken, mir soll der Mut nicht weichen und nicht wanken. (Sch.) Ist es gleich Nacht, so leuchtet unser Recht. (Sch.) Sind auch die alten Bücher nicht zur Hand, sie sind in unsere Herzen eingeschrieben. (Sch.) Müßt ich zehn Reiche mit dem Rücken schauen, ich rette mich nicht mit des Freundes Leben. (Sch.) Versteh' ich gleich nichts von lateinischen Brocken, so weiß ich den Hund doch vom Ofen zu locken. (B.) Strömt es mir gleich nicht so beredt vom Munde, schlägt in der Brust kein minder treues Herz. (Sch.) Die Finsternis sei noch so dicht, dem Lichte widersteht sie nicht. Was Gott schickt ist gut, es dünke uns gut oder böse. (Herd.) Welch tapferes Haupt auch dieser Helm bedeckt, er kann kein würdigeres zieren. (Sch.) Welcher es auch sei, er hat mein Herz erfreut.

Lehrs. 1. In beigeordneten Sätzen wird die Einräumung (des Möglichen oder Wirklichen) durch zwar, freilich, wohl bezeichnet, denen aber, allein, doch gegenüber steht. Im einräumenden Nebensatze ist ob die Hauptkonjunktion, die durch schon, gleich, zwar, auch, wohl verstärkt wird. Der Gegensatz im Hauptsatz wird meist durch doch hervorgehoben.

2. Mischt sich mit der Einräumung die Bedingung, so wird der Satz durch wenn auch (ob auch), auch wenn, wenngleich eingeleitet. Wie auch, wie sehr auch, so sehr auch führen den Nebensatz zugleich vergleichend ein.

3. Wie im konditionellen Satze, so ist auch im konzessiven Nebensatze die unechte oder fragende Form, namentlich bei Schiller, gebräuchlich, besonders wenn der Gedanke durch den Gegensatz einer angenommenen Wirklichkeit hervorgehoben werden soll. Daher auch der Konjunktiv.

1. Aufg. a. Ergänze. Aus dem Tierreiche. Der Strauß kann nicht fliegen, obschon —. Obschon die Fledermäuse Flügel haben —. Die Katze ist ein falsches Tier, wenn auch —. Wenn auch jährlich Tausende von Büffeln in den weiten Grasebenen Amerikas getötet werden —. Wie schnell auch der Hase laufen kann —. Wie unansehnlich auch der Esel dem Pferde gegenüber erscheint —. Der Elefant läßt sich leicht von dem Menschen zähmen und lenken, wiewohl —. Die Frösche befinden sich doch am wohlsten im Sumpfe, obwohl —. Die Insekten sind sehr nützliche Tiere, obschon —. Obschon die Nahrung des Bären vielfach aus Gras und Pflanzenstoffen besteht —. Der Maulwurf ist ein nützliches Tier, trotzdem daß —.

b. Verwandle die obigen Satzgefüge in Satzverbindungen mittels entgegengesetzter Bindewörter: Der Strauß hat Flügel, dennoch kann er nicht fliegen.

c. Ergänze. Das Meer läuft nie über —. Der Arzt kann nicht immer helfen — (— so kann doch der Arzt ꝛc.). Die Affen sind himmelweit verschieden vom Menschen —. Die Sonne steht still —. Xerxes vermochte Griechenland nicht zu unterjochen —. Alexander der Große wurde des Eroberns nie müde —. Obgleich den Frommen oft äußere Not drückt —. Obgleich (obschon) Columbus viele Jahre vergeblich auf Ausrüstung einer Entdeckungsflotte harrte —. So charakterlos Heinrich IV. von Teutschland auch gewesen war — So schrecklich auch die Folgen der Trunksucht sind —. Wie bitter auch die Armut ist —. Trotzdem die Zunge ein kleines Glied vom menschlichen Körper ist —. Ein einziges unbesonnenes Wort kann einen

Weltkrieg entzünden, wiewohl —. Auch ein Scherzwort — kann zum zündenden Funken für ein großes Feuer werden. Halte darum deine Zunge stets im Zaum —.

2. Aufg. a. (Zur Wiederholung.) Verbinde je zwei Hauptsätze zu Satzgefügen.

Der Stallmeister Froben.

1. Die Schweden fielen 1675 in die Mark Brandenburg ein. Sie waren von Ludwig XIV. aufgehetzt worden (welche). 2. Der große Kurfürst hörte das. Sogleich eilte er mit sein— Heere vom Rheine nach der Havel (als). 3. Bei der Stadt Fehrbellin kam es zur Schlacht. Die Stadt liegt mehrere Meilen nordwestlich von Berlin (welche). 4. Der Kurfürst ritt ein— Schimmel. Leider war das den Schweden verraten worden (daß). 5. Sie erblickten das prächtige Pferd mit sein— Reiter. Sogleich richteten sie alle ihre Geschütze nur nach d - ein Punkt (als). 6. De— Stallmeister Froben entging die Gefahr seines Herrn nicht. Er ritt nicht weit hinter d— Kurfürsten (welcher). 7. Der tapfere Hohenzoller war verloren. Er zog sich nicht aus de— Feuer zurück (wenn). 8. An ein Zurückweichen des mutig Vorwärtsgedrungenen war nicht zu denken. Seine Gedanken waren auf de— Sieg gerichtet (weil). 9. Da ritt der treue Froben an de— Kurfürsten heran und sprach: „Das Pferd ist zu wild. Ihr reitet heute (das). 10. Nehmt meinen Fuchs. Dieser ist ruhiger" (welcher). 11. Sein Schimmel bäumte sich wirklich fortwährend. Der Kurfürst wechselte arglos mit d— Pferd (weil). 12. Froben war aber nur einige hundert Schritte weit geritten. Eine Kanonenkugel raubte ih— das Leben (als). 13. Nach der Schlacht erzählte man d— Vorfall d— Kurfürst. Die Brandenburger gewannen sie (welche). 14. Friedrich Wilhelm ehrte das Andenken des edlen Froben bis an seinen Tod. Er war tief gerührt von der Treue und Liebe seines Dieners (welcher).

b. Drücke einige der Beispiele unter §. 66 Nr. 2 und 3 S. 173 in der unechten oder fragenden Form aus: Wäre der Sommer recht warm, so würde das Obst, besonders der Wein vollkommen reif, oder: Wäre der Sommer recht warm gewesen ꝛc.

3. Aufg. (Zur Wiederholung.) Verwandle die adverbialen Bestimmungen in adverbiale Nebensätze.

Die treuen Hunde.

Ein französischer Landmann ging eines Sonntags bei Tagesanbruch aus, um Buchnüsse zu sammeln. Seine beiden Hunde liefen nach ihrer steten Gewohnheit mit. Bei seiner Ankunft im Walde bemerkte er eine große Buche und kletterte trotz ihrer ungeheuren Höhe und Dicke hinauf. In der Mitte des Wipfels fiel er unglücklicherweise, und einer seiner Füße verwickelte sich zwischen zwei gabelförmigen Ästen. Er blieb nun hangen und zwar, die Füße nach oben, mit dem Kopf nach unten. Bei seinem Geschrei mochten die Hunde seine mißliche Lage geahnt haben; denn bei späterer Wahrnehmung fand man den untersten Teil des Baumes zerkratzt. Plötzlich kam der eine Hund nach Hause; er bellte und winselte zum Verwundern aller und gab zugleich eine große Unruhe zu erkennen. Der Mann hatte, des Besuchs der Messe wegen, vor dem Essen schon wieder da sein wollen und war jetzt mittags noch nicht wieder da. Natürlich mußte den Seinen angst werden, zumal bei dem ungewöhnlichen Erscheinen des Hundes. Sie beschlossen daher seine Aufsuchung und machten sich ohne Säumen auf den Weg. Der Hund lief immer voraus. Auf die Frage: Wo ist dein Herr? bellte er stets aus allen Kräften. Bei ihrer Ankunft im Walde hörten sie den andern Hund bellen, der während der Abwesenheit des ersten Wache gehalten hatte; winselnd kam er ihnen entgegengelaufen. Bei der Ankunft am Baume und dem Erscheinen der Hilfe war der Arme bereits verschieden; trotz aller Mittel konnte er nicht wieder ins Leben zurückgerufen werden.

4. Aufg. **Verwandlung von Hauptsätzen in adverbiale Nebensätze.**

a. Ein Soldat wurde zum Tode verurteilt, er war seiner Fahne zum zweitenmale entlaufen; vorher hatte man ihm schon zweimal das Leben geschenkt. Man ließ ih— jedoch die Todesart frei; er hatte sich immer als ein tapferer Soldat betragen. Darf ich wählen, sagte er, so will ich lieber vor Alter sterben.

b. Rudolf von Habsburg hielt ein Armbrustschießen; ein ungeschickter Schütze traf mit f— Bolzen b— Graf. Es war keine gefährliche Wunde; dennoch behaupteten die Hofschranzen, der Mann habe ein Majestätsverbrechen begangen; er müsse b— rechte Hand verlieren. „Ihr hättet sie vor b— Schuß abhauen sollen," sagte der Graf; „das wäre besser gewesen, jetzt würde es m— nichts mehr helfen, ihr möchtet ih— auch beide abhacken."

c. John Gahmon lebte höchst kümmerlich und einfach; er hatte ein Vermögen von 300 000 Pfund. Einst fühlte er sich unwohl; da besuchte ihn ein Freund. Dieser hielt das Übel für gefährlich; so war es auch wirklich. Er bat daher dringend einen Arzt zu nehmen; er schlug ih— b— seinig— vor, der wäre der billigste in der Stadt. John hatte zwar nie etwas von Ärzten wissen wollen, denn sie kosteten abscheulich viel Geld, diesmal mußte er jedoch nachgeben. Der Arzt kam. Er redete ihn an: „Ich bin zwar alt, aber ich bin noch rüstig, ich kenne meine Natur; daher könnte ich mich selbst heilen. Mein Freund Monglo hat mir aber sehr viel Gutes von Ihnen gesagt; ich will mich Ihnen anvertrauen und frage Sie daher um den äußersten Preis meiner Wiederherstellung." — Der Arzt forderte 8 Guineen; John wurde ganz zornig; er fand dies ungeheuer teuer und handelte lange; endlich hatte er ihm $1^1/_2$ Guineen abgedungen. Am folgenden Morgen sah der Arzt nach, da war der Kranke tot. In f— Testament hatte er f— treu— Dienstmagd jährlich 7 Pfund bestimmt; sie sollte bequem und sorgenfrei leben können. Er hinterließ keine Verwandten; sein ganzes Vermögen kam daher an eine fremde Familie.

§ 67.

4. Verkürzung und Erweiterung zusammengesetzter Sätze.

1. Die Verkürzung.

Beisp. a. **Der Infinitivsatz.**

aa. Gottes Gesetz gebietet, daß wir den Nächsten lieben wie uns selbst = den Nächsten zu lieben wie uns selbst. Es ist eine schwere Kunst in Gesellschaft gut zu erzählen. Es ist eine Wollust, einen großen Mann zu sehen. (G.) Du jauchzest, der Beleidigte zu sein, denn Unrecht leiden, schmeichelt großen Seelen. (Sch.)

bb. Die Biene baut ihre Zelle, ohne daß sie diese Kunst von jemand erlernt hat = ohne die K. v. j. erlernt zu haben. Das fromme Kind geht nie zu Bett, ohne daß es betet = ohne zu beten.

cc. Kinder gehen in die Schule, damit (daß) sie etwas lernen = um etwas zu lernen. Wir essen, um zu leben 2c., vgl. § 66; Absichtssätze. Wiederaufzublühn, werd' ich gesät. (Kl.) Es lebt ein Gott, zu strafen und zu rächen.

b. **Der Participialsatz.**

aa. Der Fuchs, welcher an List fast alle andern Tiere übertrifft, = a. L. f. a. a. T. übertreffend, wird sprichwörtlich oft als Sinnbild der Schlauheit genannt. Die Bienen, welche von Blume zu Blume fliegen = von Bl. zu Bl. fliegend, sammeln Honig und Wachs. Und dieses bei mir denkend, schlief ich ein. (Sch.) Jesus heilte Kranke, die Hände auf sie legend und sie segnend.

bb. Ein Kind, (welches) von Geburt an verzärtelt (ist), kann kein rauhes Lüftchen vertragen. Gieb mir ein Herz voll Zuversicht, erfüllt mit Lieb' und Ruhe. Auf diese Bank von Stein will ich mich setzen, dem Wanderer zur kurzen Rast bereitet. Alexander der Große, von den tüchtigsten Lehrern ausgebildet, übertraf an Bildung die meisten seiner Zeit.

cc. Judas, von Gewissensbissen gefoltert, erhängte sich = der von Gewissensbissen gefolterte Judas erhängte sich. Columbus, von der erfolgreichen ersten Entdeckungsreise zurückgekehrt, zog im Triumphe durch Spanien an den königlichen Hof. Der von der ersten erfolgreichen Entdeckungsreise zurückgekehrte Columbus 2c.

c. **Andere verkürzte Attributivsätze.**

aa. Wie kann ein Herz (welches) vom Geize hart (ist), des Wohlthuns Freuden schmecken? (Gel.) Auch manchen Mann, auch manchen Held, im Frieden gut und stark im Feld, gebar das Schwabenland. (Sch.) Mancher Mann, gelehrter als viele andere, ist in Armut gestorben.

bb. Dieser Krieger, (der) ein Held in der Schlacht (war), fürchtete sich vor dem Geschrei eines Hahnes.

Lehrs. 1. So wie sich ausgebildete Nebensätze oftmals auf Glieder des einfachen Satzes zurückführen lassen, so können manche auch derart verkürzt werden, daß das Verbum in seiner Bildung auf den Infinitiv oder auf ein Particip beschränkt wird, doch darf die Verständlichkeit nicht darunter leiden.

2. **Infinitivsätze** entstehen gewöhnlich aus Nebensätzen mit **daß** und werden dann mit **zu** gebildet, mit **ohne zu** bei Verneinungen, mit **um zu** in Absichtssätzen, doch genügt im letzteren Falle oft auch bloßes **zu**. Ist in einem Infinitivsatze gar kein anderes Subjekt denkbar, als der Infinitiv, so steht dieser ohne **zu**: Alle Schmerzen verbeißen, dem Todesstreiche mit unverwandtem Auge entgegen sehen, unter Natterbissen lachend sterben, weder seine Sünde noch den Verlust des liebsten Freundes beweinen, — das sind Züge des alt= nordischen Heldenlebens.

3. **Participialsätze**, gebildet mit Participien der Gegenwart oder der Vergangenheit, vertreten Attributiv= oder Adverbialsätze.

4. Die so verkürzten Participien treten aber auch oft als Attri= bute **vor** die betreffenden Substantive, falls der Satzbau dadurch nicht schwerfällig oder unverständlich wird.

5. Mißverständlich wird eine solche Verkürzung leicht, wenn sie sich nicht auf das **Subjekt**, sondern auf eine Beklidung des einfachen Satzes bezieht, z. B. der König hatte keinen Sohn, um ihm nachzu= folgen (st. der ihm nachfolgen könnte). — Doch plötzlich rief ein Mütterlein den edlen Gast hinaus. Es schloß, um unentdeckt zu sein, den Gast ins Gartenhaus (wer sollte unentdeckt sein?).

1. **Aufg.** Unterscheide die verkürzten Nebensätze in folgendem Sprachstück.

Der Hahn. Es ist wohl schwer, auf dem Hofe einen schöneren und kühneren Vogel zu finden als den kühnen und stolzen Hahn. Niemand darf es wagen, in seiner Gegenwart ihm eine seiner Hennen zu rauben. Nie wird er müde, mit lauter Stimme seine Lieben zu rufen, wenn er ein Körnchen gefunden hat. Allezeit ist er bereit, jeden Fund mit ihnen zu teilen. Eine Lust ist es, ihn an der Spitze seiner Hennen ins Freie ziehen zu sehen. Am schönsten und stolzesten erscheint er, wenn das Geschrei eines fremden Hahnes sein Ohr trifft. Ohne sich lange zu besinnen, eilt er ihm entgegen, um ihn würdig zu empfangen. Die Kragenfedern aufrichtend, mit den Augen feuer= sprühend, rennen sie gegeneinander. Jeder versucht, den andern niederzuschmettern. Kaum halten sie einen Augenblick inne, um Atem zu schöpfen. Vom Blutverluste entkräftet, weicht der Fremdling end= lich. Er flieht, um durch den stärkeren Gegner nicht noch übler zugerichtet zu werden. Den Schwanz senkend, die Nackenfedern empor= sträubend, die Flügel hebend, eilt er davon. Der andere aber, durch seinen Sieg stolz gemacht, fliegt auf die Mauer, um durch lautes Krähen seine aufs neue errungene Herrschaft zu verkündigen.

2. **Aufg.** Erweitere die einfachen Sätze durch Nebensätze und dann verkürze diese durch den Infinitiv.

a. (zu.) Die Eltern empfehlen ihren Kindern —. Der Mensch

soll darnach streben —. Das 7. Gebot verlangt —. Das 8. Gebot ꝛc. —. Erlauben Sie mir —. Ich freue mich —. Viele wünschen —. So auch mit hoffen, fürchten, verbieten, beabsichtigen, behaupten, leugnen, zugeben. — Gott befahl den Weisen des Morgenlandes —. Pilatus erlaubte dem Joseph von Arimathia —.

b. (um zu.) Die Natur gab uns Verstand —; — gab sie uns das Herz. Der Reuige bekennt seinen Irrtum —. David spielte auf der Harfe —. Die deutsche Armee zog 1870 über die französische Grenze —. An die Seeküste baut man Leuchttürme und trifft manche andere Vorkehrungen —. Der Fischer steckt einen Wurm an die Angel —.

c. (ohne zu.) Das Unkraut wächst im Garten —. Die Enten schwimmen —. Durch unbesonnene Reden beleidigt man oft andere —. Der Voreilige urteilt oft —. Der Dienstfertige erweist anderen Gefälligkeiten —.

3. Aufg. Wie lassen sich folgende Nebensätze in Participialsätze verwandeln?

a. Da die Kinder unbekannt mit den Sorgen um die Zukunft sind, so verleben sie in Frohsinn und Heiterkeit ihre Jugendjahre. (Wäre eine Verkürzung möglich, wenn der Hauptsatz lautete: so verstreicht ihre Jugendzeit froh und heiter?) Sehr oft klagt sich der Verbrecher selbst an, weil er von Gewissensbissen gefoltert wird. Ruhig erwartet der Fromme das Ende seines Lebens, indem er auf ein besseres Jenseits hofft. Die Lehre Jesu verbreitete sich außerordentlich schnell, obgleich sie von Juden und Heiden heftig verfolgt wurde.

b. Der Fink, der die Nachtigall an Schönheit des Gefieders übertrifft, hat auch einen nicht unangenehmen Schlag. Der Schnee, welcher die Saat vor dem Froste schützt, ist für diese oft von wohlthätiger Wirkung. Der Luchs, der mit sehr scharfen Gesichtswerkzeugen versehen ist, lauert hinter Gebüsch oder Gemäuer auf seinen Raub. Die Angelsachsen wurden nach Britannien gerufen, damit sie den Briten gegen die Picten und Scoten beiständen. Karl der Große ließ Sänger aus Italien kommen, daß er den Kirchengesang durch sie verbesserte. Heinrich gründete deutsche Marken, daß er Deutschland vor dem weiteren Vordringen der Slaven bewahrte. — Wandle den Pfad der Tugend, ohne daß du dich an das Gespött der Thoren kehrst. Der Gewissenhafte arbeitet unermüdlich, ohne daß er sich von seiner Pflicht verlocken läßt.

c. Abkürzungen in Briefen. Indem ich mich Ihrem ferneren Wohlwollen bestens empfehle, verbleibe ich Ihr ergebenster Diener N. N. — Indem ich mich auf mein früheres Schreiben beziehe, erlaube ich mir, die ergebenste Bitte an Sie zu wiederholen, daß Sie mir baldigst die versprochene Summe senden möchten. — Da ich gegenwärtig von Geld gänzlich entblößt bin, so ist es mir unmöglich, daß ich den Betrag Ihrer Rechnung sofort bezahle. — Da ich auf Ihre Güte fest vertraue, so hoffe ich auf schonende Nachsicht. —

4. Aufg. Verkürze die Nebensätze auf die eine oder andere Art. *Auch dem Feinde muß man sein Wort halten.*

Als die Karthager im ersten punischen Kriege hart bedrängt waren und um Frieden bitten mußten, schickten sie den edlen Römer Regulus, welcher trotz seiner Tapferkeit in ihre Hände gefallen war, als Gesandten nach Rom, damit er dort für sie um Frieden bitte. Sie ließen ihn schwören, daß, wenn ihm dies nicht gelänge, er in die Gefangenschaft zurückkehren würde. Sie hofften, er würde, damit er seine Freiheit erlangte, alles aufbieten, daß er die Römer zum Frieden nötigte. Als er in Rom angekommen war, riet aber Regulus, der die sehr bedrängte Lage der Karthager kannte, statt zum Frieden zur energischen Fortsetzung des Krieges, ja, er widerriet sogar, daß sie die Gefangenen austauschten. Die Senatoren, welche seinem Rate folgten, suchten ihn nun zu bewegen, daß er zu Rom bliebe, unter dem Vorgeben, ein Kriegsgefangener habe immer das Recht, daß er sich befreie und das der Eid, den er geleistet habe, als ein erzwungener anzusehen und folglich ungültig sei. Allein Regulus antwortete: „Kein Sterblicher hat das Recht, daß er mich von diesem Eide entbinde; denn ich habe die Unsterblichen dabei als Zeugen angerufen, und obgleich ich überzeugt bin, daß meiner schreckliche Marter warten, so halte ich mich doch durch meinen Schwur für verpflichtet, daß ich nach Karthago zurückkehre." Regulus kehrte nach Karthago zurück. Als die Karthager erfuhren, was Regulus gethan hatte, schnitten sie ihm — so wird erzählt — ergrimmt zuerst die Augenlider ab, damit sie ihn des Schlafes beraubten, setzten ihn dann mit den Augen den Strahlen der heißen afrikanischen Sonne aus, und zuletzt steckte man ihn in ein Faß, das mit Nägeln ausgeschlagen war, damit sie ihm in demselben zu Tode wälzten. Die Römer rächten sich, indem sie karthagischen Gefangenen eine gleich grausame Behandlungsweise zu teil werden ließen und den Krieg aufs äußerste fortsetzten. —

§ 68.

2. Die Erweiterung.

I. Ellipsen, Appositionen, Parenthesen.

1. Aufg. Umschreibe folgende **Ellipsen** oder Satzverkürzungen. Vgl. § 45. 5. Aufg.

a. Siegen oder sterben! — Krieg! — Frisch, fromm, fröhlich, frei! — Schönen Gruß! — Grüß Gott! — Gott Lob! — Feuer! Feuer! — Gute Nacht! Schlaft wohl! — Holla, mach' auf! — Willkommen! — Und dort? — Was thun? — Wohin? — Woher des Weges? —

b. Suche und umschreibe die Ellipsen in einigen Gedichten, z. B. in Bürgers Lenore, der Kaiser und der Abt, der wilde Jäger.

2. Aufg. Die **Apposition** oder der bestimmende Beisatz.

a. Beisp. (Nominativ.) Johann, ein muntrer Seifensieder, erlernte viele schöne Lieder. — Einigkeit, ein festes Band, hält zusammen Leut' und Land. — Doch wir, der alten Schweizer echter Stamm, wir haben stets die Freiheit uns bewahrt. (Sch.) — Der Mensch, der Schöpfung Ruhm und Preis, ist sich ein täglicher Beweis von deiner Güt' und Größe. — Was Venus band, die Bringerin des Glücks, kann Mars, der Stern des Unglücks, schnell zerreißen.

(Genitiv.) Der strengen Diana, der Freundin der Jagden, lasset uns folgen ins wilde Gehölz. —

(Dativ.) Zu Dionys, dem Tyrannen, schlich Möros, den Dolch im Gewande. — Erweise Achtung deiner Mutter, der treuesten Pflegerin deiner Jugend. — Hüte dich vor der Sünde, dem größten der Übel.

(Accus.) Laß mich, den Fremden, für die Fremden kämpfen. Den Hund, als den treuesten Begleiter seines Herrn, trifft man in allen Erdteilen.

Merke. 1. Die Apposition ist als eine Erweiterung des Satzes anzusehen, indem sie einen Satzteil, ein Nomen, näher bestimmt oder erläutert.

2. Die Apposition muß im Kasus mit dem Nomen übereinstimmen, auf welches sie sich bezieht.

Aufg. Erweitere die Appositionen in obigen Beispielen zu Beiwortssätzen. (Solche Erweiterung ist zwar möglich aber erhöht die Schönheit und Bündigkeit der Rede nicht.)

b. Ergänze. Der Ätna — liegt auf Sizilien —. Der Nil — ergießt sich bei Alexandrien — in das Mittelländische Meer. — Unter der Regierung Sauls, Davids und Salomos — war das jüdische Reich am mächtigsten. Dem Hirten David — wurde durch Samuel — die königliche Weihe erteilt. Folge deinem Lehrer, — treuer Ratgeber. Gott, ich will nach deinem Beifall streben, — beste und bleibendste Lohn. David — verschonte Sauls — in einer Höhle. Die Haare des Bibers, — im Wasser lebendes Tier, werden zu wasserdichten Hüten verarbeitet. Dem Fuchse, — gewöhnlichste Sinnbild der Verschlagenheit, wird von den Jägern mehr Schlauheit angedichtet, als er besitzt. In dem Pelze des Wolfes, — gefährliches Raubtier, soll sich kein Ungeziefer aufhalten. Die Verdienste Friedrichs II, — großer Feldherr und Regent, sind allgemein anerkannt.

3. Aufg. **Parenthesen** oder Schaltsätze.

a. Beisp. Das Gute, das der Mensch thut — es ist immer nur wenig — ist der einzige Schatz, den er sich für das künftige Leben spart. (F. Jacobs.) — Bedenk', auf ungetreuen Wellen — wie leicht kann sie der Sturm zerschellen! — schwimmt deiner

Flotte zweifelnd Glück. (Sch.) — Der Menschen Thaten und Gedanken, wißt! sind nicht wie Meeres blind bewegte Wellen. (Sch.) — Die Gefahr ist nun, gottlob! vorüber. — Das Hygrometer (Feuchtigkeits=messer) belehrt uns über den Feuchtigkeitszustand der Atmosphäre.

Merke. Die Parenthese oder der Schaltsatz unterbricht in Form eines Hauptsatzes oder eines einzelnen Wortes den Gang der Rede. Sie wird gewöhnlich durch folgende Zeichen eingeschlossen: — —, ( ) oder [ ] (Klammern). Zu den Parenthesen gehören auch die Einführungsworte bei Anführungssätzen. Vgl. § 63.

b. Verwandle in folgendem Briefe die Nebensätze — meist Relativsätze — in parenthetische Sätze.

Lieber Freund!

Daß wir gestern Abend eine Mondfinsternis hatten, wird Dir ja bekannt sein, da Du ja ein fleißiger Leser des Kalenders bist. Mir gewährte diese Erscheinung, was Dich bei meinem bekannten Interesse für Ereignisse am Sternenhimmel nicht überraschen wird, eine große Freude. Um alles genau beobachten zu können, ging ich auf das Feld hinter unserm Garten, den Du aus eigener Anschauung kennst, und hier traf ich zum Glück unsern Herrn Lehrer, welcher mir den merkwürdigen Vorgang am Himmel näher erklärte. Da ich ja weiß, daß Du solchen Dingen gern Deine Teilnahme zuwendest, so laß Dir nun erzählen, was ich davon behalten habe. Die Wandelsterne, welche man bekanntlich Planeten nennt, stehen nie still, sondern bewegen sich alle in elliptischen Bahnen um die Sonne. Kommen zwei Planeten in ihrem Laufe in gerader Linie mit der Sonne hinter einander zu stehen, was bei den großen Entfernungen im ganzen nur selten geschieht, so kann der hinterste kein Licht von der Sonne erhalten. Erhält nun der Mond eine solche Richtung, daß sich die Erde gerade zwischen ihm und der Sonne befindet, was natürlich nur beim Vollmond möglich ist, so kann er ebenfalls nicht beleuchtet werden, und die Erde wirft dann ihren Schatten auf den Mond. Gieb Dir nur Mühe darüber nachzudenken, wovor Du ja nicht zurückschrecken wirst, so wirst Du selbst einsehen, daß es so und nicht anders sein kann. Sollte Dir noch etwas dunkel geblieben sein, was ja immerhin möglich wäre, so will ich es Dir durch ein Instrument, welches man ein Tellurium nennt, deutlich machen, wenn Du mich nächstens besuchst.

Unter den herzlichsten Grüßen an Dich und die lieben Deinen verbleibe ich

Dein getreuer Freund

Berlin, b. 26. Mai 1884. P. G.

§ 69.

II. Mehrfach zusammengesetzte Sätze und Perioden.

1. Das Satzgefüge in Verbindung mit dem zusammengezogenen Satze.

Beisp.. Der Lappe oder Lappländer benutzt von dem Renntiere die Haut, mit welcher er sich kleidet und womit er sein Zelt behängt, die Milch, welche sehr fett und außerordentlich nahrhaft ist, das Fleisch, welches er sowohl gebraten, als auch ungesalzen und geräuchert genießt.

1. Aufg. Verbinde die unter einer Ziffer stehenden Satzgefüge mit zusammengezogenen Nebensätzen.

Die Tanne am Wege.

1. Am Waldessaume stand eine einzelne Tanne. Dort grüßen sich Wald und Wiese. Dort tritt die Straße aus dem Waldesdunkel an den hellen Sonnenschein heraus. — 2. Man ging vorüber. Man ließ den Blick über sie gleiten. Man freute sich des herrlichen Baumes. — 3. Ein vorüberfahrender vornehmer Herr sprach: „Warum mußt du hier an dieser Stelle stehen? Du mußt hier dein Leben unbeachtet vertrauern, du schöner Baum! — 4. Ich könnte dich in meinen Garten pflanzen. Ich könnte dich an das Thor meiner Sommerwohnung stellen. Ich wollte dich zehnfach bezahlen." — 5. Ebenso redete ein Schiffsreeder die Tanne an. Er ließ sich ihr gegenüber zum Ausruhen nieder. Er maß sie mit den Augen von oben bis unten. — 6. Er sprach: „Lägst du auf der Schiffswerft! Du mußt in den Ofen der Bauern wandern." — 7. Der prächtige Baum fing leise an zu rauschen. Nach und nach schüttelte er aber immer gewaltiger und unheimlicher sein düsteres Haupt. Der Schiffer verließ bald seinen Platz. — 8. Jetzt kamen zwei Handelsleute des Weges. Einer sprach zum andern: „Warum machen die Leute das schöne Holz nicht zu Gelde? Sie lassen es überständig werden. — 9. Wieviel hätte man daraus lösen können. Den untern Teil des Stammes schneidet man zu Brettern und Bohlen. Die Krone wird zu Bau- und Brennholz verkauft. Die Rinde verwendet man zu Lohe." — 10. Darnach kam eine alte Frau. Diese hatte sich mühsam ein Bündel Reisig zusammengelesen. Sie ließ sich unter dem Baume zum Ausruhen nieder. — 11. Keuchend sprach sie: „Ach, der Baum geht nach und nach ein. Jeder Ast ist für mich. Ich wollte mich viele Winter daran wärmen." — 12. Dumpf brauste die alte Tanne. Sie schüttelte ihre Zweige zum Zeichen: solche Wünsche waren ihr schrecklich. Solch ein elender Untergang war ihr entsetzlich. — 13. Die Alte hatte ihren Sitz noch nicht verlassen. Sie hatte ihr Bündel noch nicht aufgehockt. Zwei Knaben kamen und blieben unter der Tanne stehen. — 14. Sie wollten bis in die Spitze des Baumes sehen. Sie wollten seine Größe bewundern. Sie beugten ihre Köpfe

weit zurück. — 15. Da ließ ein munteres Eichhörnchen einen Tannzapfen fallen. Die Kinder hoben ihn jubelnd auf. Sie trugen ihn mit andern als Spielzeug nach Hause. — 16. Die Tanne war von ihren lästigen Beschauern erlöst. Der Platz lag wieder still und einsam da. Ein Rabenpaar kam geflogen. — 17. Hoch oben an der Spitze des Baumes hatte es seine Jungen im Neste. Schon längst hatten die Jungen die Rückkehr der Alten erwartet. Schon längst hatten sie sich nach der Nahrung gesehnt. —

2. **Verbindung eines Satzgefüges und einer Satzverbindung oder zweier Satzgefüge.**

Beisp. Mit staunendem Zagen erkennen wir die Kraft des Allmächtigen im erschütternden Donner und im feurigen Blitze, aber stiller Friede und heiliges Vertrauen strömen in unser Herz, wenn der nächtliche Himmel seine Millionen Augen öffnet und mit ihnen herniederblickt auf die arme Erde.

2. Aufg. Bilde aus den unter einer Ziffer stehenden Sätzen je einen zusammengesetzten Satz.

Gold und Eisen. 1. Es ist unbestrittene Wahrheit. Das Gold gehört zu den bedeutungsvollsten Metallen für die Menschheit. Es ist gewiß. Das Eisen ist von dem unaussprechlichsten Einflusse auf das gesamte Leben der Menschen. — 2. Von Gold ist die Krone. Die Krone ziert das Haupt des Königs. Der Ring ist von Gold. Die Braut trägt den Ring als Sinnbild ewiger Liebe und Treue am Finger. — Von Eisen ist die Pflugschar. Die Pflugschar entzieht die Länder der Wildnis und bebaut sie. Das Schwert ist aus Eisen geschmiedet. Das Schwert verwüstet die Länder. — 4. Vergegenwärtigen wir uns einmal die Länder. In den Ländern liegt vorzugsweise Gold zu Tage. Wir vergleichen damit die Gegenden. In den Gegenden wird aus tiefen Schächten das Eisen mühsam emporgewunden. — 5. Die Länder Peru, Mexiko, Kalifornien und Australien zeichnen sich durch Fülle und Farbenpracht in der Pflanzen- und Tierwelt aus. In diesen Ländern wird viel Gold gefunden. Einen einförmigen und stillen Eindruck machen auf den Beschauer die schwarzen Wälder Schwedens und Norwegens. In diesen Ländern kommt hauptsächlich das Eisen vor. — 6. Das Eisen hat eine mattglänzende, grauschwärzliche Farbe. Bei Verbindung mit Sauerstoff geht diese Farbe ins Rötliche über. In hellgelbem Glanze strahlt immer das Gold. Den hellgelben Glanz behält es selbst an feuchter Luft. — 7. Die Menschheit würde in ziemlich unveränderter Weise fortbestehen. Das Gold ist nicht vorhanden. Das Eisen verschwindet mit einem Male aus der Welt. Dies würde in kurzer Zeit die vollkommenste Umgestaltung der menschlichen Verhältnisse zur Folge haben. — 8. Das Gold ist der Hebel für Handel und Betriebsamkeit. Alle Wertberechnung bezieht sich auf das Gold zurück. Das Eisen giebt die Mittel und Werkzeuge her. Durch diese kann Handel und Industrie in immer vollkommenerer Weise betrieben werden. — 9. Ein Volk oder Land erzeugt und besitzt Gold und Eisen. Es ist reicher und mächtiger. Ein Volk verwertet wenig Eisen und Gold. Die Macht und der Einfluß des Volkes ist gering.

3. **Satzgefüge, welche mehr als einen Nebensatz ent=
halten.**

Beisp. a. **Die Nebensätze beziehen sich auf ein Glied des Hauptsatzes, sind also einander nebengeordnet:**

Wo das Strenge mit dem Zarten, wo Starkes sich und Mildes paarten, da giebt es einen guten Klang. — Unter allen Griechen, welche unsere Hochachtung verdienen, und aus deren Lehren wir noch jetzt Weisheit schöpfen, war Sokrates der weiseste. — Er sprach es klar und deutlich aus, daß er an ein unendlich weises, mächtiges, all= wissendes, gütiges und gerechtes Wesen glaube, daß er ferner die menschliche Vernunft für einen Ausfluß der Weisheit und Güte dieses Wesens halte, und daß der Glaube an die Unsterblichkeit der Seele sein Herz erfülle. — Aber je eifriger Sokrates für Wahrheit und Tugend wirkte, je mehr er sich um das wahre Wohl seines Vaterlandes ver= dient machte und je inniger sich seine Schüler ihm anschlossen, desto mehr wurde er von seinen sittlich verdorbenen Mitbürgern angefeindet. —

b. **Die Nebensätze beziehen sich auf verschiedene Glieder des Hauptsatzes:**

Wer die Hand nicht braucht, ist nicht wert, daß er sie hat. — Eh' der Tag sich neigt, muß sich's erklären, ob ich den Freund, ob ich den Vater soll entbehren. (Sch.) — Während im Mittelalter die kaiserliche Herrlichkeit sank und der Adel verwilderte, bildeten sich in den Städten die Grundlagen der Kultur aus, auf denen das heutige deutsche Leben beruht. — Wer vor 500 Jahren am Morgen das Thor einer Stadt erreichte, begegnete sicher dem Stadtvieh, da der Bürger auch Landbau trieb und selbst die vornehmen Häuser in ihren engen Hofräumen Viehställe hatten.

c. **Der eine Nebensatz ist dem anderen untergeordnet.**

Ich halte dafür, es sei thöricht, wenn der Mensch dem nachjagt, was er nimmer erreichen kann. — Wer da glaubt, was Narren sagen, hat den Schaden selbst zu tragen. — Wahre Liebe ist die, die immer sich gleich bleibt, wenn man ihr alles gewährt, oder wenn man ihr alles versagt. — Den schlechten Mann muß man verachten, der nie bedacht, was er vollbringt. (Sch.) — Was du nicht willst, das dir geschiehet, das thu auch einem andern nicht. — Es ist merkwürdig, wie leicht Menschen bewogen werden können, üble Gewohnheiten anderer, und wären es auch die widernatürlichsten und lächerlichsten, nachzunahmen.— Während die gebildeten Europäer die Wilden Amerikas das unselige Branntweintrinken lehrten, welches dahin führt, daß diese Menschen=

raſſe in kurzem ausſtirbt, ſo haben wir dagegen von ihnen das Tabakrauchen gelernt, von dem kein Menſch zu ſagen weiß, was es nützt. —

3. Aufg. Die obigen Sätze ſind näher zu betrachten und zu analyſieren. — Desgleichen Erzählungen und Beſchreibungen des Leſebuches. —

4. Aufg. Verbinde die unter einer Ziffer ſtehenden einfachen Sätze zu künſtlicheren Satzgefügen.

Ein Herzenszug König Friedrich Wilhelms IV.

1. Es war um die Mitte der 50er Jahre. In einer September=nacht hatten zwei Gardehuſaren vor dem Schlößchen Charlottenhof im Parke von Sansſouci die Wacht. Dieſes war damals die Reſidenz des Königs Friedrich Wilhelm IV. 2. Kein Lichtſchein drang mehr aus den Fenſtern des Schlößchens. Weinend erzählte der eine der Huſaren — er war ein Brandenburger — ſeinem Kameraden: „Ich habe am vorigen Morgen eine traurige Nachricht von Hauſe erhalten. Meine Mutter liegt auf dem Sterbebette. Sie hat einen Wunſch ausgeſprochen. Sie wünſcht mich noch einmal vor ihrem Hinſcheiden zu ſehen. 3. Ich habe ſogleich meinen Rittmeiſter um Urlaub gebeten. Ich habe aber einen abſchlägigen Beſcheid erhalten. Nach einem erſt kürzlich erlaſſenen Befehl des Königs ſoll des bevorſtehenden Manövers wegen kein Urlaub erteilt werden. — 4. Der Rittmeiſter hat mich zwar zum Regiments=Kommandeur geleitet. Er hat mein Geſuch ſogar befürwortet. Aber auch dieſer hat mich auf den königlichen Befehl hingewieſen. Das ſei ein abſoluter Hinderungsgrund." — 5. „Aber ein Soldat weint unter dem Gewehr!" Dieſe Worte tönten von einem Fenſter des Schlößchens her. Sie machten der Unter=redung ein Ende. — 6. Der Brandenburger erkannte ſofort die Stimme ſeines königlichen Kriegsherrn. Er entgegnete reſolut: „Ja, Majeſtät, ich muß wohl weinen!" — 7. Auf die weitere Frage des Monarchen wiederholte er den Vorgang. Da ſagte Friedrich Wilhelm: „Geh' ſofort zu meinem Kabinetsrat Hillaire; laß ihn wecken; über=bringe ihm meinen Befehl; er ſoll dir ſofort 15 Thaler Reiſegeld auszahlen; du kannſt deine ſterbende Mutter noch einmal ſehen." 8. Der Huſar entgegnete treuherzig: „Ich darf ja meinen Poſten nicht verlaſſen." — 9. „Recht, mein Sohn!" erwiderte der König. — 10. „Ich werde dich ſofort ablöſen laſſen." — 11. Der König ſchrieb ſofort ein Billet an Hillaire; er überreichte es dem Huſaren; er begab ſich dann in eigener Perſon nach der nahen Wache; er befahl die ſo=fortige Ablöſung. — 12. Der Kamerad des Huſaren war ein Schleſier. Er berichtete ſpäter die Thatſache treu. Er erhielt eine Ordre; er ſollte am nächſten Mittag als Ehrenwache im Schloſſe fungieren. — 13. Er war zu dieſem Behufe erſchienen. Der Regiments=Kommandeur wurde gemeldet. — 14. Mit ſtrengem Tone fragte ihn der König: „Warum haben Sie einem Soldaten den Urlaub verweigert. Er ver=

langte die sterbende Mutter zu sehen." — Der Kommandeur berief sich auf den strengen Befehl des Königs. — 16. Der König fuhr milder fort: „Aber wissen Sie denn keinen Unterschied zu machen? Haben Sie so wenig Herz und Gefühl? Konnten Sie es glauben, ich wollte einem Sohne das verbieten; er sollte seiner Mutter nicht die Augen zudrücken?" — 17. Hiermit wurde der Kommandeur entlassen. Der Brandenburger kehrte bald von seinem Urlaub zurück. Er hatte doch noch einmal in das von Liebe erfüllte Auge der Mutter blicken können; er hatte an ihrem Grabe gestanden. Er hatte für sie und für seinen teuren König gebetet. —

5. Aufg. Weisheit und Tugend der Alten.

a. Zwei Sklaven. 1. Ein reicher Bürger bat einst den Philosophen Aristipp — dieser war ein Schüler des Sokrates gewesen — er möchte seinen Sohn in Erziehung und Unterricht nehmen. — 2. Dieser forderte ein bedeutendes Honorar dafür. Der unwissende und geizige Vater rief aus: „Ei, für eine solche Summe kann ich ja einen Sklaven kaufen. Den habe ich nötiger als mein Sohn Erziehung." — 3. Der Weise versetzte: „Thue es; dazu hast du gewiß mehr Lust; dann wirst du deren zwei haben."

b. Weisheit. „Thales war einer der berühmten sieben Weisen Griechenlands. Er wurde gefragt: „Was ist das Schwierigste in der Welt? Und was ist das Leichteste in der Welt?" Er antwortete: „Das Schwierigste in der Welt ist die Selbsterkenntnis; das Leichteste ist der Tadel über andere."

c. Zwei Ohren und ein Mund. Der weise Zeno hatte einen schwatzhaften Schüler. Der Schüler fragte ihn: „Weshalb hat der Mensch zwei Ohren, aber nur einen Mund?" Die Antwort Zenos lautete: „Er soll viel hören; aber er soll wenig reden."

d. Welcher Reichtum ist der beste? Bias war auch einer der sieben griechischen Weisen. Er wurde von Feinden aus seiner Vaterstadt vertrieben. Er verließ die Stadt und nahm von seinem Hab und Gut nichts mit hinaus. Man befragte ihn: „Warum bringst Du denn von Deinen Gütern nichts in Sicherheit?" Er antwortete: „Die besten Güter trage ich bei mir." Welche meinte er wohl?

e. Meidet auch den bösen Schein. Lysander war ein König von Sparta. Er züchtigte einst einen Soldaten. Dieser hatte nämlich sich auf dem Marsche einige Zeit von dem Wege entfernt. Das sei weder aus Raubsucht, noch aus Feigheit geschehen, so bemerkte man zu seiner Entschuldigung. „Der Soldat soll auch den bösen Schein meiden; das verlange ich." So antwortete der strenge König.

f. Bescheidenheit. Ein Spartaner bewarb sich um ein wichtiges Amt. Es wurde ihm aber ein anderer bei Besetzung desselben vorgezogen. „Meine Vaterstadt hat bessere Bürger als ich; das sehe ich; und das gereicht mir zur großen Freude." So sprach er gefaßt.

g. **Spartanische Tapferkeit.** Die Spartaner waren bei Termopylä schon völlig umzingelt. Sie sahen den gewissen Tod vor Augen. Leonidas wollte zwei edle Jünglinge für das Vaterland retten. Ihr Tod ging ihm sehr nahe. Er verfiel auf folgendes Mittel: Er wollte sie mit einem Berichte nach Sparta senden; ein Entkommen einzelner war nämlich noch möglich. Der eine merkte die Absicht des Königs; er gab ihm zur Antwort: „Ich bin hierher gekommen für den Kriegsdienst; ich bin nicht gekommen für den Läuferdienst." Und der andere sprach: „Herr, erst wollen wir kämpfen; dann will ich deinen Schlachtbericht überbringen."

4. **Perioden oder Gliedersätze.**

Lehrsatz. Werden zwei oder mehrere Sätze so mit einander verbunden, daß der erste oder die gleichartigen ersten als Vordersätze mit Hebung der Stimme, der letzte als Nachsatz mit Senkung der Stimme gesprochen wird, so bilden sie eine Periode oder einen Gliedersatz. Gewöhnlich versteht man aber darunter nur solche mehrgliederige Satzgefüge, in denen sich der Schlußsatz auf zwei, drei, vier oder noch mehr gleichartige Vordersätze bezieht. Auch der Nachsatz kann mehrgliedrig sein. Die einzelnen ähnlich gebauten und auch dem Inhalte nach verwandten Vordersätze werden durch ein Semikolon (;) getrennt, die Vorder- und Nachsätze durch ein Kolon (:).

Beisp. a. Zweigliedrige Periode. Wohlthätig ist des Feuers Macht, wenn sie der Mensch bezähmt, bewacht; doch schrecklich wird die Himmelskraft, wenn sie der Fessel sich entrafft, einhertritt auf der eignen Spur, die freie Tochter der Natur. (Sch.) (Wieviel Perioden im weitern Sinne? Welche Interpunktionen?)

b. Dreigliedrige Periode. Wer nie sein Brot in Thränen aß; wer nie die kummervollen Nächte auf seinem Bette weinend saß: der kennt euch nicht, ihr himmlischen Mächte. (G.) — Wo sich Gottes Flamme in ein Herz gesenkt, das am alten Stamme treu und liebend hängt; wo sich Männer finden, die für Ehr' und Recht mutig sich verbinden: (da) weilt ein frei Geschlecht. (v. Schenkendorf.) — Wer forscht, eh' er richtet; wer prüft, eh' er sichtet: der ist mein Mann! — Wenn die Blätter fallen in des Jahres Kreise; wenn zu Grabe wallen entnervte Greise: da gehorcht die Natur ruhig nur ihrem alten Gesetze, ihrem ewigen Brauch; da ist nichts, was den Menschen entsetze. (Sch.)

c. Viergliedrige Perioden. Wenn Gerechtigkeit und Treue leere Namen sind; wenn die Bosheit sich des Erdkreises bemächtigt; wenn die Arglist über die Redlichkeit siegt: (dann oder) so ist das Grab die Zuflucht der Tugend. — Je älter man wird, d. h. je mehr man Erfahrungen macht; je größer unser Wirkungskreis im täglichen Leben wird: je (desto) mehr überzeugt man sich, daß zum Leben vorzüglich Mut und Kraft gehören. (Klinger.)

d. Fünfgliedrige Periode. Je mehr wir mit Äußerungen

des Lasters umgeben sind; je öfter wir die Ausbrüche desselben vor Augen sehen: desto mehr gewöhnen wir uns an den schändlichen Anblick; desto geneigter werden wir, mitzumachen, was leider so häufig geschieht. (Reinhard.) — Wo dir, o Mensch, Gottes Sonne zuerst schien; wo dir die Sterne des Himmels zuerst leuchteten; wo seine Blitze dir zuerst seine Allmacht offenbarten, und seine Sturmwinde dir mit heiligem Schrecken durch die Seele brausten: da ist deine Liebe, da ist dein Vaterland. (Arndt.)

e. **Siebengliedrige Periode.** Soll der Funke des Lebens nicht gleich wieder nach unsrer Geburt verlöschen; soll unser schwacher Körper sich stärken und ausbilden; sollen wir alles werden, alles leisten, alles genießen, wozu wir geschaffen sind: so bedürfen wir unserer Brüder; so muß ihr Arm uns schützen, ihr Wohlwollen uns pflegen, ihre Weisheit uns leiten; so muß ihr Beispiel uns zum Guten entflammen und ihr Umgang uns Freuden und Vorteile aller Art gewähren; so müssen wir die Mitglieder eines Bundes sein, wo alles aufs genaueste zusammenhängt. (Reinhard.)

6. Aufg. Analysiere obige Perioden und weise ihren Bau im einzelnen nach.

7. Aufg. Analysiere folgende künstlichen Satzgefüge:

a. Weil die Menschen sehr geneigt zum Aufschieben und zur Langsamkeit sind und gemeiniglich das, was um fünf Uhr morgens vor sich gehen soll, erst um sechs Uhr geschieht; so kann man sicher darauf rechnen, daß man die Oberhand in einer Sache behält, wenn man alles ohne den geringsten Verzug unternimmt. (Lichtenberg.)

b. Wie der Adler seinen Jungen, so lange sie noch unbefiedert und schwach im Neste liegen, die Nahrung herbeiträgt, die sie nicht in eigener Kraft erfassen können; so sendet Er, der allen ihr Wesen gab, seinen hilflosesten Geschöpfen das, was ihnen not thut, zur rechten Zeit. (von Schubert.)

c. Analysiere auch einige periodisch gebaute Strophen bekannter Lieder, z. B. von Arndts, „Was ist des deutschen Vaterland"; „Kaiser Wilhelm" von Hoffmann v. F.; „Kennt ihr das Land" von Wächter. Und dann gestalte sie in freier Weise zu eigentlichen Perioden um.

8. Aufg. a. Drücke folgende Gedanken in mehrgliedrigen Perioden aus:

1. Wenn der Frühling wiederkehrt, so herrscht neues Leben in der Natur. 2. Wer nicht hören will, der muß fühlen. 3. Je größer die Not, je näher ist Gott. 4. Wo Friede ist, da ist auch Glück. 5. Wem nicht zu raten ist, dem ist nicht zu helfen. 6. Wer das Alter verspottet oder gering schätzt, der verdient nicht, alt zu werden.

b. Bilde Perioden, welche handeln von der Entstehung des Gewitters, von den Ursachen des Auszugs der Kinder Israel aus Ägypten, von den Wirkungen großer Sonnenhitze, von den Folgen der Ehrlichkeit, Arbeitsamkeit und Sparsamkeit, der Trägheit und der Liederlichkeit.

§ 70.

Die Interpunktion oder Zeichensetzung. Zusammenfassung der zerstreut hierüber gegebenen Regeln.

Satzteilzeichen sind: das Komma (Pl. Kommas oder Kommata), das Kolon, das Semikolon, der Punkt und der Gedankenstrich. — Das Frage- und das Ausrufungszeichen dienen als Satztonzeichen, über deren Gebrauch vgl. § 45.

1. Der **Punkt** (.) scheidet in sich Abgeschlossenes; er steht darum nach einem vollendeten Satze; außerdem nach Abbreviaturen; vgl. §§ 21 und 34.

2. Das **Komma** (,), das Zeichen für die kleinste Pause in der Rede, trennt
   - a. solche Teile eines einfachen Satzes, die von dem Hauptgedanken durch eine Pause geschieden werden: die Anrede, die Apposition und den anführenden Satz; vgl. §§ 63 und 68.
   - b. gleichartige Satzglieder in einem zusammengezogenen Satze; vgl. § 55, 3. Aufg.
   - c. die Glieder einer kopulativen Satzverbindung; vgl. §§ 56—58. Über das Komma vor und und oder vgl. § 58 Lehrs. 8.
   - d. die Nebensätze von ihren Hauptsätzen, sowie kleinere Nebensätze untereinander; vgl. § 61 Lehrs. 5.

3. Das **Semikolon** (; auch „Strichpunkt"), eine längere Pause als das Komma bezeichnend, trennt
   - a. in der Satzverbindung gewöhnlich die adversativen und kausalen Verbindungen.

   Doch pflegen kleinere derartige Satzglieder auch durch Kommata getrennt zu werden, wie man umgekehrt längere kopulative Satzverbindungen durch Semikolon trennt, da die Pause sich gewöhnlich nach der Ausdehnung des folgenden Satzteils richtet; vgl. § 61 u. f.
   - b. Die längeren Glieder einer Periode; vgl. § 69 Nr. 4.

4. Das **Kolon** (: auch Doppelpunkt) steht
   - a. in Perioden zwischen Vorder- und Nachsatz; vgl. § 69 Nr. 4.
   - b. hindeutend auf etwas Folgendes, z. B.
     - aa. vor der wörtlich angeführten Rede; vgl. § 63.
     - bb. vor den aufzuzählenden Beispielen.

   Über den Gebrauch anderer Zeichen vgl. § 21 und 63.

Aufg. Zum Nachweise und zur Einübung dieser Regeln diene die Betrachtung der Interpunktion in Lesestücken, die bezügliche Korrektur der Aufsätze und grammatischen Übungen und besonders dann und wann ein Diktat mit passendem Inhalte.

Vierter Abschnitt. Der Aufsatz.

Themata, Skizzen und Dispositionen enthaltend.

I. Jahrgang.

Für Schüler von 12—13 Jahren.

A. Erzählungen zur Nachahmung.

a) Nach Mustern (des Lesebuches).

(Vgl. meine Muster und Aufgaben zu deutschen Aufsätzen.*)

1. Die Fabel vom Fuchs und den Weintrauben (S. 21). — 2. Vom Wolf und dem Schäfer. — 3. Vom sterbenden Löwen. — 4. Vom Raben und dem Fuchse. — 5. Trau, schau, wem? — 6. Vom Wolf und dem Lämmlein (S. 9). — 7. Vom Wolf auf dem Totenbette. — 8. Die Gans (vgl. das „Vaterland" von Dr. Jütting und Hugo Weber, S. 223 u. f.). — 9. Der Wolf, der Fuchs und der Kranich. — 10. Der unzufriedene Esel.

Andere Erzählungen. 11. Der König und der Bauer (S. 23 der „Muster und Aufgaben"). — 12. Die beiden Schweizer. — 13. Der gewissenhafte Greis. — 14. Der Mäuseturm zu Bingen. — 15. Der Sklave. — 16. Seltsamer Spazierritt. — 17. Der Kohlkopf. — 18. Die undankbaren Kinder. — 19. Der Mut einer Katze. — 20. Der kopflose Lügner. — 21. Geistesabwesenheit. — 22. Die Träume. — 23. Der Müller ohne Sorgen (Müllenhoff). — 24. Das Licht der treuen Schwester (Ders.). — 25. Der Haken (K. Stöber).

b) Aus der biblischen Geschichte.

(In einfacher und schlichter, aber doch moderner Sprache. Im Anschlusse an den Religionsunterricht.)

1. Adam und Eva. — 2. Jakob und Esau. — 3. Joseph wird verkauft. — 4. Moses' Jugend. — 5. Die Abgötterei mit dem goldenen Kalbe. — 6. Saul wird zum Könige ernannt. — 7. David besiegt Goliath. — 8. David schont Sauls in der Höhle. — 9. Salomos weises Urteil. — 10. Rehabeams Unbesonnenheit und Stolz. —

---

*) Dr. W. Jütting, Muster und Aufgaben ꝛc. 4. Aufl. 1880. Leipzig bei Siegismund und Volkening.

11. Raboths Weinberg. — 12. Die Geburt Johannis des Täufers. — 13. Die Geburt Jesu. — 14. Der Tod Johannis des Täufers. — 15. Der barmherzige Samariter. — 16. Jesu Gefangennahme. — 17. Jesu Kreuzigung. — 18. Die Jünger von Emmaus. — 19. Der Kämmerer aus Mohrenland. — 20. Die Bekehrung des Paulus.

c) Aus der Weltgeschichte.
(Im Anschlusse an den Unterricht.)

1. Das hölzerne Pferd im Trojanerkriege. — 2. Solon und Krösus. — 3. Der junge Cyrus. — 4. Der junge Alcibiades. — 5. Der Tod des Sokrates. — 6. Diogenes. — 7. Alexander zähmt Bucephalus. — 8. Alexander der Große in Afrika (S. 130 d. B.). — 9. Horatius Cocles. — 10. Pyrrhus und Fabricius. — 11. Karl der Große in der Schule. — 12. Tells Apfelschuß. — 13. Jung Siegfried. — 14. Peter der Große als Schiffszimmermann. — 15. Friedrich der Große und sein Nachbar. — 16. Kaiser Josef und der Amtmann. — 17. Der Stallmeister Froben (S. 177). — 18. Friedrich Wilhelm IV. und der Posten (S. 187). — 19. Kaiser Wilhelm und die Kornblume (vgl. „Vaterland" S. 91). — 20. Eine edle That Bismarcks (S. 131).

B. Einfache Beschreibungen
(meist im Anschlusse an den übrigen Unterricht).

a) Aus der Heimatkunde.
1. Die Schule (Muster und Aufgaben S. 15). — 2. Die Kirche. — 3. Das Wohnhaus. — 4. Der Garten. — 5. Der Wohnort. — 6. Die nächste Umgebung des Wohnortes.

b) Aus der Naturkunde.
(Tiere nach folgender Disposition*): 1. Name. 2. Körperbeschreibung: a) Größe, b) Bedeckung, c) Kopf, d) Rumpf, e) Gliedmaßen. 3. Aufenthalt und Wohnung. 4. Nahrung und deren Erwerb. 5. Nutzen und Schaden für den Menschen. 6. Charakter und besondere Eigentümlichkeiten.)

aa) Einheimische Säugetiere.
1. Die Hauskatze (Fr. Polack S. 12). — 2. Der Maulwurf. — 3. Der Hund. — 4. Der Fuchs. — 5. Der Hase. — 6. Das Eichhörnchen. — 7. Das Rind. — 8. Das Schaf. — 9. Das Schwein. — 10. Das Pferd.

bb) Einheimische Vögel.
1. Der Buchfink (Polack S. 36). — 2. Der Star. — 3. Die Elster. — 4. Die Schwalbe. — 5. Der Kuckuck. — 6. Die Haustaube. — 7. Das Haushuhn. — 8. Der Storch. — 9. Die Gans. — 10. Der Schwan.

---
*) Vgl. Fr. Polack, Illustrierte Naturgeschichte der drei Reiche in Bildern, Vergleichungen und Skizzen. I. Kursus: Repräsentanten der drei Reiche; bearbeitet von W. Machold. 4. Aufl. Wittenberg bei Herrosé. 1884. S. 4 u. folg.

c) Vergleichungen.

1. Pferd und Rind (Muster und Aufgaben S. 16). — 2. Ente und Taube. — 3. Schul- und Wohnzimmer. — 4. Kirche und Schule.

II. Jahrgang.
Für Schüler von 13—14 Jahren.

A. Erzählungen.
Nachbildungen zunächst ohne, dann mit Veränderungen.

a) Nach dem Lesebuche (zum Teil zu verkürzen).
1. Der Rittmeister Kurzhagen*) (Pustkuchen-Glanzow).
2. Der arme Musikant und sein Kollege (D. v. Horn), S. 235.
3. Eine Ohrfeige zur rechten Zeit (Volksbote), S. 258.
4. Die Nachbarn (K. Stöber), S. 256.
5. Das Kirchenessen auf dem Schlachtfelde (K. Wagner), S. 253.
6. Kannitverstaan (Hebel), S. 232.
7. Der Schneider in Penja (Hebel), S. 229.
8. Wie schön leuchtet der Morgenstern (Ahlfeld), S. 227.

b) Aus der biblischen Geschichte (A. T.).
(Durch Schilderung der Situation und der Charaktere etwas zu erweitern.)

1. Der Brudermord (Kain und Abel). — 2. Die Sündflut. — 3. Abraham und Lot. — 4. Isaaks Heirat. — 5. Versöhnung Jakobs mit Esau. — 6. Joseph giebt sich zu erkennen. — 7. Moses' Flucht und Berufung. — 8. Eli und Samuel. — 9. Ruth. — 10. Die Freundschaft Davids und Jonathans. — 11. Absaloms Empörung. — 12. Elias. — 13. Esther. — 14. Tobias. — 15. Die Verfolgungen der Juden unter Antiochus von Syrien.

c) Aus der Weltgeschichte (Altertum).**)
(Unter Beschränkung auf die charakteristischen Partieen.)

1. Herkules. — 2. Lykurg. — 3. Miltiades. — 4. Leonidas. — 5. Alcibiades. — 6. Sokrates. — 7. Alexander der Große. — 8. Romulus und Remus. — 9. Tarquinius Superbus. — 10. Regulus. — 11. Hannibal. — 12. Julius Cäsar. — 13. Augustus. — 14. Konstantin. — 15. Attila.

d) Nach Gedichten des Lesebuches.
1. Das Gewitter (G. Schwab). — 2. Die alte Waschfrau (Chamisso). — 3. Der Wanderer in der Sägemühle (J. Kerner). — 4. Des

---
*) Vgl. Dr. Jütting und H. Weber, Das Vaterland, S. 234.
**) Vgl. Dr. M. Spieß und B. Berlett, Weltgeschichte in Biographieen. I. Kurs. oder ähnliche Bücher.

Knaben Berglied (Uhland). — 5. Der reiche Fürst (J. Kerner). — 6. Polykarpus (Herder).—7. Kaiser Otto I. und Heinrich (v. Mühler). — 8. Schwäbische Kunde (Uhland). — 9. Friedrich Rotbart (Geibel). — 10. Andreas Hofer (v. Mosen). — 11. Blücher (nach) dem Gedichte von Arndt). — 12. König Wilhelm am Grabe seiner Mutter (Gesekiel). — 13. Das Lied vom braven Mann (Bürger). — 14. Die Weiber von Weinsberg (Chamisso). — 15. Johanna Sebus (Goethe). — 16. Siegfrieds Schwert (Uhland).

B. Beschreibungen.

a) Aus der Naturkunde.

aa) Tiere. Vgl. die Disposition im I. Jahrgange.

1. Die großohrige Fledermaus (Fr. Polack, S. 6). — 2. Der Igel. — 3. Der Bär. — 4. Der Löwe. — 5. Der Edelhirsch. — 6. Das Kamel. — 7. Der Elefant. — 8. Der Walfisch. — 9. Der Adler (Goldadler). — 10. Der Pfau. — 11. Der Strauß. — 12. Die Schildkröte (S. 61). — 13. Das Krokodil. — 14. Die Riesenschlange. — 15. Der Laubfrosch. — 16. Der Hering. — 17. Der Aal. — 18. Der Haifisch.

bb) Pflanzen.

(Disposition: 1. Name. 2. Beschreibung der einzelnen Teile: a) Wurzel, b) Stengel, c) Blätter, d) Blüten, e) Früchte. 3. Standort. 4. Nutzen und Schaden. 5. Eigentümlichkeiten.)

1. Das Schneeglöckchen (Polack S. 101). — 2. Die Schlüsselblume (S. 109). — 3. Die Tulpe. — 4. Der Kirschbaum. — 5. Der Apfelbaum. — 6. Die Stachelbeere. — 7. Die Kiefer. — 5. Die weiße Taubnessel. — 9. Die Maiblume. — 10. Der Löwenzahn. — 11. Die Saaterbse (S. 126). — 12. Die Sommereiche. — 13. Der Hopfen. — 14. Das schwarze Bilsenkraut. — 15. Der schwarze Nachtschatten. — 16. Die Herbstzeitlose (S. 144).

b) Aus der Heimatkunde (in Skizzen).*)

1. Das neue Schuljahr. Die letzte Prüfung. Versetzung der Schüler; Zeugnisse (Censuren). Die neue Klasse; das Schulzimmer. Der Lehrer. Die Zahl der Schüler, Namen einiger. Wie alle sein sollen; wie sie nicht sein sollen. Was sie in der Klasse und zu Hause thun und nicht thun sollen.

2. Die tägliche Schularbeit. Was morgens zu Hause vor der Schulzeit geschieht. Wann, wie und womit der Unterricht beginnt. Anschauen, fragen, antworten; lesen und schreiben; zeichnen, rechnen, singen, auswendig lernen, hersagen. Der Lehrer unterrichtet und erzieht, lobt und tadelt, belohnt und straft, wie? Dauer der Schulzeit; der Lektionsplan. Häusliche Arbeiten.

---

*) Vgl. Dr. Jütting und H. Weber, Lehrbuch des Anschauungsunterrichts und der Heimatkunde. 3. Aufl. Leipzig, Klinkhardt. — Dr. Jütting und H. Weber, Wohnort und Heimat. Mittelstufe. 12. Aufl. Leipzig, Klinkhardt.

3. **Das Naturleben im Frühlinge.** Die Sonne steigt höher; es wird wärmer. Der Winter ist vergangen; Eis und Schnee geschmolzen. Der Saft steigt in den Pflanzen; das Gras, die Blumen, welche? Knospen und Blätter an den Bäumen. Fliegen und Käfer, dann Schmetterlinge erwachen, fliegen, summen ꝛc. Vögel kommen wieder, welche? Nestbau, Eierlegen. Lauwarme, abwechselnd kalte Luft; frischer Wind; Regen und Sonnenschein. Was macht der Bauer und der Gärtner?

4. **Die Gartenarbeit.** Der Garten im Winter. Der Gärtner; wer sonst im Garten arbeitet. Es werden die Hecken ausgebessert, Äcker und Beete gedüngt, umgegraben oder gehackt, geharkt; der Boden wird in neue Äcker und Beete geteilt. Man sät (was und wie?), pflanzt, harkt; jätet das Unkraut. Bäume und Sträucher werden beschnitten, verpflanzt, später abgeraupt, junge Bäumchen angebunden; Blumen gesät oder verpflanzt; Vögel verscheucht. Gartengeräte. Kinder helfen und spielen im Garten. Welche Vögel nisten im Garten?

5. **Die Aussaat auf dem Felde.** Der Landmann steht früh auf, spannt an und fährt Dünger; pflügt, gräbt, hackt und eggt. Er sät Gerste oder Hafer; Erbsen, Bohnen, Linsen, Klee; Lein, Hanf; Raps, Zuckerrüben. Wann Roggen und Weizen? Er legt (steckt) Kartoffeln, verpflanzt Stecklinge. Der Acker vom Unkraut gereinigt und die Saat vor Vögeln geschützt. Gottes Segen durch Regen und Sonnenschein. Aussicht auf die Ernte. — Unterricht und Erziehung verglichen mit der Aussaat und mit der Ernte.

6. **Das Vogelnest** dient zur Wohnung, als Zufluchtsort für alte und junge Vögel; zum Legen und Ausbrüten der Eier. Raubvögel, Krähen, Elstern ꝛc. bauen es aus Reisig, füttern es mit Wolle aus; Singvögel aus Stroh, Heu, Federn, Wolle, Moos ꝛc.; Schwalben aus feuchter Erde, Lehm. Gestalt: rund, hohl, flach oder tief. Hühner, Lerchen ꝛc. bauen auf die Erde; Raubvögel auf Felsen; Krähen und Elstern auf die Wipfel der Bäume; Sperlinge und Schwalben unter Dächer; Spechte in hohlen Bäumen; Singvögel in dichten Sträuchern; Wasservögel im Schilfe. Nester, Eier und Junge zu schonen. — Vergleichung des Nestes mit der menschlichen Wohnung.

7. **Die Sommerszeit.** Der längste Tag, die kürzeste Nacht; Johannistag (Gebräuche?). Wann und wo geht die Sonne auf? unter? Welchen Bogen beschreibt sie am Himmel? Wohin fällt der Schatten am Morgen, am Mittag, am Abend? Die Wärme nimmt zu, steigert sich zur Hitze; die Sonnenstrahlen brennen. Wieviel Grad waren gestern in der Sonne, im Schatten? Sommermonate. Sommernächte: hell, lau, mild, lind, gegen Morgen kühl. Tau fällt, erquickt die erschlafften Pflanzen, verdunstet rasch. Sommermorgen: frisch; die Sommerblumen (welche?) öffnen die Kelche. Landleute, Arbeiter, Hirten, Schäfer, Städter am Morgen. Sommertag: warm, heiß, schwül; aus den Frühlingsblüten werden Sommerfrüchte; die Vögel füttern die zweite Brut.

8. **Ein Gang nach der Wiese.** Welchen Weg sind wir gegangen? Im Juni und Juli wird das Gras hoch und reif, wird mit einer Sense oder Sichel geschnitten oder gemäht (von wem? wie?), wird zu Heu, liegt in Schwaden, wird durch Sonne und Wind gedörrt, ausgebreitet, gewendet, zusammengeharkt zu Haufen; auf den Heuwagen geladen und in die Scheune gebracht; dient als Viehfutter. Der Nachwuchs des Heues heißt Grummet.

Feuchtes Heu entzündet sich leicht. Grille, Heupferd. Regenwetter. — Welche Wiesenblumen pflückt ihr?

9. **Die Getreideernte.** Der Roggen wird zuerst gelb und reif, dann das übrige Getreide. Welches kennst du? Die anfangs weichen Körner werden hart. Wie sehen sie aus? Schnitter und Schnitterinnen mähen oder schneiden; binden Garben, stellen sie in Haufen (Mandeln); heimsen sie ein in Scheunen oder in Schobern oder Feimen. Geräte: Sense, Sichel, Wetzstein, Gabel u. s. w. Weiden auf der Stoppel; Feld=mäuse, Hamster, Sperlinge u. s. w. leben im Überflusse.

10. **Das Brot.** Woraus wird es bereitet? Das Getreide wird gedroschen (wo? von wem? womit?), mit dem Weher, der Schwinge und dem Siebe gereinigt, in Säcken nach der Mühle gebracht (von wem?), dort gemahlen (wie?); das Mehl (welches?) zum Bäcker gefahren, der es anfeuchtet, säuert, knetet, zu Broten formt und in den geheizten Ofen schiebt; hier gar gebacken. Rinde, weiches Brot, Krume. Arten: Schwarz=brot, Weißbrot, Kuchen u. s. w. Gesunde Nahrung, mit Butter und Käse u. s. w. gegessen, auch mit Salz und Schmalz.

11. **Ein Gang nach dem Walde.** Nach welcher Himmelsgegend gingen wir? Was wurde unterwegs wahrgenommen? Ebene, Steigung, Anhöhe, Hügel, Berg, kahl, bewaldet. Bäume: Eichen, Buchen, Linden, Birken, Fichten, Tannen u. s. w. Gesträuch: Hasel=, Himbeer=, Brombeer=strauch; Erdbeere; Heidelbeere, Preißelbeere. Tiere: Hirsche, Rehe, Füchse, Eichhörnchen; Spechte, Holztauben u. s. w.; Kreuzotter, Blindschleichen; Ameisen. Fahr= und Fußwege, Sitzplätze. Quellen, Bäche, Flüsse. Forst=haus, Förster; Holzhacker. Brenn= und Bauholz.

12. **Reisen.** Zu Fuß: gehen, laufen, spazieren; zu Roß: reiten; zu Wagen: fahren. Ackerwagen, Frachtwagen, Chaise, Kutsche, Omnibus, Post. Auf der Eisenbahn: Station, Bahnhof, Schalter, Billet, Perron, Gleise, Weichen, Schwellen, Schienen, Signale, Telegraph; der Zug: Dampfwagen, Lokomotive, Kohlenwagen, Personenwagen 1.—4. Klasse, Coupé, Schaffner, Zugführer, Heizer; Schnellzug; Güterzug mit Güterwagen. Schnelligkeit der Fahrt. Gefahren. Bahnwärter, Wärterhäuschen. Zu Schiffe: Boot (Kahn), Fährschiff, Flußschiff, Seeschiff, Segel= und Dampfschiff. Zweck des Reisens.

13. **Des Herbstes Anfang.** Sonne steigt nicht mehr so hoch, Schatten länger, Tage kürzer, Nächte länger und dunkler. Zugvögel ziehen fort (welche und wohin?). Die Äcker gepflügt; der Roggen gesät; Kar=toffeln gerodet, Rüben u. s. w. ausgenommen, Obst (welches?) abgenommen, Mus bereitet, Nüsse; Weinlese; Winzer; Most, Wein. „Alter Weiber=sommer". Das gelbe Laub fällt ab: Herbstzeitlose; die Blumen sterben ab, das Gras wächst nicht mehr; die Pflanzensäfte vertrocknen, steigen nicht mehr. Haustiere kommen in den Stall. Behaglichkeit im warmen Zim=mer; Brennstoffe.

14. **Die Jagd.** Die Jagd beginnt, wenn's Feld sich leert (wann bei uns?). Vom Jagdrecht. Ausrüstung des Jägers mit Flinte, Pulver, Schrot, Kugeln; Tasche, Proviant; des Jägers Kleid; Jagdhund. Jagd=bare Tiere: Hasen, Kaninchen, Füchse, Rehe, Hirsche, Wildschweine u. s. w.; wilde Enten, Repphühner, Schnepfen u. s. w. Wo halten sich diese Tiere auf? Das Wild wird aufgescheucht, verfolgt, geschossen, von Hunden ein=geholt, apportiert. Nutzen und Schaden des Wildes.

15. Der Winter. Wo sind die Vögel, das Wild, die Insekten, die Frösche ꝛc.? Wie sehen die Bäume ꝛc. aus? Wann und wo geht die Sonne auf, unter? wie hoch steigt sie? Luft kalt, Wetter rauh, Nord- und Ostwind; Stürme und Windstille, Regen und Trockenheit. Steigende Kälte, Frost, Eis und Schnee (wo? wie? wozu? ꝛc.). Fensterblumen, Schlittschuhlaufen, Schurren, Schlittenfahren, Schneebälle, Schneemänner; Nebel, Reif. Abwechselnd Tauwetter und Frost. Kältegrade (Thermometer); Winterkleider, Pelz, warme Stuben. Arme und ältere Leute haben zu leiden. Vergiß auch die Vögel nicht (welche?). Sehnsucht nach dem Frühling. (Vgl. das Winterlied: Wie ruhest du so stille ꝛc. von Krummacher.)

16. Weihnachten. Wann ist Weihnachten? Es ist der Geburtstag des Jesuskindes. Erzähle dessen Geburtsgeschichte. Das Fest wird gefeiert in der Kirche, Schule und Haus; dazu ein Tannenbäumchen herbeigeschafft; das steht im Walde und trägt schöne Äste und Nadeln; soll als Leuchter dienen, wird gefällt (womit?), verkauft, von Vater und Mutter aufgepflanzt und geschmückt (womit?). Am Weihnachtsabend (-morgen) werden die Lichter angezündet; die Kinder herbeigerufen, sie singen, empfangen ihre Geschenke (welche?). Denke der Armen und danke Gott!

17. Der Schnee. Der Schnee fällt aus der Luft, wirbelt hernieder, vom Winde getragen, leicht, blendend weiß, kalt und feucht; entsteht aus kleinen Nebeltropfen, die gefrieren: sechseckige Sterne. Fange sie auf der Schiefertafel auf und betrachte sie genau! Die Flocken bestehen aus mehreren Sternchen, bilden eine weiche Decke für die Erde, eine weiche, warme für die Saat. Wie sehen Häuser und Bäume aus? Schneeball; Schneemann, Schlittenfahren, Schellengeläut, kleiner Ziehschlitten. Wann und wodurch schmilzt der Schnee?

C. Geschäftsaufsätze.

Muster hierfür finden sich unter andern in: Dr. W. Jütting und Dr. F. Vorbrodt, Lehr- und Lesebuch für allgemeine und gewerbliche Fortbildungsschulen. Braunschweig, Vieweg. 2. Aufl. S. 366 u. f.

1. Fertige Rechnungen an über: a) gelieferte Schuhmacherarbeit. b) über Tischlerarbeit.
2. Desgl. Quittungen über: a) Schlosserarbeiten; b) Hausmiete; c) Gehalt; Zinsen von 5200 Mk. à $4^1/_2 \%$; — eine Abschlagsquittung über ein gekauftes Fortepiano.
3. Zeugnisse: a) für einen Knecht oder Lehrjungen oder ein Dienstmädchen; b) für einen Tischler, der Möbel zur Ausstattung geliefert.
4. Annoncen (Anzeigen): a) über ein zu verkaufendes Klavier; b) ein zu vermietendes Haus oder eine Etage; c) einen Garten; d) ein gefundenes Portemonnaie; e) ein verlorenes Buch oder eine Uhr; f) eine Auktion von Möbeln.
5. Dienst- und Stellengesuche. Etablissementsanzeigen (von einem Zahnarzte, Buchbinder ꝛc.). Abschiedsanzeigen. Anzeigen über auszuleihende Gelder, über Wohnungsveränderungen. Todesanzeigen.

III. Jahrgang.
Für Schüler von 14—15 Jahren.

Erzählungen, Beschreibungen und Schilderungen in freierer Form.

A. Aus der biblischen Geschichte (N. T.).

1. Die Weisen aus dem Morgenlande. — 2. Der verlorene Sohn. — 3. Die Auferweckung des Lazarus. — 4. Jesus vor dem Hohenpriester. — 5. Jesus vor dem Landpfleger. — 6. Petri Verleugnung. — 7. Ananias und Sapphira. — 8. Stephanus.

B. Aus der Weltgeschichte.*)

1. Karl der Große (als Mensch und Regent). — 2. Heinrich der Städteerbauer. — 3. Heinrich IV. zu Canossa. — 4. Friedrich Barbarossa und Hartmann von Siebeneichen (Gedicht von Streckfuß). — 5. Rudolf von Habsburg. — 6. Anfang der Kreuzzüge. — 7. Ausbildung des jungen Ritters. — 8. Die Femgerichte. — 9. Die erste Entdeckungsreise des Kolumbus. — 10. Burggraf Friedrich von Hohenzollern.

C. Aus der Naturkunde.)**

1. Der Lappe und das Renntier (nach Grube). — 2. Der Seidenspinner (H. Wagner). — 3. Der Maikäfer. — 4. Die Ameise. — 5. Die Honigbiene. — 6. Die Stubenfliege. — 7. Der Bandwurm. — 8. Die Wanderheuschrecke. — 9. Die Eiche (nach Grube). — 10. Die Tanne (nach Wagner). — 11. Die Steinkohle (Grube). — 12. Das Quecksilber (Gude). — 13. Das Salz (Gude). — 14. Die Luft (Schubert). — 15. Das Wasser (Schubert). — 16. Die Verbrennung (Bernstein).

D. Nach epischen Dichtungen
(des Lesebuches, mit kurzen Dispositionen).***)

1. Der Glockenguß zu Breslau (Wilh. Müller).

1. Der Glockengießer Str. 1—3. 2. Sein Meisterwerk 4—5. 3. Die Geschichte des Meisterwerkes 6—28. Vorbereitung zum Gusse, Verhalten des Lehrlings, wilde That des Meisters, Selbstanklage desselben, seine Verurteilung, letzte Bitte und letztes Stündlein. Schluß 29—30.

---

*) Vgl. außer Spieß und Verlett, Weltgeschichte in Biographieen — Dr. Jütting und H. Weber, Das Vaterland und die Weite Welt.
**) Vgl. außer Polacks Naturgeschichte die genannten Lesebücher.
***) Größtenteils nach: Heinrich Leineweber, Poetische Blumenlese (Trier, Stephanus, 1882), wo sich auch mehrfach Belehrung über die Veranlassungen zu den Dichtungen findet.

2. Johann der muntere Seifensieder (Fr. v. Hagedorn).

1. Johanns Frohsinn und Sangeslust. 2. Des reichen Schlemmers Unzufriedenheit und Mißmut. 3. Die Unterredung zwischen beiden. 4. Ängstliche Bewachung des Geldes. 5. Zurückgabe desselben. — Grundgedanke: Nicht irdische Güter, sondern Frohsinn, Zufriedenheit und Gottvertrauen machen glücklich.

3. Der Bauer und sein Sohn (Gellert).

1. Was Fritz auf der Reise ins Ausland gelernt hat, und was er seinem Vater vorlügt. 2. Wie dieser den unverschämten Lügner an den Pranger stellt. — Lehre: Wie man einen Lügner am besten straft.

4. Die Milchfrau (Gleim).

1. Bau von Luftschlössern. 2. Zertrümmerung derselben. 3. Das Leid der Frau. 4. Belehrung derselben durch ihren Mann. — Lehre: Was man mit dem Bauen von Luftschlössern erreicht.

5. Die Tabakspfeife (Pfeffel).

1. Geschichtliche Einleitung. 2. Der Handel um den Pfeifenkopf Str. 1—5. 3. Die Geschichte desselben 6—11. 4. Abschluß des Handels 12—15. — Grundgedanke: Wie die Treue belohnt wird.

6. Das Erkennen (J. N. Vogl).

1. Der heimkehrende Wanderbursch; sein Äußeres Str. 1—3. 2. Vorbereitung auf den Hauptsatz durch die Frage, wer den Burschen zuerst erkennen werde (4); die Freundschaft ist nicht von Dauer 3—5; die Liebe der Braut ist unbeständig 6—8; die Mutterliebe größer und stärker. 3. Die Antwort auf obige Frage. — Grundgedanke: Die Mutterliebe über alles. Was folgt daraus für euch?

7. Der Hornist von Mars la Tour (G. Hesekiel).

Einleitung. Die Schlacht von Mars la Tour am 16. August 1870. 1. Schilderung der heißen Schlacht. Hartnäckige Gegenwehr und Rückzug der Preußen Str. 1—4. 3. Das Signal zum Avancieren und seine Wirkung. 3. Der Tod des Hornisten. 4. Das Preußensignal. Schluß: Wer ist ein Held?

8. Die Kuh (Bürger).

1. Seelenkummer der Frau Magdalis: a) Ursachen desselben, b) Schilderung ihres Seelenzustandes, c) Umschwung der Stimmung, Angst; Sühnung ihres gegen Gott begangenen Frevels durch ihre Angst. 2. Die edle That des Menschenfreundes. — Absicht des Dichters: nicht Schilderung dieser That, sondern des Kummers der Frau Magdalis.

9. Der Sänger (Goethe).

Einleitung. Die Minnesänger des Mittelalters. 1. Der Sänger auf der Schloßbrücke. 2. Der Hofstaat und sein Eindruck auf den Sänger. 3. Das Lied desselben und seine Wirkung. 4. Ablehnung der Wette (Bescheidenheit und Stolz). 5. Des Sängers Lohn. 6. Sein Abschied und Segenswunsch. — Grundgedanke: Der Sänger und mit ihm alle geistige Thätigkeit findet den reichsten und schönsten Lohn in seiner Kunst und in seinem Herzen. Gesangeslust ist Gesangeslohn.

10. Die Sonne bringt es an den Tag (Chamisso).

1. Das Wechselgespräch zwischen Mann und Frau beim Frühstück: Aberglaube, Angst des Mannes; ungestüme Neugier der Frau. 2. Erzählung des Mannes von der Mordthat; Eingeständnis, Reue. 3. Hinrichtung. — Grundgedanke: Es ist nichts so fein gesponnen 2c. Der ewige Richter weiß auch das Verborgenste ans Licht zu ziehen und zu strafen.

11. Der blinde König (Uhland).

Einleitung. Geschichte des Dänenkönigs Wermund kurz erzählen (vgl. Leineweber S. 185). 1. Angabe des Ortes und der Personen der Handlung Str. 1. 2. Rückforderung der Königstochter 2. 3. Der Räuber und seine trotzige Herausforderung 3. 4. Der Sohn des Königs nimmt den Kampf auf 4—7; Vorbereitung, Kampf, Sieg. 5. Rückkehr des Siegers mit der Schwester 8. 6. Freude des Vaters.

12. Roland Schildträger (Uhland).

1. Scene im Kaisersaal zu Aachen: Aufbruch der Paladine, um des Riesen Kleinod zu holen Str. 1—4. 2. Scenen in den Ardennen 5—20: a) Anlaß zur Heldenthat Rolands, b) Schilderung des Kampfes, Heimkehr. 3. Scenen vor dem Schlosse zu Aachen 21—30: a) Erscheinen der Paladine mit Trophäen von dem erschlagenen Riesen, b) Auftritt Milans und Rolands, des scheinbaren und des wirklichen Riesentöters. — Grundgedanke: Ein echter Held muß neben körperlicher Kraft und Gewandtheit auch Mut, Geistesgegenwart, Überlegung und Bescheidenheit besitzen.

13. Das Glück von Edenhall (Uhland).

1. Die Aufforderung des trunkenen Lords Str. 1. 2. Schilderung des Kleinods und des Schenken 2—3. 3. Der frevelhafte Übermut des Lords 4—7. 4. Strafe des Freulers 8—10. 5. Die Lehre 11. — Grundgedanke: Frevelhafter Übermut bestraft.

14. Der Reiter und der Bodensee (G. Schwab).

1. Vorhaben des Reiters. 2. Ritt über den See. 3. Ankunft im Dorfe. 4. Frage des Reiters. 5. Antwort des Mägdleins. 6. Ahnung des Reiters. 7. Schilderung der Gefahr seitens des Mägdleins. 8. Erkennen der Gefahr und 9. Tod des Reiters. — Grundgedanke: Plötzlicher Schreck kann auch nach glücklich überstandener Gefahr töten.

15. Das Grab im Busento (v. Platen).

Kurzer Blick auf König Alarichs Siegeszug und Tod. 1. Schilderung der Erscheinungen, welche die aufgeregte Phantasie des Dichters diesem zuführt. 2. Das Begräbnis des Gotenkönigs. 3. Wunsch, daß Alarichs Lob sich über Land und Meer ausbreiten möge. — Grundgedanke: Echte Helden leben auch nach dem Tode fort. „Wenn der Leib in Staub zerfallen, lebt der große Name noch."

16. Der Pilgrim vor St. Just (v. Platen).

Kaiser Karl V. legt die Krone nieder und wird Mönch. 1. Karls Bitte um Aufnahme ins Kloster. 2. Was Karl im Kloster erwartet. 3. Kontrast zwischen seinem früheren und jetzigen Leben. — Grundgedanke: Alles Irdische ist eitel und vergänglich; darum kann auch nichts Irdisches wahrhaft beglücken.

17. **Belsazar** (H. Heine).

Daniel Kap. 5. 1. Das nächtliche Gelage in dem Palast zu Babylon Str. 1—5. 2. Die Frevelthat des Königs: Verspottung und Verhöhnung Jehovahs 6—13. 3. Die Strafe des Lästerers 14—21. — Grundgedanke: „Irret euch nicht, Gott läßt sich nicht spotten" (Gal. 6, 7).

18. **Hans Euler** (J. G. Seidl).

1. Ankunft des fremden Kriegers und sein Begehr. 2. Annahme des Zweikampfes durch Hans Euler. 3. Die Wanderung nach dem Orte des Kampfes. 4. Die Schilderung der Alpenlandschaft. 5. Die Betrachtung derselben. 6. Erbietung zur Versöhnung und Bitte um Verzeihung. — Grundgedanke: Mut und Tapferkeit entwaffnen des Feindes Hand; Biederkeit und Treue bezwingen des Gegners Herz.

E. Frei erfundene Erzählungen, Vergleichungen, Gespräche und Briefe.

1. Der Wanderer und der Apfelbaum (nach der „Einkehr" von Uhland).

Wanderer lange gehen. Ruhe, Speise, Trank sehnen. Apfelbaum erblicken. Ast, Weg, hängen. Rotbäckiger Apfel, prangen. Wanderer abpflücken. Dann in Schatten setzen, Frucht verzehren. Mahl, Vögel, Lieder. Käfer, Wespen summen. Schmetterlinge flattern. Nach Schmaus Rasen legen, Stunde schlafen. Darnach marschieren wollen. Zuvor Schuldigkeit fragen. Allein Apfelbaum Wipfel schütteln. Da ausrufen: Gott segnen Wurzel, Gipfel.

2. Der Apfelbaum — ein Wirt (eine Parallele, nach demselben Gedicht).

1. Der Apfelbaum lockt — der Wirt ladet ein (wodurch?).
2. Der Apfelbaum erquickt — der Wirt bewirtet (womit?).
3. Die Vögel — die Gäste (Ähnlichkeiten und Unähnlichkeiten).
4. Das Lager im Schatten — Nachtlager, Herberge.
5. Gastfreundschaft. Dankbarkeit.

3. Der arme Knabe (nach dem „Rotkehlchen" von Krummacher).

Ein armer Knabe kommt zur Zeit einer Hungersnot frühmorgens zu einem wohlthätigen Manne und wird freundlich aufgenommen. Am Abend sehnt er sich nach der Mutter zurück. Er kommt am andern Tage wieder und bringt das Schwesterchen mit. Ihre Aufnahme und fernere Geschichte.

4. Mein Lebenslauf.

Tag und Jahr der Geburt. Ort derselben. Eltern. Taufe. Vorname. Unterricht. Etwaige Krankheiten. Veränderungen (Wohnungs- oder Ortswechsel, Beförderung des Vaters in eine höhere Stelle ꝛc.). Geschwister. Sonstige wichtige Erinnerungen. Zukunftspläne.

5. Jung gewohnt, alt gethan.

a) Ernst, der Sohn wohlhabender Eltern, lernte und arbeitete nicht, spielte und schlenderte umher. Die Eltern starben, er erbte das väterliche Gut, spielte, jagte, reiste, wurde arm. Die Leute sagten: „Jung gewohnt —".

b) Erzähle von einem Manne, der als Kind sich mit Geschwistern, Mitschülern und Spielgenossen zankte und als Erwachsener in der Gesellschaft ein Störenfried war, mit seinen Nachbarn immer in Streit lebte und Prozesse führte.

c) Erzähle von einem Diebe, der im Zuchthause endete, weil er als Knabe zu Hause, in der Schule und sonst wo Kleinigkeiten (Näschereien) stahl.

d) Erzähle von einem Mädchen, das in der Kindheit an Reinlichkeit, Ordnungsliebe, Sparsamkeit gewöhnt wird, erst in ärmlichen Verhältnissen lebt, dann aber wohlhabend wird und sein Glück macht.

6. Morgenstunde hat Gold im Munde.

Erzähle von einem Schüler, welcher frühmorgens nicht eher sein Bett verläßt, bis die Zeit zum Schulgange kommt. Derselbe klagt einem andern, daß ihm das Auswendiglernen so schwer falle und daß er mit seinen Aufgaben kaum fertig werde, obgleich er oft bis tief in die Nacht sitze, während der Freund noch Zeit zu Lust und Spiel habe und doch mit seinen Arbeiten immer die Zufriedenheit des Lehrers gewinne. Dieser ruft ihm zu: „Morgenstunde hat Gold im Munde."

7. Auf einen Hieb fällt kein Baum (in Briefform).

a) Ein in die Lehre gegangener Sohn schreibt seinen Eltern, die Erlernung des Handwerkes (welches?) falle ihm zu schwer; er könne beim besten Willen sich die Zufriedenheit und das Lob des Meisters nicht erwerben; er habe kein Geschick zu derartiger Beschäftigung und er fürchte, er werde es zu nichts Ordentlichem bringen; er bittet daher, der Vater möge ihn etwas Anderes erlernen lassen u. s. w.

b) Der Vater antwortet: „Auf einen Hieb fällt kein Baum", erinnert an die Spinne, die erst beim 13. Versuch den Balken erklimmt, und ermahnt seinen Sohn zur Ausdauer rc.

8. Krankenbericht an einen Arzt (von einem Sohne erstattet).

Bitte um Entschuldigung wegen der Ausführlichkeit des Berichtes. Wie der Vater auf einer Reise Unglück gehabt, bei der Rückfahrt über einen Fluß ins Wasser gefallen ist und sich erkältet hat. Kleiderwechsel, schnelle Heimfahrt, Fieber, Appetitlosigkeit rc.; gute Pflege und was die Mutter versucht hat. Verschlimmerung des Zustandes. Bitte an den Arzt, schleunigst zu kommen. Großes Vertrauen auf seine Geschicklichkeit.

9. Glückwunsch für die Eltern zum neuen Jahre.

Rückblick auf das verflossene Jahr. Erinnerung an besondere Erlebnisse. Dank für empfangene Wohlthaten. Wünsche: Gottes Segen, Gesundheit, langes Leben, Freude an den Kindern rc. Versprechen, die Eltern erfreuen zu wollen (wodurch?). Bitte um den göttlichen Beistand dazu und die Liebe der Eltern.

10. Glückwunsch eines Enkels für den Großvater zum Geburtstage.

Anlaß zum Schreiben. Ausdruck der Freude; wievielster Geburtstag? Wünsche: Geburtstag froh zu feiern, noch oft, gesund bleiben rc. Dank für genossene Wohlthaten (welche?). Versprechen. Bitte um fernere Liebe und um Annahme des beifolgenden kleinen Geschenkes.

11. Der edelmütige Retter (in Briefform mitzuteilen).

Jemand ist beim Schlittschuhlaufen eingebrochen und in Gefahr zu ertrinken. Keiner wagt zu helfen, bis ein Mutiger an ihm vorüber läuft ihn rasch an den Haaren ergreift und herauszieht. Aber da bricht das Eis, so daß er auf Händen und Füßen kriechen muß. Mit der einen Hand den Eingebrochenen und mit der andern ein Tau ergreifend, rettet er sich und den andern. Was die Zuschauer dazu sagen und thun.

12. Mutterliebe.

Ein Kind ist von einer Schlange gebissen (wo? wann?). Die Mutter saugt das Gift aus. Es stellt sich heraus, daß die Schlange überhaupt nicht giftig gewesen ist. Warnung.

13. Der Undankbare.

Ein junger Sperling ist dem Verhungern nahe, wird in ein Schwalben= nest aufgenommen. Als er herangewachsen ist, will er die Schwalben nicht leiden und beißt sie heraus. Dann bauen die Schwalben das Nest zu, so daß der Sperling erstickt. Welche Menschen gleichen diesen Vögeln?

14. Die Näscherin.

Ein Mädchen tunkt den Finger in einen hochstehenden Honigtopf, um Honig damit zu naschen. Sie empfindet Schmerz, zieht den Finger heraus und erblickt einen Krebs daran. Wie kann dieser in den Topf geraten sein? Strafe.

15. Schwesterliche Liebe. (In Gesprächform.)

Ein Vater will seine Kinder aufs Land führen und nur noch die Kleider wechseln. Der Sohn hüpft vor Freuden und zerbricht einen Krug. Die Schwester sammelt die Scherben auf, wird aber dabei von dem Vater überrascht. Sie läßt diesen in dem Wahne, als habe sie den Krug zer= brochen, und will zur Strafe gern zurückbleiben. Da giebt sich der Bruder als den Schuldigen an. Der Vater verzeiht, schließt beide in seine Arme und nimmt sie mit.

16. Weinstock und Tanne streiten um ihre Vorzüge. Der Mensch kommt dazu.

17. Desgl. Ziege, Schaf, Rind und Hund.

18. Desgl. das Reitpferd und das Wagenpferd.

19. Desgl. die verschiedenen Hundearten.

20. Zwei Menschen streiten sich um die Vorzüge des Winters und des Sommers.

F. Geschäftsaufsätze.*)

1. Schuldschein über 2000 Mk.
2. Pfandschein über verschiedene verpfändete Gegenstände für ein bares Darlehen.
3. Tilgungsschein hierüber.
4. Abtretungsschein (Cession) über die Schuld in Nr. 1.
5. Bürgschaftsschein zu Nr. 1.

---

*) Vgl. Dr. Jütting und Dr. Vorbrodt, Lehr= und Lesebuch für Fortbildungs= schulen. S. 370 u. f.

6. K. M. stellt einen Depositenschein über 500 Mk. aus, die ihm zur Aufbewahrung übergeben sind.
7. Mietkontrakt über eine Wohnung: Lage und Größe, Miete, besondere Verpflichtungen des Vermieters und des Mieters.
8. Mietkontrakt über ein Grundstück.
9. Lehrkontrakt: zwischen wem? Lehrzeit, Lehrgeld. Wofür der Vater des Lehrlings und wofür der Lehrherr zu sorgen hat.
10. Vorläufige Bestimmungen zu einem Kaufkontrakte: zwischen wem? worüber? Bedingungen.
11. Erkundigung eines Lehrlings um eine Gehilfenstelle.
12. Erkundigung eines Vaters (einer Mutter) nach einer guten Pension für die Tochter.
13. Stellengesuch eines jungen Lehrers (einer Lehrerin) oder eines Kaufmannslehrlings oder eines Steuermannes oder einer Köchin.
14. Aufkündigung einer Mietwohnung oder einer Kapitalschuld.
15. Auftrag an einen Gärtner oder an einen Manufakturhändler oder an eine Weinhandlung.
16. Mahnbrief wegen einer Forderung für Manufakturwaren.
17. Entschuldigungsschreiben hierauf oder über verspätete Ablieferung von Waren.
18. Einladungsschreiben zu einer gemeinschaftlichen Reise oder zu einem Besuche.
19. Bittschreiben für eine durch eine Feuersbrunst verarmte Familie, an wen?
20. Gesuch an die Behörde um Ermäßigung der Steuer (Steuerreklamation).

IV. Jahrgang.

Für Schüler von 15—16 (17) Jahren.

A. Nachbildungen klassischer Muster.*)

1. Die Erziehung der Spartaner. Ferdinand Schmidt.
2. Die Zerstörung Jerusalems. Pfregner und Curtman.
3. Sylvia. Grube.
4. Der Götterglaube der Germanen. Ferd. Schmidt.
5. Winfrieds Ende. G. Freytag.
6. Der Sturm auf Jerusalem 1099. Fr. v. Raumer.
7. Friedrich Barbarossa und Heinrich der Löwe. Duller.
8. Die Dichtkunst im Mittelalter. W. Wackernagel.
9. Gustav Adolf. Charakteristik von Schiller.
10. Ludwigs XIV. Einfluß auf Deutschland. Vehse.

---

*) Vgl. Jütting und H. Weber, Die weite Welt.

11. Friedrichs des Großen Regierungskunst. G. Freytag.
12. Die Verkehrsmittel im vorigen Jahrhundert. J. Scherr.
13. Preußens und Deutschlands Erhebung im Jahre 1813. Beitzke.
14. Der Kriegsvorwand 1870. R. König.

15. Die Stiergefechte in Spanien. Grube.
16. Das Erdbeben von Lissabon 1755. Masius.
17. Das Leben des Renntierlappen. Th. Mügge.
18. Der Winter in St. Petersburg. Grube.
19. Charakteristik der Franzosen, der Holländer und der Engländer. S. 158.
20. Sturmflut an der Nordseeküste. Allmers.
21. Jerusalem. Hackländer.
22. Der Araber und sein Pferd. v. Moltke.
23. Leben in China. Grube.
24. Der Nil. Ida v. Hahn-Hahn.
25. Unfall in der Wüste. Grube.
26. Ein Gesang über den Wassern. Fliegende Blätter des Rauhen Hauses.
27. Der deutsche Auswanderer im fernen Westen. Gerstäcker.
28. Ein Präriebrand. Marryat.
29. Tierleben in den südamerikanischen Steppen. Alexander v. Humboldt.
30. Eine Seejagd. Th. Dielitz.
31. Die Flüsse. F. W. Hoffmann.
32. Der Seesturm. Zimmermann.
33. Windstille auf dem Meere. Zimmermann.
34. Ein Tag unter dem Äquator. v. Martius.
35. Der Mensch und die Natur. Fr. v. Rougemont.
36. Der gestirnte Himmel. Böhner.

37. Frühlingsausflug in den Buchenwald. H. Wagner.
38. Die Nacht. Dräseke.
39. Der Winter. Hirschfeld.
40. Das Leben der Pflanzen. Keck und Johannsen.
41. Der Bär. Meyer.
42. Der Fuchs. Masius.
43. Das Pferd. Meyer.
44. Das Schiff der Wüste. Meyer.
45. Die Vogelwelt. Masius.
46. Hahn und Henne. Scheitlin.
47. Die Bedeutung der Vögel. Brehm.
48. Ein Abenteuer in Indien. Reichenbach. (Zu verkürzen.)
49. Maikäfers Leben. Taschenberg.
50. Die Honigbiene. K. Ruß.
51. Schmetterlings Leben. H. Wagner.
52. Die Sprache der Tiere. Böhner.
53. Das Leben im Gestein. Gube.

54. Vorzüge des menschlichen Körpers. Schubert.
55. Reine Luft. Nach „Daheim".
56. Von Speise und Trank. Bock.
57. Über den Umgang mit der Natur. Greverus.

58. Die Zeichensprache. Schubert.
59. Die Neujahrsnacht eines Unglücklichen. Jean Paul.
60. Wiege und Sarg. Würkert.
61. Der Hütejunge und sein Ehrentag. Rocholl.
62. Die Auswanderer. Neuenhaus. (Zu verkürzen.)
63. Max Stolprian. Zschokke.
64. Liebet eure Feinde. Erzählung von Slutymer.
65. Die Posaune des Gerichts. Auerbach.
66. Was aus einem braven Handwerker werden kann. v. Horn. (Zu verkürzen.)
67. Die wundervolle Ordnung der menschlichen Gesellschaft durch die Arbeit des Menschen. In mehreren Kapiteln von F. Mayer nach Rapét.
68. Rabbi Möirs Gattin. Mendelssohn. (Zu erweitern.)
69. Simon Flabbe, der alte Invalide. Oldenburger Volksbote. (Zu verkürzen.)

B. Schilderungen nach klassischen meist epischen Dichtungen.*)

1. Der Erlkönig von Goethe.

Einleitung (Str. 1): Ort, Zeit, Personen. (Nacht, Spätherbst, Nebel, Rauschen der Blätter rc.)

1. Der Knabe sieht den Erlkönig (2): Anschmiegen an den Vater. Beruhigung durch denselben.
2. Der Knabe hört den Erlkönig (3—6): Näherkommen desselben. Versprechungen. Steigerung der Angst des Knaben. Nochmalige Beruhigung seitens des Vaters. Erneute Verlockungen. Erblicken der Töchter des Erlkönigs durch den Knaben.
3. Der Knabe fühlt sich vom Erlkönig erfaßt (7): Anwendung von Gewalt. Klage des Knaben.

Schluß (8): Unheimliche Gefühle des Vaters. Ankunft zu Hause. Tod des Kindes.

2. Der Sänger von Goethe.

Der Sänger vor dem Schlosse (Str. 1): Der Gesang. Der Befehl des Königs. Erfüllung desselben. Der Sänger im Saale (2): Begrüßung der Versammlung. Pracht der Versammelten. Glanz des Saales. Der Gesang und seine Wirkung (3): auf die Ritter, die Damen, den König. Darreichung einer goldenen Kette. Ablehnung der dargebotenen Belohnung (4): Aufforderung, sie den Rittern zu geben, dem Kanzler. Des Sängers wahrer Lohn (5): Hinweis auf

---

*) Vgl. Leineweber, Poetische Blumenlese.—Ferner: Deutsche Sprachschule von Baron, in der Bearbeitung von Dr. Jütting, Ausg. A. VII. Heft.

Da mehrere dieser epischen Dichtungen, z. B. Die Kraniche des Ibikus, Der Kampf mit dem Drachen, Die Bürgschaft u. a. aus poetischen Gründen mit der Schilderung des wichtigsten, am meisten in die Augen fallenden Ereignisses beginnen, welches vom Dichter absichtlich aus dem Zusammenhang der Begebenheit gerissen ist, so darf sich eine prosaische Schilderung derselben, auch wenn sie den Schwung der Begeisterung festhält, nicht überall an den durch die angedeutete Gliederung des Gedichtes bloßgelegten Gang halten, sondern muß stets mit der Vorgeschichte der Katastrophe beginnen.

den singenden Vogel. Bitte um einen Trunk Weins. Des Sängers Abschied (6): Leerung des Bechers. Preis des Hauses, wo solch eine köstliche Gabe Kleinigkeit ist. Ermahnung zum Danke gegen Gott. Bitte um freundliches Andenken.

3. Des Schäfers Sonntagmorgen von Uhland.

1. Die Natur am Sonntagmorgen. Die stille Flur: Feld, Wiesen, Wald, Berge im Sonnenglanze.
2. Das ferne Kirchlein. Die tönende Glocke. Bild der Kirche und der darin versammelten Gemeinde.
3. Der einsame Schäfer. Schlichtes Äußere. Die um ihn weidende Herde. Sein frommer Sinn. Seine Morgenandacht.
4. Verklärung seiner ganzen Anschauung durch die Sonntagsfeier.

4. Des Sängers Fluch von Uhland.

Einleitung. Hinweis auf die Zeit der umherziehenden Sänger.
1. Das Schloß und der König (Str. 1 und 2).
2. Die zum Schlosse ziehenden Sänger (3 und 4). Personenbeschreibung. Aufforderung des Alten.
3. Der Gesang (5—8). Umgebung der Sänger, Vortrag. Inhalt, Wirkung des Gesanges.
4. Der Mord (9 und 10). Des Königs Gesinnung und That, nächste Folgen derselben.
5. Der Fluch (11—14). Zerschellen der Harfe. Verwünschung des Schlosses, der Gärten, des Mörders.
6. Erfüllung des Fluches (15 und 16) am Schlosse, an den Gärten, dem Königsgeschlechte.

5. Der Ring des Polykrates von Schiller.

1. Die Könige auf der Zinne des Palastes (Str. 1—13).
   a) Aufforderung des Polykrates, ihn für glücklich zu halten (1).
   b) Des Gastfreundes Zweifel und gegenteilige Meinung (2—8). Erinnerung an die feindlichen Heerführer, die Handelsflotte, die Kreter.
   c) Geständnis des Gastfreundes, daneben Hinweis auf den zu befürchtenden Neid der Götter (8, 9).
   d) Beweise dafür aus seinem Leben (10).
   e) Ratschläge zur Abwendung des Befürchteten (12).
   f) Befolgung dieses Rates (13).
2. Die Könige im Palaste (14—16).
   a) Erscheinen eines Fischers mit einem Fische (14).
   b) Fund des Koches (15).
   c) Aufkündigung der Freundschaft und eilige Abreise des Gastfreundes (16).
Schluß: Der Unbestand des menschlichen Glückes.

6. Die Bürgschaft von Schiller.

1. Der Vorgang bei Dionys (Str. 1—3). Mordversuch (1), Bitte (2), Gewährung (3).
2. Beim Freunde (4). Mitteilung und Aufforderung. Umarmung und Auslieferung.

3. Bei der Schwester (5). Verheiratung, eilige Abreise.
4. Die Hindernisse auf dem Rückwege (6—17). Der angeschwollene Strom (6—9), die Räuber (10 und 11), die Schwäche der eigenen Natur (12 und 13), abmahnende Stimmen (14—16).
5. Der glückliche Ausgang (17—20). Verhinderung der Kreuzigung des Freundes (18), Rührung des Volkes und Königs (19), Begnadigung und Freundschaftsbund (20).

7. Der Taucher von Schiller.

1. Des Königs Aufforderung (Str. 1 und 2). Emporhalten des Bechers. Hinaustreten auf den Rand der Klippe. Versenkung des Bechers.
2. Eindruck der Aufforderung (3 und 4). Furchtsames Schweigen der Ritter und Knappen. Anerbieten des Edelknechtes.
3. Vorbereitungen zum Sprunge in die Tiefe und Ausführung (5—8). Ablegen des Mantels. Anschauen der Brandung. Kurzes Gebet. Verschwinden im Strudel.
4. Verhalten des versammelten Volkes (8—11). Ausdruck des Entsetzens. Tiefe Stille. Schlimme Ahnungen. Betrachtung über des Königs Aufforderung.
5. Wiederkehr des Tauchers (11—15). Vorbereitende Erscheinungen im Meere. Sichtbarwerden des Jünglings. Begrüßung durch das Volk. Ankunft vor dem Könige und Bewirtung durch die Tochter.
6. Erzählung der Erlebnisse (16—22). Reißende Niederfahrt. Gebet in der Not. Auffindung des Bechers. Gefahren durch Meeresungeheuer. Rettung.
7. Lob der That und erneute Veranlassung zum Tauchen in die Tiefe (23—26). Schenkung des Bechers. Fürbitte der Königstochter. Zeichen ihrer Liebe. Versprechen der Ehe.
8. Nochmaliger Tauchversuch und Untergang (26 und 27).

8. Der Handschuh von Schiller.

Quelle. Erzählung von einem Ritter de Lorges unter König Franz I. Gliederung: 1. Die Exposition. 2. Das Kampfspiel der Tiere: a) das Auftreten des Löwen, b) des Tigers, c) des Leoparden. 3. Der Handschuh: a) das Herabfallen, b) Aufforderung der Dame, c) die kühne That des Ritters, d) die Lösung. — Grundgedanke: Wer andere in schnöder Herzlosigkeit zu lebensgefährlichem Wagnisse reizt, verwirkt und verliert durch eigene Schuld der andern Liebe und Achtung.

9. Die Kraniche des Ibykus von Schiller.*)

Der Sänger Ibykus, sein Vorhaben und sein Geschick (Str. 1—6). 2. Die Entdeckung des Mordes; Eindruck, den die Nachricht von Ibykus' Tode macht (7—10). 3. Die Entdeckung der Mörder und ihre Bestrafung (11—23). — Grundgedanke: Der Sänger steht in heiliger Hut und ein Frevel gegen seine geheiligte Person zieht unausbleiblich die Rache des Himmels nach sich.

10. Der Gang nach dem Eisenhammer von Schiller.**)

1. Das Verhältnis der Gräfin zu ihrem Diener Fridolin im Lichte der Wahrheit (Str. 1—3). 2. Darstellung dieses Verhältnisses im Zwie-

---
*) Über die Quelle vgl. Leineweber S. 162.   **) Desgl. S. 165.

lichte der Verleumdung (4—10). 3. Scheinbarer Sieg der Verleumdung (11—15). 4. Die Frömmigkeit und Unschuld unter Gottes Schutz (16—25). 5. Die Entlarvung des Verleumders; der Sieg der Unschuld und Arglosigkeit (26—30). — Grundgedanke: Wer andern eine Grube gräbt, fällt selbst hinein.

11. Der Kampf mit dem Drachen von Schiller.*)

Einleitung. Geschichtliches über den Ritterorden der Johanniter. 1. Siegreicher Einzug des Ritters mit dem erlegten Drachen (Str. 1—2). 2. Kurze Meldung der Heldenthat durch den Jüngling (3). 3. Vorwurf und Anklage des Ordensmeisters (4—5). 4. Verteidigungsgründe des Ritters gegen die erhobene Anklage (6—21). 5. Eindruck der Verteidigungsrede (22—24). 6. Sieg des Ritters über sich selbst (25). 7. Begnadigung des Ritters (25). — Grundgedanke: Ritterlicher Heldenmut verdient Lob und Anerkennung; ungleich höher indes steht der freudige Gehorsam und die demütige Unterwerfung unter die Pflicht des Gesetzes.

12. Der Graf von Habsburg von Schiller.

1. Schilderung des Krönungsmahles (Str. 1—3). 2. Auftreten des Sängers (4—5). 3. Das Lied des Sängers (6—11). 4. Wirkung des Liedes. — Grundgedanke: Jede fromme That, auch die im stillen gewirkte, findet hienieden schon ihren Lohn. Gott krönet fromme Demut mit hohem irdischen Glück. Der Gesang ist eine bedeutende Macht.

13. Der Löwenritt von Freiligrath.

1. Der Löwe wandelt nach der Lagune (Str. 1). 2. Die Beute kommt (2—3). 3. Der Löwenritt (4—10). 4. Schluß: Dauer des Löwenritts. — Hauptgedanke: Der Löwe ist der König der Wüste, der sein weites Reich, die Giraffe als Reitpferd benutzend, in einer Nacht durcheilt.

Bemerkung. Die Lagune Sumpf, Teich. Die Sykomore Maulbeer-, Feigenbaum. Der Kraal Dorf der Hottentotten. Die Schabracke bunte Satteldecke. Die Karoo (oo = ú) Wüste. Das Gnu eine Antilopenart. Die Trombe Wasserhose.

14. Das Lied von der Glocke von Schiller.

A. Gliederung. 1. Einleitung: Vorbereitung zum Glockengusse. 2. Die Beziehungen der Glocke zum Leben in der Familie. 3. Die Beziehungen der Glocke zum öffentlichen Leben. 4. Schluß: Die Glockentaufe. Bestimmung der Glocke für das religiöse Leben.

B. Kurze Inhaltsangabe der Meistersprüche und der an dieselben geknüpften Betrachtungen.

1. Aufmunterung zur anstrengenden Arbeit.
    Mahnung, mit Hand und Verstand zu arbeiten.
2. Beginn des Gusses.
    Angabe und Bedeutsamkeit des Gegenstandes, woran sich die Betrachtungen schließen sollen.
3. Behandlung des schmelzenden Metalles.
    Die Jugendzeit.
4. Prüfung der Mischung.
    Das glückliche Familienleben.

---

*) A. a. O. S. 169.

   5. Der Guß der Glocke.
      Die Feuersbrunst.
   6. Besorgnis, ob der Guß gelungen sei.
      Der Tod der Gattin.
   7. Ruhe- und Erholungszeit nach gethaner Arbeit.
      Friede und Wohlstand im ländlichen und städtischen Leben.
   8. Das Zerbrechen des Mantels.
      Aufruhr und Revolution bis zur Auflösung aller menschlichen Ordnung und Sitte (d. i. bis zum Tode des Staatskörpers).
   9. Das Gelingen des Gusses.
      Die Glockentaufe und die religiöse Bestimmung der Glocke.
 10. Das Emporwinden der Glocke.
      Ihr erstes Geläute und der daran geknüpfte Wunsch.

    Als Aufsätze eignen sich ganz besonders die Themata der Berachtungen zu dem 3., 4., 5., 6., 7. und 8. Meistersprüche.

C. Verschiedene Aufsätze nach Dispositionen.
(Zum Teil an Muster angelehnt.)

1. Aus dem Leben eines Maulwurfs (von ihm selbst erzählt).
1. Sonderling, Wühler und Lichtfeind.
2. Wird verfolgt, lebt einsam und ist scheu.
3. Körper nach Größe, Farbe. Ohren, Augen, Füße, Fell.
4. Wohnung: Lage, Einrichtung, Gänge.
5. Lebensweise: Gefräßigkeit, Nahrung, Ausgänge.
6. Verteidigung gegen seine Ankläger. Kein Pflanzenfresser. Gebiß nur für Tierkost. Nutzen größer als Schaden.
7. Bitte an den Landwirt um Schonung.

2. Aus dem Leben einer Fledermaus (von ihr selbst erzählt).
1. Verachtung vor allen Tieren.
2. Mangel körperlicher Schönheit: Kopf, Ohren, Augen, Maul, Hals, Flughäute, Haarfarbe, halb Säugetier, halb Vogel.
3. Schlaf an dunklen Orten während des Sonnenscheines; Thätigkeit zur Nacht.
4. Vergleichung seines Fluges mit dem des Vogels.
5. Klagen über grundlose Beschuldigungen seitens der Menschen: Speckdiebstahl in der Rauchkammer, Milchsaugerin in Viehställen.
6. Verkennung der nützlichen Thätigkeit: Verzehren schädlicher Nachtinsekten.
7. Befähigung zum Fange derselben durch Gehör, Geruch, Gebiß.
8. Feinde: Katzen, Füchse, Marder, Wiesel, Eulen. Nicht Ruhe vor den Feinden im Winterschlafe.

3. Abschiedsrede eines Schwalbenpaares (an einem Septemberabende).
Einleitung. Schwalben auf dem Nestrande. Gezwitscher.
1. Verkündigung der Abreise: Grund, Vorbereitung, Zeit.
2. Schilderung der Reise: Alpen, Meer, Gefahren.
3. Schilderung der zweiten Heimat: Afrika, Klima, Nahrung.
4. Dank für genossene Gastfreundschaft.
5. Bitte um Schutz des Nestes. Hoffnung auf Wiederkehr.
6. Lebewohl.

4. Lebensgeschichte des Flachses (nach H. Wagner'.
Auf dem Felde. Blüte. Reife. Ausraufen. Rösten. Riffeln. Brechen und Hecheln. Bei der Spinnerin. Beim Weber. Beim Bleicher. Beim Schnittwarenhändler. Bei der Bäuerin. Beim Lumpensammler. In der Papiermühle.

5. Schicksale eines Pfennigs.
1870 Münze. Soldat. Marketenderin. Bäcker. Mädchen. Sparbüchse. Mutter auswechseln. Handwerksbursche. Aus der Tasche verloren. Alte Frau, Kirchenbecken, Glockenspeise.

6. Geschichte des Fingerhuts (nach Gube).
1. Unterirdisches Leben. Als Eisengestein im dunklen Gefängnisse. Pochen. Donner. Freies Stück. Bergleute. Neue Sprengungen. Auf den Karren geladen. Stollen- und Wasserfahrt. Auffahrt im Schacht.
2. Überirdisches Leben. Eisensteinhaufen. Im Feuer vom Schwefel getrennt. In der Pochmühle. Im Hohofen in Feuer und Wind. Schlacke. Zur Eisenstange erstarrt. In der Hammerhütte. Geschmiedet. Unter der Walze. Als Cylinder. Als Fingerhut am Finger eines jungen Mädchens.

7. Geschichte eines Regentropfens (nach Grube).
Einleitung. Nach einem Gewitterregen. Ein verhaltener Regentropfen fällt auf die Hand nieder und erzählt wie folgt:
1. Ferne Heimat. Leben im Meere. Warmer Südwind. Dunstbläschen.
2. Luftreise. Auffahrt. Aufenthalt in verschiedenen Luftschichten. Verdichtung. Zug nach dem Festlande. Vereinigung mit anderen Wolken; Wirkungen der Sonnenwärme; Entwickelung eines Gewitters.
3. Niederfahrt. Schnelles Sinken; Zusammenfließen vieler Gefährten; Aufenthalt auf einem Baumblatte; Fall durch das Dach der Laube. Schluß. Sonnenstrahlen. Verschwinden des Tropfens. Neue Luftreise.

8. Die Nacht.
1. Erscheinungen beim Anbruche. Dämmerung, Dunkelheit, Finsternis; Sterne und Mond; Wind; Eulen und Grillen.
2. Die eigentliche Nacht. Kälte. Stille in Dorf und Stadt. Ankunft verspäteter Reisender. Der Wächter. Schleichender Dieb. Schlaf. Unterbrechung der Nachtruhe durch Feuerlärm.
3. Übergang zum Morgen. Stimme des Haushahns, des Buchfinks 2c.; andere erwachende Tiere. Morgenluft, Dämmerung, Aufgang der Sonne. Verschwinden des Nebels. Menschen erwachen.

9. Der Frühling. (Vgl. die Lieder von Hey, Hoffmann v. Fallersleben u. a.)
1. Die Sonne steigt höher am Himmel. Es ist Frühling. Es war Winter: kalt, Frost, Eis, Schnee. Es wird wärmer: Eis und Schnee schmelzen. Bäche und Flüsse schwellen an; Schaden. Witterung schwankend; bald laue, bald rauhe Luft.
2. Pflanzen. Das Gras grünt; Blumen und Kräuter sprießen, blühen; Bäume schlagen aus; Knospen, Blätter, Blüten.
3. Tiere. Fliegen, Käfer, Bienen 2c. erwachen, summen und gehen ihrer Nahrung nach. Vögel kehren wieder (welche?), bauen Nester, legen Eier, flattern und singen. Kühe 2c. auf die Weide getrieben (wenn auch nicht überall).

4. **Menschen.** Beschäftigung des Gärtners, des Landmannes, des Schiffers ꝛc. Spaziergänge und Kinderspiele im Freien. Die Frühlingsfeste, Osterfeuer.

10. Das Gewitter. (Vgl. das Lied von Gerok.)

1. Erscheinungen vor dem Gewitter. Luft, Pflanzen, Tiere, Menschen, Wandlungen am Himmel, Wolkenbildung.
2. Während des Gewitters. Der Sturm und seine Wirkungen am Staub, an Bäumen und Gewässern. Bangigkeit. Verbergen von Menschen und Tieren. Dunkelheit, ferner Donner, Blitze; das Gewitter nähert sich; Grollen des Donners ꝛc.; es schlägt ein; Regen.
3. Nach dem Gewitter. Wolken verteilen und verziehen sich; Regenbogen, Abkühlung; Vogelgesang, Insekten fliegen; Spaziergänger und Wanderer, spielende Kinder. Pflanzen erfrischt und aufgerichtet; Fruchtbarkeit. Preis und Dank dem Allmächtigen und Allgütigen.

11. Eine Feuersbrunst
(welche die Schüler erleben; unter Beziehung auf Schillers „Lied von der Glocke").

Schrecken beim ersten Feuerruf. Ursprung und Fortgang des Feuers. Not der Bewohner und der Nachbarn. Verhalten der Volksmenge. Hilfeleistungen. Sturm. Verbreitung des Feuers. Löschanstalten. Besondere Unfälle. Zustand der abgebrannten Gebäude. Teilnahme und Menschenliebe.

12. Ein Spaziergang im Herbste (Selbsterlebtes).

Einleitung. Septembernachmittag. Färbung des Himmels. Sommerwärme. Stille Luft; Fernsicht.
1. Weg durch Wiesen: Grummet geerntet; weidende Herden, munterer Hirte.
2. Neben den Wiesen: Felder mit Stoppeln. Fliegende Spinnefäden. Kartoffelernte; Bestellung des Ackers zur Wintersaat.
3. Jenseits der Felder: Weinberg mit Winzerhäuschen; Beschäftigung des Winzers. Wald; Kohlenmeiler; Holzhacker.
4. Einkehr im Gasthofe. Der Obstgarten; das Obst. Blumengarten; welche Herbstblumen?
5. Rückkehr: Laubwald. Färbung des Laubes. Letzte Waldsänger. Jäger und Fischer.
6. Ankunft zu Hause. Gedanken über Herbst und Winter, auch über das menschliche Leben.

13. Der Gottesdienst (zur Gustav-Adolf-Feier; Selbsterlebtes).

Veranlassung des Gottesdienstes. Berühmter Prediger. Der Gustav-Adolf-Verein. Geläute; Versammlung der Gemeinde. Die Kirche. Gebet, Gesang, Orgelspiel, Liturgie, Predigt (worüber?), Segen, Schlußgesang, Kollekte. Andacht, Störung. Nach dem Gottesdienst Versammlung zur Verteilung der Gaben. Not der Evangelischen in der Diaspora (Zerstreuung).

14. Tod und Begräbnis (Selbsterlebtes; ein Verwandter ꝛc. gestorben).

Krankheit und Altersschwäche oder plötzlicher Tod, Unglück. Vorbereitung zum Tode durch den Geistlichen. Sterben. Stimmung der Angehörigen. Vorbereitung zum Begräbnisse; Anzeige beim Standesamte, dem Geistlichen, dem Totengräber und dem Schreiner. Verkleidung und Einsargung; Grab. Versammlung der Leidtragenden, große Teilnahme; Leichenwagen, Bahre, Träger, Leichentuch; Leichenzug, Glockengeläute. Friedhof, Versenkung in die Gruft, Leichenrede und Grabgesang. Trauer der Angehörigen; fortdauernde Teilnahme. Erinnerung, Denkmal. „Herr, lehre uns bedenken, daß wir sterben müssen, auf daß wir klug werden."

15. Der Jahrmarkt (den man besucht hat).

Wo der Jahrmarkt gehalten wird, wann und wie oft im Jahre? Verkäufer (woher?) errichten Buden (wie? wozu?), auch Schaubuden (welche?), Karussells ꝛc. Wann bist du angekommen? Was hast du gesehen? Waren — fremde Tiere — Kunstreiter — Seiltänzer — Spieler — Orgeldreher — Bänkelsänger — Marktschreier — Viehhändler — Menagerie — Panorama ꝛc. Zweck des Jahrmarktes. Geldverschwendung, Unmäßigkeit, Gesang und Tanz. Heimkehr, Geschenke.

16. Über Briefe und Postsendungen.*)

1. Die Briefform. Welches Papier? Wann Post-, wann Schreibpapier? Handschrift; die freien Räume; Über- und Unterschrift. Wie Briefe zu falten und zu convertieren sind.
2. Die Adresse (Aufschrift) — wie beschaffen? Name und Titel des Empfängers (Adressaten), Wohnort, Zusätze, „franko" oder frei, Postmarke — wo? Besondere Vorschriften über den Ort.
3. Vorschriften betreffs Briefe an Militärpersonen.
4. Vorschriften über Frankierung der Briefe, der leichten wie der schwereren, der Kreuzbandsendungen, der Pakete. Geldsendungen: Geldbriefe, Postanweisungen u. a.

17. Unsere Heizung und Beleuchtung.

1. Notwendigkeit derselben zum Kochen, Wärmen, Heizen, Schmieden, Schmelzen, zur Dampferzeugung, Bereitung des Leuchtgases, Beleuchtung ꝛc.
2. Vergleichende Betrachtung der verschiedenen Brenn- und Leuchtstoffe nach ihrer Gewinnung, ihrer Anschaffung, ihrem Preise, ihrer Heiz- und Leuchtkraft ꝛc.

Zur Heizung: a) Holz. b) Torf. c) Braun- und Steinkohlen; Briketts ꝛc. — Zur Beleuchtung; d) Kienholz. e) Thran. f) Rüböl. g) Talg. h) Wachs ꝛc. i) Petroleum. k) Leuchtgas. l) Elektrisches Licht.

3. Die Heiz- und Leuchtapparate: Offener Herd, Kamin mit Rost. Stubenöfen; Backöfen; — Leuchter und Lampe; Gasleitung ꝛc. Vorsicht! — Blick auf die Vervollkommnung der Heizung und Beleuchtung. Wert derselben für die Kultur.

D. Dispositionen für weitergehende oder besondere Zwecke.**)

1. Der Feierabend. Nach Schillers Glocke.

Einleitung. Verkündigung der Feierstunde.
1. Heimkehr des Wanderers (Zeile 274—276).

---

*) Vgl. Deutsche Sprachschule von Baron ꝛc. — Jütting, Ausg. C. II. Heft, S. 88.
**) Vgl. außer der „Sprachschule" noch Dr. Kellners Materialien für den Unterricht im mündlichen und schriftlichen Gedankenausdrucke. (Erfurt, Otto.)

2. Heimkehr der Herden (277—281).
3. Heimkehr der Schnitter mit dem Erntewagen (282—287).
4. Tanz um die Dorflinde (288 und 289).
5. Feierabend in der Stadt: Entleerung der Straßen und Plätze, Geselligkeit in den Häusern (290—293).
Schluß. Einbruch der Nacht (294 und 295).

2. Der Schwur auf dem Rütli. Eine Schilderung nach Schillers „Tell".
1. Nacht. Waldwiese. Hohe Felsen ringsum.
2. Aufsteigende Landleute, mit Windlichtern versehen.
3. Ruf des Feuerwächters und Klang des Mettenglöckleins der Waldkapelle aus der Ferne.
4. Männer um das Reisigfeuer stehend.
5. Mondspiegelung auf dem See, Mondregenbogen und darunterhinfahrende Nachen.
6. Ankunft mehrerer Abteilungen Landleute. Prüfung und Willkommen.
7. Vorbereitung zum Schwur und Schwur selbst.
8. Der Inhalt des Schwurs.
Schluß. Bedeutung desselben für die Geschichte der Schweiz.

3. Geschichte einer alten Burgruine.
Einleitung. Reise durch Thüringen (Harz, am Rheine ꝛc.). Besuch der Ruine. Lagerung im Schatten alter Buchen. Erzählung der Ruine:
1. Aufsuchen des Bauplatzes und Erbauung durch einen Ritter, wer? wann? wo? wie?
2. Leben in der Burg. Ritterübungen im Hofe. Feste im Rittersaal. Beschäftigung der Edelfrauen. Erziehung der Knappen. Jagd oder Krieg.
3. Zerstörung der Burg. Raubritterzeit. Fehde. Überfall. Hunger. Einäscherung.
Schluß. Wohnung für Eulen und Dohlen. Als Denkmal der Vorzeit noch dann und wann besucht.

4. Vorzüge des Menschen vor dem Tiere.
Einleitung. Der Mensch, das Ebenbild Gottes, die Krone der Schöpfung, wodurch? Worin das Tier dem Menschen ähnlich ist.
1. Körperliche Vorzüge des Menschen. Aufrechter Gang, der sogar dem Affen fehlt. Ausdrucksvolles Gesicht (Lachen und Weinen). Hände, welche die kunstvollsten Dinge verrichten. Fähigkeit, unter jedem Himmelsstriche zu wohnen.
2. Geistige Vorzüge. Eine vernünftige und unsterbliche Seele. Vernunft, d. i. die Kraft, Begriffe zu bilden, darum Sprache, nämlich Wortsprache. Reichtum der Erfindungen; Kunst und Wissenschaft, Religion und Sitte.
Schluß. Möchte doch jedermann dieser Vorzüge stets eingedenk und würdig sein.

5. Der Nutzen des Wassers.
Einleitung. Verachtung der Dinge, welche im Überflusse vorhanden sind, trotz ihres großen Nutzens.
1. Aufenthaltsort einer zahllosen Menge von Tieren.

2. **Nahrungsmittel** (allgemeinstes, wohlfeilstes, gesündestes Getränk, unentbehrlicher Zusatz zu allen Speisen und Getränken).
3. **Befruchtungsmittel** (Felder, Gärten ꝛc. ohne Wasser!).
4. **Heilmittel** (Verwundungen, Brand, Entzündung, äußere Schäden. Bäder, Gesundbrunnen).
5. **Reinigungsmittel** (Körper, Wäsche, Gefäße ꝛc.).
6. **Bewegungsmittel** (Mühlen, Flöße, Schiffe, Fähren, Kähne, Dampfmaschinen).
7. **Hilfsmittel bei gewerblichen Thätigkeiten** (Färberei, Gerberei, Bleicherei).
8. **Verschönerungsmittel** (Springbrunnen, Wasserkünste).
9. **Schutzmittel** (Feuerlöschen, Wassergräben).

Schluß. Lob des Wassers, obwohl es mitunter schädlich wirkt.

6. Der Wald im Haushalte der Natur.

Einleitung. Allgemeine Verbreitung der Wälder — Süden, Norden. Notwendigkeit im Haushalte der Natur als

1. **Nährstätte** durch Früchte, Blätter, Rinde der Bäume und durch die im Walde wachsenden kleineren Pflanzen, Beeren, Pilze ꝛc.
2. **Schatzkammer** für häusliche und gewerbliche Zwecke. Heizung, Bau- und Werkholz, Laub zu Lagerstätten, Rinde zur Bereitung der Lohe ꝛc.
3. **Wohnstätte** für allerlei Tiere, auch Zufluchtsort für Tiere und Menschen.
4. **Feuchtigkeitsbehälter.** Quellen der Flüsse, feuchte Moosschichten und Sümpfe, Aufsauger, Blätterdach der Bäume, Ausströmung von Wasserdünsten (Gegenden ohne Wälder unfruchtbar).
5. **Temperaturfühler** in heißen Gegenden, bei uns im Sommer. Kühl am Tage, warm in der Nacht.
6. **Luftreiniger.** Anziehung der Kohlensäure, Ausströmung von Sauerstoff.
7. **Verschönerer der Gegend.** Ebenen, Gebirge ohne Wald! Parkanlagen.

Schluß. Warnung vor Entwaldung.

7. Einfluß der Schiffahrt auf das Leben der Völker.

Einleitung. Zeit, in der es noch keine Schiffahrt gab, Entwickelung (Phönizier, Griechen ꝛc.). Blüte seit der Hansazeit und Entdeckung Amerikas.

1. **Materieller Nutzen.**
   a) Austausch der Natur- und Kunsterzeugnisse.
   b) Erschließung neuer Genüsse.
   c) Gründung von Wohlstand und neuen Zweigen der Beschäftigung.
   d) Schutzmittel vor Teuerung und Hungersnot.
2. **Geistiger Gewinn.**
   a) Erweiterung der eigenen Kenntnisse über fremde Länder und Meere, Pflanzen, Tiere, Naturerscheinungen, Sitten und Kunstwerke, Erfindungen der Menschen.
   b) Verbreitung der Bildung (Kultivierung und Bekehrung vorher heidnischer Völker).

Schluß. Etwaige Nachteile (Beförderung der Habsucht, Einschleppung von Lastern und Krankheiten ꝛc.), bei Vergleichung Nutzen weit überwiegend.

8. Vorgethan und nachbedacht, hat manchen in groß Leid gebracht.

Einleitung. Ähnliche Sprichwörter: Erst besinn's ꝛc., Wem nicht zu raten ꝛc.
1. Erklärung des Sprichwortes und Anführung einzelner Fälle von unbedachtsamen Handlungen: Geheimnis anvertrauen, die eigenen Kräfte überschätzen, zu viel wagen ꝛc.
2. Biblische und geschichtliche Beispiele: Kain, Saul, Absalom, Judas, Xerxes, Geßler, Napoleon I.
3. Nachweis der Wahrheit des Sprichwortes an einem Beispiele aus dem Leben.
4. Ermahnungen und Folgerungen: Nicht zu schnell und nie gedankenlos handeln. Die Menschen sind an ihrem Unglücke meist selbst schuld.

9. Heute rot, morgen tot.

Einleitung. Viele Menschen leben so, als ob sie nie sterben würden. Es ist gut, oft an das Sprichwort zu denken.
1. Erklärung des Sprichwortes. Sprichwörter mit gleichem Sinne. Bibelsprüche, Liederverse, die dasselbe sagen.
2. Beweise für die Richtigkeit desselben: Absalom, Theodor Körner u. s. w.
3. Folgen daraus: a) Das Herz nicht zu sehr ans Irdische hängen. b) Sich nicht auf die Menschen und ihre Kraft verlassen. c) Liebevoll gegen jedermann sein.

Schluß. Wegen des Sprichwortes sich nicht ängstigen, auf den Tod — ewiges Leben.

10. Man soll den Tag nicht vor dem Abend loben.

Einleitung. Ähnliche Sprichwörter: Es kann vor Nacht leicht anders werden ꝛc. Unverhofft kommt oft ꝛc.
1. Erklärung aus dem Natur= und Menschenleben.
2. Beispiele. Geschichtliche: Krösus, Ring des Polykrates, Alexander, Cäsar, Wallenstein, Napoleon, Lissabon (Erdbeben). Aus dem gewöhnlichen Leben: der Reiche, der Gärtner, Landmann, Handwerker ꝛc.
3. Anwendung. Bedenke bei allem das Ende! Jubele nicht zu früh und sei des Erfolges nicht sicher, ehe das Ende da ist. Stelle alles in Demut und vertrauensvoll Gott anheim.

11. Kleines ist oft die Wiege des Großen.

Einleitung. Ähnliche Sprichwörter: Kleine Ursachen ꝛc. Aus einem kleinen Funken ꝛc.
1. Erklärung, auf das Gute wie auf das Schlimme angewandt.
2. Beweis der Wahrheit.
    a) Aus der Natur: Eichel — Eiche, Schneeflocke oder rollendes Steinchen — Lawine, Funke — Brand (Hamburg, Chicago ꝛc.).
    b) Aus der Geschichte: Entstehung Roms, Karthagos — Anfang und Ausbreitung des Christentums — Aussetzung Mosis — Verkauf Josephs nach Ägypten — Das Glas Wasser der englischen Königin Anna — Erfindung der Dampfmaschinen — Galvanis Beobachtungen an dem

Froschschenkel, die zur Entdeckung des Galvanismus führten ꝛc.

c) Aus dem alltäglichen Leben: Die erste Lüge, Unehrlichkeit des Kindes ist die Vorstufe für den späteren Verbrecher. Unvorsichtigkeit, Leichtsinn — Krankheit, Tod. Ein einziges eindringliches Wort kann Anlaß zur Bekehrung des Sünders werden (Augustin), ein einziges Wort die Ursache zu Feindschaft und Krieg.

3. Folgerungen.
   a) Achte das Kleine nicht gering! (Christi Beispiel in seinem Verhalten gegen die Kinder.)
   b) Trachte nicht sogleich nach hohen Dingen, sondern fange deine Unternehmungen klein an!
   c) Habe Geduld mit den ersten, wenn auch geringen Erfolgen!

Schluß. Anwendung auf fehlerhafte Neigungen des eigenen Herzens.

12. Steter Tropfen höhlt den Stein.

Einleitung. Das Sprichwort enthält gewöhnlich ein Bild aus dem Naturleben. Sinnliche Anschaulichkeit desselben.

1. Erklärung des Sprichwortes. Worterklärung. Sinn:
   a) Ein fallender Tropfen von geringem Gewicht, also etwas Kleines, aber darum noch nichts Unbedeutendes.
   b) Ein Stein, Fels dagegen hart, dennoch zerstörbar durch den Tropfen.
   c) Allgemeiner Sinn: Durch fortgesetzte, wenn auch unscheinbare Anstrengungen vermögen wir große Hindernisse zu besiegen und große Zwecke zu erreichen.

2. Anwendung des Sprichwortes auf uns selbst und das Leben.
   a) Geringe Kraft — Fleiß, Ausdauer und Geschicklichkeit — großer Erfolg im Lernen, in der Arbeit überhaupt. Beispiele!
   b) Darum laß dich durch Schwierigkeiten nicht abschrecken. Mut, zuversichtliche Hoffnung, keine Entmutigung und Verzweiflung!
   c) Achte aber auch kleine Hindernisse oder Fehler — Krankheiten, Verschwendung im kleinen ꝛc. — nicht gering. Öfter wiederholt, können sie großen Schaden anrichten. Beispiele!

13. Das Werk lobt den Meister.

Einleitung. Wert des Sprichwortes für das praktische Leben und für die sittliche Bildung.

1. Wie es zu verstehen ist.
   a) Das Werk, d. i. das Geschaffene, lobt den Meister, d. i. den Schöpfer des Werkes, Kunstwerkes.
   b) Es lobt zwar nicht mit Worten, aber doch deutlich genug
      a) seine Schönheit, b) seine Zweckmäßigkeit, c) seine Ordnung und Vollendung.

So heißt es auch von dem allmächtigen Schöpfer Himmels und der Erde: Die Himmel erzählen ꝛc. Pf. 19, 2.

2. Anwendung auf das Leben.
    a) Ein wahrer Meister lobt seine Werke nicht; denn
        aa) es wäre unnötig, da diese für ihn reden. An ihren Früchten sollt ihr sie erkennen!
        bb) es wäre gegen die geziemende Bescheidenheit.
    b) Stümper und Pfuscher loben dagegen ihre Machwerke, weil sie
        aa) deren Unvollkommenheit selbst fühlen und so deren Mängel verdecken möchten,
        bb) dumm und eitel genug sind, an die Meisterschaft ihrer Kunst zu glauben.
    c) Folglich sind solche, die ihre Werke selbst loben, in der Regel eitle Stümper.
3. Darf aber der Meister nie sein Werk loben? Unter Umständen ja,
    a) wenn er Nichtkenner auf die besonderen Eigentümlichkeiten und Vorzüge aufmerksam machen möchte;
    b) wenn Neider sein Werk herabsetzen und so seine Ehre angreifen;
    c) doch darf er dabei nie die Grenzen der Bescheidenheit überschreiten. Eigenlob stinkt!

Schluß. Das Sprichwort mahnt zur Bescheidenheit und Vorsicht, sowie zur gewissenhaften Erfüllung seiner Berufspflichten, zum eifrigen Studium und zur Vervollkommnung in der Berufsarbeit.

14. Abrahams Friedfertigkeit (nach 1. Mos. 13).*)

Einleitung. Die nomadische Lebensweise Abrahams und Lots.
1. Begriff der Friedfertigkeit (aus den einzelnen Bibelstellen zu entwickeln).
    a) Abraham wollte den Streit vermeiden — V. 2. 5. 8.
    b) Abraham wollte dem ausbrechenden Streit ein Ende machen — V. 7. 8.
    c) Er ist also friedfertig (was heißt das?). Vgl. Mark. 9, 50; Röm. 12, 18.
2. Schwierigkeiten in den gewöhnlichen Neigungen der Menschen.
    a) Zorn und Heftigkeit des Charakters — ob bei Abraham?
    b) Eigennutz und Eigensinn — was Abraham dazu verleiten konnte?
    c) Stolz — Abraham ragte in der That vor Lot hervor (wodurch?); dennoch —
    Sein Glaube als Quelle der Friedfertigkeit.
3. Lohn.
    a) Was wäre die Folge von Abrahams Eigennutz und Eigensinn gewesen? Jak. 3, 16.
    b) So aber kehrt Ruhe und Freude bei ihm und seinen Knechten ein. Spr. Sal. 17, 1. Ps. 133, 1.
    c) Gott wiederholt seine Verheißungen — V. 14—17.
    Friede ernährt, Unfriede verzehrt.

---

*) Vgl. Nissen, Unterredungen über die bibl. Geschichte. I. (Kiel 1856.)

15. Die Fürbitte (nach 1. Mos. 18, 16—33).
Einleitung. Fürbitte — eine Bitte für andere. 1. Timoth. 2, 1. 2. Für wen und bei wem wir zu bitten haben?
1. Wie sie beschaffen ist.
   Des Bittenden
   a) Menschenliebe, als die Quelle der Fürbitte.
   b) Demut, als das wesentlichste Merkmal Gott gegenüber.
   c) Vertrauen auf Erhörung, welches die Gewißheit derselben in sich schließt. Joh. 1, 6.
2. Was sie wirket:
   a) für den, dessen Sache geführt wird — (Erhörung?). V. 29. Jak. 5, 16.
   b) für den, der die Fürbitte thut:
      aa) Förderung in der Nächstenliebe;
      bb) im Gottvertrauen.

16. Ahab und Naboth (eine Schilderung nach 1. Kön. 21).
Einleitung. König Ahab und sein gottloses Geschlecht. Wachsende Gottlosigkeit im Volke. Gerechtigkeit Einzelner: Naboth.
1. Ahabs und Isebels Ungerechtigkeit.
   a) Sein Gelüst nach Naboths Weinberg, an sich nichts Unrechtes.
   b) Naboths Weigerung — begründet im Gesetz, 3. Mos. 25, 23. Der Austausch (V. 2) nicht verboten, aber 4. Mos. 36, 7. Naboth einer von den 7000, die ihre Kniee nicht vor Baal beugen.
   c) Des Königs Unmut. V. 4. Vgl. 1. Tim. 6, 6. 9. Keine Genügsamkeit!
   d) Isebels böser Anschlag. V. 7. 15. 16. 19. Vgl. Kol. 4, 1.
   e) Des Königs Schwäche und Ungerechtigkeit. V. 15. 16. Spr. Sal. 14, 31.
2. Gottes Gericht.
   a) Der Hüter Israels schläft noch schlummert nicht, Ps. 121, 4. Er verstehet die Gedanken von fern; er hat Augen wie Feuerflammen.
   b) Sein Auftrag an Elia, V. 17 u. f.
      aa) Ahabs Verschuldungen, V. 22—25. Vgl. Matth. 18, 6.
      bb) Die Ankündigung des Gerichts.
   c) Ahabs Strafe. Vgl. Kap. 22.
   d) Das Schicksal seiner Familie. V. 21—23. Vgl. 2. Kön. 9.
   e) Das Gericht an Isebel.
Schluß. Habakuk 2, 6. Ps. 6, 2.

17. Das Gleichnis vom barmherzigen Samariter*) (Luc. 10, 25 ꝛc.).
1. Die Veranlassung.
   a) Die Frage des Schriftgelehrten: „Meister" ꝛc., V. 25, stört den Herrn in seiner heiligen Freude, V. 24. Wichtigkeit dieser Frage.
   b) Die unlautere Absicht des Schriftgelehrten.
   c) Des Herrn Stellung zum Gesetz, V. 27. 28.
   d) Die Selbstrechtfertigung des Schriftgelehrten, V. 29.

---

*) Nach K. Großmann, Entwürfe und Dispositionen zu Unterredungen über die bibl. Geschichte. Wittenberg 1882. Herrosé. S. 249.

2. Das Gleichnis.
- a) Der Geschlagene. Die Wüste — die Räuber — der Überfall — Hilflosigkeit — Aussicht des Geschlagenen, V. 30.
- b) Priester und Levit. Kommen ohne Absicht zu helfen („von ungefähr"); mögen aber auch nicht helfen: Lieblosigkeit, Selbstsucht, Feigheit und Hartherzigkeit. Was fordert ihr Beruf von ihnen?
- c) Der Samariter. Dessen Heimat — Parteistandpunkt und Inhumanität bei den benachbarten Völkern, — erhaben über solche Vorurteile — fühlt, überlegt und handelt rasch; reinigt und verbindet die Wunden, heilt durch Öl und Wein; Transport — Herberge — Pflege — Bezahlung — Abreise — Rückkehr — Rettung und Genesung des Gemißhandelten. V. 33—35.
- d) Das Gleichnis als Antwort auf die Frage des Schriftgelehrten: Mein Nächster ist, der meiner Hilfe bedarf und den Gott mir zur Hilfeleistung überweist. Der stolze Schriftgelehrte aber antwortet: „Der die Barmherzigkeit an ihm that." Der Herr begnügt sich mit diesem halben und einseitigen Eingeständnis, ihn zur thätigen Nächstenliebe ermahnend, V. 36. 37.

3. Die Deutung (des Gleichnisses).
Dasselbe veranschaulicht das Erlösungswerk des Herrn Jesu.
- a) Der Verwundete — die Menschheit oder auch der einzelne Mensch. Der Raubmord — die Sünde, die Hilflosigkeit.
- b) Priester und Levit — die Werke des Gesetzes retten nicht.
- c) Der rechte Samariter — Jesus Christus, der Heiland der Sünder; Wein und Öl — Buße und Glaube; Herberge — christliche Kirche; Pflege — Wort und Sakrament. Wiederkunft.

Schluß. 1. Joh. 3, 18.

18. Der verlorene Sohn (Luk. 15, 10).*)

Die Geschichte des Sünders, der sich bekehrt.
1. Seine Trennung von Gott.
- a) Ursache.
- b) Die nächsten Folgen: Tausch der Herrschaft; die kurzen und nichtigen Freuden; das lange Elend.

2. Die Bekehrung:
- a) als Erkenntnis und Bekenntnis;
- b) als Reue und Buße;
- c) als Glaube an Gottes Liebe;
- d) als Besserung des Lebens.

3. Die Aufnahme des Bekehrten.
- a) Gottes Vaterherz.
- b) Symbolische Deutung der Geschenke: Kleid, Fingerring, Schuhe, Festmahl.

Schluß. Die Selbstgerechtigkeit der Pharisäer, dargestellt am ältesten Sohne.

---

*) Näheres bei Großmann S. 231 und Nissen II. S. 90.

19. Der Mord.*)

Einleitung. Das 5. Gebot im Zusammenhang mit dem 4. ꝛc.
1. **Das Wesen des Mordes.**
    a) 2. Mof. 21, 12. Einen Mord begeht, wer dem Nächsten selber oder durch andere vorsätzlich das Leben nimmt: Kain, die Juden Christum, Herodes und die Kinder z. B., David und Uria.
    Totschlag ist unvorsätzliche Tötung, aber auch den Umständen nach strafbar.
    b) 1. Mof. 9, 5. Der Mörder sündigt schwer gegen das Gebot der Nächstenliebe, indem er dem Nächsten das höchste irdische Gut, ein unersetzliches und ein für diesen notwendiges Gut, raubt.
    c) Die erlaubte Notwehr, in der das Töten erlaubt oder geboten ist: beim Mordanfall, im Kriege, bei Verbrechen (Hinrichtungen).
2. Die **Ursachen** desselben (und deren Strafwürdigkeit an sich):
    a) Neid, Haß, 1. Joh. 3, 15; Joh. 3, 16. Josephs Brüder. Joab.
    b) Zorn, Matth. 5, 21. 22. Moses. Kain.
    c) Rachsucht, 1. Petr. 3, 9. Die Blutrache. Simson (Richt. 15, 7). Herodias. Die Pharisäer.
    d) Habsucht, Diebstahl und Raub; Trunkenheit. Ahab und Naboth. Judas.
    Die Sünde hat ihren Sitz in dem Herzen: Matth. 15, 19.
3. Die **Strafe** desselben:
    a) Qualen des Gewissens und Angst vor Entdeckung. Kain: 1. Mof. 4, 14.
    b) die durch die Obrigkeit verhängte Todesstrafe, ihre Notwendigkeit. Röm. 14, 4 und 1. Mof. 9, 6. Milderung dieser Strafe.
    c) im Weltgericht. 1. Joh. 3, 15.

20. Beschaffenheit der Nächstenliebe (nach Dinter).

Einleitung. Matth. 22, 37—39.
Sie soll sein
1. **allgemein, gegen alle Menschen.**
    a) Alle Menschen, mit denen wir in Berührung kommen und denen wir nützlich werden können, sind unsere Nächsten. Gleichnis vom barmherzigen Samariter, Lukas 10, 30 ꝛc.
    Matth. 5, 46—48.
    Die Liebe hat im häuslichen Kreise zu beginnen, sich über Lehrer, Mitschüler und Nachbarn auszudehnen; dann auf alle Mitbürger eines Ortes, eines Landes ꝛc., selbst auf Andersgläubige und Feinde (Matth. 5, 44). Beispiele: Jesus — kananäisches Weib — die Samariterin — Hauptmann von Kapernaum ꝛc.
    1. Joh. 2, 9—11.
    b) Warum sollen wir alle Menschen lieben?
        aa) Alle gehören zu einer Familie. Ap. Gesch. 17, 26.
        bb) Alle sind Erlöste eines Heilandes, also Brüder in Christo Jesu, oder sollten es sein. Joh. 3, 16.

---
*) Vgl. Großmann, Entwürfe ꝛc. über den kleinen Katechismus Luthers (daſ. S. 46).

2. **thätig**, d. h. wir sollen anderen nicht bloß Gutes gönnen oder wünschen, sondern ihnen auch Gutes thun und wirklich helfen, wo wir können. 1. Joh. 3, 18.
   Die thätige Nächstenliebe opfert gerne Bequemlichkeit, Vergnügen, Geld, ja selbst das Leben auf. Der Samariter. 1. Joh. 3, 17. Jak. 2, 15. 16. — Esther 4, 16. — 1. Joh. 3, 16.
3. **uneigennützig**, also nicht auf eignen Vorteil bedacht sein. Sie rechnet nicht auf Geldgewinn, auf Wiedervergeltung, auf Menschenlob, nicht einmal auf Lohn des Himmels. Die Pharisäer, Matth. 6, 1—4; Kap. 5, 43—48.
4. **weise**, d. h. wir sollen in der Verteilung von Wohlthaten vorsichtig sein.
   a) „Die weise Liebe vergißt nicht eine Pflicht über der andern; sie wählt die Bedürftigeren und Würdigeren aus, da wir nicht allen helfen können. Wo die Not aber dringend ist, hilft sie, ohne weiter zu fragen." Der Samariter. Sir. 12, 1. Das höchste Muster hierin ist Jesus selbst.
   b) In der Bethätigung der rettenden und helfenden Bruderliebe haben wir uns besonders solchen Vereinen anzuschließen, welche sittlich-religiöse Ziele verfolgen und welche der Entsittlichung vorbeugen wollen. Innere und äußere Mission, Gustav-Adolf-Verein, Gefängnis-Vereine, Vereine gegen Hausbettelei u. a.; Rettungsanstalten mancher Art.

21. Vom Vertrauen auf Gott.

Einleitung. In den mannigfaltigen Leiden des Lebens bedürfen wir des Vertrauens auf Gott. 1. Petr. 5, 7.
1. Gott vertrauen heißt, von ihm nur Gutes erwarten und zuversichtlich glauben, daß er stets mit uns sein und uns helfen werde in der Not. Ps. 37, 5.
2. Das Gottvertrauen gründet sich:
   a) auf Gottes Güte und Liebe, die allezeit bereit ist für uns zu sorgen. Klag. Jer. 3, 22. 23. 25.
   b) auf seine Allwissenheit, nach welcher er alle unsere Wünsche und Bedürfnisse kennt. Matth. 6, 31. 32.
   c) auf seine Allmacht, nach welcher er uns beistehen kann. Jes. 59, 1. Röm. 8, 31.
   d) auf seine Weisheit, nach welcher er die besten Mittel zu helfen wählt. Spr. Sal. 3, 5. 6.
3. Das Gottvertrauen ist notwendig, denn es dient:
   a) zu unserer Beruhigung beim Wandel alles Irdischen. Ps. 73, 23—26. Matth. 6. 26.
   b) zur Stärkung im Kampfe mit der eigenen Sünde und der bösen Welt. Jes. 41, 10. Ps. 118, 8. Ps. 23, 4.

Beispiele: David im Kampfe mit Goliath, auf der Flucht vor Saul, in der Buße. Jesus in Gethsemane. Luther.

Fünfter Abschnitt.
Das Wörterverzeichnis.

Die in runden Klammern () beigefügte Schreibung ist zulässig. Die in eckigen Klammern [ ] stehenden Buchstaben können wegfallen.

A

Aal der, Aale die
Aar der, Aare
Aas das, Äser
abends
Abenteuer, -teurer
abergläubisch
abgefeimt
abgeschmackt
Ablaß der, Ablässe
Ablativ der
ablehnen ein Geschenk
abluchsen
abonnieren, Abonnement
abschlägig, -lich   [das
absorbieren
abspenstig
abstrakt
Abt, Äbte; Äbtissin
Accent der
Accise die
Accord der
accurat, Accuratesse
Accusativ der
Achat der
Achse die
Achsel die
Acht die, ächten
Acht; aus der Acht lassen;
achtgeben, -haben; in acht
nehmen, außer acht lassen
ächzen
Acquisition
ad[e]lig
Adieu das; adieu, ade!
Adjektiv das, Adjektive

Adjutant der
Admiral der
Adolf, Adolfine
adoptieren
Adresse die, Adreßbuch
Advent der
Advokat der
Affaire die
affektiert
Agathe
Agio das
Agnes
Ägypten, ägyptisch
Ahle die
Ahn der, Ahnherr
ahnden, Ahndung = Strafe
ähneln, ähnlich
ahnen, Ahnung
Ähre die am Halme
Akademie die
Akazie die
Akt der; Alten, Altnar
Aktie die, Aktionär
Aktion die, aktiv
akustisch, Akustik die
Alarm der, alarmieren
Alkohol der
Alkoven der
All das, Weltall
Allee die, Allee[e]n
im allgemeinen
Allianz die (=ance)
allmählich
Almanach der
Almosen das
Alp [e] die, die Alpen
Alphabet das

alt und jung, beim alten
bleiben lassen; Altes und
Altar der, Altäre [Neues
von alters her, seit alters
Altvordern die
Amboß der, Amboße
Ameise die   [Amphibien
Amphibie die (bium das),
amüsieren, amüsant
Analyse die, analytisch
Ananas die
anberaumen
Anekdote die
anfangs, im Anfange
angelegentlich
angesichts
Anis der
annektieren, Annexion
annoncieren, Annonce
anonym
ansässig
anstrengen = anschirren
anstreuen die Kräfte
antik, die Antike
Antipathie die
Antiquar der
Antlitz das
Anwalt der, Anwalte die
oder Anwälte
anwidern
apart
Apfelsine die
Apokryphen die
Apostel, apostolisch
Apostroph der
Apotheke die
Apparat der

Deutsche Sprache von Dr. W. Jütting.   15

— 226 —

Appartement das
Appell der, appellieren
Appetit der
applaudieren, Applaus der
apportieren
Apposition
appretieren, Appretur die
Aprikose die
April der
Äquator der
Ar das = Flächenmaß
Ära die, Ären
Arabeske die
Architekt der
Archiv das
ärgern, das Ärgernis
Argwohn, argwöhnisch
Aristokrat der
Arithmetik die
Armee, Armee[e]n
Ärmel der
Arnold
Arrak (Arak) der
arrangieren
Arsenik der
artesisch
Arthur, Artus
Artillerie die
Artischocke die
Arz[e]nei die, Arzt
As das, Asse
äsen = fressen
Asphalt der
Aspirant der
Assekuranz die
Assessor der
Assistent der, Assistenz die
Associé der
ästhetisch
Asthma das
Asyl das
Atelier das
Atem der, atmen
Atheist der
Äther der
Atlas der, Atlanten = Karten=
Atlas, Atlasse = Gewebe
Atmosphäre die
Atom das
Attacke und Attaque die
Attentat das, Attentäter
ätzen, Ätzung, äsen
Audienz die
aufgeräumt
Aufruhr der, =rührer
aufsässig

Augenbraue die, =lid das
Auktion die, Auktionator
ausgiebig
ausmerzen
ausreuten, =roden, =rotten
aussätzig
auswendig
außen; nach, von außen
außerordentlich; äußerlich,
aufs äußerste, zum äußer=
authentisch   [sten
Automat der
Autor der, Autorität
avancieren, Avancement
Axt die, Äxte
Azur der, azurblau

B

Bacchus, die Bacchanalien
backen; du bäckst, bukst, bü=
Bagage die   [fest; Gebäck
Bagatelle die
baggern
bähen, Bähung
Bahn, bahnbrechend
Bahre, Bahrtuch
Bai die
Bajonett das
balancieren, Balance die
Balg der, Bälgetreter
Balkon der
Ballade die
Ballast der des Schiffes
Ballett das
Ballon der
ballottieren
Bandage die, Bandelier das
Bandit der, Banditen
Bänkelsänger
Bank[e]rott der
Bankett das
Bankier und Banquier
bar; bares Geld, Barschaft;
barfuß, =haupt
bärbeißig, Bärenhäuter
Baracke die
Barbar der
Barbier der
Barchent der
Barett das
barock
Barometer das
Barriere die
Barrikade die
Bariton der
Basilisk der

Basis die, Basen
Bassin das
Bastard der
Bastei die
Baß, Bässe; Bassist
Bataillon das
Batist der
Baude die, Gebirgshütte
in Bausch und Bogen;
Bauschquantum [zeichnen
bausen und pausen = durch=
Bayern, bayerisch
Bazar (Basar)
Beamte der, ein Beamter
bedeutend
Beefsteak das
Beere, Heidelbeere
Beet das, Beete
befehlen; befiehlst, befahl, be=
fohlen; Befehl
Beffchen das
befiedert
beflissen
begehren, Begierde
begleiten, Begleiter
behäbig
behelligen
behende
behilflich
behufs, zum Behufe
Beichte die, Beichtiger
beispiellos
beißen; du beißest oder beißt,
er biß; gebissen; bissig
beizen, Beize bie
bejahen, Bejahung
Bekenntnis das
bekleiden ein Amt
Belag der, Beläge
von Belang
zum Belege
benachteiligen
benedeien
Benefiz das
bequem
Beredsamkeit, beredt
bergab, =an, =auf
berlinisch, Berliner (z. B.
Bernhard   [Zeitung)
Bertha
berüchtigt
bescheren; beschert, beschert;
Christbescherung; vgl. sche=
beschwichtigen   [ren
beseelen, von Seele
beseligen, von selig

im besondern
am besten; aufs beste; zum besten geben, haben; eines Besseren belehrt werden, sich besinnen; zu deinem Besten, zum Besten der Armen
bestätigen
beteiligen
beteuern
bethätigen
beträchtlich, in Betracht
betreffs, in betreff
betrügen
bewähren, von wahr
bewältigen
bewandt, Bewandtnis
bewehren, von Wehr
beweisen, Beweis
bewirten, Bewirtung
Bewußtsein
bezeigen z. B. Beileid, Ehre, [Dank
bezeugen als Zeuge
bezichtigen = beschuldigen
beziehentlich
Bezirk der
bezüglich, in Bezug
Bibel, biblisch
Biber der
Bibliothek die
bieder, biderb
bigott
Billard das
Billet das, Billette
billig
Bimsstein der
Binse die
Biographie die
Birsch die, birschen (p)
bis: bisher, =weilen
Bischof, bischöflich
Biskuit das
Bistum das
Biß der, Bisse
ein bißchen = ein wenig
Biwak und Bivouac der (das)
blähen; blähst, bläht
blamieren, Blamage die
blasen; bläst, blies
blaß, Blässe
blau; bläulich, bläuen
blecken die Zähne
Blesse z. B. des Pferdes
blessieren, Blessur die
bleuen = schlagen
blockieren, Blockade die
blöken, Geblök das

bloß; bloß = nur; Blöße, blühen, Blüte [entblößt
Blume, Blümchen
Bluse die
Blutegel der, blutrünstig
Bohle die = Brett
Böhmen, böhmisch
Bohne die
bohnen den Fußboden
bohren, Bohrer der
Boje die = Ankerzeichen
Böller der
Bollwerk das
Bolzen der
Bombe die, Bombardier
Boot das, Boote und Böte
Bord der; an, über Bord
Börse die
Borte die
Böschung die
böse, bös; Bösewicht, böslich; Bosheit, boshaft
Boskett das
bossieren, bosseln
Botanik die
Botschaft
botmäßig
Bottich der, Böttcher
Bouillon die
Bouquet das, Bouquets
Bouteille die
Bowle die, Maibowle
boxen
Brahmine der
Branche die
brandmarken, =schatzen
Branntwein der
brassen die Segel
braten; du brätst, briet[e]st
Braue die, Augenbraue
Bräutigam der
brav, Bravour die
Bremse die
Brennessel
brenzlig (=icht)
Bresche die
bresthaft, Gebreste das
Brett das, Bretter
Brezel die
Brigade die, Brigadier
Brigg die = Schiff
brillant
Brise die = Seewind
Britannien, der Britte
Brodem der, brodeln
Brokat der

Brombeere die
Bronze die
Brosamen die
Brosche die
broschieren, Broschüre die
Brot das, Brote, Brötchen
brühen, Brühe die
Brühl der = Sumpfwiese
brünett
Brunft die
Brunst, brünstig, Feuers=
Buchstabe der [brunst
Buchsbaum der
Büchse die
buck[e]lig
bücken, Bückling der
Budget das
Büffel der
Büffett das
Bug der des Schiffes; Bug= spriet das, bugsieren
bügeln, Bügeleisen
Büh[e]l der = Hügel
buhlen, Buhle die
Bühne, Schaubühne
Buhne die im Wasser
Bund der und das; Bündel, Bündnis, bündig
bunt, kunterbunt
Bureau das, Bureaus(=eaux)
Bürgermeister
Burnus der
Bursch[e] der
burzeln (purzeln)
Bussard der
Büste die
Buße, Lückenbüßer
Butike (Boutique) die

C

Cacao der
Cäcilie
Café das = Kaffeehaus
Canaille die
Carré das, Carrés, s. Karo
Carriere die
Ceder die
Cello das, Cellist (tsch)
Cement der
Censur die
Centigramm das, =meter
Centner der
central
Centrum das
Ceremonie
Cervelatwurst die

15*

— 228 —

Chaise die, Chaisen
Chamäleon das
Champagner der
Champignon der
Chaos das
Charade die
Charakter der
Charlatan der
Charlotte
charmant
Charpie die
Chaussee die
Chef der, Chefs
Chemie die, aber: Alchimie
Chemisett[e] die (das)
Chiffre die, Chiffren
Chirurg der
Chlor das
Chokolade die (Sch)
Cholera die
cholerisch
Chor der und das, Chöre;
  Choral, Chorist; der
  Musikchor
Christ, Christentum
Chronik die, Chronologie
Cichorie die
Cider der
Cigarre die, Cigarette
Cirkular das
Cirkumflex der (cumflex)
Cirkus der
ciselieren
Cisterne die
Citadelle die
citieren, Citat das
Citrone
Civil das
Clique die, Cliquen
Coaks die, s. Koks
Cocon der, Cocons
Cognak (ac) der
Cölibat das (der)
Commis der
Compagnie und (K)
Comtoir das (Kontor)
concipieren, Concept das (K)
Copula die
Corps das, Armeecorps
Coulisse (K) die
Coupé das, Coupés
coupieren, Coupon der
Cour die = Hof
Courage die
courant
Cousin der, Cousine die

Couvert das
Enflus der
Cylinder der
Cypern, Cypresse die

D

Dachs der, Dachse
Dambrett, -spiel, -stein
Damhirsch, -wild
Dämon der
dank z. B. seinem Eifer
das, dasselbe
daselbst
daß, auf daß
Dativ der
Dattel die
Datum das, Data und Daten
Daube, Faßdaube die
Daune und Dune die
dawider
Debatte die
Decem der
Decennium das, Decennien
Decigramm das
decimal (z)
decimieren (z)
defekt
Deficit (z) das
Definition, definitiv
dehnen, Ausdehnung
Deich der = Damm
Deichsel die
dekadisch
Dekagramm das
Dekan und Dechant der
deklamieren
deklinieren
dekorieren
Dekret das
delikat
Delinquent der
deliziös (c)
Delphin der
Demut die, demütig
dennoch
denunzieren (c)
Depesche die
Deputation die
derb, Derbheit
Derwisch der
des, dessen; deshalb, -wegen,
  -falls, -fallsig; desselben;
  unterdes
Deserteur der
desinfizieren (c)
desperat

Despot (Despot) der
dessenungeachtet
Dessert das
Detail das   [dünken
deucht (mich), deuchte, von
deutsch, auf, zu deutsch; gut
  deutsch sprechen; im Deut=
  schen; Deutsch (das Deut=
  sche) lernen
devot, Devotion
Dezember (c)
Diagonale die
Diakon der, Diakonissin
Dialekt der
Diarrhöe die
Diamant und Demant der
Diät die; diät oder diätetisch
Dickicht das   [leben
Dieb; Diebstahl
Dienstag, dienstags
dieses, dies; diesseit, dies=
  seits, ohne=, überdies.
Dietrich der
Differenz die
diktieren, Diktat das
Dilettant der
Dill der = eine Pflanze
dinieren, Diner (diné) das
Dinkel der = Getreideart
Diöcese die
Diphthong der
direkt   [trice
Direktor, Direktoren; Direc=
dirigieren, Dirigent der
Dirne die
Disciplin (z) die
Diskant der
Diskont der
diskurieren, Diskurs der
dispensieren, Dispens der
disponieren
disputieren, Disput der
Dissident der
Dissonanz die
Distanz (=ance) die
Distel die
Distichon das
Distrikt der
Divergenz die
dividieren; Dividend der,
  Dividende, Divisor
Docent (z) der
Docht der
Dock das
Doge der (sch
Dogge die

— 229 —

Dogma das, Dogmen
Dohle die
Dohne die
Doktor, Doktoren
Dokument das
Dolch der
Dolde die
Dolman der = Husarenjacke
Dolmetsch[er] der
Dom der
Domäne die
Domizil (c) das
doppelt
Dorothea, Dorothee
Dose, Döschen
Dosis die, Dosen
dotieren, Dotation
Dotter der
Drache der
Dragoman der = Dolmetscher
Dragoner der
Draht der, Drähte
dräuen = drohen
drechseln, Drechsler
drehen, s. Draht
dreißig; das Drittel, Drit-
 teil; zu dritt
dreschen; du drischest, drasch
 (drosch), gedroschen
Drillich und Drilch der
Droguen die, Droguist der
drohen, Drohung
Drohne die
dröhnen, Gedröhn das
Dromedar das
Drommete und Trompete
Droschke die
Dublette die
Duckmäuser der
Duell das
Duett das
Düne Sandhügel am Strand
Duodez das
Duplikat das
durchgehends
durchlauchtig
Dusche (Douche) die, Dusch-
 bad, duschen
Dutzend das
duzen, Duzbruder
Dynamit das
Dynastie die
Dysenterie die

E

Ebbe die

Ebenholz das
echt
edel; edler Mann, des edlen
 Mannes, der Edle
Edikt das
Effekt der, Effekte = Erfolge
Effekten die = Habe
egal, egalisieren
Egel der; Blut=, Leberegel
Egge die, eggen
Ehe; ehelich, ehebrechen
ehe; ehedem, =mals; des
 ehesten; eher
ehern
Ehre; in, mit, zu Ehren
eichen, Eichamt das
Eid der; eidlich, Meineid
Eidam der, Eidame
Eidechse die
eigens, eigentlich
Eiland das
eilends
einander; an=, auf=, aus-
 einander; die Aufeinan=
 derfolge
einer; der eine, die einen;
 unsereiner; der Einer =
 die Eins
eingangs, im Eingange
Eingeweide die
einrahmen ein Bild
einrammen einen Pfahl
eins; eins werden, versetzen;
 eins ins andere; unser=
 eins; die Eins, das Eine
einer, einer der Ersten
Einschiebsel das
einzeln; einzelnes; im ein=
 zelnen, bis ins einzelnste;
 Einzelheit
Eis das, eisig
Eiter der
Ekel der, ek[e]lig
Elasticität die
Elefant der
elegant, Eleganz die
Elektricität die
Elen das, Elentier
Elend, elendiglich
elf
Elfenbein das
Elisabeth
Ell[en]bogen der
Ellipse die, elliptisch
Eloge die (sche), Elogen
Elsaß das, Elsässer

Eltern die
Elysium das
Emballage die
Emil, Emilie
empfangen, empfing
empfehlen, empfiehlst, =ahl
empfinden, empfand
empor, empören
emsig
Ende; endlich, endgültig
engagieren, Engagement
Engel, Erzengel der
entbehren
Enterich der
entern, Enterhaken die
entgegen, entgegnen
Entgelt das
Enthusiasmus der
entlehnen
Entree die (das)
entsetzlich
entwöhnen
Epaulett[e] die, Epauletts u.
 Epauletten
Epheu der
Ephorie die, Ephorus der
Epidemie die
Epilepsie die, epileptisch
Epistel die, epistolisch
Epoche die
Epos das, die Epen
Eppich der = Epheu
Equipage die (ekipasch)
erbosen, erbost
Erbse, Erbsstroh, =wurst
erdrosseln
Ereignis, Ereignisse
ergiebig
ergötzen (=getzen)
Erholung
Erinnerung
Erkenntnis, Erkenntnisse
Erker der, Erkerfenster
erkiesen; erkor (=kieste), er-
 koren (=kiest)
erklecklich
Erlaß der, Erlasse
erlaucht, Ew. Erlaucht
erläutern
Erlkönig
Ernte die
erquicken
erschrecken; erschrak, er-
 schrocken, bez. erschreckte,
 erschreckt
ersprießlich

erst: fürs erste; am, zum ersten; der erste beste; der Erste der Klasse; am Ersten des Monats; ersterer, erwägen [ersteres
erwähnen
erwidern, Erwiderung
erzeigen eine Wohlthat
erzeugen, Erzeugnis das
Esche die
Eskadron die
Eipe die, Espenlaub
Esse die
essen; du issest und ißt; ich aß; eßbar
Essenz die
Essig der
Estrich der
Etablissement das
Etage die, Bel-Etage
Ethik die, ethisch
Etikette die
Etui das
etwas; etwas Gutes
Etymologie die
Euter das
Evangelium, -lien
eventuell
exakt [aminand
Examen das, Examina; Examcellent, Excellenz die
excentrisch, concentrisch
excerpieren, Excerpt das
Exceß der, Excesse
Exekution die
Exempel das, Exemplar das
exerzieren (c)
Exil das
existieren, Existenz die
Exkurs der, Exkursion
Expedition, Expedient der
Experiment das
Exponent der
Exposé das
expreß
Extrakt der
Extrem das
Exulant der = Verbannter

F

Fabel die [brikant
fabrizieren (c); Fabrik, Fafaçade und Fassade die
Fächer, fächeln
Facit (x) das
Façon das

Fagott das
fähig, Fähigkeit
fahl, falb
fahnden
Fähnrich und Fähndrich
fahren; Fahrt, Fährte; Vorfahr, Fähre, fahrlässig
Faktum, a; Faktor, faktisch;
Fakultät die
Fall, falls; besten, vorkommenden Falls, aber allen-, andern-; jedenfalls, fällig
falsch; fälschen, fälschlich; ohne Falsch
Falte; faltig; zehn-, tausendFalz die [fältig
Familie, familiär
fangen; fängst, fing
Farn der, Farnkraut
Farre der = junger Stier
Färse die = junge Kuh
Fasan der, Fasanerie
Faschine die
faseln; faselig, Faselei
fassen; gefaßt, faßlich
fasten; Fastnacht, -tag
fatal, Fatalität
faul; faulenzen, Fäulnis
Faust die, Fäustel das
Fauteuil der (fotölj)
Faxen die
Fechser der = Schößling
fechten; fichst, ficht
Feder, federleicht
Fee, fee[e]nhaft
Fehde, befehden
fehl; fehlschießen, Fehlbitte; ohne Fehl; Fehler
feind sein, werden jemand[em]
Feld; feldein, feldaus; Feldscher[er], -webel
Felge, Radfelge die
Feme die, Femgericht
Femininum das, -na
Fenchel der
Ferge der = Fährmann
Ferien die
Ferse die am Fuß
Feste die
Feuilleton das
Fiaker der
Fiasko machen
Fibel die
Fiber die = Faser
fidel
Fieber das = Krankheit

Fiedel die, Fiedler
Figur die, figürlich
filtrieren, der Filter
Filz der, filzig
Finanzen die, finanziell
findig; Findling, Fund, Findfirlefanz der [digkeit
Firnis der, -sse, firnissen
First die des Daches
Fistus der, fistalisch
Fittich der
fix; fixieren, Firstern
Flachs der; flächsen, -sern
flackern
Fladen der, Osterfladen
Flagge die, flaggen
flämisch = flandrisch
Flanell der
Flanke die
Flaum der, Flaumfeder
Flechse die = Sehne
flechten; flichtst, flicht
flehen, flehentlich
flektieren, Flexion
Flieder der
fliehen; du fliehst, er floh
Fliese die = Steinplatte
fließen; das Fließ (Bach), Fließpapier, Fluß, flüssig
Flitterstaat
Flocke die, flockig
Flor der; Blumen-, TrauerFlossel die [flor
Flosse die
Floß das, Flöße, flößen
Flotte, Flotille, flott sein
Flöz das, Kohlenflöz
Fluch, verfluchen
Flucht, flüchtig
Flug der; flugs
flügge
Fluh die = Felswand
Flur der und die
flüstern, Geflüster das
Flut die
Fohlen und Füllen das
Föhn der, Föhnwind
Föhre die = Kiefer
Folge leisten; in-, zufolge; infolgedessen; demzufolge; folglich
folgendes; im folgenden
Folter die
Fond der = Hintergrund
Fonds der = Geldvorrat
Fontäne (-aine) die

— 231 —

fordern, Erfordernis
fördern, Beförderung
Forelle die
Form; förmlich, Formel, formell, Formular das
Fort das = (för), Festung
Fossilien die
Fourage die
Fourier (Jurier) der
Fournier (Furnier) das
fragen; du fragst, fragtest, in Frage kommen
Fragment das
Fraktur die
frank, franco (f), frankieren
Franse, fransig
Franz, Franziskaner
französisch vgl. deutsch
frequent, Frequenz die
fresko, Fresken die
fressen; du frißt, er fraß
Frevel der, freventlich
Friedrichsdor der
frieren; fror; Gefrornes; Fries der, Friese [Frost
Frieseln die
Frikassee die
frisieren; Friseur, Frisur die
frivol, Frivolität
froh; frohlocken, fröhlich
Fronedie; Frondienst, -feste, -leichnam, fronen, frönen
Front die
früh[e]; frühestens; zum, mit dem frühesten, früh-morgens, in der Frühe
Frühling der, Frühstück das
Fuchs der, Füchsin
mit Fug und Recht; Unfug
fügen; füglich, gefügig
fühlen, fühllos
führen, Führer
füllen, Füllsel das
fünfzehn, -zig und funfzehn, fungieren, Funktion [-zig
für; fürbaß; für- und vor-lieb; Für- und Vorwitz, Für- und Vorsehung
Furt die
Füsilier der
Fuß, Füße; fußhoch; Fuß-stapfe (-tapfe)
Futteral das

G

gähnen
Gähhunger, vgl. jäh
Gala die, galant
Galeere die
Galerie (ll) die
Galiläa
Galle, vergällen
Galopp der, galoppieren
Galosche (K)
galvanisch
Gamasche (K)
gäng und gäbe
gängeln
Gans, Gänserich
ganz; gänzlich, im ganzen, im großen und ganzen, ein Ganzes, ein großes Ganze(s)
gar; Garküche, ganz und gar, gar nicht
Garantie die
den garaus machen
Garde die, Gardist
Garderobe die
Gardine die
gären; es gor, gärte
Garnison die
garstig
Gas das, Gase
Gasse die, Gäßchen
Gastmahl das, -wirt der
Gau der
Gauch der
gaukeln, Gaukler
Gaumen der
Gaze die = Gewebe
Gazelle die
Gebäck das
gebaren; Gebärde, gebärden
gebären; gebierst, gebar, geboren
geben; giebst, giebt, gieb
Gebirge, gebirgig
Gebühr die, gebühren
gedeihen; gediehst, gediehen, gediegen [gedeihlich
Geest die = Sandland
Gefahr die, Gefährde
Gefährt das
Gefährte der
geflissentlich
geheim, insgeheim
gehen; gingst, ging
geheuer
Gehilfe der
Geisel der = Bürge

Geiß die = Ziege, das Geiß-lein
Geißel die = Peitsche; geißeln
Geiz, geizig
Gekröse das
Geländer das
gelb
Gelee das (sch)
gelegentlich [gleisen
Geleise und Gleis das; ent-gellen; es gellt, gellte
Gelte die = Gefäß
gelten; du giltst, es galt, gelt? Geltung
Gelübde, Gelöbnis das
gemach, gemächlich
Gemahl der, Gemahlin; vermählen
Gemälde das
gemäß; dem-, zeitgemäß
Gemein[d]e die
Gemse die, Gemsbock
Gemüse das
Gemüt das, gemütlich
Gendarm der, Gendarmen; Gendarmerie (schang-)
genehm, genehmigen
General, -e, der
generell
generös
genesen; er genas
Genetiv und Genitiv der
genial
Genie das, Genies (sch)
genieren
genießen; genoß, genossen
Genosse und Genoß der
Genugthuung
Genus das, Genera
Genuß der, Genüsse
Geographie, -metrie
Ger der = Wurfspieß
gerade; geradeaus, -zu
Gerät das
geraten; es gerät, geriet; aufs Geratewohl
geräumig
gerben, Gerber
Gerhard, Gertrud
Gericht; Amts-, Leibgericht
gering; nicht im geringsten;
geringfügig, Gering-Gerte, Reitgerte die [schätzung
Gerücht das = Überlieferung
geruhen
gesamt, Gesamtheit
gesandt, Gesandtschaft

Geschäft das
geschehen; es geschieht, geschah; Geschichte
gescheit
Geschmeide das
Geschmeiß das
Geschwader das
geschwind
Geschwulst die
gesinnt, gutgesinnt
Gespan der = Gefährte
Gespann das
Gespenst, Gespinst das
Gespons der = Bräutigam
Gestade das
Geste die, Gesten; gestikulieren
getötet, s. töten
Getreide das
Gevatter der
gewahr werden [währsmann
gewähren; die Gewähr, Gewahrsam, der
Gewand das, Gewandhaus
gewandt, Gewandtheit
gewärtig
Gewehr das
Geweih das
Gewinn, Gewinst der
gewiß, Gewißheit
Gewohnheit, gewöhnlich
gewohnt, gewöhnt
gieb, giebt (i)
Giebel der
gießen; goß, gegossen; Gießer, Guß
Gilde die, Schützengilde
Gips der, gipsen
Giraffe die
Gischt der
Glacéhandschuh der
Glacis das (szi)
Glas, Gläser; Glasur die
gleich und gleich; desmeines=, ohnegleichen;
Gleiches mit Gleichem
gleichschenklig [vergelten
Gleisner der, gleisnerisch
gleißen = glänzen
Gletscher der
glimmen = glühen
glimpflich [Globusse
Globus der, Globen und
Glorie die, glorreich
glühen, Glut die
Gneis der
Gote der, gotisch
gottlob! Gott sei Dank!

Gotthard, St. Gotthard
Gouverneur der, =nante die
Grabmal das, =scheit
Grad der; zehn Grad; hochgram sein, werden [gradig
Gramm das
Grammatik die
Gran das = Gewicht
Granate die
Granit der
grassieren
gräßlich
Grat der; Gebirgs=, Rückgrat; Grattier das
Gräte die, Fischgräte
gratulieren
grau, gräulich
Graus, grausig
gravieren, Graveur der
gravitätisch
Grazie die, graziös
Grenadier der
Grenze die, begrenzt
Greuel der, greulig
Griebs der = Kernhaus
Grieche, griechisch
Griesgram der
Grieß der, Grießbrei
Grimasse die
Grimm, grimmig
Gröbs, s. Griebs
Grog der
Gros das = 12 Dutzend
groß und klein; im großen
Grotte die
Grummet und Grumt das
grunzen
Gruppe die, gruppieren
gucken, Guckkasten der
Guillotine die (gi)
Guirlande die
Guitarre die
gültig, gleichgültig
Gummi das
Günther
Gustav
gut; zu gute halten, thun, kommen; im guten, gütlich, in Güte; Gutes und Böses
Guttapercha die
Gymnasium das, =ien; =nastik die

H

Haar das; Härchen, behaart

Habicht der
Habseligkeiten die
Hacken der am Fuß
hacken; Häckerling, Häcksel
Hafen der, Häfen [der (das)
Hafer (=ber) der
Haff das = Bucht (Ostsee)
Hag der; Hage= und Hambutte; hagebüchen
Häher, Nußhäher der
Hahn, Hahnschrei
Hai der, Haifisch
Hain der
Haken der, Häkelnadel die
=halben; allent=, curet=, meinethalben
=halber; ehren=, krankheitshalber; Feiertags, Umzugs halber
halbpart machen
Halbe, Berghalde die
Halfter die
hallo!
Hals der, Hälse
halten; hältst, hielt[e]st
Halunke der
Hamen der
hämisch
Hand; rechter Hand; an, unter der Hand; ab=, vorhanden; aller=, überhand; handhaben
hangen; hängst, hing
Hans, hänseln
Hantel der (die) = Turngerät
hantieren, Hantierung
Harlekin der
Harpune die
Harz das, harzig
Hasardspiel (z) das
Häschen
Haspe die, Haspel der
hassen; Haß, häßlich, verhaßt; gehässig
Hast die, hastig; du hast,
hätscheln [von haben
Haupt das, Häupter; zu Häupten; Häuptling
Haus; nach Hause gehen, zu Hause sein; Hausrat; hausieren, haushalten; häuslich
Hederich der
Hedwig
Heer das; Heerbann, =straße
Hefe die
Heft das, Heftel die
hegen; Heger, Gehege

— 233 —

Hehler; kein Hehl haben, hehr = erhaben [machen
Heide der und die
heikel, heiklig
Heil, heil; Heiland, heilig, heillos; heilen
Heim das, heim; Heimat die, anheimeln
heischen = verlangen
heiser, Heiserkeit
heiß, am heißesten
heißen, er hieß
heizen: Heizer, Heizung
Hektar das, Hektoliter
Held — hält
Hellebarde (=barte)
Hellene = Grieche — Helene
Hemd[e] das
Hemisphäre die
Hemmnis das
henken; Henkel, Henker; Gehenk das
Herauch der
Herberge die
Herbst der
Herd der
Hering (ä) der
Hermann
Hermelin das
Herold der
Herr; herrlich; herrschen, Herrschaft
Herz: herzig, herzlich
Herzog, Herzogin, =nen
Heuschober der
heutzutage
Hexe die
hienieden, hiesig; hierorts
Hieroglyphen die
Hifthorn das = Jagdhorn
Hilfe die
Himbeere die
hindern, Hindernis
Hindin die = Hirschkuh
hinsichtlich, in Hinsicht, kürzer: hinsichts
hintansetzen
hinten, hintennach
hinter; hinterdrein, =rücks
Hippodrom das = Rennbahn
Hirse die
hissen die Flagge
Historie, historisch
Hoboe die, ein Blasinstrument
Hoboist der
hoch; höher; zum höchsten,

aufs höchste; Höhe, Hoheit; turmhoch
Höcker der = Buckel
Hoffart die, hoffärtig
hoffentlich
Hohepriester der
hohl; höhlen, Höhle
Hohn der; höhnen, hohnlachen, =sprechen
Höker der = Händler
hold, holdselig
holen; ab=, herholen
holla! hurra! hussa!
holpern, holperig
Holunder und Holder der
Holz das; holzig, hölzern
Homöopath der
honett
Honig der
Honoratioren die
hören; Gehör, hörig
Horizont der
Hornis und Hornisse die
Hospital, Hospiz das
Hotel das
Huhn das, Hühner
Hülse
hundert; zweihundert; einige Hunderte; ein Hundertstel
Hüne der = Riese, Hünengrab
Hürde die
Hufar der
Hut der und die
Hyacinthe (3) die
Hyäne die
Hyder und Hydra die
Hymne die
Hypotenuse die
Hypothek die
Hypothese die

J (i)

Ideal das, ideal
Idee die, ideell
Idyll das; die Idylle
=ieren; liniieren, ennuyieren, telegraphieren u. s. w.
ignorieren, Ignorant der
ihm, ihn, ihnen, ihr, ihrer, ihre[n]thalben, =wegen
Illustration die
Iltis der, Iltisse
Imbiß der
im allgemeinen, im beson-

dern, im ganzen und großen, im kleinen
Imme (Biene) die, Imker
Immortelle die [der
Imperativ der
Imperfekt das
impertinent
=in, innen; Freundin, Freundinnen 2c.
Inbrunst, =land, =sasse
indes, indessen
Indikativ der
Individuum das, Individuen; individuell
Industrie, industriell
Infanterie
infizieren (c), Infektion
Ingenieur der
Ingwer der
inhalts, nach Inhalt
infognito
Insekt das
inipizieren (c); Inspektion, Inspektor
Instinkt der, instinktiv
instruieren, Instruktion
intellektuell, Intelligenz
Interdikt das
Interesse das, interessant
Interjektion, =punktion
intim
Intrigue die, =n, intrigant
Invalide der
Inventar das, Inventur die
inwendig
Inzicht die = Beschuldigung
Irland, irisch
irr; irrig, Irrtum der
irrational (=nell)
irregulär
Isegrim
Islam der
Israelit der
Isthmus der
Italiener, italienisch

J (j)

Jacht die
Jagd die, jagdbar
jäh; jählings, jach
Jahr; jahraus, =ein; Jahrzehnt; ein Halb-, Vierteljahr; verjähren
Jakob, Jakobine
Jalousie die, =n
Januar, Jänner

— 234 —

jäten
Jauche die
jauchzen
ein jeder; jedermann, ein
   jeglicher
jemand; jemandes [=dem,
   =den,: jemand anders,
Jocken der   [Frembes
Johannisbeere, =tag
johlen
Joppe die
Joseph, Josephine
Journal das
jovial
Jubel der, Jubiläum
Juli der
Julius, Julie
jung und alt; jüngst; ein
Jungfer die   [Junges
Juni der
Jurist der
Jury die = Schwurgericht
Justiz die
Juwel das, Juwelier
Jux der = Scherz

K

Kabale die
Kabel das
Kabeljau der
Kabinett das
Kadaver der
Kadett der
Käfer der
Kaffee der, vgl. Café
Käfig der
kahl
Kahm der = Schimmel;
   kahmig, kahmiger Wein
Kahn der, Kahnfahrt
Kaiser, kaiserlich, in Titeln
   Kaiserlich
Kajüte die
Kaktus der, Kakteen
Kalender der
Kalesche die
Kaliber das = Geschützweite
Kalif der
kalkulieren
Kalligraphie die
Kamel das
Kamerad der
Kamille die
Kamin der
Kamisol das
Kamm der, Kammrad das

Kampfer der
Kanal der, Kanäle
Kanapee das
Kanarienvogel der
Kandidat der
Kaninchen das
Kannibale der
Kanon der, kanonisch
Kanone, Kanonade
Kanton der, Kantone
kantonieren, Kantonnement
Kantor, Kantoren
Kantschu der=Riemenpeitsche
Kanzel die
Kanzlei die, Kanzler
Kap das
Kapaun der
Kapelle die, Kap[el]lan der
Kaper der, kapern
Kapital, =täl das, =tän, =tel,
kapitulieren   [tol das
Kappe die, Kappzaum der
Kapsel die
Kapuze die, Kapuziner
Karabiner der, Karabinier
Karaffe die
Karat das, karätig
Karawane die
Kardätsche die = Wollkamm
Karde die = Distelart
Kardinal der
Karfreitag, =woche
karg, kärglich
Karikatur die, karikieren
Karl, Karoline
Karmesin oder Karmin das
Karneval der
Karosse die
Karre[n], Kärrner
kar[r]iert, mit Karos (Carrés)
   versehen
Kartätsche die = Geschoß
Kartause die, Kartäuser
Karte; Karton der, kartonie=
Kartoffel die   [ren
Karussell das
Karzer (C) das
Kaschmir der
Käse der
Kasematte die
Kaserne die, Kasino das
Kaskade die
Kaspar
Kasse, =ette, Kassier[er]
Kasserolle die=Schmorpfan=
Kastanie die

Kasteien
Kastell das, Kastellan der
Kasualien die
Kajus oder Cajus der
Katalog der
Katarakt der
Katarrh der, katarrhalisch
Kataster das = Flurbuch
Katastrophe die
Katechet der, Katechismus
Kategorie die, kategorisch
Katharina, Käthchen
Katheder das = Lehrstuhl
Kathedrale die
Kathete die
Katholik, katholisch
Kattun der
Kauffahrteischiff das
Kaution die
Kautschuk das = Federharz
Kavalier der, Kavallerie
Kaviar der
Kehle die
kehren, Kehricht das
Keiler der = Eber
Kelter die, keltern
kenntlich, Kenntnis
kentern = umstürzen
Kerker der
Ketzer, ketzerisch
keuchen, Keuchhusten
Keule die
keusch
Kiebitz der
Kiefer der und die
Kiel, kielholen
Kieme die
Kien der, Kienspan der
Kies der, Kiesel der
kiesen, vgl. erkiesen
Kilogramm, =meter das
Kirmes (ß, sse) die
Kissen das, Kopfkissen
Kiste, Kistchen
kitz[e]lig
kläffen, Kläffer
Klaps der
klar; im klaren sein, ins
   klare kommen
Klara, Klärchen
Klarinette die
Klasse; klassifizieren (c);
   Klassiker die, klassisch
Klause die, Klausner
Klausel die
Klavier das, Klaviatur die

klecksen, Klecks der
Klee der
Kleie die
klein; von klein auf; im klei=
nen, bis ins kleinste
Kleinod das, Kleinodien
Klempner der
Klepper der
Klerus der; Kleriker, Klerisei
Klette die
Klima das, klimatisch
klimmen, klomm, geklommen
Klinik die, klinisch
Kloake die
Klops der
Klosett das
Kloster das
Kloß der, Klöße
Klub der, Klubbist
Knäuel das
Knebel der, knebeln
knicksen, Knicks der
Knie das, Knie[e]; knie[e]n
knirschen, zerknirscht
Knoblauch der
Knorpel der, knorp[e]lig
Knospe die, Knöspchen
Knüppel der
Knüttel der, Knüttelverse
Kobalt der = Mineral
Kobold der = Berggeist
Köcher der
Köder der, ködern
König, Königin, Königinnen,
königlich, in Titeln Königlich
Kohl der, Kohlrabi der
Kohle die, Köhler
Kokarde die
kokett
Kokosnuß die
Koks die = entgaste Stein=
kohlen; auch Coaks die
Kolibri der
Kolik die
Kollege der
Kollekte die, Kollekteur und
Collecteur
Kollett das = Reitjacke
Kollision die
Köln (Stadt), Kölner (Dom),
kölnisch (kölnischer Bahn=
hof), aber Kölnisch=Wasser
Kolon das, Semikolon
Kolonie, Kolonist
Kolonne, Kolonnade
Kolophonium das

kolorieren
Koloß der, kolossal
kolportieren, Kolporteur (C)
Komma das, die Kommata
und Kommas
Komet der
Komiker der, komisch
Komitee (Comité) das
Kommandant der
kommerziell, Kommerzienrat
Kommissar der, =ion
Kommißbrot das
Kommode die
Kommune die
Kommunion die
Komödie die, Komödiant
Komparativ der
Kompaß der, die Kompasse
komplett, Komplex der
Kompliment das
Komplott das
komponieren, Komposition
Kompott das
kompreß, Kompresse die
Kondition die
Konditor der
kondolieren
Kondor der (Vogel)
Konduft der, Konduktuer (c)
Konfekt das
Konferenz die
Konfession die
Konfirmand der, =mation
konfiszieren c)
Konflikt der
konfus, Konfusion die
Kongreß der
kongruent, Kongruenz die
Konjugation die
Konjunktion die, =junktiv der
konkav, konvex
konkret
Konkurrent der, Konkurrenz
Konkurs der
Konnexion die
Konrad
Konsens der
konsequent, Konsequenz
Konserven die
Konsole die
Konsonant der
Konstabler der
Konstitution die
Konstruktion die
Konsul, der
Konsum der, Konsument

Kontinent der
Kontrahent der, Kontrakt der
konträr
Kontrast der
Kontribution die
Kontrolle die, Kontrolleur
und Controleur, controllie=
Konturen die = Umriß [ren
Konvent der
Konversation die, konver=
konzentrisch (c)   [sieren
Konzept (C) das
Konzert (Concert) das
Konzession (Concession)
Konzil (Concil) das
koordiniert
Köper der, geköpert
Kopie die, Kopist der
kopulieren
Koralle die
Koran der
Korinth, Korinthe die
Korporal der
korpulent, Korpulenz
Korrespondent, =denz
Korridor der
korrigieren, korrekt, Korrek=
Korvette die   [tur die
Kosak der, Kosaken
Kostüm das (ü lang)
Kot, kotig
Kotelett das, oder die Kote=
Köter der = Hund   [lette
Krabbe die = Krebs
krächzen
kraft, z. B. meines Amts
krähen, Krähe die
Krakeel der, Krakeeler
Kram der, Krämer
Krank[me]svogel der
Kran der, Kraniche der
Kranz der, bekränzt
Krapp der = Farbstoff
kraß; krasser Aberglaube
Krater der
kraus, kräuseln
Krawall der
Krawatte die
Kreatur die
Krebs der, krebsen
kredenzen
Kredit der
Kreide die
Kreis der; Kreisel der
Krempe die, krempen
krepieren

— 236 —

Krepp der
Kresse die
Kreuz das; kreuz und quer; zu Kreuze kriechen
kriechen; kroch, gekrochen
kriegen
kriminell
Krise und Krisis die
Kritik die, kritisch
Krokodil das
Krone, Krönung
Kröte, Schildkröte
Krücke
Krume, Krümchen
Krupp der, Krupphusten
Kruppe die (des Pferdes)
Krüppel der
Kruzifix (C) das
Kristall (i) der
kubisch, Kubikmaß das
Kuckuck der
Kufe die, Küfer
kug[e]lig
Kuh die, Kühe
kühl, Kühlung
kühn, Kühnheit
Kult der, Kultus (Cultus)
kultivieren, Kultur die
Kummet und Kumt das
Kumpan der
Kunde der und die
Kunststück das
Kur die, Kurfürst, küren
Kur die, Kurhaus, kurieren
Küraß der, Kürassier
Kürbis der, -sse
Kurie die
Kurier der
kurios
Kurrendschüler, Kurrenda-
Kurrentschrift, [ner
Kurs der, Kurse; Kursus (C)
Kürschner der
Kurve die
kurz; in, vor kurzem; aufs kürzeste; über kurz oder lang; den kürzern ziehen, des kürzeren; in [der] Kürze
Küster, Kustos der
Kux der, die Kuxe = Anteil
Kutsche, Kutscher [im Bergbau

L

Labsal das
Labyrinth das
Lachs der, Lachse
Lack der, Lackmus der
laden, du lädest, er ladet ein; er lädt, lud auf
lädieren
Lafette die
lahm, lähmen
Lahn die = Fluß
Lahn der = Draht von Metall
Laib der; ein Laib Brot
Laich der, laichen
Laie der
Lakai der
Lake die, Salzlake
Laken, Bettlaken das
lakonisch
Lakritzensaft der
Landsknecht der
lang; seit langem, des längeren, zum längsten; jahre=, meilenlang
Lang[e]weile; aus Lang[er]weile
längs = der Länge nach
längst = schon lange
langwierig
Lanze, Lanzette die
läppisch
Lärche die = Baum
Lärm der
Larve die
lassen; du lässest und läßt; ich ließ
Last die, lästig
laß, lässig
Lattich der
Lauch der
läutern, Läuterung
Lava die
Lavendel der
lavieren
Lawine die
Lazarett das
Leben; dein Leben lang oder bein lebe[n]slang; mein Lebtag, bei Lebzeiten; lebenslechzen [lang
lecken (wider den Stachel)
Lee die = Gegenteil von Luf
leer, leeren — lehren
legal
Legat der und das
Legende die
Legion die
Leh[e]n das, belehnen
Lehm der
lehnen, Stuhllehne die
lehren; Lehrer, Gelehrter, Lehrerin
Leib; bei Leibesleben, aus Leibeskräften; beileibe Leichdorn der [nicht
Leiche die, Leichnam der
Leid; sich ein Leid (Leids) thun; zu leide (zuleide) thun
leid sein, thun, werden
Leier die, leiern
leihen; Anleihe, Leihhaus
Leinwand die und Linnen das
leiten; Geleit, Leiter der
Leiter die
Lektion die, Lektüre die
Lenz der
Leopard der
Leopold
Lerche (Vogel) [ich las
lesen; du liesest und liest;
letzte; am, zum letzten; letzterer, =e, letzteres; der Letzte der Klasse, des Monats; zu guter Letzt
leugnen
Leumund der, verleumden
Leute die, leutselig
Levante die
Levit der, Leviten
Levkoje und Levkoie die
Lexikon das, Lexika die
liberal
Lichtmeß und =messe die
Lid das, Augenlid, Ofenlid
Liebe; zu liebe thun; liebliederlich [kosen
liefern, Lieferant der
liegen; lag, gelegen
Lieutenant (Leutnant)
lila
Lilie die, Lilien
Limonade die
lind; gelind, lindern
Lindwurm der [lings
=lings; blind=, ritt=, rück=
Linie; liniieren, Lineal das
links; von, nach links; lintisch; die Linke
Linse die (Frucht)
Lippe die
Liqueur (=kör) der
Liquidation die
lispeln
Liste, Kurliste die
Litanei die

— 237 —

Liter das
Lithograph der
Litteratur die, litterarisch
Liturgie die
Litze die
Livree die
Lob; lobhudeln, löblich
Loge die; Logis das, logieren
Logik die, logisch
Lohe die, lichterloh
Lohe, Lohgerber [Tagelöhner
Lohn der (das); ablöhnen,
lokal, das Lokal
Lokomotive die
Lorbeer der
Lord der, die Lords
Lorgnette die
Los das; losen, Lösung —
 Losung(swort)
los, lose; lösen, Erlöser;
löschen [löslich
Lot das; lotrecht; zwölf=
 lötig, löten
Lothar, Lothringen
Lotse der, lotsen
Lotterie die
lotterig, verlottert
Louis, Louisdor der
Löwe, Löwin
Lowry (spr. Lori) die, Low=
loyal [ries
Luchs der, Luchse
Lücke die, Lückenbüßer
Ludolf
Ludwig
Luf die, Windseite des Schiffs
lugen = spähen
lügen, log, gelogen
Luise
Lute die
Lünse die = Achsnagel
Lupe die
Lupine die
lutherisch
Luxus der, luxuriös
Lymphe die [Volk richten
lynchen (tsch) = durch das
Lyra; Lyrik die, lyrisch

M

Maccaroni die
Magazin das
Magd, Mägdlein
Magister der, Magistrat der
Magnet der

Mahagoni das
mähen; Mahd die, Mäh[d]er
Mahl das; Mahlzeit, Abend=
 mahl
mahlen; Mühle, Müller
Mahlschatz, vgl. Gemahl
Mähne die
mahnen, Ermahnung
Mähre die = Pferd
Mai der, Maie die
Maid die, Mädchen das
Mais der, Maismehl
maiische die, maischen
Majestät die, majestätisch
Major der
Majoran der
majorenn, Majorat das
Majorität die
Makel der; makellos, mäkeln
Mäkler und Makler der
Makulatur die
Mal das; Malstein, =säule;
 Brand=, Denk=, Merk=
 Muttermal
Mal; das erste Mal, ein
 andres Mal, zum zweiten
 Male, mehrere Male; zwei=,
 drei=, jedesmal; auf einmal,
 ein für allemal; mehrmals
malen; gemalt, Maler
Malheur das
maliziös
Malve die
Malz das, Malzzucker der
Mameluck der
Mammon der
Mammut das
man — Mann
mancherlei, manchmal
Mandel die = Frucht, und
 das = 15 Stück
Manen die = abgeschiedene
 Geister
Mangel der
Mangel die (für die Wäsche)
Manier die, manierlich
mannigfach, =faltig
männiglich = jedermann
Manöver das, manövrieren
Mansarde die
Manschette die
Mantel der, Mantille die
Manufaktur die, =skript das
Mär[e] die, Märchen
Margarete, Gretchen
Marine die, marinieren

Mark die; Märter; Mark=
 graf, =scheider; markig
Marke die
Marketender der
Markise die = Sonnendach
Markt der, markten
Marmor der, Marmelstein
marode, Marodeur der
Maroquin der
Marquis der, Marquise die
Marsch der, marschieren
Marschall der, Marstall der
Martha
martialisch
Märtyrer der
März der
Marzipan der
Maschine die
Masculinum das, =na
Masern die
Maske die, Maskerade
Masse die; massig, massiv
Mast der und die
Maß das, mäßig
mit, ohne, über die Maßen;
 der=, bekannter=, gewisser=
 maßen
Maßholder der, =lieb das
Materie; materiell, Material
Mathematik die [das
Mathilde
Matratze die
Matrone die
Matrose der
matt, Mattigkeit
Matthäus, Matthias
Mause die, mausern
Maut die = Zoll
Mechanik die, mechanisch
Medaille die, Medaillon das
Medizin (c) die
Meer das; der Meerbusen
 =rettich, =schaum
Mehl das, mehlig
mehr, mehrere, mehreres,
 mehrmals
Meier der, Meierei die
Meiler der
Meißel der, meißeln
melancholisch, Melancholie
Melanchthon
Melange die, meliert
Melodie, melodisch
Melone die
Meltau der
Memoiren die (oa)

memorieren
Menagerie die
Mennig der
Menuett das
Meridian der
Merinowolle
merken, Vermerk der
Mesner der
Messe; Meßbuch, =woche
messen; du missest und mißt;
Messias der   [ich maß
Messing das
Mestize der = Mischling
Met der = Honigtrank
Meteor das
Meter das (besser als der)
Methode die
Mettwurst die
Metzger der   [lings
Meuchelmord der, meuch=
Meute die, Meuterei die
Mieder das
Miene (des Gesichts) die
Miete die, mieten
Migräne die
Mikroskop das
mild, mildthätig
Militär das, militärisch
Miliz die
Milliarde die, Millionär der
Milz die
Mine die = unterirdischer
  Gang; minieren, Mineur,
Minister der [Mineral das
minorenn
Minorität die
Minuend der
Minute die
Minze die = Pflanze, Krause=,
  Pfefferminze
Misanthrop der
Miscelle die
miserabel
Mispel der
missen, vermissen
Missethat, =thäter
Missionär (=nar) der
miß=; mißlich; Mißhellig=
  keit, mißglücken 2c.
Mistel die
mittags, des Mittags
mitteilen, Mitteilung
mittels, mittelst
mitteninne, inmitten
mitternachts   .
Mittwoch der

Möbel das; die Möbeln, das
  Mobiliar; möblieren
Mode die; modern, mobisch
Modell das, Modelle
Moder; modern, moderig
mögen; mag, mochte, ge=
  mocht
möglich; sein möglichstes,
  alles mögliche thun, wo=
Mohn der   [möglich
Mohr der = Neger
Möhre, Mohrrübe die
mokieren, mokant
Moment der und das; mo=
  mentan
Monarch der, Monarchie
Monat der
Mönch der
Mond der, mondsüchtig;
  der Montag
Moor das = Sumpf
Moos das, Moose; bemoost
Mops der, Möpse
Moral die, moralisch
Morast der
Morchel die
morgen; morgen früh; der
  Morgen, des Morgens
  morgens
Moritz (z)
morsch
Mörser der
Mosaïk die, musivisch
Moschee die
Mostrich der
Motion die
moussieren
Möwe die
Mühe; mühsam, =selig
Muhme die
multiplizieren (c); Multi=
  plikand der
Mündel der
Münster das
Münze die = Geld
mürb[e]
Mus das, Gemüse
Muse die = Göttin; Musen=
  sitz, Museum das
musizieren (c); Musikant,
Muskat der   [Musiker
Muskel der, muskulös
Muskete die, Musketier
Musselin der
Muße die; Mußestunde;
  müßig, Müßiggang der

Mut der; der Unmut; zu
  Mute sein; mutig, über=
  mütig; mutmaßlich, =wil=
Myrrhe die [lig; vermuten
Myrte die
mysteriös, mystisch
Mythe, Mythologie die

N

Nabe die
nachahmen
Nachbar der, Nachbarn
nachgiebig
nächst; am nächsten, fürs
  nächste, mit nächstem;
  mein Nächster
Nachtigall die
nachts, des, eines Nachts
nackt, nackend
Nagetier das
nahe, näher, am nächsten;
  des näheren; von nah und
  fern; Annäherung
nähen; Näherin, Nähterin;
  Naht die
nähren, Nahrung
naïv; Naïvität die
Name, Vor=, Zuname; na=
  mentlich, namhaft; na=
  mens (= im Namen);
  Namens (= des Namens),
  mit Namen
nämlich, der nämliche
Naphtha das
Narcisse (z) die
Nashorn das
Nation die, national
Nebel der, neb[e]lig
Nebenbuhler der
Necessaire das
negativ, negieren
Negligé das
Negociant (z) der
nehmen; nimmst, nahmst;
  Vor=, Zunahme
Nehrung die = Landzunge
Nektar der
nergeln (ö)
Nerv der; nervig, nervös
Nessel die
neu; aufs neue, von neuem;
  das Neue, etwas Neues
Neuntöter der (Vogel)
Neutrum das, neutral
nicht; nichtig, mit nichten;
  zunichte machen

nichts; nichts anderes, Neu=
  es; das Nichts
nichtsdestoweniger
Nickel der
niederträchtig
niedlich
Niednagel der, am Finger
niemand; niemandes, [=dem,
  =den]; niemand anders,
Niere die
niesen, Nieswurz die
Nießbrauch der
Niete die; niet= und nagel=
nimmermehr   [fest
nippen, Nippflut die
nirgend, nirgends
=nis, =nisse; Ärgernis
Nische die
Niveau das, nivellieren
Nix der, Nixe die
nobel, Noblesse die
Nomade der
Nominativ der
nominell
Nößel das (ö lang)
Not die; in Not (Nöten) sein;
  vonnöten sein; notwen=
  dig, nötigen, nötigenfalls
  not sein, thun, werden
Notar der
Notdurft die, notbürftig
Notensystem das
Notiz die
Novelle die
November der
Novize die
Nuance die
nüchtern
numerieren, Numero
Nummer die
Nüster die
Nuß die, Nüsse
zu Nutz und Frommen; Ei=
  gennutz der; Nutznießer
  der
nutz, nütze; zu nutze machen;
  nichtsnutzig
Nymphe die

O

Oase die
ob; obwohl, darob
Obacht die, =dach, =hut
Obelisk der
oberflächlich, =schlächtig
Oberst der

obiges; im obigen
Objekt das, objektiv
Oblate die
Obliegenheit die
Obligation die
obskur
Obst das
obgenannt,
obstinat
[Fremdes]
Occident der
occupieren
Ocean (z) der
Ochs (Ochse) der
Oder der = Berggelb
octroyieren
Ode die
Odem der
öffentlich
offerieren, Offerte die
Offiziant (c) der
offiziell (c)
Offizier (c) der
Offizin (c) die
offiziös (c)
Oh[ei]m der
Ohm die, Weinmaß
ohne, Ohnmacht
Ohr das, Ohrring der
Öhr das, Nadelöhr
Ökonom der
Oktave die
Oktober der
okulieren
Öl das, ölig
Olive die
Olymp der
Omelette die
Omen das, ominös
Omnibus der
Oper die, Opernhaus
Operation die
Opfer das
opponieren
Optiker, Optikus der
Orakel das
Orange die, Orangerie
Orang=Utan[g] der
Orchester das (ch = t)
Orden der
ordentlich
ordinär
Ordonnanz die; Order und
Organ das   [Ordre die
Orgel die, Organist der
Orient der, orientieren
Original das, originell

Orkan der
Ornament das
Ornat der
Ort der, Orte und Örter;
  gehörigen Orts; aller=
  orten, =orts; örtlich
Orthodoxie die, =graphie die,
  =pädie die
Öse die
Oskar
Ostern die
Österreich, österreichisch
Ouverture die
oval
Ovation die
Oxhoft das
oxydieren, das Oxyd
Oxygen das

P

Paar das; Pärchen, paar=
  weise, paaren; zu Paaren
  treiben
ein paar = einige; ein paar=
Pächter (a) der   mal
packen; das Pack, Gepäck
Pädagog der
Page der (sch)
paginieren
Paket das
Pakt der, Pakten die
Palais das und Palast der
Palästina
Paletot der
Palette die
Pallisade die
Pallasch der
Panier das
Panther der
Pantoffel der, =n
Pantomime die
Panzer der
Papagei der
Papier das
Papst der, päpstlich
Parade die
Paradies das
Paragraph der
parallel, Parallelogramm
parat   [das, =e
Pardon der
Parenthese die
Parfum (ü) der (öng)
parieren
Park der
Parkett das

Parlament das
Parlamentär der
Parochie die
Parodie die
Partei die, parteiisch
Parterre das
partial, partiell
Particip (z) das, =ien
Partie die
Partikel der
Parzelle (e) die
Pasquill das
Passage die, Passagier
passieren
Passion die, passiv
Pastellmalerei die
Pastete die
Pastor der, Pastoren
Paß der, Pässe; Paßkarte;
 Gebirgspaß
Pate, Taufpate der
Patent das
Pathos das, pathetisch
Patient der
Patriarch der
Patricier (z) der
Patriot der
Patrone die
Patrouille die
Pausbacken, pausbäckig
Pause die, pausieren
Pavian der
Pavillon der
Pedal das
Pedant der, pedantisch
Pein die; peinlich, peinigen
Pelz der, pelzig
Pendel das (der)
Pennal das
Pension die, Pensionär
Pensum das, Pensen
perennierend
perfekt
Pergament das
Perikope die
Periode die
Peripherie die
permanent
Perpendikel der
perplex
Perron das (ong)
Person die, persönlich
Perspektiv das, Perspektive
Perücke die [die
Pest, Pestilenz die
Petent der, Petition

Petersilie die
Petroleum das
Petschaft das
Pfahl der
Pfalz die, Pfalzgraf
Pfand das, Pfänder
Pfarrer der, die Pfarre
Pfau der
Pfeffer der
pfeifen, pfiff, Pfiff, pfiffig
Pfennig der
Pferch der, einpferchen
Pfingsten die
Pfirsich der
Pflock der, Pflöcke
Pflugschar die
Pfoste[n] der
Pfriem der oder die Pfrieme
Pfropf[en] der
Pfropfreis das
Pfründe die
Pfuhl der
Pfühl der
Pfund das, vierpfündig
pfuschen, Pfuscher
Pfütze die
Phantasie, Phantast der
Pharisäer der
Pharmaceut (z) der
Phase die, Mondphase
Philanthrop der
Philipp
Philister, philiströs
Philosoph der
phlegmatisch
Phosphor der
Photographie die
Phrase die
Physik die, physisch
Physiognomie die
Piauino, Pianoforte das
Pickelhaube die
Pick[e]nick der
pikant, pikiert
Pike die, Pikett das
Pilger, Pilgrim der
Pilz der
Pionier der
pirschen, s. birschen
Pistol[e] das (die)
placieren
Plaid das, Plaids
Plakat das
Plane die, Planwagen
Planet der
plänkeln, Plänkler

Plantage die
plärren, Geplärr das
Plastik die, plastisch
Plateau das
Platin das, die Platina
platt; plattdeutsch, plätten
plombieren, Plombe die
plötzlich
Plural der
Plüsch der
Pöbel der
Poesie, Poet der, Poëm das,
 Poemata die
Pokal der, pokulieren
pökeln, Pökelfleisch
Pol der, Nordpol
Police die
Polier der, polieren, Politur
Politik die, politisch
Polizei die
Polygon das
Polyp der
Polytechnikum das
Pomade die
Pomeranze die
Pomolog der, Pomologie
Pomp der, pompös
Pony der, die =ies
populär, Popularität
Pore die, porös
Porree der = Lauch
Portemonnaie das
Portepee das
Portier der
Portion die
Porträt das, =e und Por=
 trait, =s
Porzellan das
Posamentier der
positiv
Posse die, possierlich
Possen der
Postillon der
post=, pränumerando
Potentat der
Potenz die
Pottasche die
Präcision (z) die
prädizieren (c), Prädikat das
Präfekt der
prägen, Gepräge das
prahlen
Prahm der = Schiff
praktizieren (c); praktisch
Praxis die
Prälat der

Prämie die
Pranke und Branke die
Präparand der
Präparat das
Präposition die
Präsens das
Präsent das
Präsenzliste die
Präses, Präsident der
prätentiös
Predigt die
preisen; pries, gepriesen
preisgeben
Preißel= und Preiselbeere
Presbyter
pressant
pressen; du pressest und preßt
Pretiosen die
preußisch
Priester der
Primel die
Princip (z) das
Prinz, Prinzessin
Prinzipal der
Prise die; eine Prise Tabak;
   eine gute Prise = Beute
Prisma das, Prismen
Pritsche und Britsche die
privat, privatim
Privileg das, Privilegien
produzieren (c); Produzent,
   Produkt das
Profession, Professor
Profil das
Profit der
Profoß der
Programm das
Projekt das
Prokurist der
Prolog der
Promenade die
prompt
Prophet, prophezeien
Propst, Pröpste
Prosa, prosaisch
Proselyt der
Prospekt der
protegieren, Protektor
Protest der, Protestant
Protokoll das
Proviant der
Provinz die
Provision die
Prozent (c) das
Prozeß (c) der
Prozession (c) die

Psalm der, Psalmen
Publikum das
publizieren (c)
Pudding der
Puls der, Pulse
Pult das
Pulver das, pulverisieren
Pumpernickel der
Punkt der, pünktlich
Punsch der
Pupille die
Püppchen das
pur = rein; purifizieren
Purpur der, purpurn
Puter der; Puthahn, Pute
Pyramide die

Q

Quacksalber der
Quader die, Quadern
Quadrat das, Quadrant der
Quadrille die
Quai (Kai) der
quaken
Quäker
Qual die, quälen
qualifizieren (c)
Qualität die
Qualle die
Qualm der, qualmen
Quantität die
Quarantäne die
Quark der
Quartal, =tett, =tier das
Quarz der
Quaste die
Quecke die
Quecksilber das
Quehle die = Handtuch
Quelle die, Quell der
quer, querfeldein
quetschen
quieken
quietschen
Quinta, Quinte die
Quirl der, quirlen
quitt; quittieren, Quittung
Quitte die
Quodlibet das
Quote die, Quotient der

R

Rabatt der
Rabatte die
Rabbi, Rabbiner der
rächen, rachsüchtig

Rad das, rädern
rabebrechen
Rädelsführer der
rabikal
Radius der, Radien
raffiniert
Ragout das
Rahe die = Segelstange
Rahm der = Sahne
Rahmen der (des Bildes)
Rain der = Ackergrenze
Rakete die
Ranft der = Rand
Rang der, rangieren
Range der und die
Ranke die (der), Weinranken
Ränke schmieden
Ranzen der, Ränzel das
Rapier das
Rappe der (= Pferd)
Rapport der
Raps und Reps der
rar, Rarität die
räsonnieren
Raspel die, raspeln
Rasse die, Menschenrasse
rasten, Rasttag
Rat der; Rätin: Rathaus,
   Stadtrat; beratschlagen;
   zu Rate halten, um Rat
   fragen   [die
Rate die, ratenweise; Ration
raten; rätst, rät, riet: rät=
   lich, Rätsel
rational, rationell
Rauchwaren, =werk das
Räude die, räudig
rauh, Rauheit
raunen, zuraunen
Räupchen das
räuspern
Raute die = Figur u. Pflanze
reagieren, Reaktion die
real, reell
Rebhuhn das (richtiger Repp=)
Reblaus die
Rebell der, Rebellion
Rebus das (der)
Recensent (z)
rechnen; Rechnung; Rechen=
   buch, =stunde
Recht: mit, ohne Recht; ein
   Recht haben; Recht finden,
   sprechen; im Rechte sein,
   zu Recht bestehen: es ist
   Rechtens: etwas Rechtes

recht; recht sein, thun [han-
 deln], haben; es ist, ge-
 schieht, kommt mir recht;
 zurecht machen, stellen
rechts; von, nach rechts
recitieren   [Rechte
reden; Rederei, Redner, die
redigieren; Redaktion, Re-
 dakteur und Redacteur
redlich
Reede (Rhede); Reederei,
 Reeder, vgl. reden
Referendar, Referent der
reflektieren, Reflexion die
Reformation die
Refrain der
Regal das = Bücherbrett
Regalien, königl. Vorrechte
Regel; Regeldetri die
Regie die, Regisseur
Regierung, Regent der
Regiment das
Region die
Register das, Registrator
Reglement das
regnen; regnerisch, regnicht;
regulär   [Regen der
Reh das, Rehbock
Reigen und Reihen der
Reihe die, reihen
Reiher der, Reiherfeder
rein; im reinen sein; ins
 reine bringen
Reis der und das, Reisholz
reisen, reist
Reisig das
Reisigen die, Reislauf
Reißblei, -brett, -zeug
reißen; riß, gerissen
reiten, Reiter
reizen; gereizt, Reiz der
rekeln, Rekelei
reklamieren
rekognoscieren (z)
Rekonvalescent der, -cenz die
Rekrut der
Rektor der, Rektoren
rekurrieren, Rekurs der
relativ
relegieren
Relief das
Religion die, religiös
Reliquie die
Remise die
Renbant der
Renette (Reinette) die

Renntier das   [ren
Renommee das, renommie-
Rentier und Rentner der
Reparatur die
replizieren (c)
Repphuhn das (richtiger als
Repressalien die   [Reb-)
Republik die
Requiem das
Reserve die
Residenz die
resolut
Respekt der
Ressort der (das)
Ressource die
Restaurant das, -rateur der
Resultat das
retirieren, Retirade die
retouchieren
Rettich (-ig) der
renen, reut
Reuse, Fischreuse die
Revanche die
Reveille die
Revenue die
Reverenz die
Revers der
Revier das
Revision, Revisor
Revolution
Revolver der
Revue die
Rezept (c) das
Rhabarber
Rhein, Rhön, Rhone
Rhetorik die, rhetorisch
Rheumatismus der
Rhinoceros das
Rhombus der, rhombisch
Rhythmus der, rhythmisch
Ricke die = Rehkuh
Ried das, Riedgras
Riege die, Turnriege
Ries das
Riesling der = Traubenart
Riester der = Flicken
rigolen (übl. riolen)
Rinnsal das
Rippe, Gerippe, Rips der
riskieren, Risiko das
Rispe die
Riß der, Risse
Rival der, rivalisieren
Robbe der = Seehund
Robe die = Kleid
Rodehacke die

römisch
Rogen, Fischrogen der
Roggen der
roh, Roheit
Rohr das, Rohre; Röhricht
Röhre die, Röhren   [das
Romanze die, romantisch
Röschen, v. Rose
Rosette die
Rosine die
Rosmarin der
Roß das, Rosse
rot; rötlich, die Röteln
Rotte, zusammenrotten
Rouleau das, Rouleaus
                    (-eaux)
Route, Marschroute die
Routine die
Royalist der
Rubrik die
Rückgrat das, Rückkehr die
rücksichtlich, in Rücksicht
Rüde der (= Hund)
Rudel das
Rudolf, Rudolfine
ruhen; Ruhe, ruhig
Ruhm der, rühmlich
Ruhr die = Krankheit
rühren, rührig
Ruin der, Ruine die
Rum der = Getränk
Rumor der
Rundell (Rondell) das
Rune die, Runenschrift
Runzel die, runz[e]lig
Rüpel der
Rüsche die
Rüste die; zu[r] Rüste gehen
Rüster die = Baum
Ruß der, rußig
Rußland, russisch
Rute die, Angelrute

S

Saal der, Säle; Sälchen,
 Salon der
Saat die; säen, sät, Sä[e]-
Sabbath (-at) der   [mann
Säbel der
Sack, Säckel der
sächsisch
Saffian der
Safran der
sägen, Säge die
Sa[h]lweide die
Sahne die

— 243 —

Saite die, kreuzsaitig
Sakrament das
Sakristei die, Sakristan der
salarieren, Salär das
Salat der
salbadern
Salbei der (die)
Saline die
Salmiak der, Salpeter der
salutieren
Salve die, Ehrensalve
Salz das, salzig (=icht)
Same der, Samenhülse
sämisch, Sämischleder
sammeln, Sammlung
Sammet und Samt der
Samstag der
samt, sämtlich, Gesamtheit
Sandale die
sanft, Sänfte die
sanguinisch
Sankt, z. B. St. Paulus
Saphir der
Sardelle, Sardine die
Sarg, Sarkophag der
Satan der, satanisch
Satire die, satirisch
Satyr der, Satyrn
Sauce die
Säugling, Säugetier
Säule die
säumen, saumselig
sausen; in Saus und Braus;
  säuseln
Scene, Scenerie die
Scepter und Zepter das
Schabernack der
schäbig
Schablone die
Schabracke die
Schächer der
schade, jammerschade sein;
  schade, daß 2c.
Schädel der
Schade[n] der; schädlich
Schaf das und der Schafen
Schaffner der [= Gefäß
Schafott das
Schakal der
schätern, Schäfer der
schal
Schale, schälen
Schalloch das
Schalmei die
Schalotte die = Zwiebelart
Schaluppe die

Schank, Weinschank der
Schanze die [Scharwache
Schar, Heerscharen, die
Scharbock und Skorbut der
Scharlach der
Scharmützel das
Scharnier das
Schärpe die
Scharteke die
Schatulle die
scheel, scheelsüchtig
scheiden; schied, geschieden;
  Halbscheid, Unterschied der
Scheit das; Grab=, Richt=
  scheit; Scheiterhaufen
Scheitel der, scheiteln
scheitern
Schellack der
Schellfisch der
schelten; schilt, schalt
Schema das, Schemata
Schemel der
Schemen der = Schatten
scheren, schor, Schere
Scherflein
Scherge der
Scherz, scherzhaft
scheuchen, Vogelscheuche
scheuen; Scheusal, abscheu=
Scheune u. Scheuer die [lich
  scheußlich
Schiedsrichter der
Schierling der
schießen: Schuß, Geschoß
Schiffahrt die
Schikane und Chicane die
Schild der und das; Schild=
  patt, =krot
Schimäre (Ch) die
Schirrmeister der
Schirting der
Schläfe die
schlaff, erschlafft; Schlaf
schlämmen, von Schlamm
Schlehe die
Schleie die = Fisch
schleißen: schliß, geschlissen;
  Schleißerin
schleunig, beschleunigen
Schleuse die
Schlittschuh der
Schloße die, Schloßen
Schlot der, Schlotfeger
schlott[e]rig
schluchzen
schlüpfen; [der, schlüpfrig
  Schlupfwinkel

schmähen; schmählich,
  Schmach die
schmal: schmälen, schmälern
Schmalz das
schmarotzen
schmausen, Schmaus der
Schmeißfliege die
schmelzen; er schmilzt,
  schmolz, bez. er schmelzte,
Schmer das [schmelzte
Schmied der
schmiegsam
Schmöker der
schmoren
Schmuggler der
Schmutz der, schmutzig
Schnack der = Geschwätz
Schnake die = Mücke und
  Schnurre; schnakisch
Schnaps der
schnauben, schnaufen,
  schnaubte und schnob
Schnauze die
Schnee der, schneien
schneiden, schnitt; Schnit=
  ter, Schnitzer, Schnitzel,
  Schneider
Schneise die = Waldweg
Schneuze die, schneuzen
Schnur die = Schwieger=
Schnurrbart der [tochter
Schnurre die, schnurrig
schnurstracks
Schöffe der
Schokolade (Ch) die
Schoner der = Schiff
Schöps der
Schoß der, Schöße; Schoß
  kind, Rockschoß
Schoß der, des Schosses =
  Zoll, Trieb; Schößling
Schote die, Schötchen
schraffieren
schräg [unbeschränkt
Schranke die, einschränken,
schröpfen, Schröpfkopf
Schrot das, Schrote
schroten, Schröter
Schublade die, =karren der
schüchtern
Schuhmacher, Schuster
Schuld die; zu schulden kom=
  men lassen; es ist meine
  Schuld
schuld sein, geben, haben
Schultheiß und Schulze der

16*

Schur die, Schafschur
Schüreisen das
schürfen
schurigeln
Schurz der, Schürze
Schwab[en] der
Schwadron die
Schwager und Schwäher
schwanen = ahnen
Schwang Schwank, der, Schwänke
schwären; Schwäre die, Geschwäre
Schwarte die [schwür das
Schwefel der
schweißen das Eisen
Schweißhund
schwelen = brennen
schwemmen, Pferdeschwemme
Schwengel der [nie
schwenken
Schwert das
Schwibbogen der
Schwiegereltern, -sohn
Schwiele die, schwielig
schwierig
schwind[e]lig
schwören; schwur u. schwor; Schwur der, Schwüre
schwül
Schwulst der, schwülstig
sechs; Sechser, Sechstel; sechzehn, -zig
See der und die, See[e]n
Seele; seelisch, entseelt, selig
Segen der, segnen
Segment das
sehen; du siehst, sahst; ein-, kurzsichtig; Gesicht
Sehne die, sehnig
sehnen, sehnsüchtig
sehr
seihen, Seihetuch das
Seim der, Honigseim
seid — seit; seitdem, seither
Seite; aller-, deiner-, väterlicherseits; seitens, von seiten; abseits, abseiten; Sekretär der [beiseite
Sekt der = Wein
Sekte die, Sektierer
Sektion die, sezieren (c)
Sekundant der
Sekunde die [thätig
selbander, selbständig, selbstSelekta die [trübselig, s. Seele
selig; Seligkeit; leut-, red-,

Sellerie der
senden; sandte, gesandt
sengen — senken; versenkt, Senkblei, senkrecht
Senne, Senner der = Hirt
Sentenz die
sentimental
separat
September der
Sergeant der
Service das = Geschirr
Serviette die
Servis der = Quartiergeld
Sessel der, Session
seßhaft
seufzen, Seufzer der
Sextant der, Sexta die
Shawl der
Sibylle die
Sicht die (v. sehen), in Sicht, nach Sicht
Sieb das
sieben; siebzehn, sieb[en]zig; ein Siebziger [haus
siech = krank; siechen, Siechsieden; gesotten, Absud der
Sieg; siegen, Siegfried
Siegel das, Siegellack das
Signal das, Signalement
Silbe die
simpel, Simplum das
Sims das, Gesims
Singrün das = Immergrün
Singular der
sinnig, sinnlich
Sippe die, Sippschaft
Sirene die
Sirup der
Sittich der (Papagei)
sittig, -lich, -sam
Situation die
sitzen; saß, gesessen
Skala die
Standal der
Skelett das
Skizze die
Sklave der
Skorbut der
Skorpion der
Strofel die, strofulös
Strupel der, strupulös
Skulptur die
Smaragd der
social (z)
Societät die
Sofa das

Sohle die; Fuß-, Thalsohle
Sohn; versöhnen
Sold der, Soldat
Sole die = Salzwasser, Sol- [bad
solid
Söller der
Sonde die, sondieren
Sonett das
Sophie; Sophist der
Sopran der
sortieren, Sortiment das
souffliere, Souffleur der
soupieren, Souper das
Souterrain das
Souverän der, -ität die
spähen, Späher der
Spalier das
Span der, Späne
Spanferkel das
spannen; Einspänner, zweispannig
sparen, spärlich
Spargel der
Sparren der, Sparrwerk
Spat der; Feld-, Kalkspat
spät, zum spätesten
Spatel der, Spaten
Spatz der, Spätzlein
spazieren
Specht der
speciell (z)
specifisch (z)
Speck der, speckig
spedieren, Spediteur der
Speer der
Spektafel der
Spektrum das
spekulieren
spenden, Spende die
Spengler der
Spesen die
Spezerei (c) die
Sphäre die; Atmo-, Hemi-
Sphinx die [sphäre
Spiegel der
Spiere die
Spießruten
Spinat der
Spind der = Schrank
Spindel die
Spion der
Spirale die
Spiritus, Sprit der
Spital, Spittel das
Spitzname, spitzfindig
splendid
Splint der

— 245 —

Splitter der
sporadisch
Sporn der, Sporen; sporn=
spreizen, gespreizt [streichs
Sprengel der
Sprenkel der, sprenkeln
Sprichwort das
sprießen, sproß; Sproß der,
 Sprößling, Sprosse; er=
 sprießlich
spröde, Sprödigkeit
sprühen, Sprühregen
spucken, Spucknapf
spuken, Spukgeschichte die
Spule die, Spulwurm
spülen, Spülicht das
sputen sich
Staat der, Staaten; staat=
 lich, Hofstaat; Staat
stachlig, stachlicht [machen
Stadt, Städte; städtisch,
Stafette die [Stadtteil
Staffage, Staffelei die
Stahl der, stählern
Staken der = Stange
Staket das
Stand der; Ständer, Länd=
 chen; standhalten, instand
 setzen, im oder außer stande
 sein, zu stande kommen
Standarte die
Stanniol das
Stapel der, aufstapeln
Star der = Vogel und Krank=
starr, halsstarrig [heit
stätig, bestätigen; auch ste=
 tig, Stetigkeit
stätig, stätisch = widerspen=
Station die [stig
Stativ das
Statt, Stätte; Statthalter,
 Werkstatt, an Gottes,
 Kindes Statt; an Zah=
 lungsstatt
statt, anstatt
stattfinden, =haben, =geben;
 von statten gehen, zu
 statten kommen
statthaft, stattlich
Statue die, Statuen
Statur die
Statuten die
Staub der, Stäubchen
stauben, stäuben
Staubbesen, sträupen
Stedbrief der

Stegreif der
stehen; steht, stand
stehlen; stiehlt, stahl, ge=
Stellage die [stohlen
Stelze die; Stelzfuß, Bach=
Stenograph der [stelze
Stephan
Stereometrie, =typie
stets; stetig, s. stätig
Stich der; in Stich lassen;
 stichhaltig, wurmstichig
stieben; stob (conj. stöbe),
 gestoben
Stiefel der, Stiefelette die
Stiefeltern, =kinder
Stiege, Aufstieg der
Stieglitz der
Stiel = Griff und Stengel
Stil der; Brief=, Baustil
Stilett das
still; im stillen, in der (aller)
 Stille; stillschweigend[s]
Stipendium das
stöbern, Gestöber, Stöber=
stöhnen [wetter
stolpern, stolp[e]rig
Stolz, stolzieren
Stöpsel der
Stör der = Fisch
Störenfried
störrig, störrisch
stoßen; du stößt, er stieß;
stracks [Stößer
straff
strahlen
strählen = kämmen
Strähne die
Strapaze die
Stratege der
sträuben sich
Strauß der, Sträuße = [Vogel
Strauß der, Sträuße =
 Bouquet und Kampf
Streit und Strike der
streitig, strittig
streng, Strenge
Striegel die, striegeln
Strippe die
Stroh das, Strohhut
Stromer der
Strophe die
Strumpf der, Strümpfe
struppig, Gestrüpp das
Stüber der, Nasenstüber
Stuccatur die; Stuck der —
 das Stück

studieren, Student
Stuhl der, Stühlchen
Stulpe die, stülpen
Sturz der, stürzen
Stute die, Stuterei
Subjekt das, subjektiv
Subsellien die
subskribieren, Subskription
Substantiv das
Substanz die
subtrahieren; Subtrahend
 der, Subtraktion
Succurs der
Süd[en] der, südwärts
sudeln; Sudelei, Sudler
sühnen, Sühne
Sündflut (Sintflut) die
Superintendent der
Superlativ der
Suppe die, Süppchen das
Surrogat das
suspendieren
syllabieren
Symbol das
Symmetrie die
Sympathie, =phonie
Symptom das
Synagoge die
Syndikus der
Synode die
Syntax die, syntaktisch
Syrien, syrisch
System das, systematisch

T

Tabak der
Tableau das, Tableaus
tadellos
Taffet und Taft der
Tag; eines Tags; zu Tage
 fördern, treten; tags dar=
 auf, zuvor; alltags, tag=
 täglich; hochbetagt; tagen
Taille die
Tafelwerk das
Takt der, taktlos
Taktik die, taktisch
Talar der
Talent das
Talg der, Talglicht
Talisman der
Talk der, Talkerde
Tambour der
Tand der, tändeln
Tang der, Seetang
Tapete die, Tapezier

Tarif der
Tau der, Tau das: tauen, Tauwetter; Schiffstau das
taub, taubstumm
Taugenichts
täuschen, Täuschung
tausend: dreitausend; viele Tausende; ein Tausend=
Taxe die, Taxator [stel
Technik die, technisch
Tedeum das
Teer der (das), Teerschwe=
Teich der = Gewässer [lerei
Teig der; Brotteig, teigig
Teil: zum Teil; teilhaben, =nehmen, zu teil werden; teils, meines=, größten=teils
Telegramm das, =graph der, =phon das, =skop das
Temperament das
Temperatur die
Tendenz die, tendenziös
Tender der
Tenne die
Tenor der
Teppich der
Termin der
Terpentin der
Terrain das, Terrasse die
Terrine die
Terzerol das; Terzett
Testament das
teuer, teurer Freund, Teu=teufen einen Schacht [rung
Thal das, der Thaler
That die; Thäter; thätig, =lich; thatsächlich
Theater das
Thee der
Thema das, Themata und Theodor, Theobald [Themen
Theologie die
Theorie die, theoretisch
Therese
Therme die, Thermometer
These die, Thesen [das
Thon der, thönern [thor
Thor das, Thore; Stadt=
Thor der, Thoren; thöricht, thörichterweise
Thran der, thranig
Thräne die
Thron der, thronen
thun: thust, that[e]st, ge=
Thunfisch der (than: thunlich

Thür[e] die
Thüringen
Thymian der
Tibet (= Gewebe)
Tiegel der
Tier das, tierisch
Tiger der, getigert
Tinktur die
Tinte die, Tinten=, Tintenfaß
Tirailleur der
Titel der, titulieren
Toast der, toasten
Tod der; Todfeind, =sünde, Todesangst, Todesurteil; todkrank, todbringend, tod-müde; tödlich — s. tot
Toilette die
tolerant, Toleranz die
toll, tollkühn
Tölpel der
Tombak der
Ton der; betonen, hochtönig; tönen, eintönig
Torf der, Torfstich
Torte die
Tortur die
tosen, Getöse das
tot; tot schlagen, Totschlag (richtiger mit d); Totfeind, der Tote; Totenbett, =grä=ber, =schein; totenbleich, =still; töten; tötere, ge=tötet; Neuntöter
total
Tour die; Tourist der
Trab der; Nachtrab, traben
Trabant der
Tracht die, trächtig
Tradition die
träge, Trägheit
Train der, Trainsoldat
traktieren
tranchieren
transpirieren
transportieren
Trapez das
Traufe die, träufeln
Treber die
treffen; trifft, traf
Trense die
Treppe die
Tresse die
treten; trittst, trat[e]st
Triangel der
Tribüne die
Tribut der

Trichine die, Trichinose
triefen; e triefte und troff; triefäugig, bluttriefend
Trift die, triftig
Triumph der, triumphieren
trivial, Trivialität
Troddel die
trödeln, Trödler der
Trog der, Tröge
Trommel die, Trommler
Trompete die
Tropf der, der Tropfen
Trophäe die
Troß der, Troßknecht
Trottoir das
Trotz; aus, zum Trotz; Trotz bieten; trotzig
trotz, trotzdem
trüb; Trübsal, betrüben; im trüben fischen
Trubel der
Truchseß der
Trüffel die
Trug der; trügen, trügerisch
Truhe die
Trümmer die
Trumpf der, Trümpfe
Trupp der, die Truppen
Tschako (Czako) das
Tücke die, tückisch
Tuff der, Tuffstein
tüfteln = grübeln
Tüll der = Gewebe
Tülle die = Röhre
=tum, =tüm; Alter=, Helden=tum; eigen=, volkstümlich
Tümpel der
Tumult der
Tünche die, tünchen
Tunnel der
tupfen, tüpfeln
Turm der; Türmer
turnen, Turnier das [sichen
Tusche die; Tuschkasten, tu=
Tute die; Tüte, Tütchen
Tüttel der, Tüttelchen
Typhus der, typhös
Typus der; typisch, Type die
Tyrann der, tyrannisch

U

Übelthäter
Überdruß, überdrüssig
überhandnehmen
überhaupt
überschüssig

überschwenglich
überzwerch
üblich, Übung
übrig; die übrigen; ein übri=
   ges, im übrigen
Uhr die
Uhu der
Ulan der
umzingeln
Unbedeuten[d]heit
Unbill die, die Unbilden
unentgeltlich
Unflat der, unflätig
ungebärdig
ungefähr, von ungefähr
ungescheut = ohne Scheu
ungeschlacht
ungestalt(et)
Ungetüm das
Ungeziefer das
ungut; nichts für ungut
Uniform die
Universität die
unleugbar
unpaß, unpäßlich
Unrat der
unsäglich
unstät (e)
untad[e]lig
unterdes, =dessen
unterschlächtig
Unterthan, unterthänig
unverbrüchlich
unverhohlen
unversehens
unversehrt
unverzüglich
unwiderstehlich
unwiederbringlich
unwirsch
unwirtlich
unzählig
üppig
Ur der = Auerochs
ur=; Urfehde, =laub, =teil,
   =wahl; uralt, =plötzlich
urbar   [u. s. w.
Urne die
Utensilien die

V

Vagabund der
vakant, Valanz die
Vampir der
Vanille die
variieren, Variation

Vasall der
Vase die, Blumenvase
Vaterunser das
Vegetation die
Veilchen das — Feilchen
Ventil das, Ventilation
Verb das, Verben
verblüfft
verbrämen
Verdikt das
verdrießen; verdrossen, ver=
   drießlich, Verdruß
verdutzt
verfemt, s. Feme
vergeuden
Vergißmeinnicht das
verharschen
verheeren
verhehlen
verhunzen
verleumden
Verließ (ß) das
Verlöbnis, =mächtnis
vermittels (st), vermöge
vermutlich
verpönen
Verrat der, Verräter
verruckt
verrückt
Vers der, Verse
Versand der
verschiedentlich
Verschleiß der
verschränkt
versehren
versiegen = vertrocknen
verteidigen
vertikal
verwahren, =wahrlosen
verwandt, der Verwandte
Verweis der
Verwesung, verweslich
verwünschen, auch verwun=
   schen (= verzaubert)
verzeihlich
verzichten
Vesper die
Veteran der
Vetter der
vexieren
Vezier und Wesir der
Viadukt der
Vice= (ze); Vicekönig, =di=
   vidimieren   [rektor
Vieh das, Viehhof
vielleicht

vier; alle viere: mit, zu vie=
   ren; das Viertel, Geviert;
vierzehn, vierzig [vierteilen
Vikar der
Viktualien die
Villa die
violett
Violine die, Violoncell das
Viper die
Virtuos der
visieren, Visier das
visitieren, Visite die
Vitriol das
Vivat das; vivat!
Vließ (ß) das
Vogelbauer das
Vogt der, Vogtei die
Vokabel die
Vokal der
Vokation die, Vokativ der
Völkchen
voll; ein Mundvoll, eine
   Handvoll; Völlerei die,
völlig, vollauf
vollenden, vollends
vollkommen, vervollkomm=
Volontär der   [nen
voltigieren
Volumen das, voluminös
vor; vorhin, =über; im, zum
   voraus
vorbehalten, vorbehaltlich
vorder; Vordergrund, =fuß,
vorderhand   [=rad
Vorfahr der, Vorfahren
Vorkommnis
vorlieb und fürlieb
vormittags, des Vormittags
vorn[e]; vornüber, =weg;
   von vorn, vornherein
vornehm, vornehmlich
Vorrat der, vorrätig
Vorsehung und Fürsehung
vorstehendes; im vorstehen=
   den, das Vorstehende
Vorteil der, vorteilhaft
Vorwand der
Vorwitz und Fürwitz der
vorzüglich
Votivtafel die
vulgär
Vulkan der

W

Wabe die

— 248 —

wachen; Wachtmeister, ‑po‑
 sten; Wache stehen
Wacholder der
Wachs das, wächsern
wachsen; du wächst, er wuchs;
 Wachstum, Wuchs — wa‑
 wack[e]lig   [schen
Wade die
Wage die; wägen, wiegen
Wagen der, Waggon der
Wahl die, Wahlplatz; wäh‑
 len, wählerisch
Wahn der, wähnen
wahr; wahrlich; wahrsagen,
 Wahrspruch; bewähren
wahren; be‑, verwahren
währen, während
Wahrnehmung, ‑zeichen
Währung die
Waid der = Farbpflanze
Waise die; Waisenhaus, ver‑
 waist
Wal der; Walfisch, ‑rat, ‑roß
Walachei, Walache
Walhalla die, ‑küre die
Wallach der (Pferd)
wallfahr[t]en
Walnuß die = welsche Nuß
walten, Sachwalter
Walther = männl. Person
Walze die, wälzen
Wams das
Wappen das, wappnen
Ware die, Waren
Wart der; Turnwart; Wär‑
 tel, Wärter
Warte die; Wartturm,
 Sternwarte
‑wärtig; aus‑, gegenwärtig
‑wärts; aller‑, ander‑, heim‑,
 vor‑, seitwärts u. s. w.
Warze die
waschen; du wäschst, die
 Wäscherin
wässerig und wäßrig; Ge‑
 wässer das
waten, watscheln
Watt das = Untiefe
Watte die, wattieren
wechseln; Wechsler; Abwech‑
 selung und ‑wechslung
Wedel der, wedeln
Weg; gerades‑, halb‑, unter‑
 wegs; allewege oder aller‑
 wege[n]; durch‑, frisch‑
 weg; zuwege bringen

wegen; meinet‑, unsert‑
 wegen; von Rechts, Amts
Wegerich der   [wegen
weh[e] sein, thun; das Weh;
 Wehmut die, Zahnweh das
wehen, Schneewehe die
wehren; die und das Wehr;
 be‑, verwehren; Wehr‑
Weibel der, Feldwebel [mann
Weichbild das [Futterplatz
Weide die = Baum und
weidlich = tüchtig, wacker
Weidmann, ‑werk
Weih[e] der = Vogel
weihen; geweiht; Weihnach‑
 ten die; ‑rauch
Weiher der
weiland = ehemals
Weile die; mittlerweile;
 einst‑, zuweilen
Weise; zeit‑, ausnahms‑,
 merkwürdiger‑, vorsichti‑
 gerweise
weise; Weisheit, weislich,
 naseweis; weismachen,
 ‑sagen
weisen; Wegweiser der,
 Weisel (der Bienen);
 Weisung; nachweislich
weiß; Weißbier, weißlich,
 schneeweiß; weißen
weit; des weiteren, bei wei‑
 tem; ohne, bis auf wei‑
 teres; meilenweit
weitläuf[t]ig
Weizen der
Wels der = Fisch [welsch
welsch; Welschland, kauder‑
wenden; wandte, gewandt
wenig; ein wenig, einiges
 wenige, zum wenigsten
Werder und Wert der =
Werg das   [Insel
Wergeld, ‑wolf
Wermut der
Wert der, wert; wertschätzen
wes; weshalb, ‑wegen; wessen
wesentlich, im wesentlichen
Wesir (Vezier) der
Wespe die
West[en] der, Westfalen, west‑
wetterleuchten   [fälisch
Wichse die, wichsen — wischen
Widder der
wider = gegen:
 widerfahren,

widerlegen,
widerlich,
widerrechtlich,
widerrufen,
Widersacher,
widerspenstig,
Widerspruch, ‑rede,
widerstehen,
widerwärtig,
widerwillig
widmen; Widmung
widrig, widrigenfalls
Wiedehopf der
wieder = nochmals:
 wiederbringen,
 wiedergeben,
 Wiedergeburt,
 Wi[e]derhall, ‑schein
 wiederholen,
 wiederkehren,
 wiederkäuen,
 Wiederkunft,
 wiedersehen,
 Wiedertäufer,
 Wiedervergeltung
wiehern
wienerisch, von Wien
Wildbret das, Wildnis
Wilhelm, Wilhelmine
Wille; wider Willen; willig,
 willens sein; um Gottes
 willen; um derent‑, sei‑
 net‑, unsertwillen
willfahren, willfährig [nen
willkommen, bewillkomm‑
Willkür die, willkürlich
Wimpel der
Wimper die
wink[e]lig
winseln
Winzer der
winzig
wirken, wirklich
wirr; Wirrwarr, verwirrt
Wirsing der
Wirt; Wirtin, Wirtschaft,
 Wirtshaus; wirtlich, un‑
 wirtlich; wirtbar, Gast‑
Wirtel der = Quirl [wirt
Wismut der
Wispel der
wissen; du weißt, wußtest;
 Wißbegier[de]; wissentlich,
 wußte, gewußt
Witwe, ‑r; Witfrau, ‑mann;
 verwitwet, Wittum das

— 249 —

wohl sein, thun; das Wohl;
wohlgemut, Wohlfahrt;
Sr. Wohlgeboren; gleich-,
sowohl, Wohlthat
wohnen, wohnlich
Wocken der = Spinnrocken
Worte und Wörter
Wrack das; wrack werden
wühlen
Wunder; es nimmt mich
wunder; wunderlich
Würgengel   [gisch
Würtemberg, württember=
=wurz (z. B. Nieswurz),
Wurzel die
Würze die, Gewürz das
wüst; Wüste, Wüstling
Wut die; wüten, Wüt[e]rich

Z

zagen, zaghaft
zäh[e], Zähigkeit, Zäheit
Zahl die, zählen
zahm, zähmen
Zahn der, Zähne; zahnen
Zähre die
Zar (Cz) der
Zarge die
zart, zärtlich
zaudern
Zaum des Pferdes
Zaun des Gartens
Zeche die (1. Kosten für Essen
und Trinken, 2. Kohlen=
Zehe die, Zehen   [grube
zehn; der Zehner; den Zehn=
ten geben; Jahrzehnt das

zehren; Zehrpfennig, Aus=
zehrung
zeichnen; Zeichnung, Zeichen=
buch, =lehrer
zeihen: zieh, geziehen
Zeisig der
Zeit; seiner Zeit; zur Zeit,
zu Zeiten Jesu; eine Zeit
lang und eine Zeitlang;
bei=, vor=, zuzeiten; zeit=
her, =lebens; der=, jeder=
zeit; zeitig
Zeitläuf[t]e die
Zelle die
Zelt das
Zenith der
Zephyr der
zetern, Zetergeschrei
Zeug das, Zeughaus, Werk=
zeug, Seidenzeug
Zeuge, Zeugnis
Zickzack der
Zieche die = Überzug
Ziege die, Zicklein
Ziegel der
ziehen, Ziehung
Ziemer, Rehziemer der
zieren; Zier[de]; Zierat der,
Zieraten; zierlich
Ziffer die
Zigeuner der
Zimbel der
Zimmer der und Zimt der
zimperlich
Zink das, Zinkblech
Zinnober der
Zins der, Zinsen die

Zipfel der
Zirkel der
zirpen
Zither (C) die
zittern
Zofe die
Zöllner, Zolllinie
Zone, die
Zoologie die, zoologisch
Zorn der, zürnen
Zuave der
Zubehör die
Zuber der
Zucht; züchten, züchtig
zücken das Schwert
zumuten, Zumutung
Zunder der, zünden
Zunft die, zünftig
zusehends
zuvörderst
Zuvorkommenheit die
Zwehle, vgl. Quehle
zwerch: Zwerchfell
Zwerg der, Zwergin
Zwetsch[g]e die
Zwieback der, Zwielicht das
Zwiebel die
zwiefach, =fältig
Zwillich und Zwilch der
Zwilling der
zwingen, Zwinger der
zwinken, zwinkern
zwischendurch, inzwischen
zwitschern
Zwitter der
zwölf, zwölftens, ein
Zwölftel.

Folgende Druckfehler bitte ich vor dem Gebrauche des Buches berichtigen zu
lassen.
S. 21 Z. 7 v. o. l. Salzsiederei.
S. 24 Z. 12 v. o. l. das Boot (die Boote).
S. 27 Z. 7 v. u. füge hinzu: Kammerrat (nach Kammrad).
S. 41 Z. 14 v. u. ist das letzte Wort „neidisch" zu tilgen.
S. 49 Z. 3 v. o. l. Vor=, Zu-, Gegenstand.
S. 51 in der Mitte lies: (bar) ... fruchtbar st. furchtbar.
S. 75 Z. 14 v. u. ist das letzte Wort „schlaff" zu tilgen.
S. 78 Z. 4 v. u. fehlt vor der Überschrift das Verbum im Satze der Buchstabe E.
S. 92 Z. 14 v. u. lies: Es wäre zu wünschen 2c.
Ferner ist nach Ausweis der Inhalts-Übersicht auf S. 170, 173, 175 und
179 die Bezeichnung der Disposition vor den betreffenden Überschriften zu ändern:
statt 1, 2, 3 setze a, b, c und statt 4 die römische IV auf S. 179 oben.

www.ingramcontent.com/pod-product-compliance
Lightning Source LLC
Chambersburg PA
CBHW021405230426
43666CB00006B/645